孔子博物館藏
孔府檔案彙編

明代卷 2

《孔子博物館藏孔府檔案彙編》編纂委員會 編

國家圖書館出版社

目録

第二册

宗族

家譜

資助族人

屬員

廟廷官員

府内官員

經理租稅人員

學録

徭役刑訟

徭役

刑訟

孔氏族人

屬員

佃户

船户

租税

祀田

地畝錢糧

嘉靖年間重修漆橋孔氏家譜（二）

無朝年

代号		卷号	0000009

衍聖公府

機構或類目	宗族
案卷標題	嘉靖年間重修漆橋孔氏家譜（二）
本卷張數	壹本
保管期限	
起止	年　月　日

曲阜文物保管所整理

代号		卷号	

卷内目錄

顺序号	作者	内容摘要	文件上的号数	文件上的日期	文件所在的张数	备註
		嘉靖年間重修漆橋孔氏家譜		年 月 日	—	
				年 月 日	—	
				年 月 日	—	
				年 月 日	—	
				年 月 日	—	
				年 月 日	—	
				年 月 日	—	
				年 月 日	—	
				年 月 日	—	

填寫人 年 月 日

嘉靖三十五年十月

17.5cm x 31.0cm

漆橋孔氏家乘卷之二

五十六世 希學 克堅子國朝洪武元年襲封衍聖公四年詔封孔子爵仍舊子訥

五十七世 訥 洪武十七年襲封衍聖公子公鑑

五十八世 公鑑 洪武三十年襲封衍聖公子彦縉

五十九世 彦縉 永樂八年襲封衍聖公子承慶

六十世 承慶 未襲封卒景泰六年贈襲封衍聖公子弘緒弘泰

漆橋世系

載良公位下

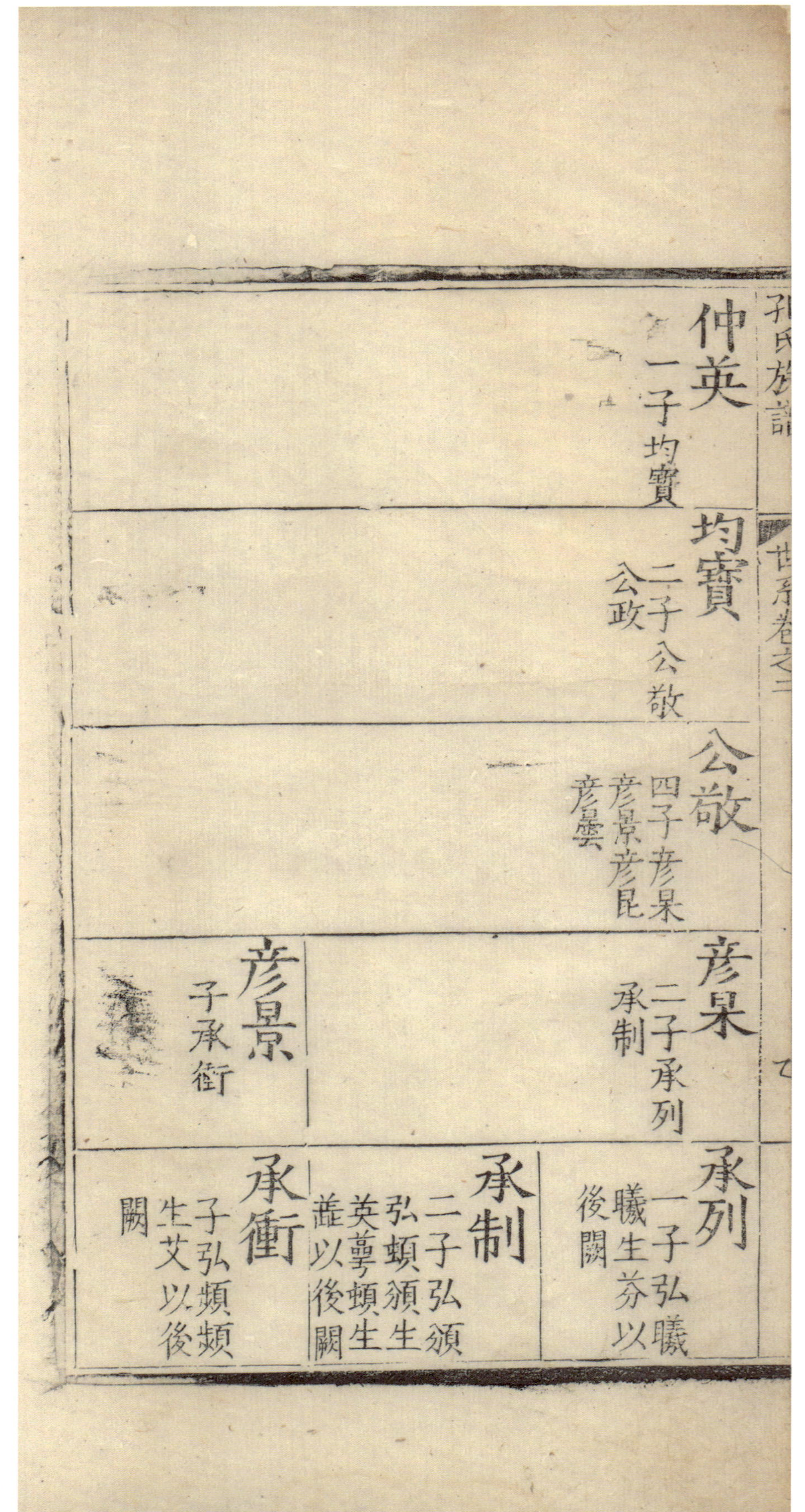
孔氏族譜

世系卷之二

仲英
一子均實

均實
二子公敬
公政

公敬
四子彦杲
彦景彦昆
彦雲

彦杲
二子承列
承制

彦景
子承衔

承列
一子弘曦
曦生芬以
後闕

承制
二子弘頒
弘頻頒生
英蕚頻生
藎以後闕

承衔
子弘頻頻
生艾以後
闕

17.5cm x 31.0cm

嘉靖三十五年十月

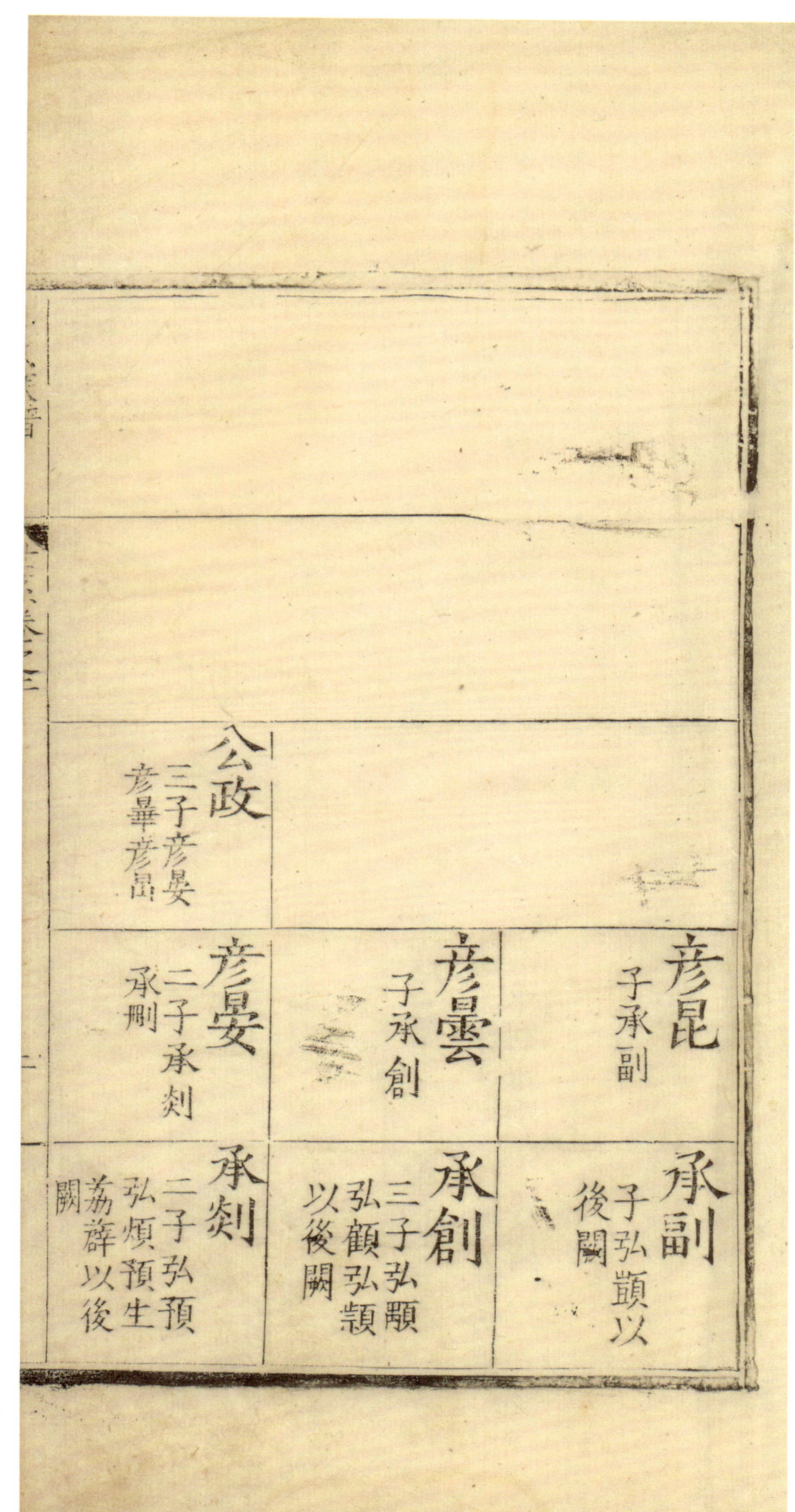

公政
三子彥晏
彥畢彥昆

彥昆
子承副

彥雲
子承創

彥晏
二子承剡
承剛

承副
子弘顛以
後闕

承創
三子弘顒
弘顩弘類
以後闕

承剡
二子弘預
弘煩預生
荔薛以後
闕

17.5cm x 31.0cm

嘉靖三十五年十月

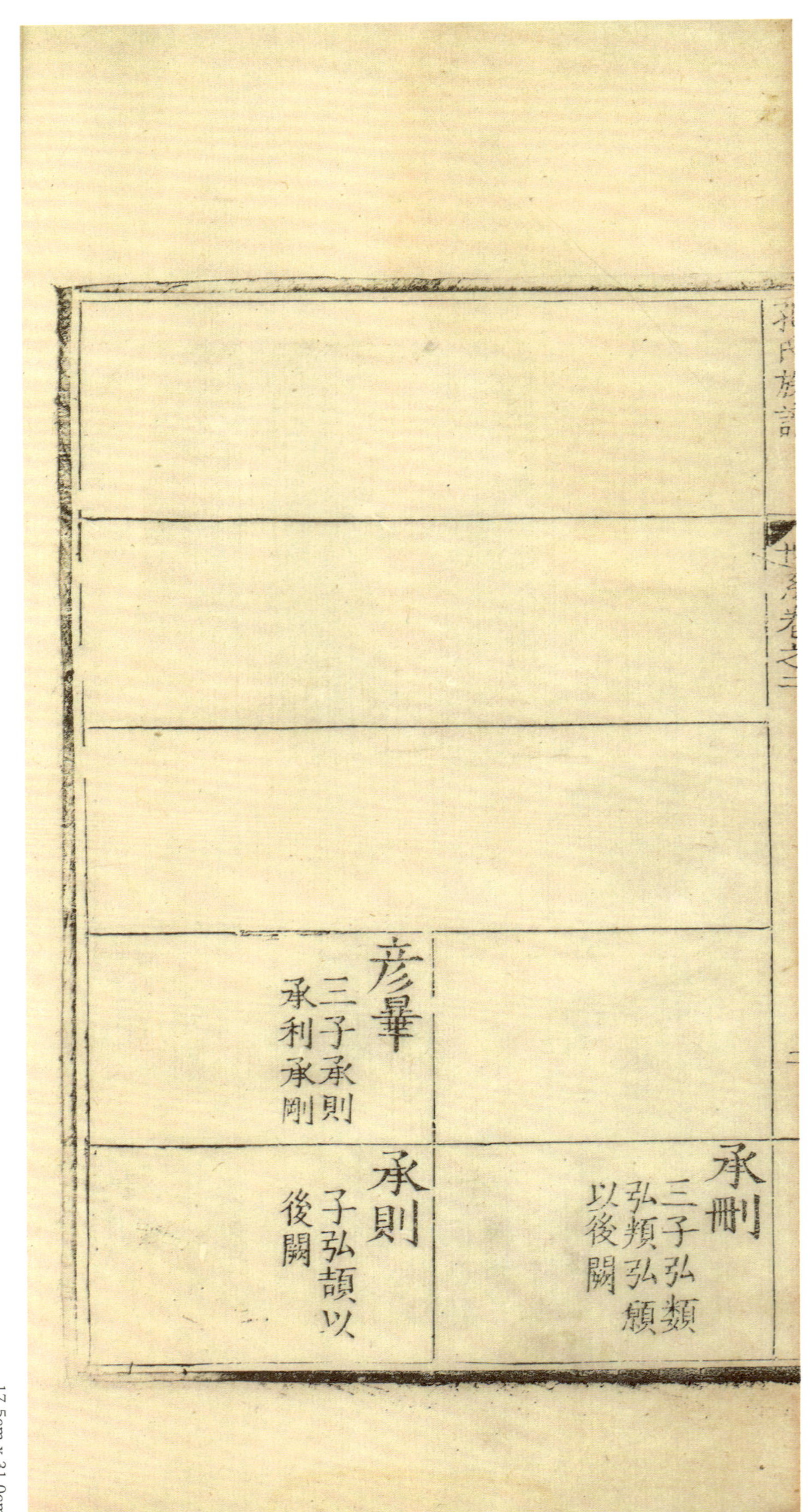
孔氏族譜
世系卷之二
彥𥫗 三子承則承利承剛
承則 子弘頡以後闕
承刪 三子弘類弘頻弘頫以後闕

17.5cm x 31.0cm

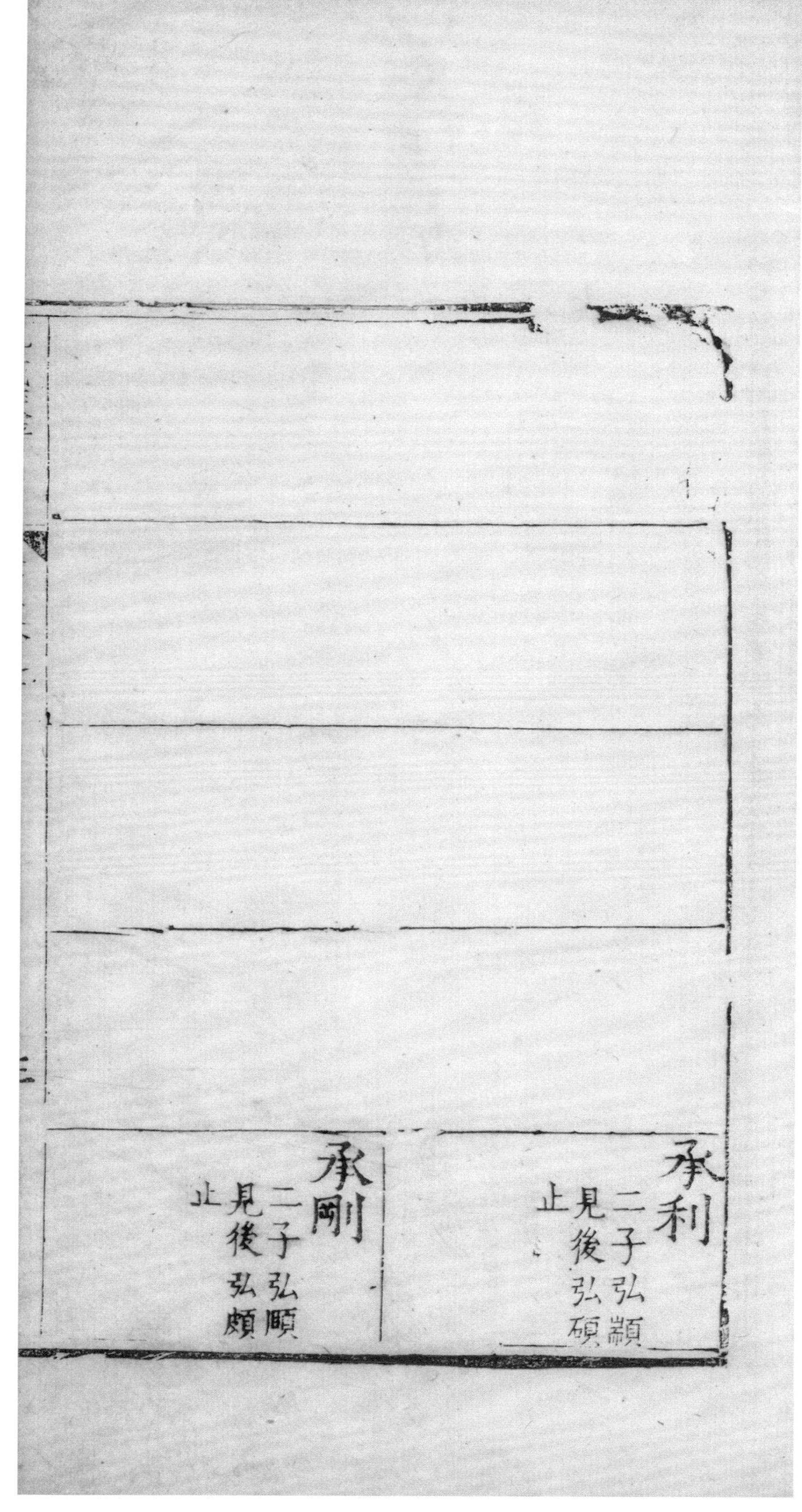

承利
二子弘顓弘碩
見後
止

承剛
二子弘順弘頗
見後
止

17.5cm x 31.0cm

嘉靖三十五年十月

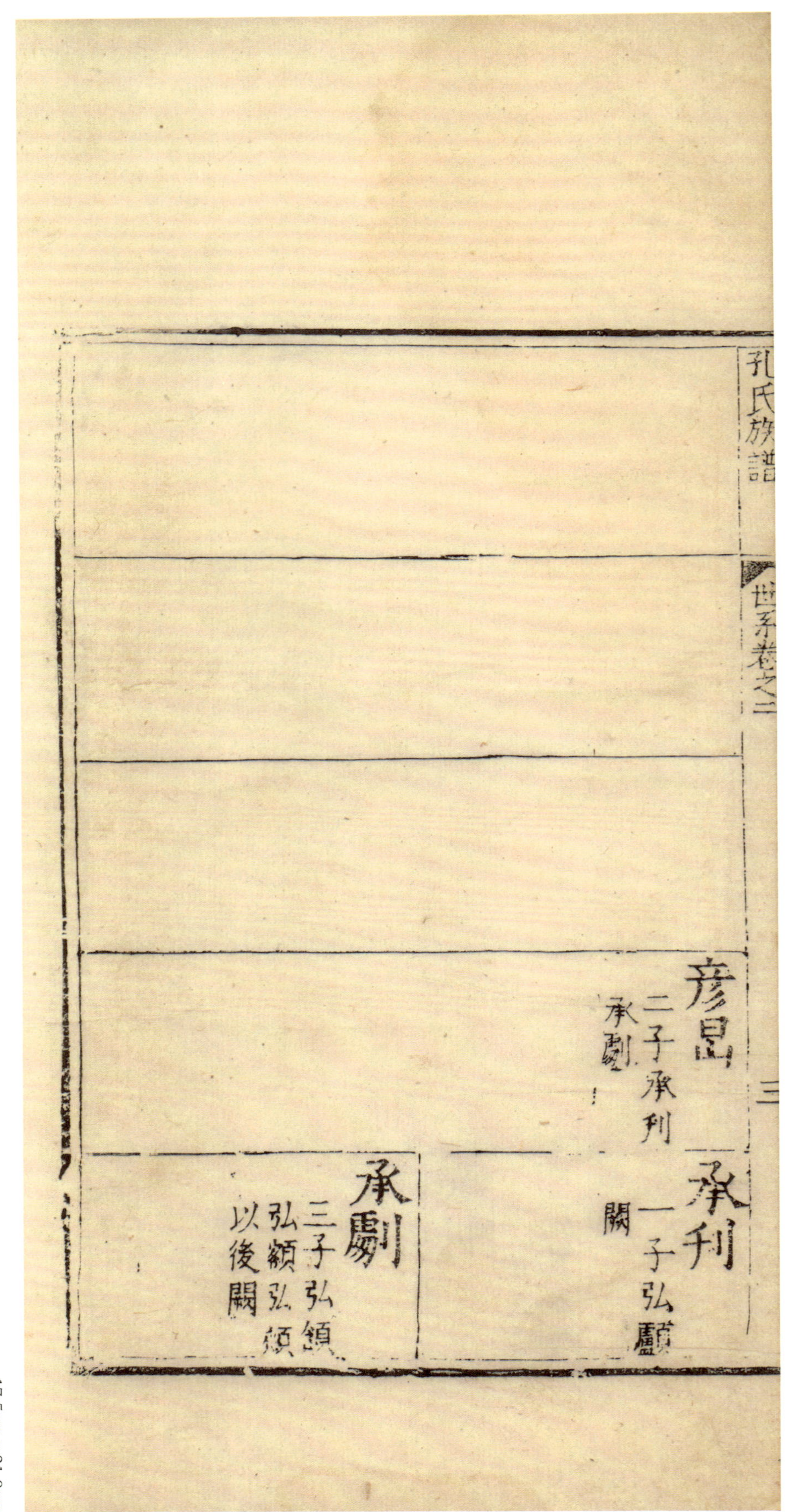
孔氏族譜
世系卷之二
彥昌
二子承刊
承劚
承刊
一子弘顒
闕
承劚
三子弘頒
弘穎弘傾
以後闕

17.5cm x 31.0cm

嘉靖三十五年十月

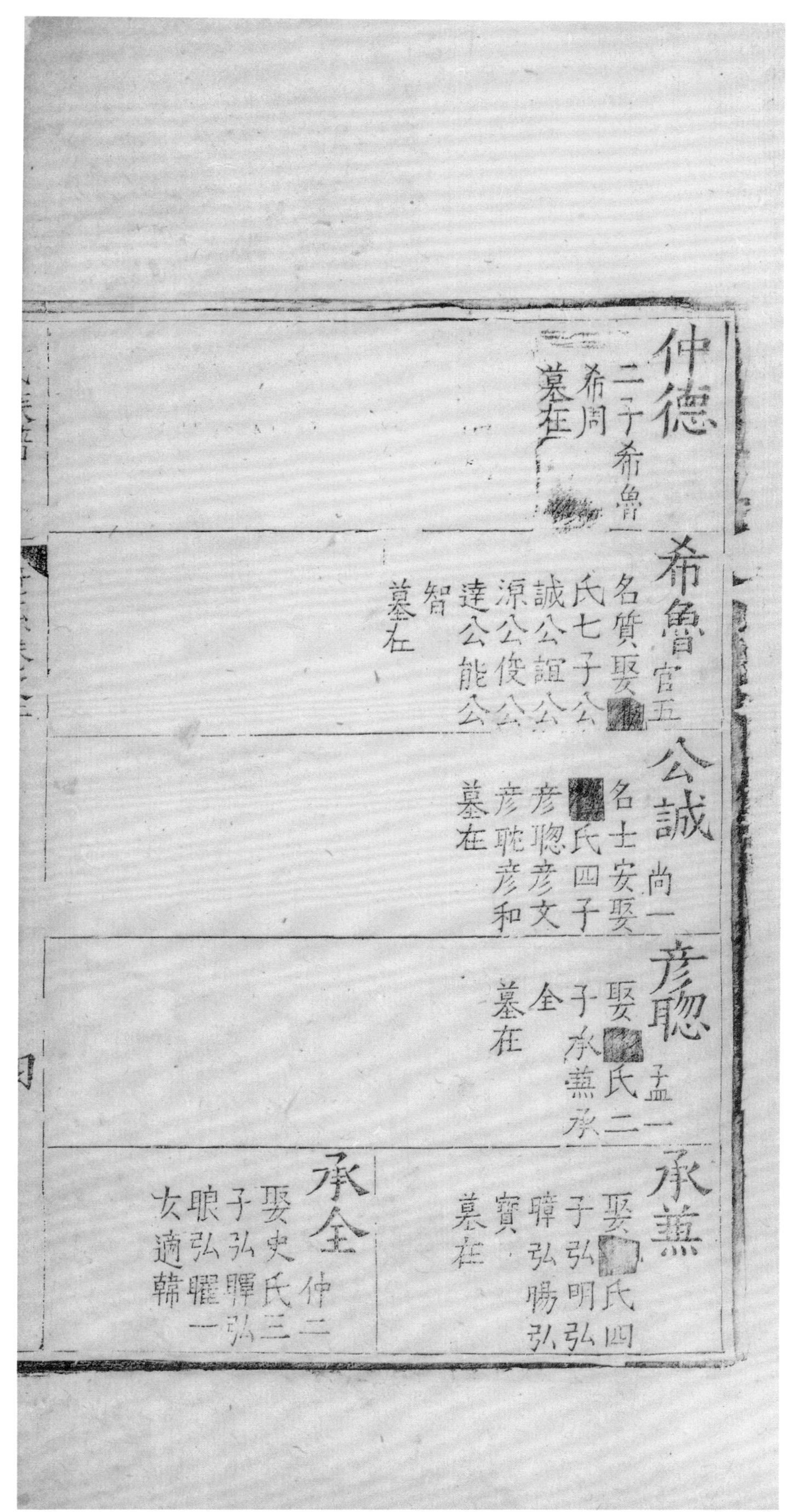

仲德 二子希魯希周 墓在

希魯 宮五 名質娶[illegible]氏七子公誠公誼公源公俊公達公能公智 墓在

公誠 尚一 名士安娶[illegible]氏四子彥聰彥文彥耽彥和 墓在

彥聰 孟一 娶[illegible]氏二子承燕承全 墓在

承燕 娶[illegible]氏四子弘明弘暐弘暘弘實 墓在

承全 仲二 娶史氏三子弘聘弘聰弘曜一女適韓

17.5cm x 31.0cm

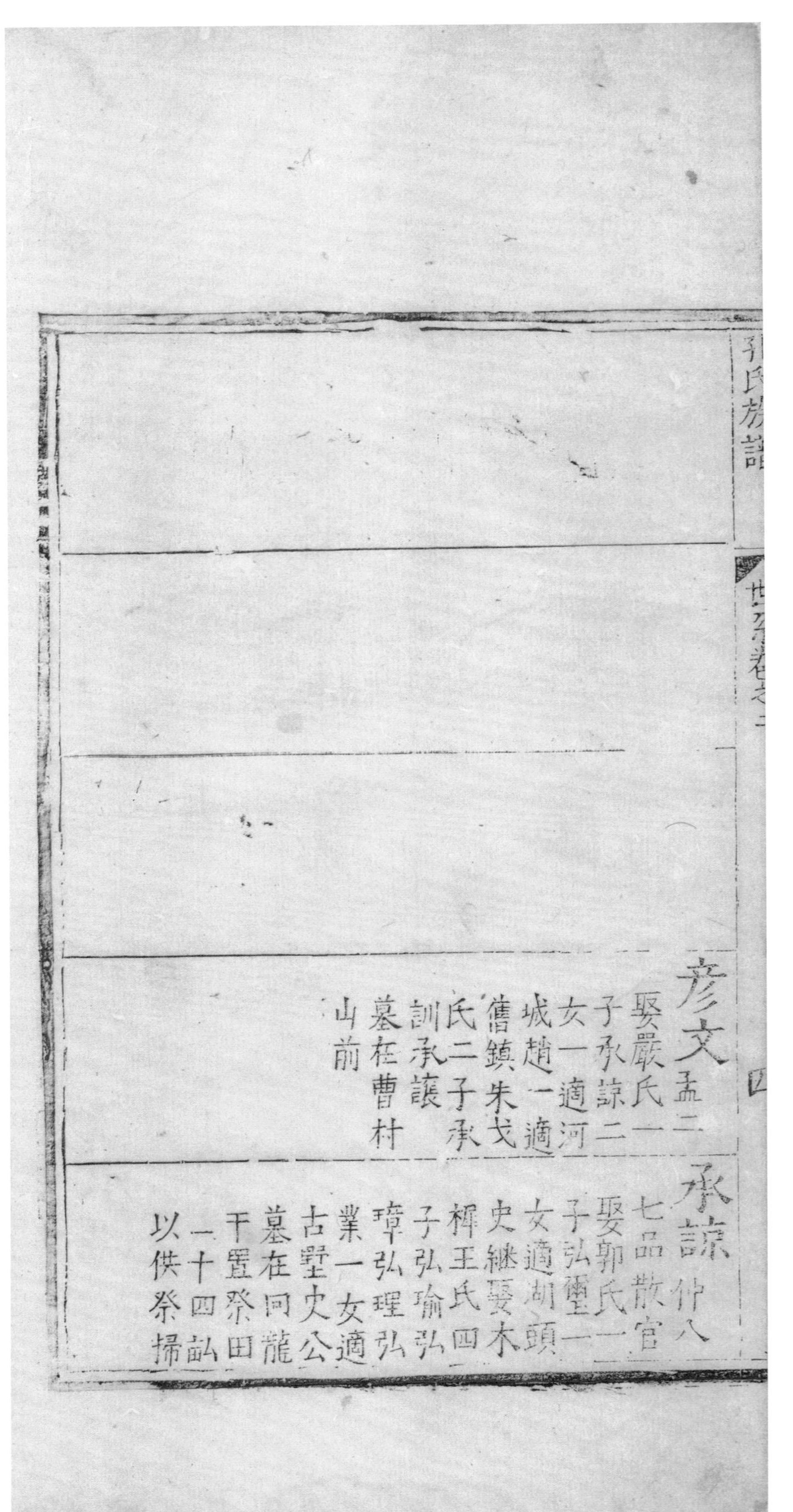

孔氏族譜　世系卷之二　四

彥文　孟二

娶嚴氏一子承諒二女一適河城趙一適舊鎮朱弋氏二子承訓承讓墓在曹村山前

承諒　仲八

七品散官娶郭氏一子弘璽一女適湖頭史繼娶木樨王氏四子弘瑜弘璋弘理弘業一女適古塋史公墓在同龍干置祭田一十四畝以供祭掃

17.5cm x 31.0cm

嘉靖三十五年十月

承訓 仲十

一子弘淵

承讓 彥三

娶夏氏耶氏五子弘塋弘鑿弘堅弘塗弘璀二女長適上古王次適彭池

17.5cm x 31.0cm

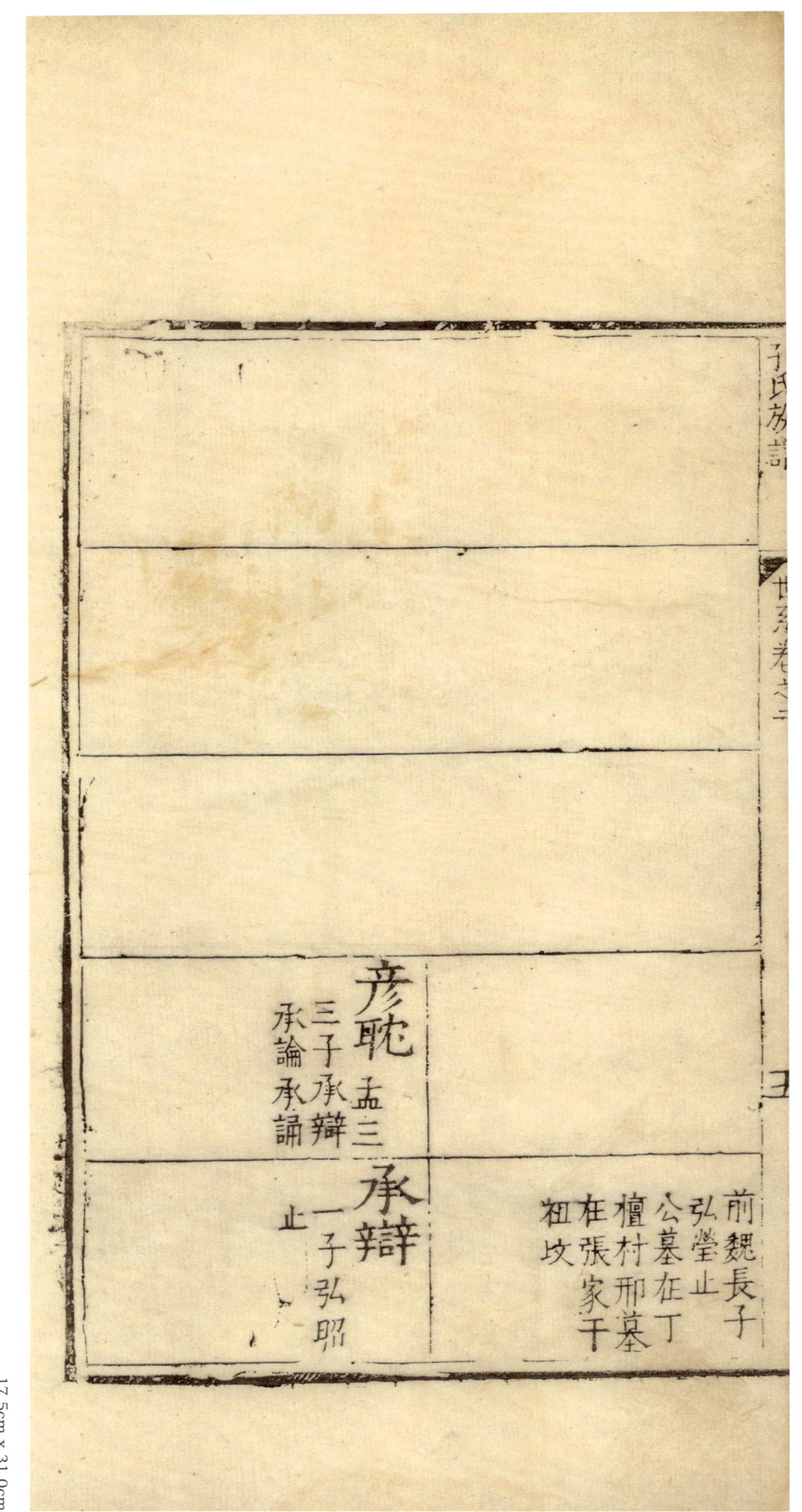

孔氏族譜　世系卷之二　五

彥𩊠　三子承辯　承論　承誦　孟三

承辯　一子弘昭　止

前魏長子弘瑩止公墓在丁檀村刑墓在張家干祖坟

17.5cm x 31.0cm

嘉靖三十五年十月

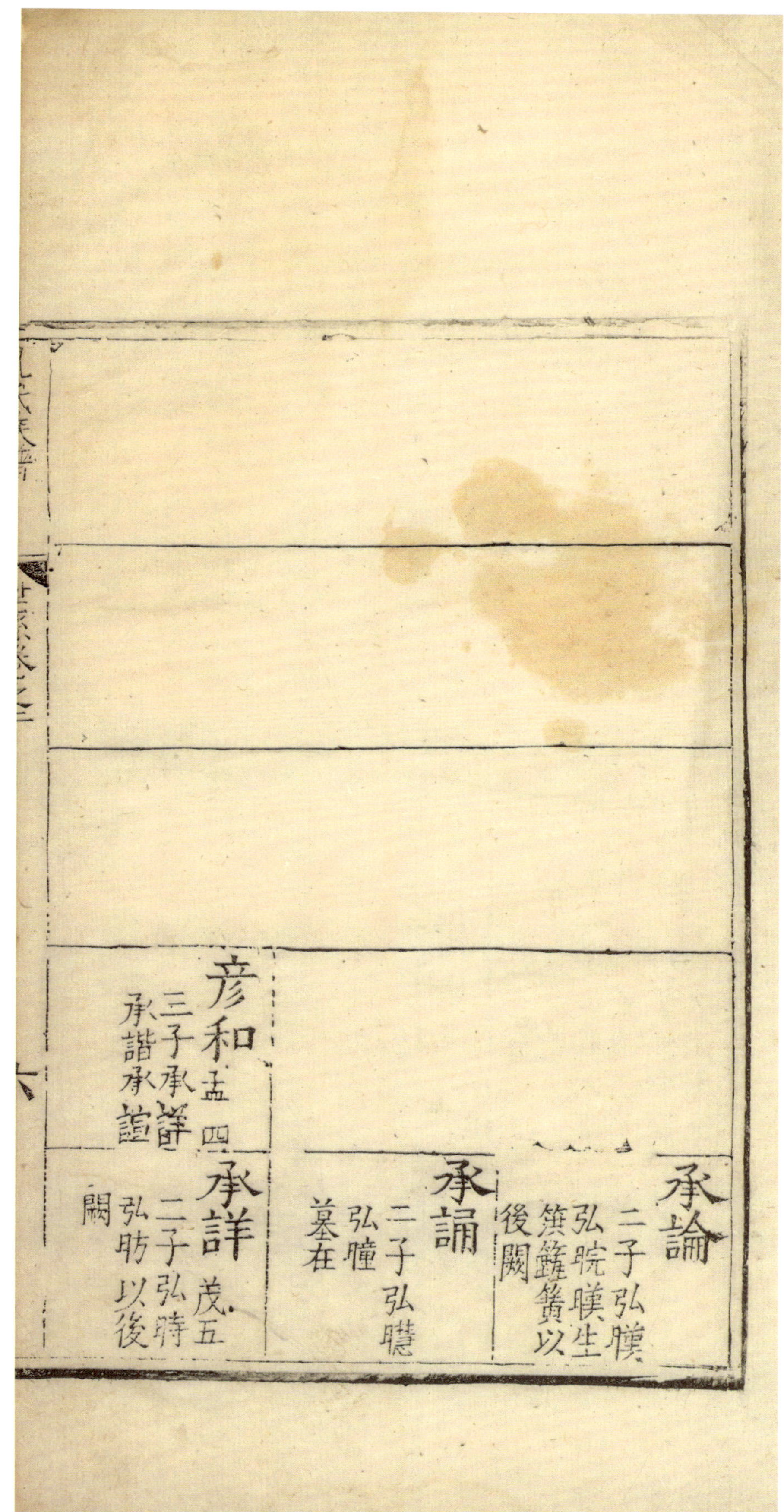

彥和 孟四
三子承詳承諧承諡

承詳 茂五
二子弘時弘昉以後闕

承論
二子弘𦝫弘晥𦝫生箕鏟贇以後闕

承誦
二子弘𨅧弘幢墓在

17.5cm x 31.0cm

嘉靖三十五年十月

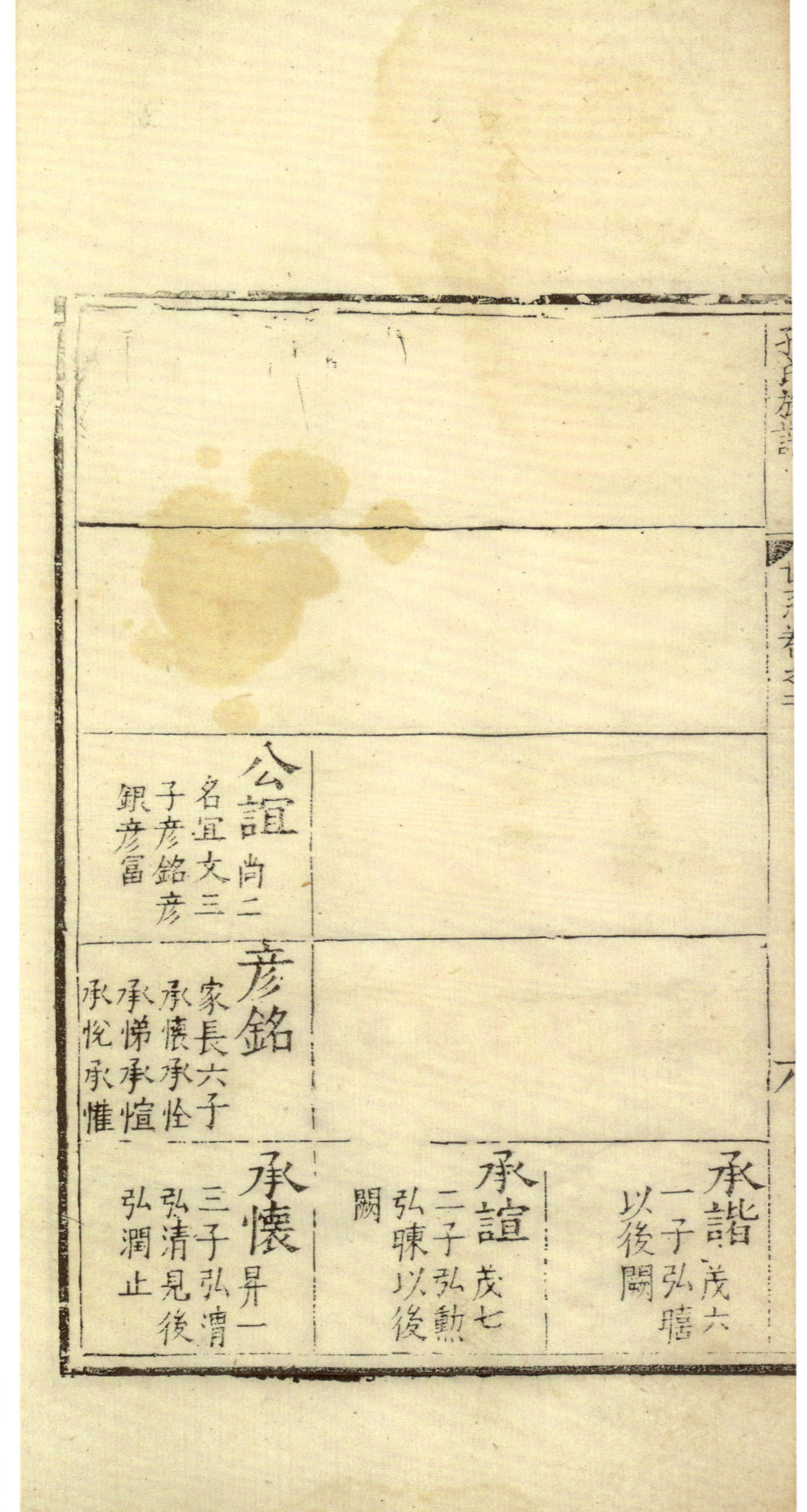

孔氏族譜　世系卷之二

公誼　尚二
名宜文三
子彥銘彥
銀彥富

彥銘
家長六子
承懷承㙉
承悌承愃
承悅承惟

承諧　茂六
一子弘瞎
以後闕

承誼　茂七
二子弘勲
弘騋以後
闕

承懷　昇一
三子弘漕
弘清見後
弘潤止

17.5cm x 31.0cm

嘉靖三十五年十月

承𢙇 昇三
二子 弘溥 弘澤

承悌 昇五
三子 弘海 弘江 弘濱 闕

承愃 昇六
三子 弘漣 弘湘 弘淇

17.5cm x 31.0cm

嘉靖三十五年十月

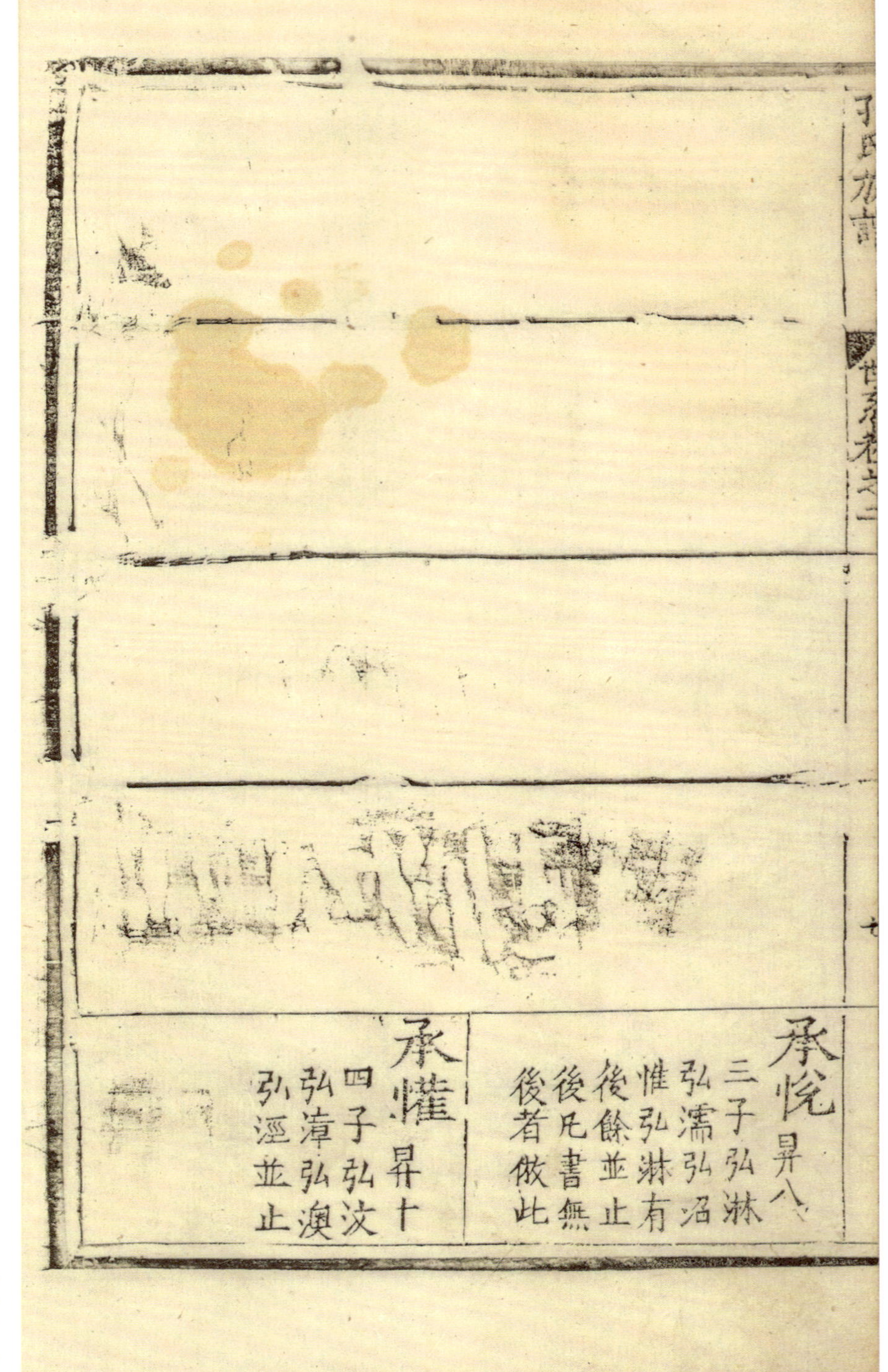

承悦 昇八
三子弘淋
弘濡弘沼
惟弘淋有
後餘並止
後凡書無
後者倣此

承懽 昇十
四子弘汶
弘漳弘澳
弘溼並止

17.5cm x 31.0cm

嘉靖三十五年十月

彦銀
三子承徇
承怡

彦富
三子承恪
承怙承愜
並止

承徇
昇四
三子弘潭
弘濠弘澄

承怡
昇七
一子弘漢
止

17.5cm x 31.0cm

嘉靖三十五年十月

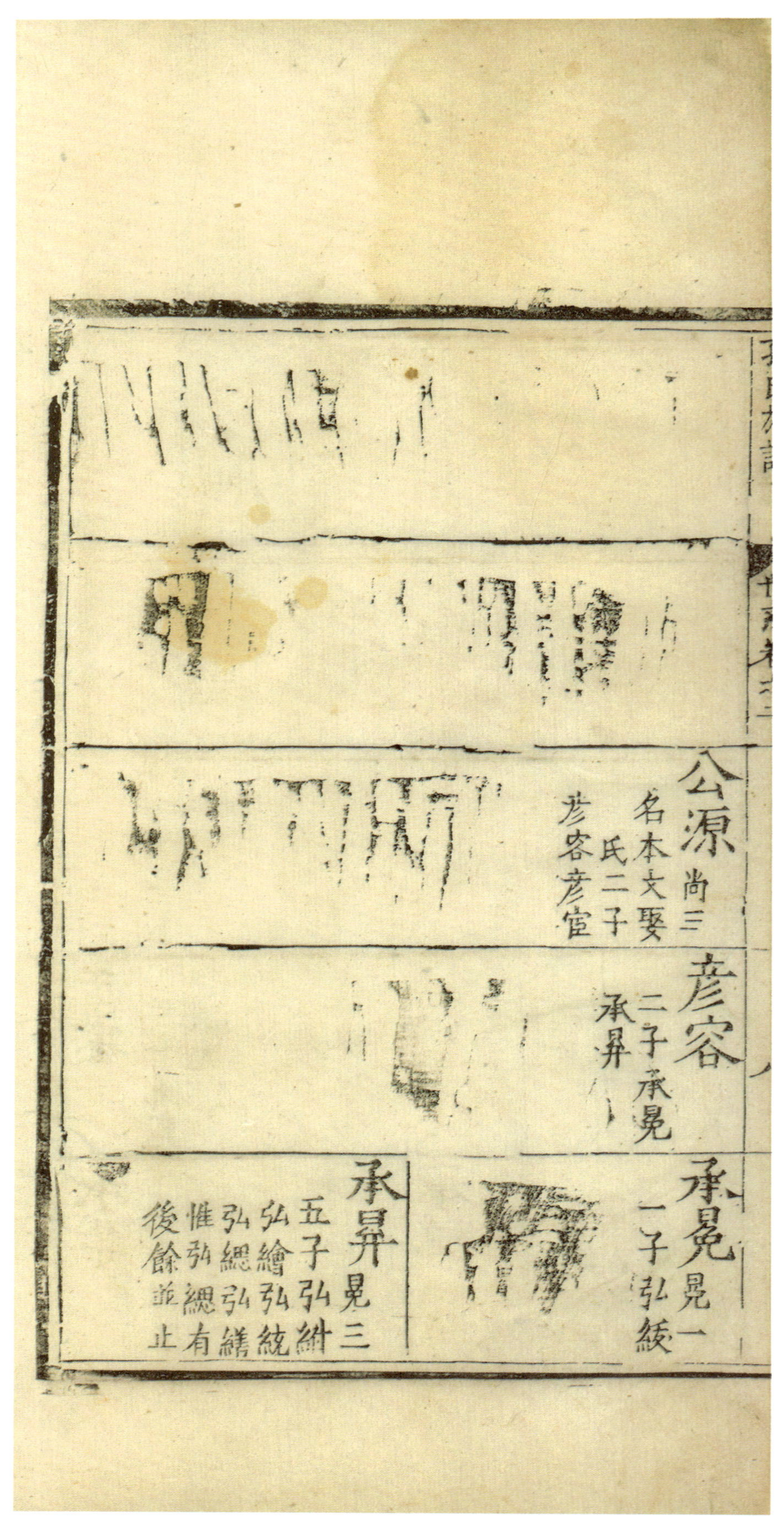

公源 尚三
名本文娶
氏二子
彦容彦宦

彦容
二子承晃
承昇

承晃 晃一
一子弘綎

承昇 晃三
五子弘紲
弘繪弘統
弘總弘繕
惟弘總有
後餘並止

17.5cm x 31.0cm

嘉靖三十五年十月

孔子博物館藏

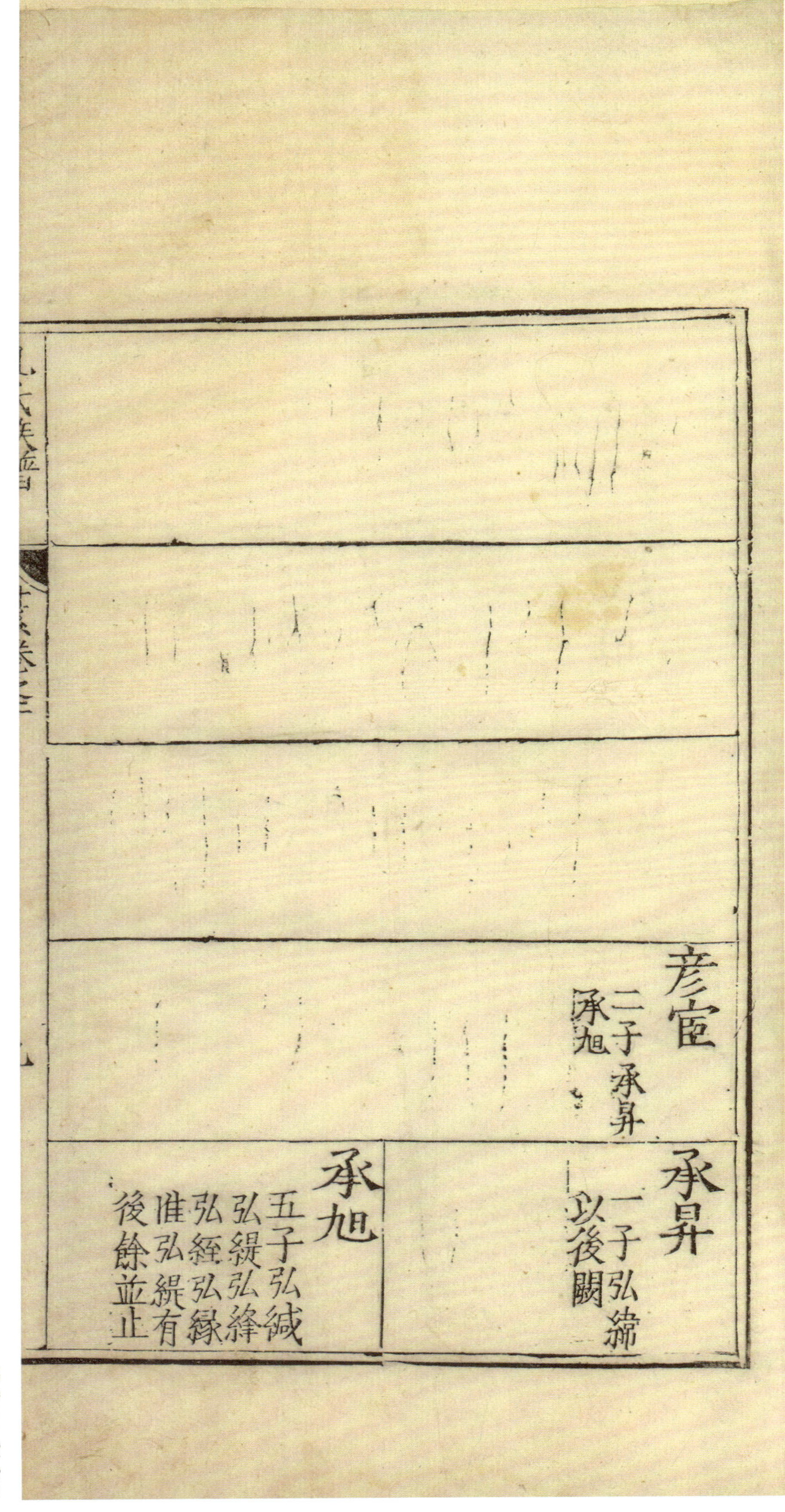

彥宦
二子承昇
承旭

承昇
一子弘綿
以後闕

承旭
五子弘緘
弘緹弘絳
弘經弘緣
惟弘緄有
後餘並止

17.5cm x 31.0cm

嘉靖三十五年十月

孔氏族譜

世系卷之二

九

公俊 尚四
名英文娶許氏三子彦華彦蕙彦芳
墓在曹村園

彦華 孟九
娶郭氏三子承綸承繹承維

承綸 愷二
二子弘梘弘楊
墓在曹村園

承繹 愷四
娶王氏以弟維第五子弘椿爲嗣
墓在曹村祖塋

明代卷

17.5cm x 31.0cm

孔子博物館藏

嘉靖三十五年十月

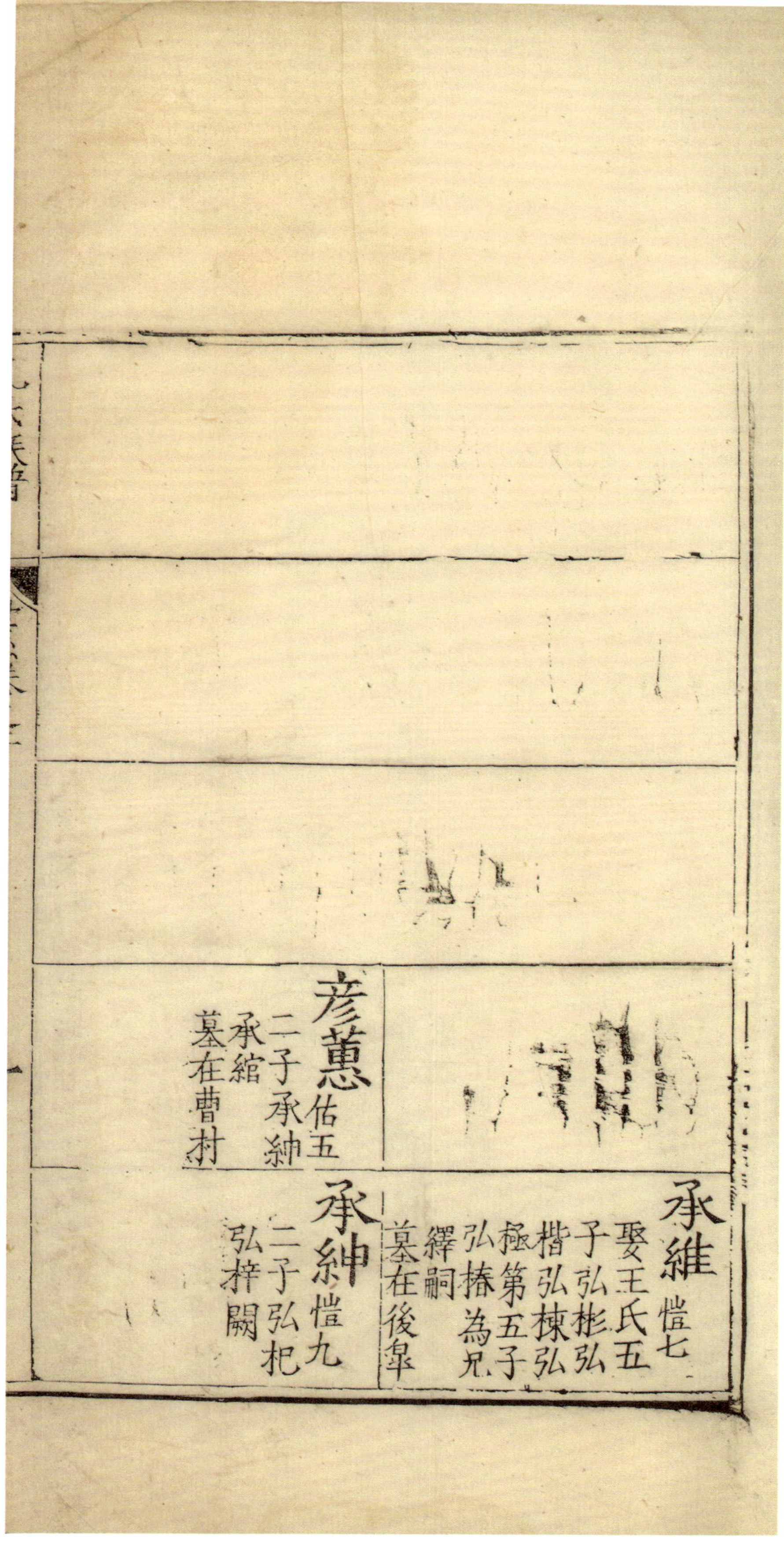

彥蕙 佑五
二子 承紳
承綰
墓在曹村

承維 愷七
娶王氏 五子 弘彬 弘楷 弘棟 弘極 弟五子 弘椿 為兄繹嗣
墓在後阜

承紳 愷九
二子 弘杷
弘梓 闕

17.5cm x 31.0cm

嘉靖三十五年十月

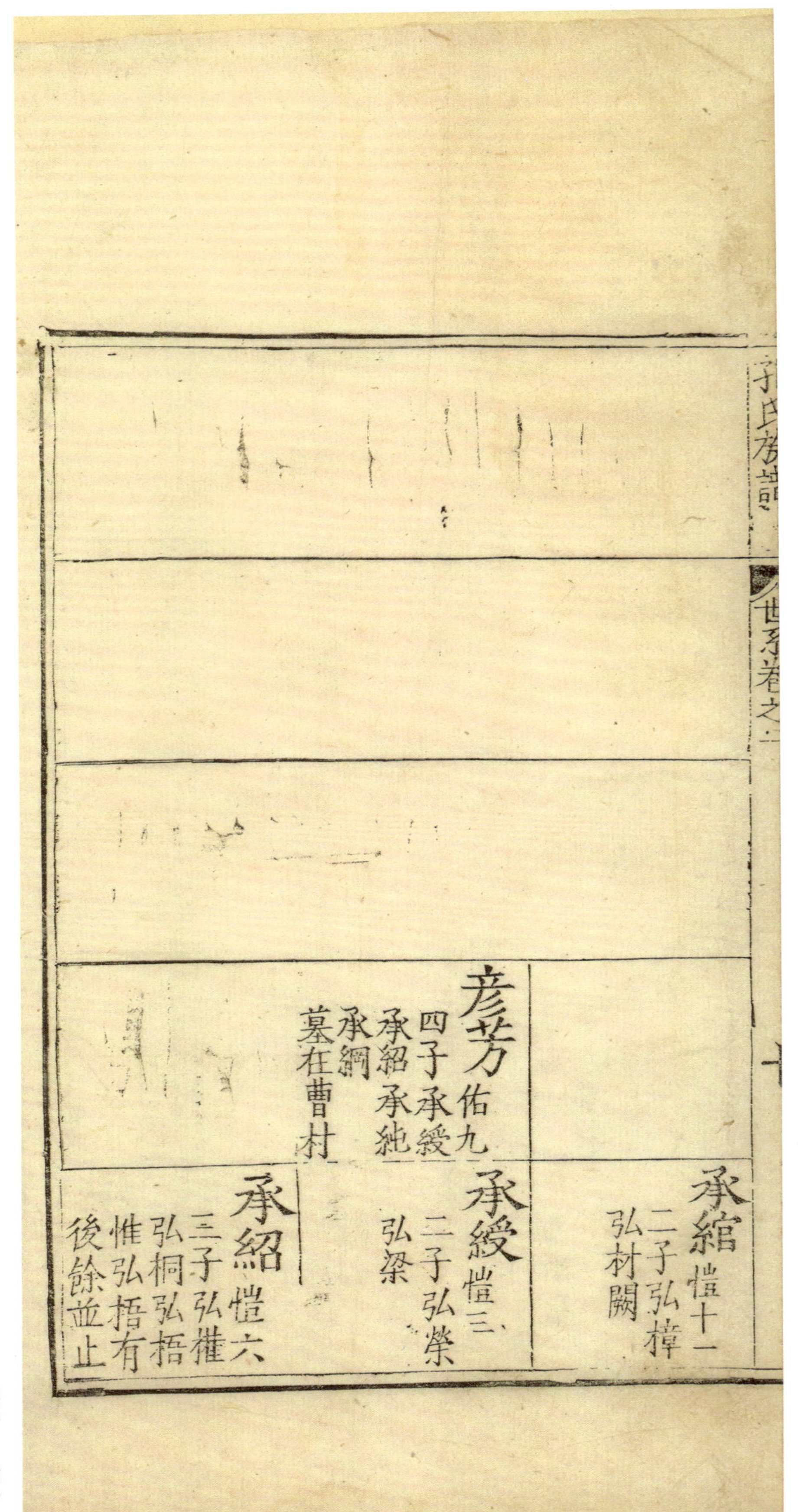

孔氏族譜　世系卷之二

彥芳 佑九
四子承綬 承純
承紹 承綱
墓在曹村

承綰 愷十一
二子弘樟
弘材 闕

承綬 愷三
二子弘榮
弘深

承紹 愷六
三子弘權
弘桐 弘梧
惟弘梧有
後餘並止

17.5cm x 31.0cm

嘉靖三十五年十月

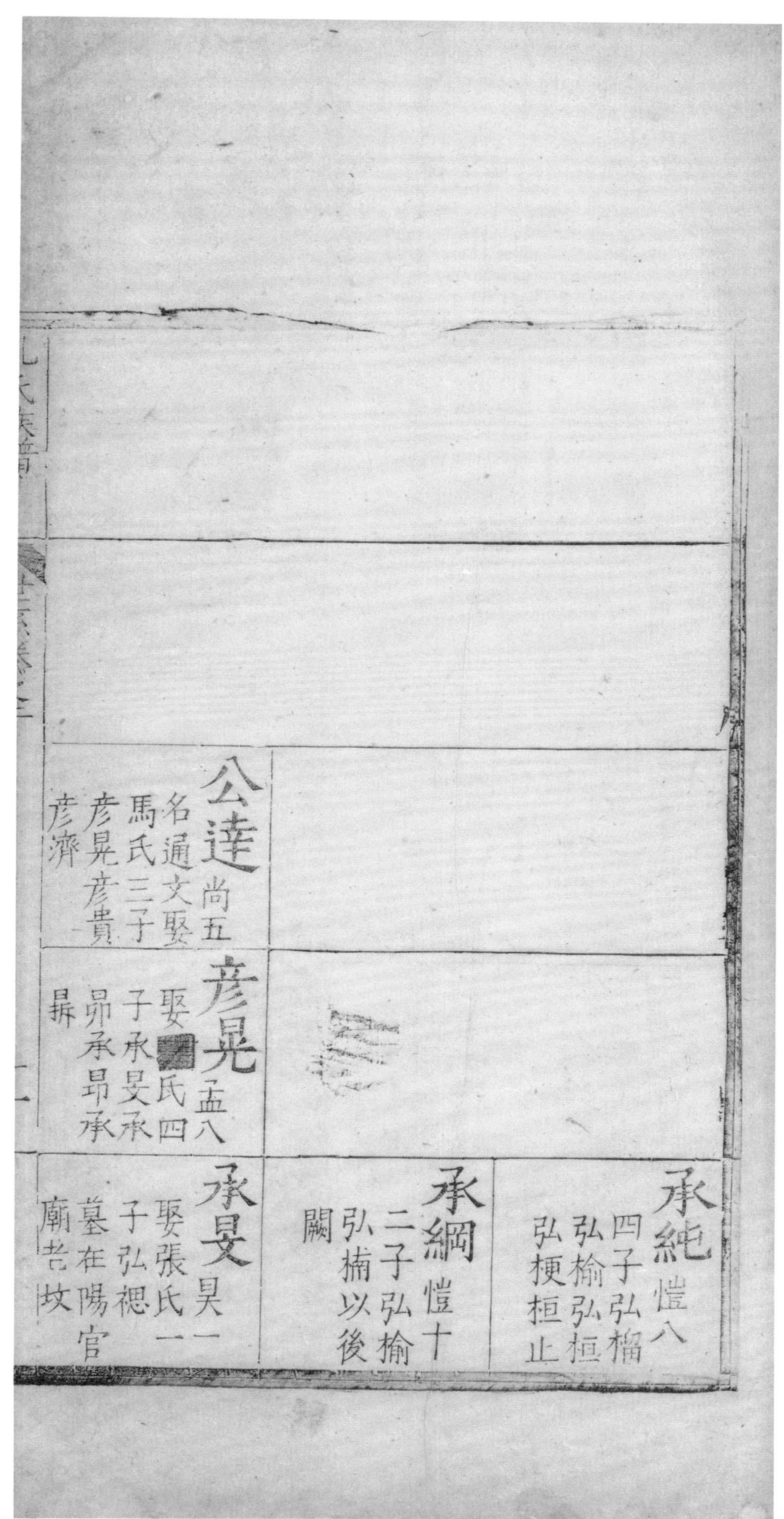

公達 尚五
名通文娶馬氏三子彥晃彥貴彥濟

彥晃 孟八
娶■氏四子承旻承昂承昂承昪

承純 愷八
四子弘楢弘揄弘桓弘梗桓止

承綱 愷十
二子弘揄弘椾以後闕

承旻 昊一
娶張氏一子弘禨墓在陽官廟苍坟

17.5cm x 31.0cm

承鼎 昊四
娶許氏三子弘機弘祰弘禔無傳

承昂 昊五
三子弘祈弘祫弘祑惟弘祈有後餘並止

承昪 昊六
娶趙氏三子弘禂弘禓弘祝禓止

17.5cm x 31.0cm

嘉靖年間重修漆橋孔氏家乘
卷二至卷三

嘉靖三十五年十月

孔子博物館藏

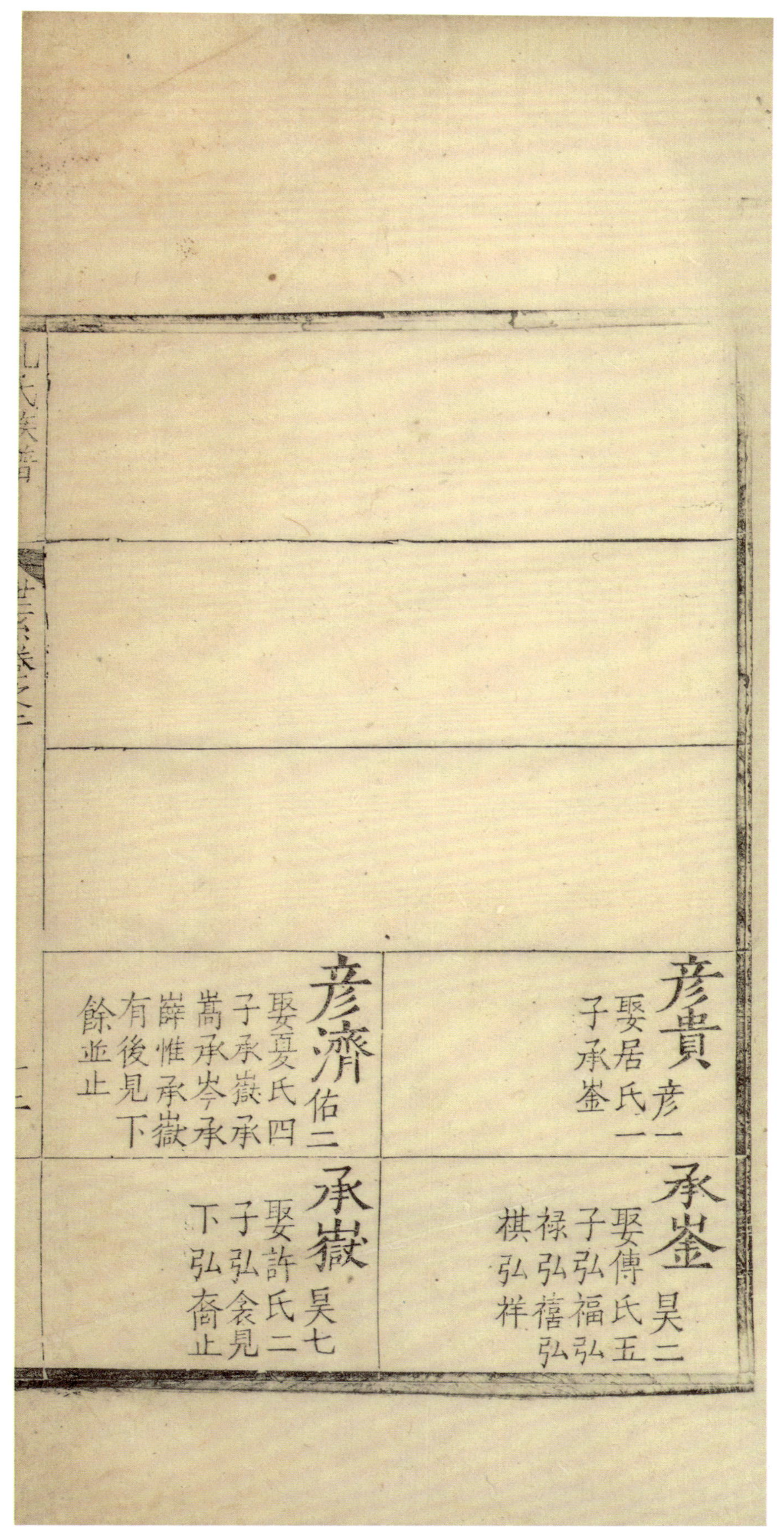

孔氏族譜 卷之三

彦貴 彦一
娶居氏一
子承崟

彦濟 佑二
娶夏氏四
子承嶽承
嵩承岑承
嶭惟承嶽
有後見下
餘並止

承崟 昊二
娶傅氏五
子弘福弘
祿弘禧弘
祺弘祥

承嶽 昊七
娶許氏二
子弘衾見
下弘裔止

17.5cm x 31.0cm

宗族 卷〇〇〇九

嘉靖三十五年十月

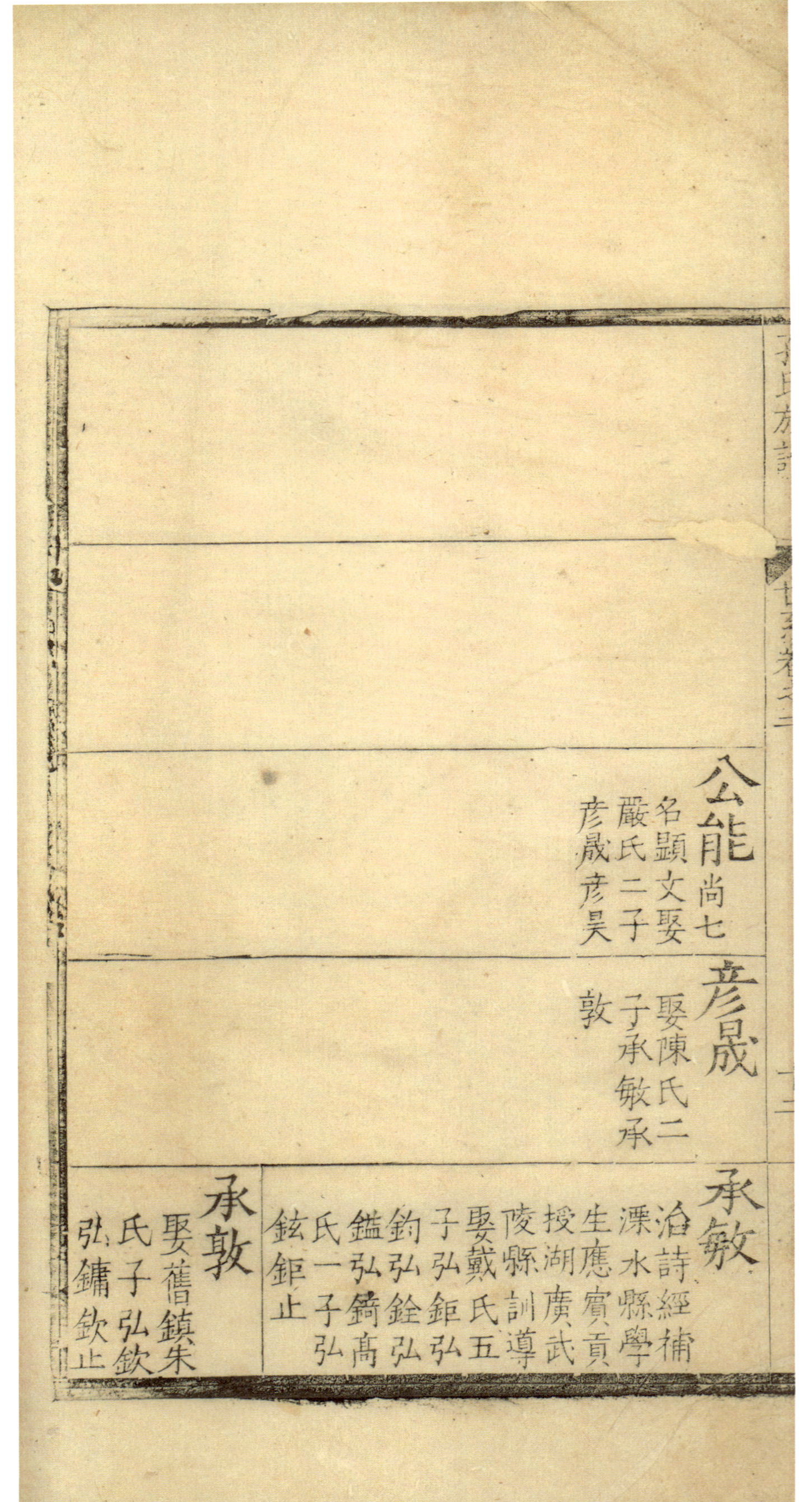

公能 尚七
名顯文娶
嚴氏二子
彦晟彦昊

彦晟 娶陳氏二
子承敏承
敦

承敏 治詩經補
溧水縣學
生應賓貢
授湖廣武
陵縣訓導
娶戴氏五
子弘鉅弘
鈞弘銓弘
鑑弘錡高
氏一子弘
鉉鉅止

承敦 娶舊鎮朱
氏子弘欽
弘鏞欽止

17.5cm x 31.0cm

嘉靖三十五年十月

公智 尚八
名士明六子彥釗彥鏈彥鏕彥鑑彥鉞彥靖

彥昊
子承敷承敖承傚惟敫有後見下餘並止

彥釗 佑一
娶[illegible]氏五子承忠承憲承懋昌六承態憲止

承敷
二子弘銑弘鐪闕

承忠 昌一
三子弘玘弘瓛弘珪闕

承懋 昌四
四子弘璇弘璣弘玉弘珩

17.5cm x 31.0cm

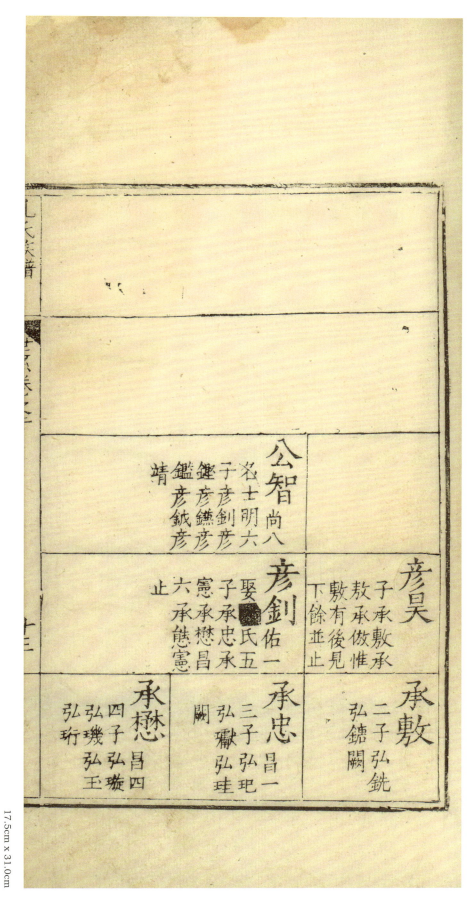

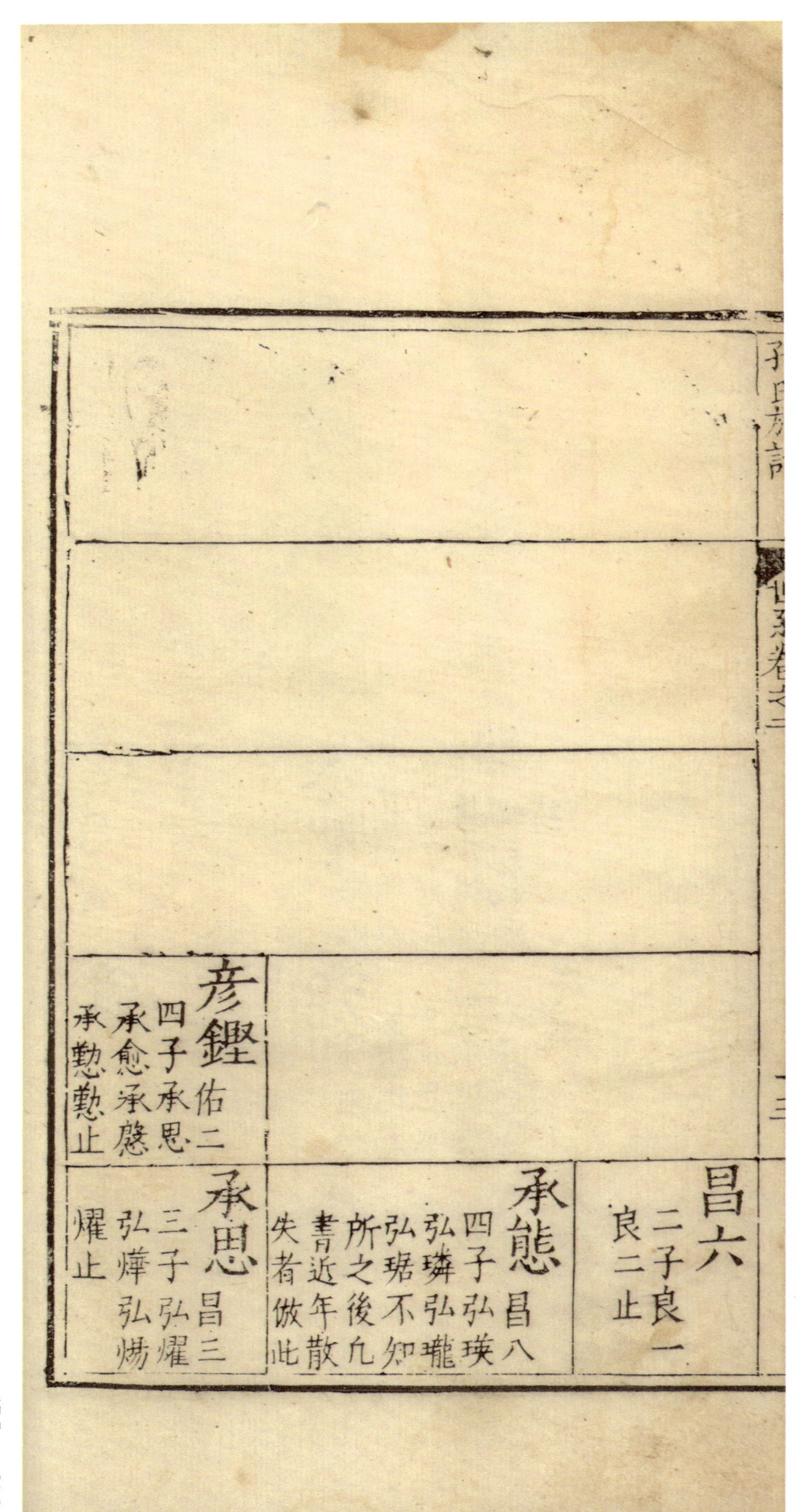

孔氏族譜　世系卷之二　三

彥鏗 佑二
四子承思承愈承慇承懃懃止

昌六
二子良一良二止

承態 昌八
四子弘瑛弘璘弘瓏弘琚不知所之後凡書近年散失者倣此

承思 昌三
三子弘燿弘煒弘煬燿止

17.5cm x 31.0cm

嘉靖三十五年十月

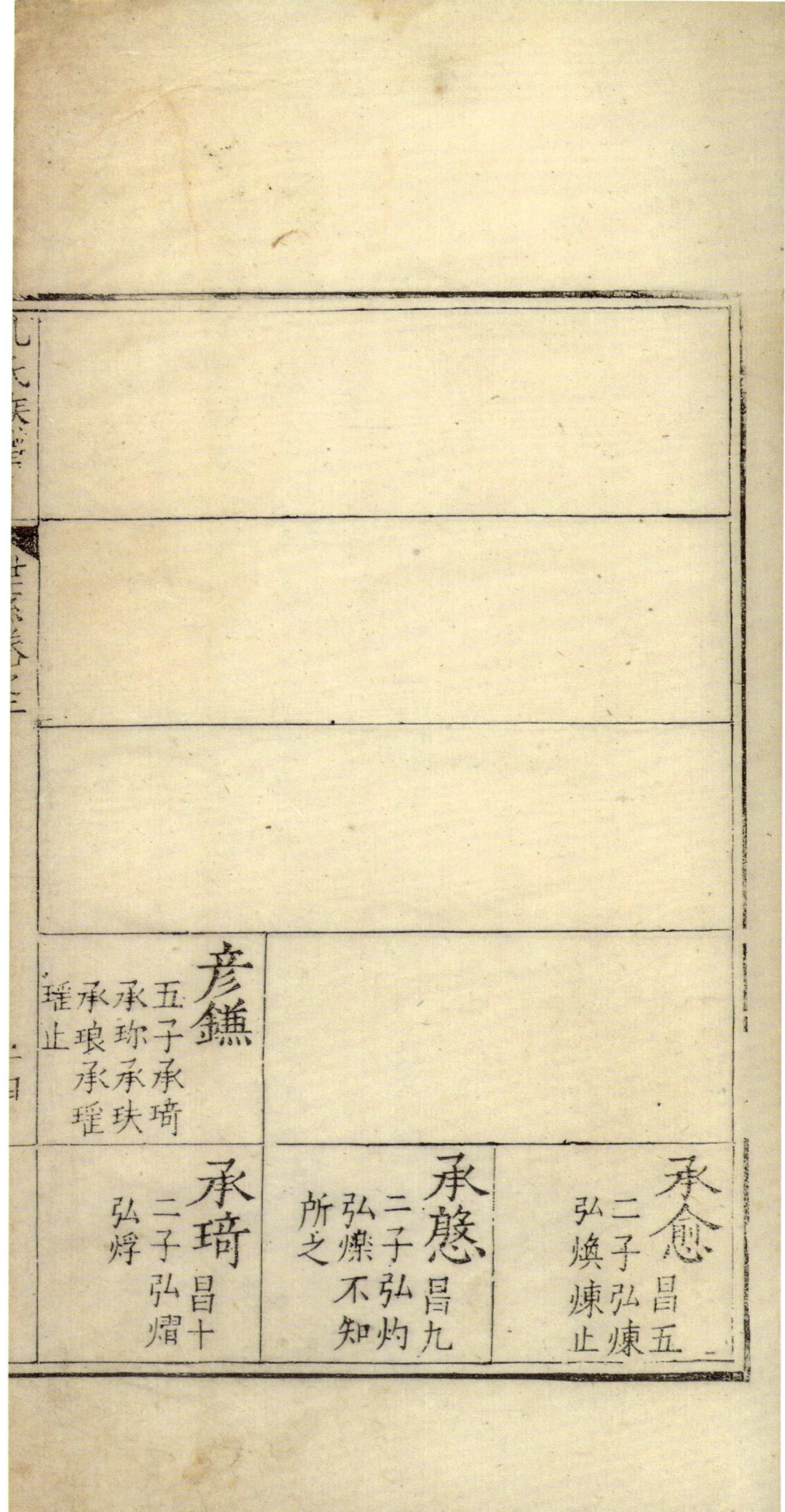

彥鏕
五子承琦
承珎承玦
承琅承瑆
瑆止

承愈 昌五
二子弘煉
弘煥
煉止

承慇 昌九
二子弘灼
弘爍不知
所之

承琦 昌十
二子弘熶
弘焊

17.5cm x 31.0cm

嘉靖三十五年十月

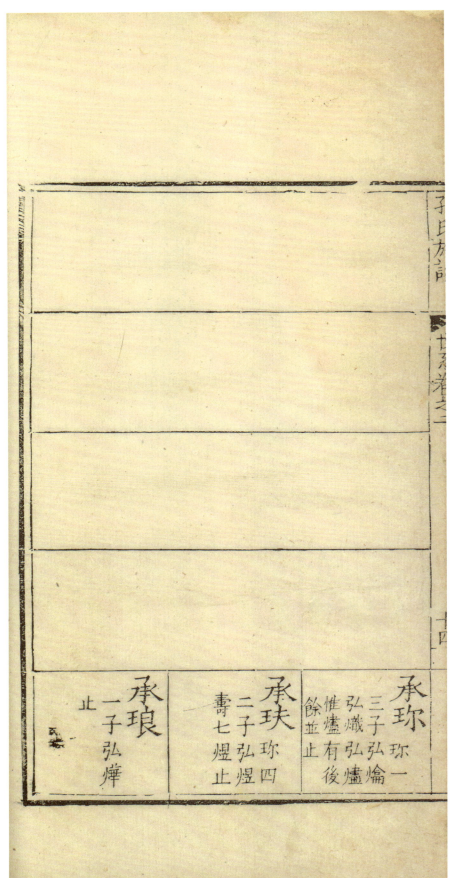

孔氏族譜

世系卷之二

十四

承弥 弥一
三子弘倫
弘瓛弘爐
惟爐有後
餘並止

承玞 弥四
二子弘煜
壽七煜止

承琅
一子弘燁
止

17.5cm x 31.0cm

嘉靖三十五年十月

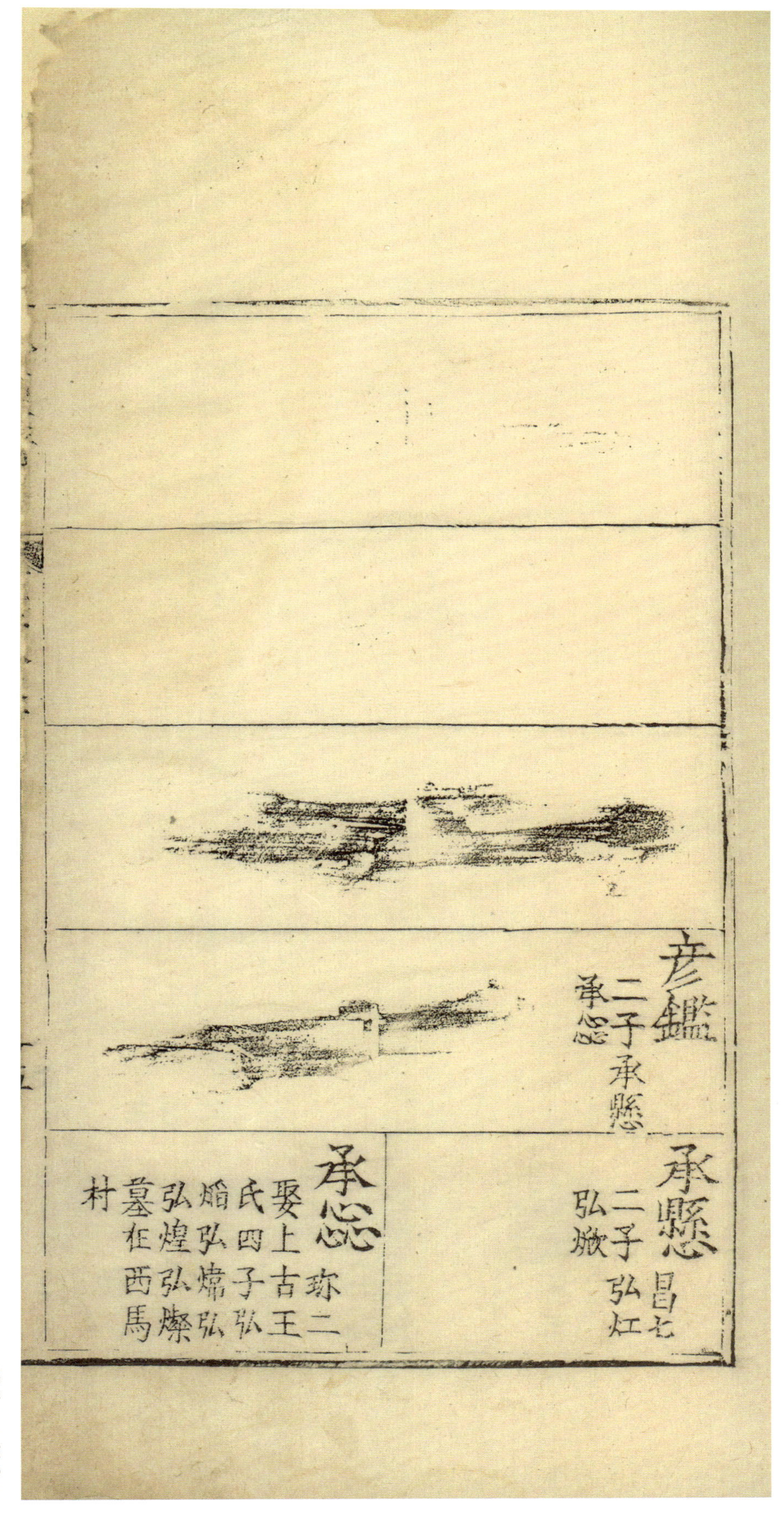

彦鑑
二子承懸
承惢

承懸
二子弘灱
弘𤇆
昌七

承惢
琢二
娶上吉王
氏四子弘
娟弘煒弘
弘煌弘爍
墓在西馬
村

17.5cm x 31.0cm

嘉靖三十五年十月

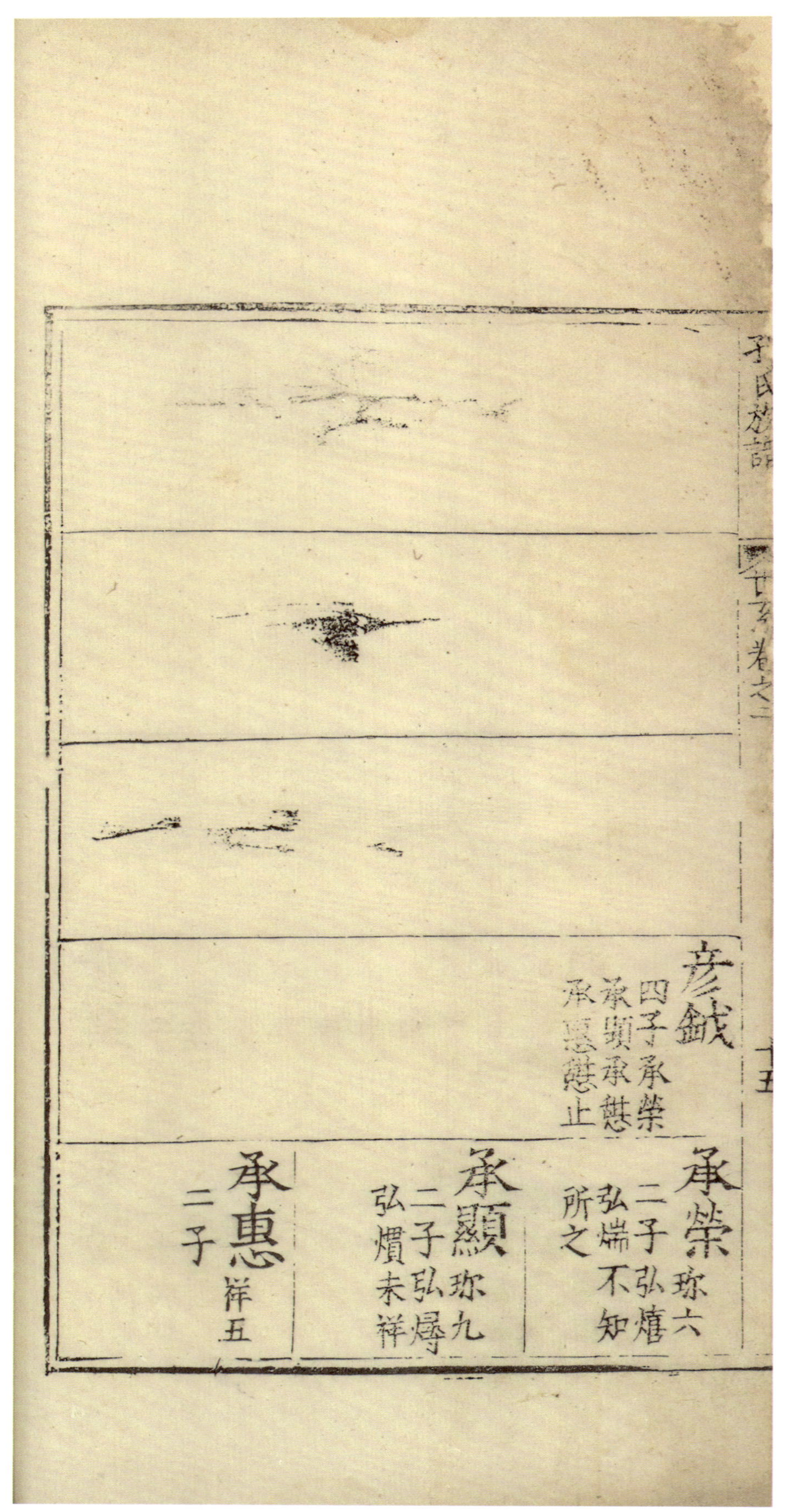

孔氏族譜 卷之二 十五

彥鉞
四子承榮
承顯承懋
承惠懋止

承榮 珎六
二子弘熺
弘煓不知
所之

承顯 珎九
二子弘焬
弘熉未詳

承惠 祥五
二子

17.5cm x 31.0cm

孔子博物館藏

嘉靖三十五年十月

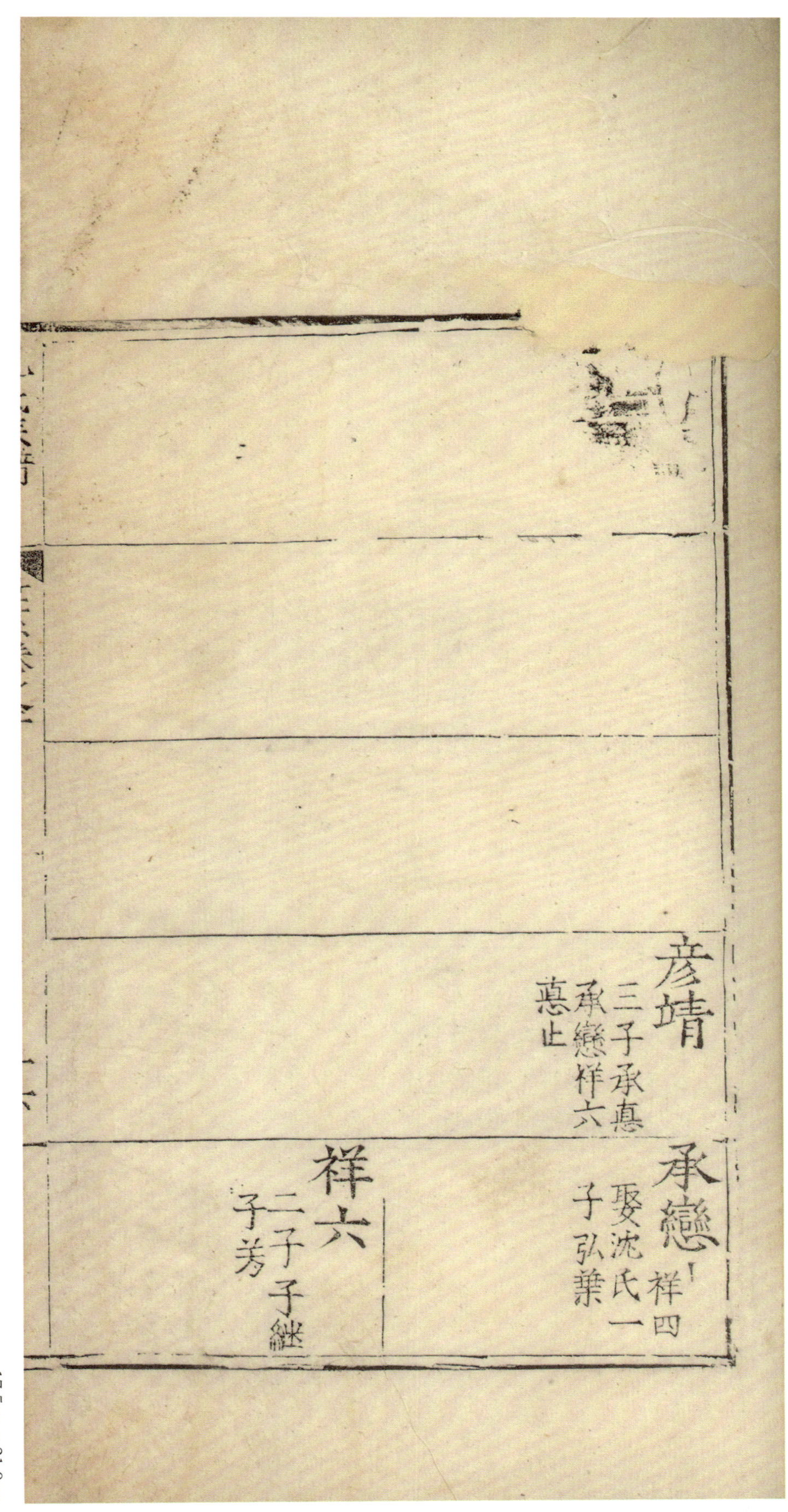

彦靖 三子承惪 承戀 祥六 惪止

承戀 祥四 娶沈氏一子弘兼

祥六 二子子継 子芳

17.5cm x 31.0cm

嘉靖三十五年十月

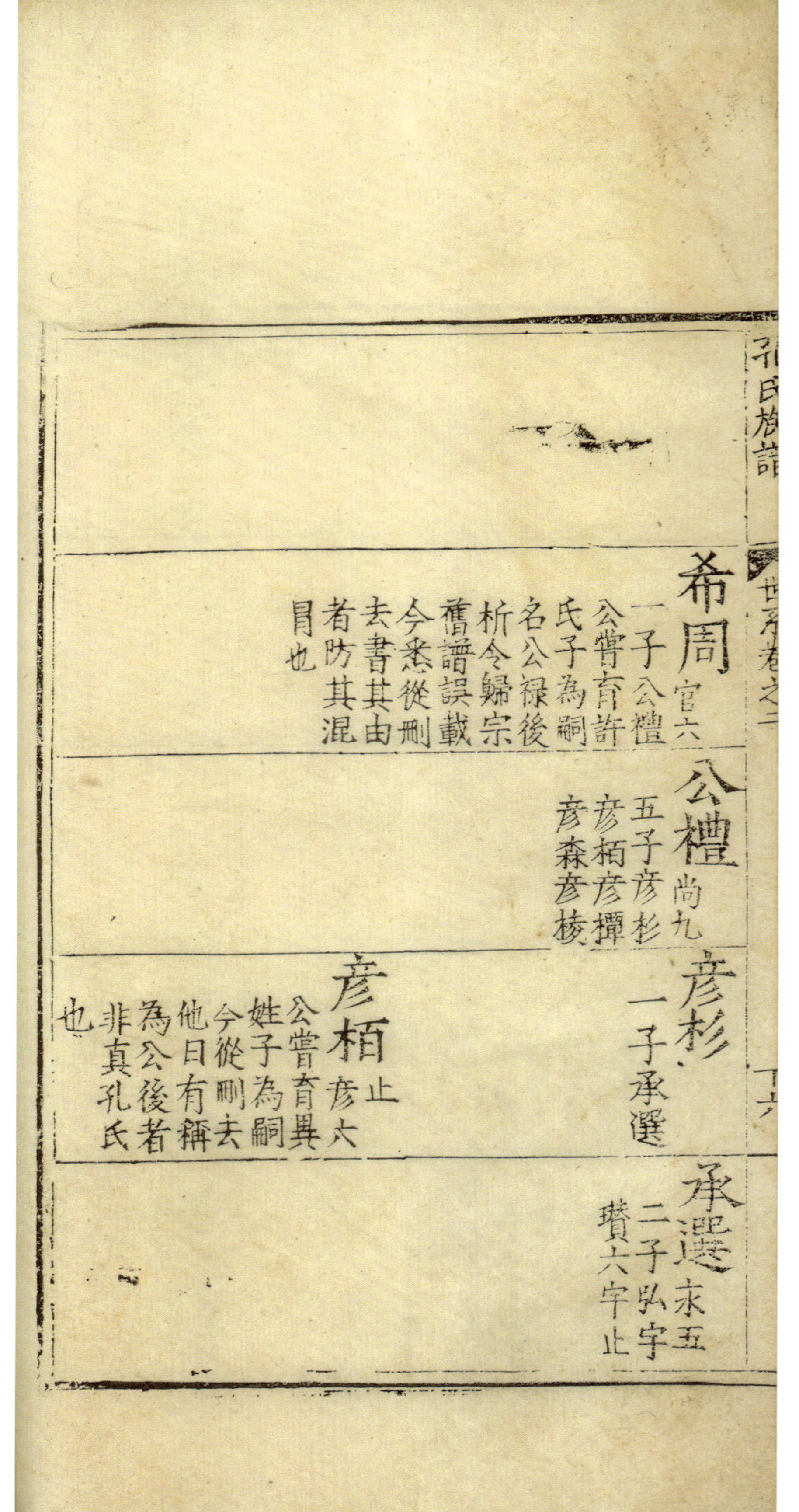
孔氏族譜

世系卷之二

希周 官六
一子公禮
公嘗育許氏子為嗣名公祿後析令歸宗舊譜誤載今悉從删去書其由者防其混冒也

公禮 尚九
五子彥杉 彥栢 彥撣 彥森 彥棱

彥杉
一子承選

彥栢 彥六止
公嘗育異姓子為嗣今從删去他日有稱為公後者非真孔氏也

承選 永五
二子弘宇 賛六宇止

十六

17.5cm x 31.0cm

嘉靖三十五年十月

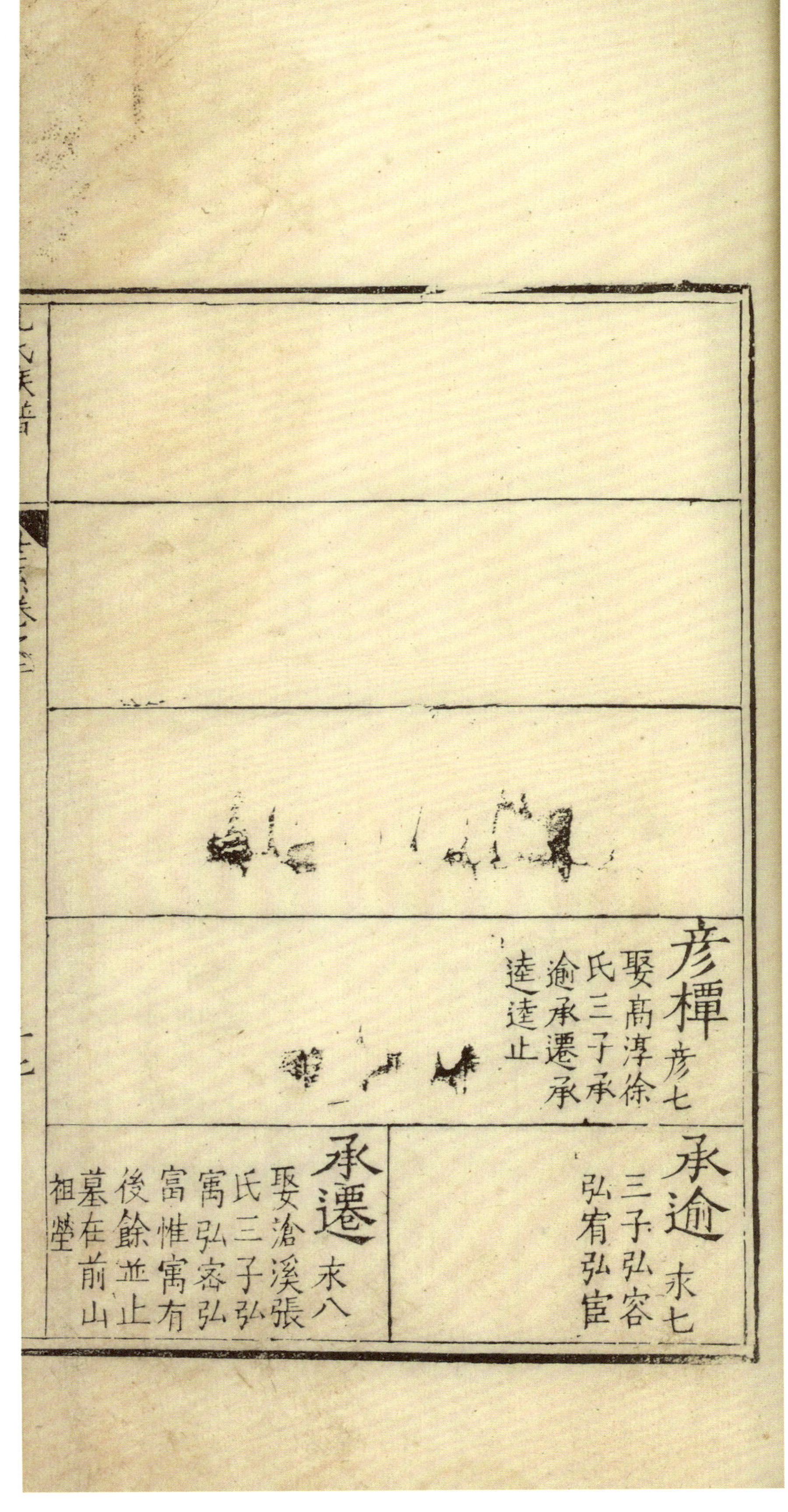

彥橝 彥七
娶高淳徐氏三子承逾承遷承逵逵止

承逾 永七
三子弘容弘宥弘宦

承遷 永八
娶滄溪張氏三子弘寓弘容弘富惟寓有後餘並止墓在前山祖塋

17.5cm x 31.0cm

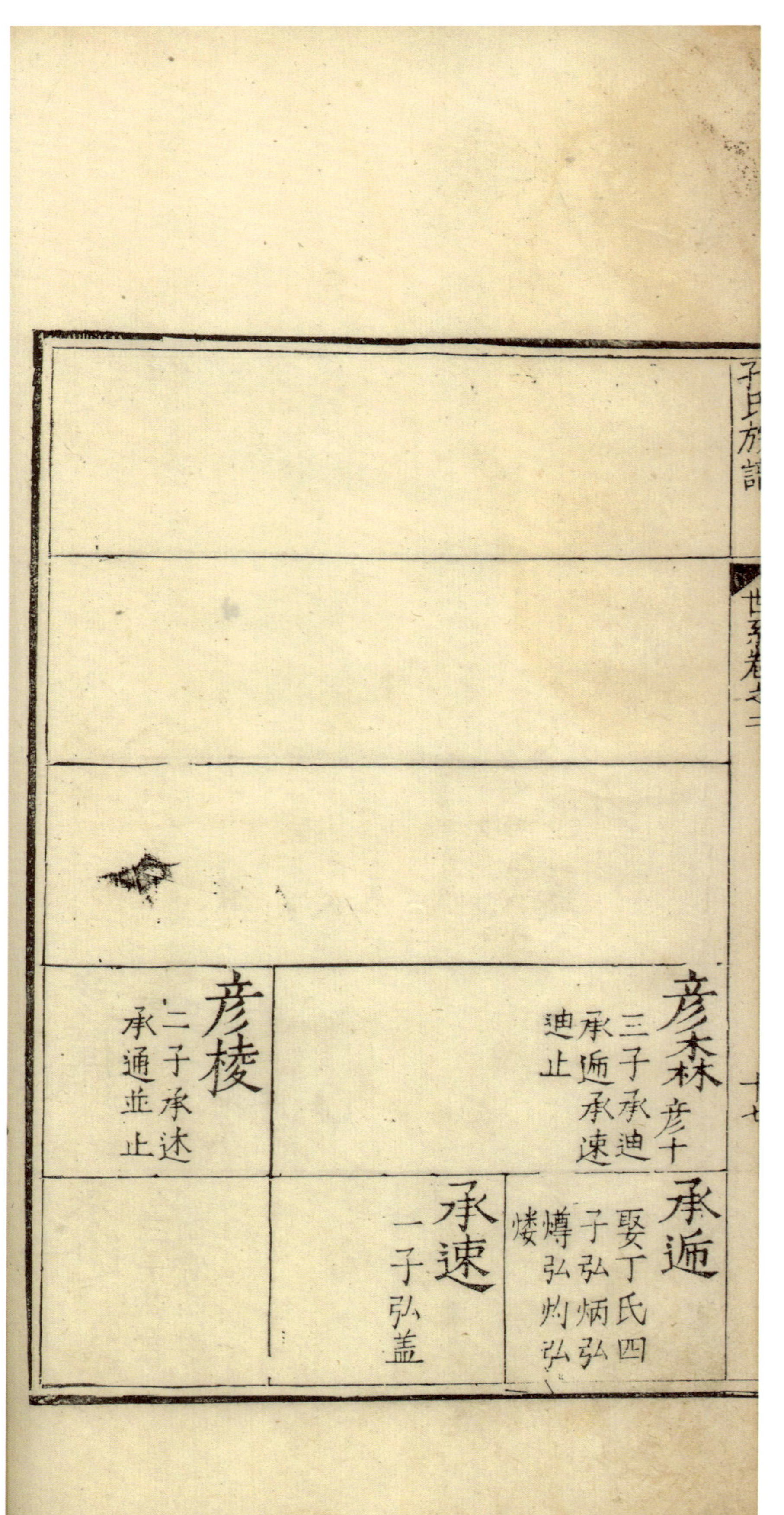
孔氏族譜
世系卷之二
十七

彥森 彥十
三子承迪承逌承速

承迪止

彥棱
二子承述承通並止

承逌
娶丁氏四子弘炳弘燇弘灼弘樓

承速
一子弘蓋

17.5cm x 31.0cm

孔子博物館藏

嘉靖三十五年十月

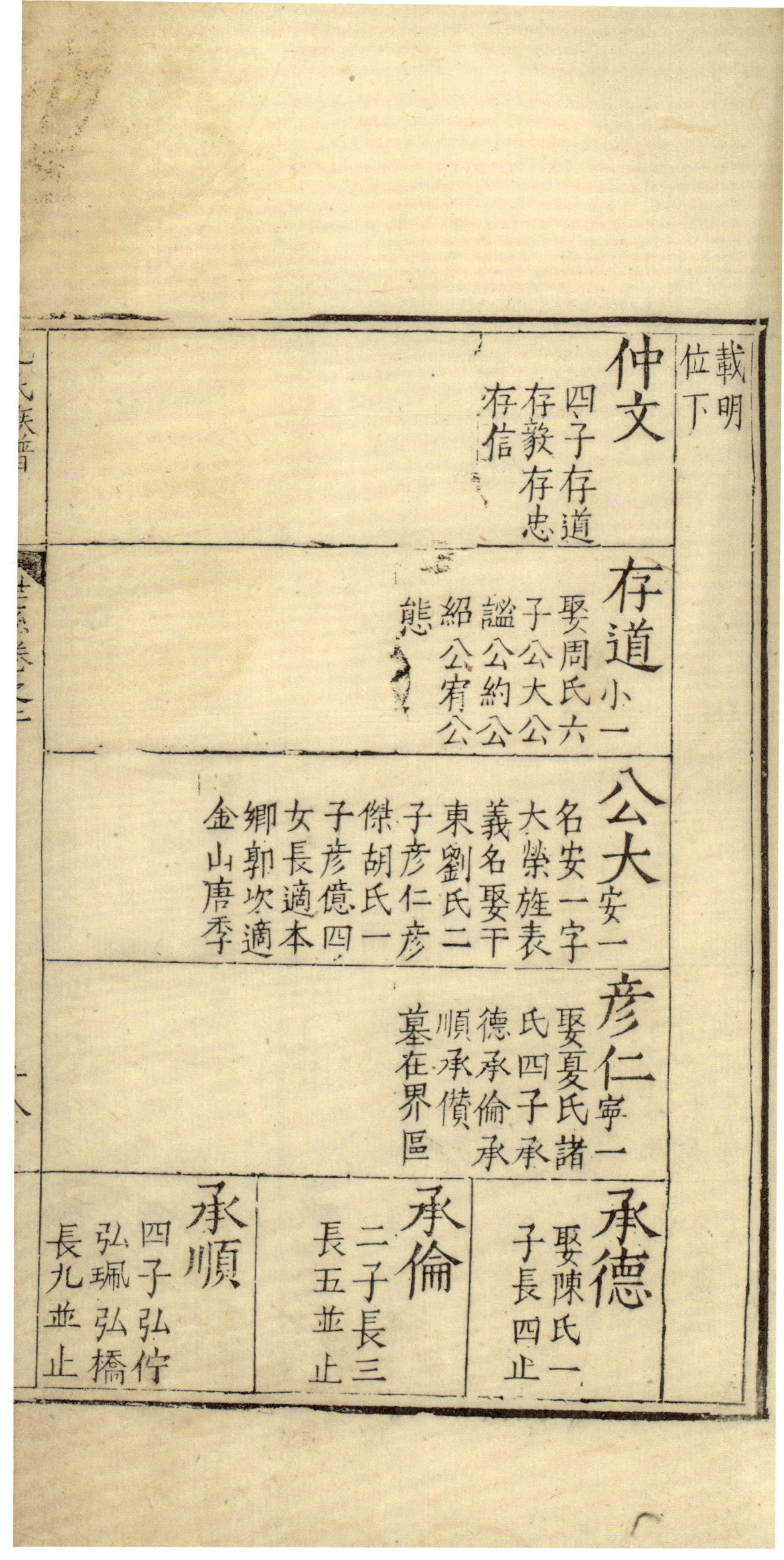

載明位下

仲文 四子存道存毅存忠存信

存道 小一 娶周氏六子公大公諡公約公紹公宥公態

公大 安一 名安一字大榮旌表義名娶干東劉氏二子彥仁彥傑胡氏一子彥德四女長適本鄉郭次適金山唐季

彥仁 寧一 娶夏氏諸氏四子承德承倫承順承僨墓在界區

承德 娶陳氏一子長四止

承倫 二子長三長五並止

承順 四子弘佇弘珮弘橋長九並止

17.5cm x 31.0cm

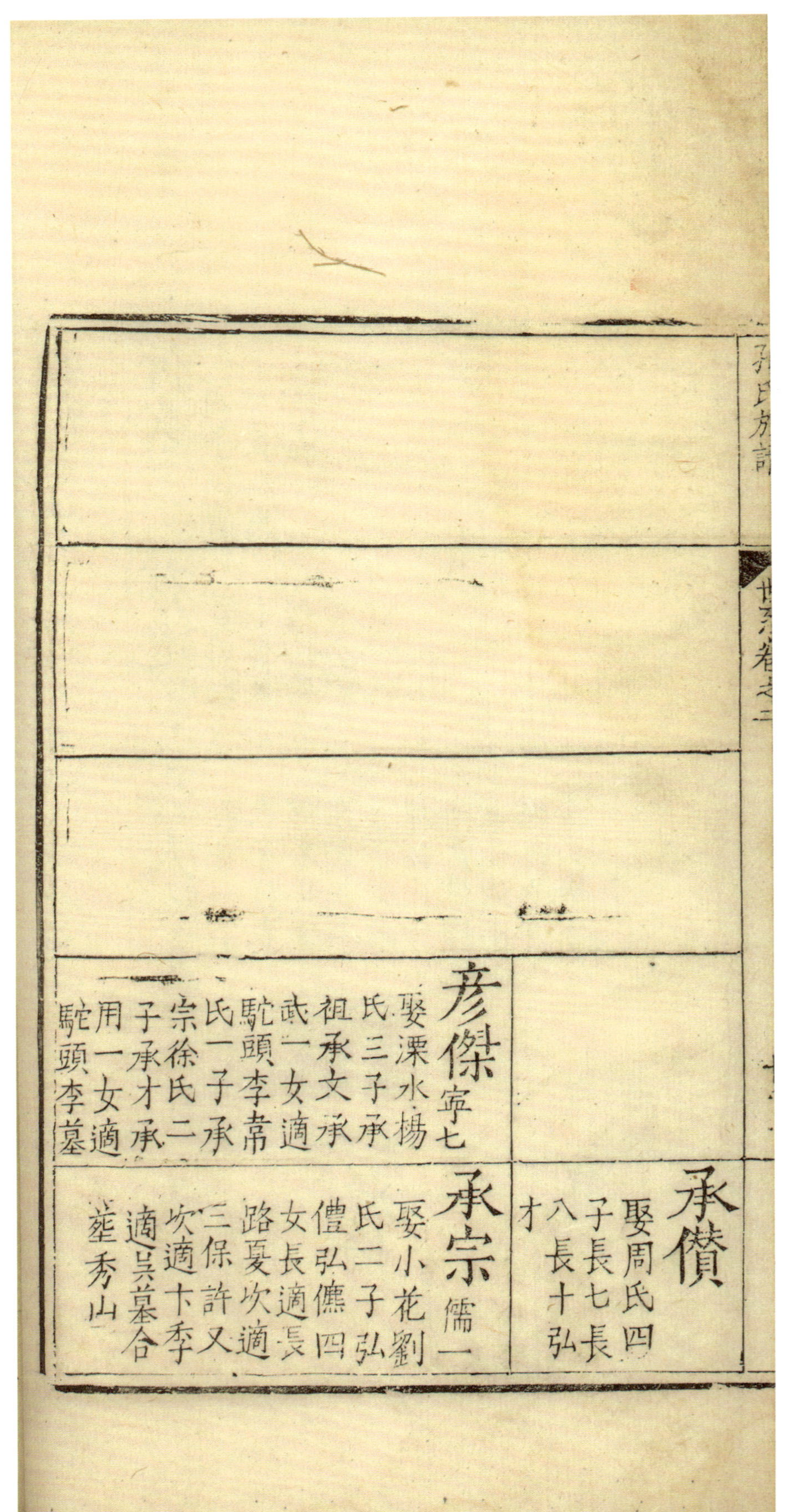
孔氏族譜

世系卷之二

彥傑 寧七 娶溧水楊氏三子承祖承文承武一女適駝頭李常氏一子承宗徐氏二子承才承用一女適駝頭李墓

承儹 娶周氏四子長七長八長十弘才

承宗 儒一 娶小花劉氏二子弘價弘儦四女長適長路夏次適三保許又次適卞季適吴墓合塟秀山

17.5cm x 31.0cm

嘉靖三十五年十月

孔氏族譜　世系卷之三　十九

俱在秀山徐墓在徐家橋

承祖儒四

孝子生景泰壬申正月十九日正德庚辰二月卒娶儀鳳諸氏四子弘仟弘儀弘愛弘俵二女長適橫路章吹適柴墓合塋慥墩

17.5cm x 31.0cm

孔氏族譜 卷之二

止

承才 仕三
娶徐氏一女適西舍徐公墓在秀山曹家瓏徐墓在秀山南崗

承文 仕六
娶溧陽湯氏二子弘佐弘佑二女長適駝頭李次適花山李墓合塋固城

17.5cm x 31.0cm

嘉靖三十五年十月

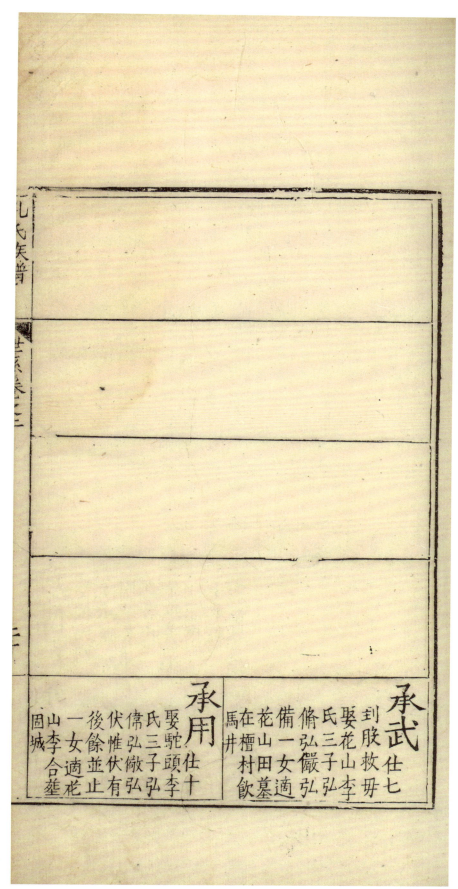

孔氏族譜　宗系卷三　三

承武　仕七
刲股救母娶花山李氏三子弘脩弘儼弘備一女適花山田墓在櫃村飲馬井

承用　仕十
娶駝頭李氏三子弘儒弘徹弘伏惟伏有後餘並止一女適花山李合塋固城

17.5cm x 31.0cm

嘉靖三十五年十月

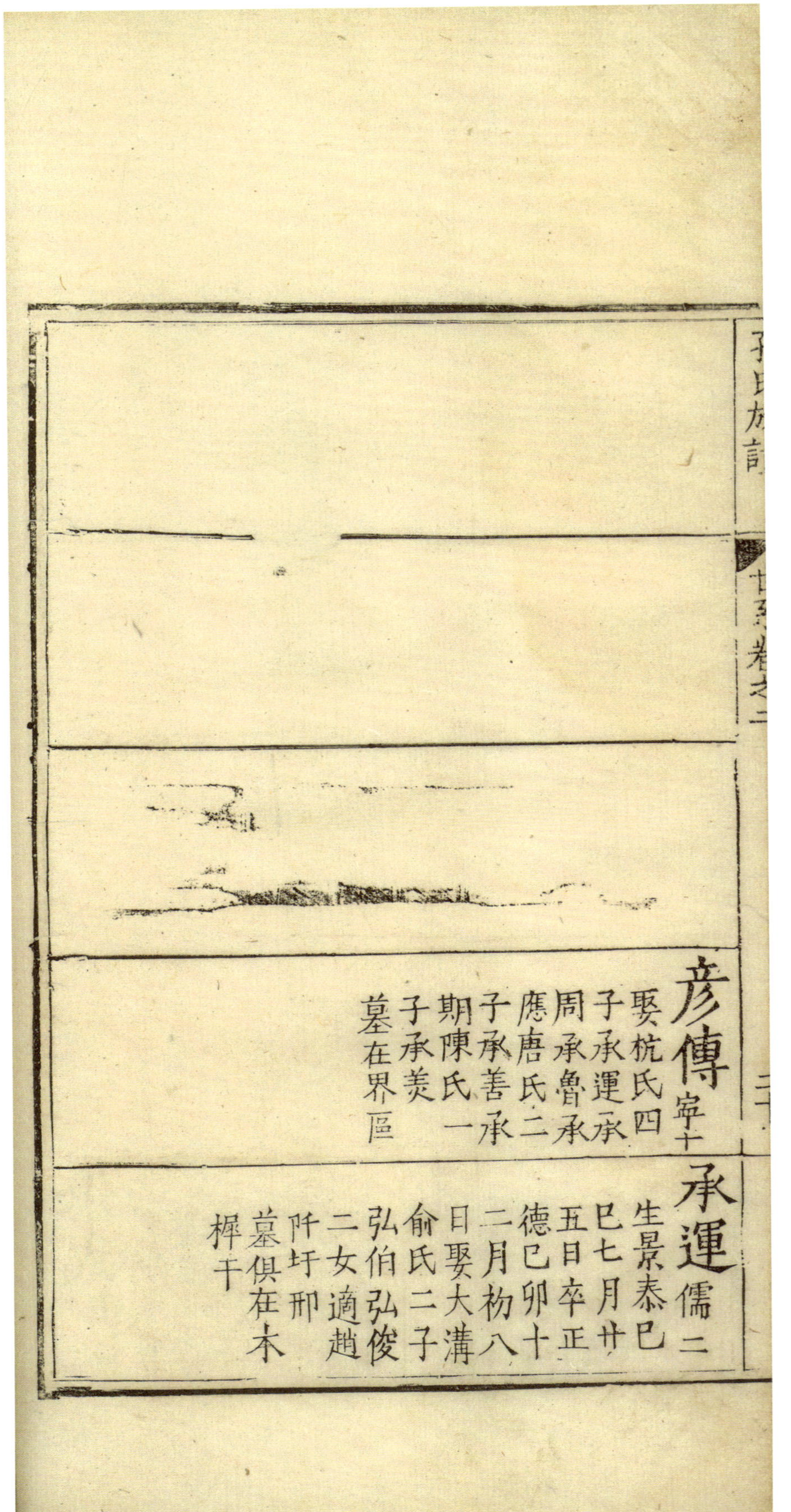

孔氏族譜　世系卷之二　二十

彦傳 宗十
娶杭氏四
子承運承
周承魯承
應唐氏二
子承善承
期陳氏一
子承羙
墓在界區

承運 儒二
生景泰巳
巳七月廿
五日卒正
德巳卯十
二月初八
日娶大溝
俞氏二子
弘伯弘俊
二女適趙
阡圩邨
墓俱在本
桿干

17.5cm x 31.0cm

嘉靖三十五年十月

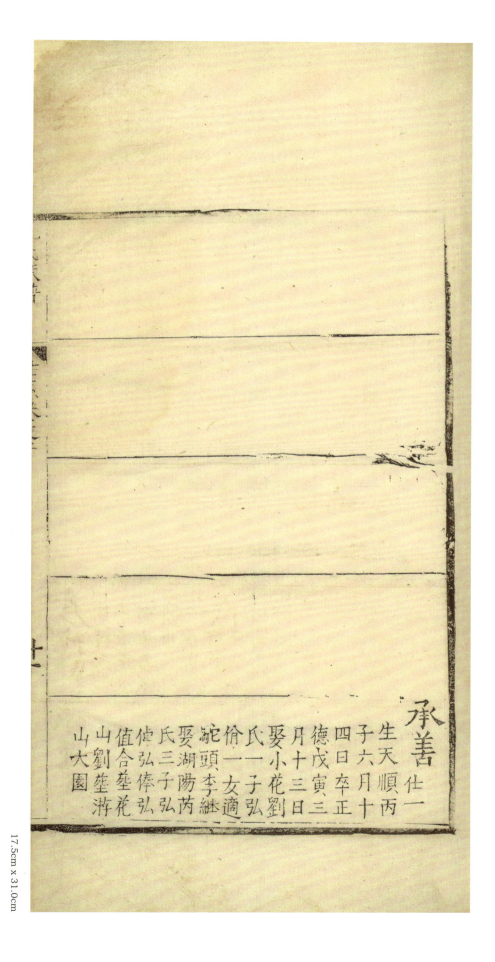

承善 仕一

生天順丙子六月十四日卒正德戊寅三月十三日娶小花劉氏一子弘脩一女適駞頭李繼娶湖陽芮氏三子弘偉弘俸弘値合塟花山劉塟游山大園

17.5cm x 31.0cm

孔氏族譜 世系總之二 十二

承美 仕四
娶于東劉氏二子 增五 增九

承周 仕八
娶滄溪谷氏三子 弘作 弘僑 弘倫 二女 長適劉埠王 次適長路夏

17.5cm x 31.0cm

嘉靖三十五年十月

承魯　恩一
娶駝頭李氏子弘傣弘俊一女適駝頭李墓塋花山

承應　恩四
娶上谷王氏二子增入弘佶二女長適駝頭李次適劉埠王公墓在花山王墓右界匾

17.5cm x 31.0cm

嘉靖三十五年十月

孔府檔案彙編

孔氏族譜

世系卷之

彥億 五子承明 承榮承教 承化承貹

承期 止 娶溧水王氏女適横埂徐

17.5cm x 31.0cm

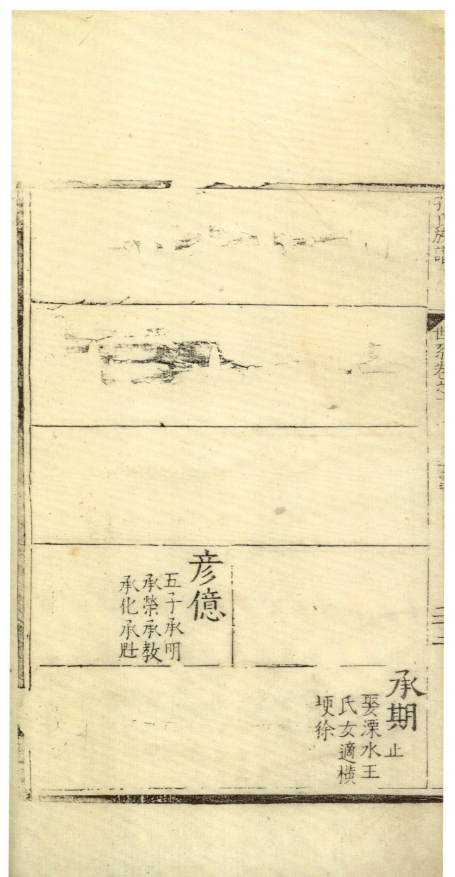

嘉靖三十五年十月

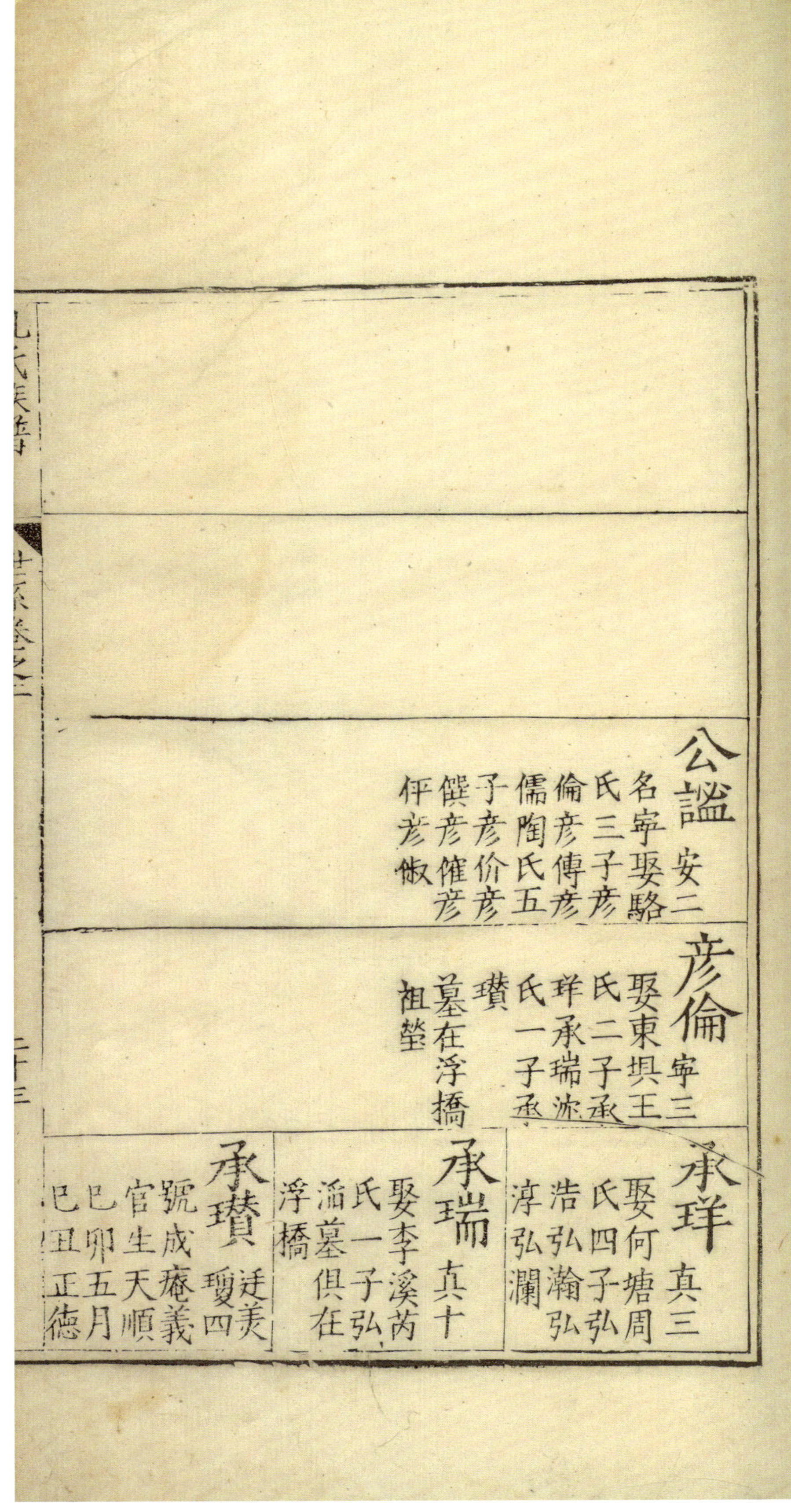

公謚 安二

名寧娶駱氏三子彥倫彥傳彥儒陶氏五子彥价彥僎彥傕彥伻彥儆

彥倫 寧三

娶東埧王氏二子承祥承瑞沭氏一子承瓚墓在浮橋祖塋

承祥 真三

娶何塘周氏四子弘浩弘瀚弘淳弘瀾

承瑞 真十

娶李溪芮氏一子弘涵墓俱在浮橋

承瓚 廷美 瓊四

號成菴義官生天順己卯五月己丑正德

17.5cm x 31.0cm

嘉靖三十五年十月

孔氏族譜 卷之二

庚辰八月十日卒娶西山張氏二女長適李溪芮次適城上邢耿氏成化丁亥□月□日生嘉靖□□月□日卒二子弘沂弘沐張氏一子弘涇墓在浮橋耿墓在李溪朱家山

17.5cm x 31.0cm

嘉靖三十五年十月

17.5cm x 31.0cm

彥傳 宰九

娶李氏一子承舜孫氏三子承堯承禹承益許氏二子承義承項李氏一子承啓第六子承益止墓俱在漆橋老坟

承義 儒五

娶李氏以弟承堯弟三子弘淑為嗣

承項 儒七

娶曹氏一子弘漢

嘉靖三十五年十月

承堯
娶濮氏四子弘演弘濟弟三子弘潊為兄承義嗣弘沛墓在固城石羊圩老坟

承舜　瓊三
娶唐氏二子弘汝墓在楚城

17.5cm x 31.0cm

承禹 瓊五
娶田氏一
子弘洞

承啓
娶楊氏一
子弘深不
知所之

彥儒 份三
號龍墩義
官娶陶氏
二子承瓊
承琳一女

承瓊 瓊一
娶卞氏一
子弘溢二
女長適港
口李吹適

17.5cm x 31.0cm

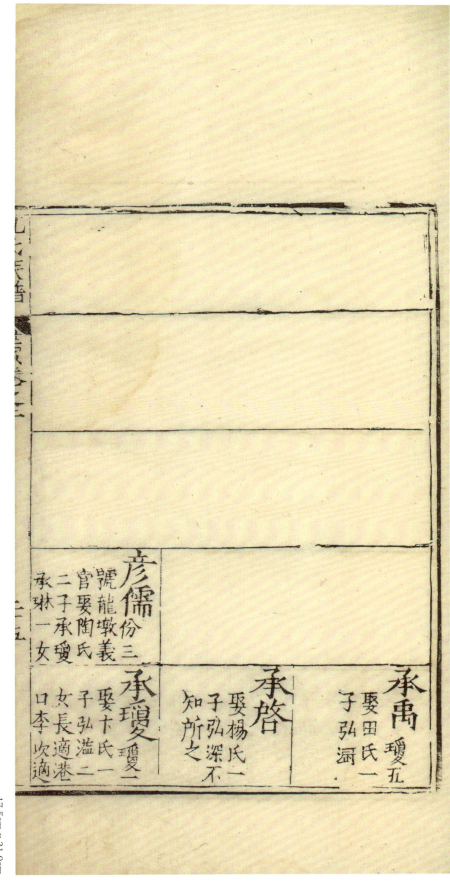

嘉靖三十五年十月

孔氏族譜 世系卷之二

二十五

適古墅史公墓在浮橋

駝頭李張氏一子弘濂公墓在浮橋下墓在溧水松園村

承琳 瓔六

娶徐氏一子弘霈

17.5cm x 31.0cm

嘉靖三十五年十月

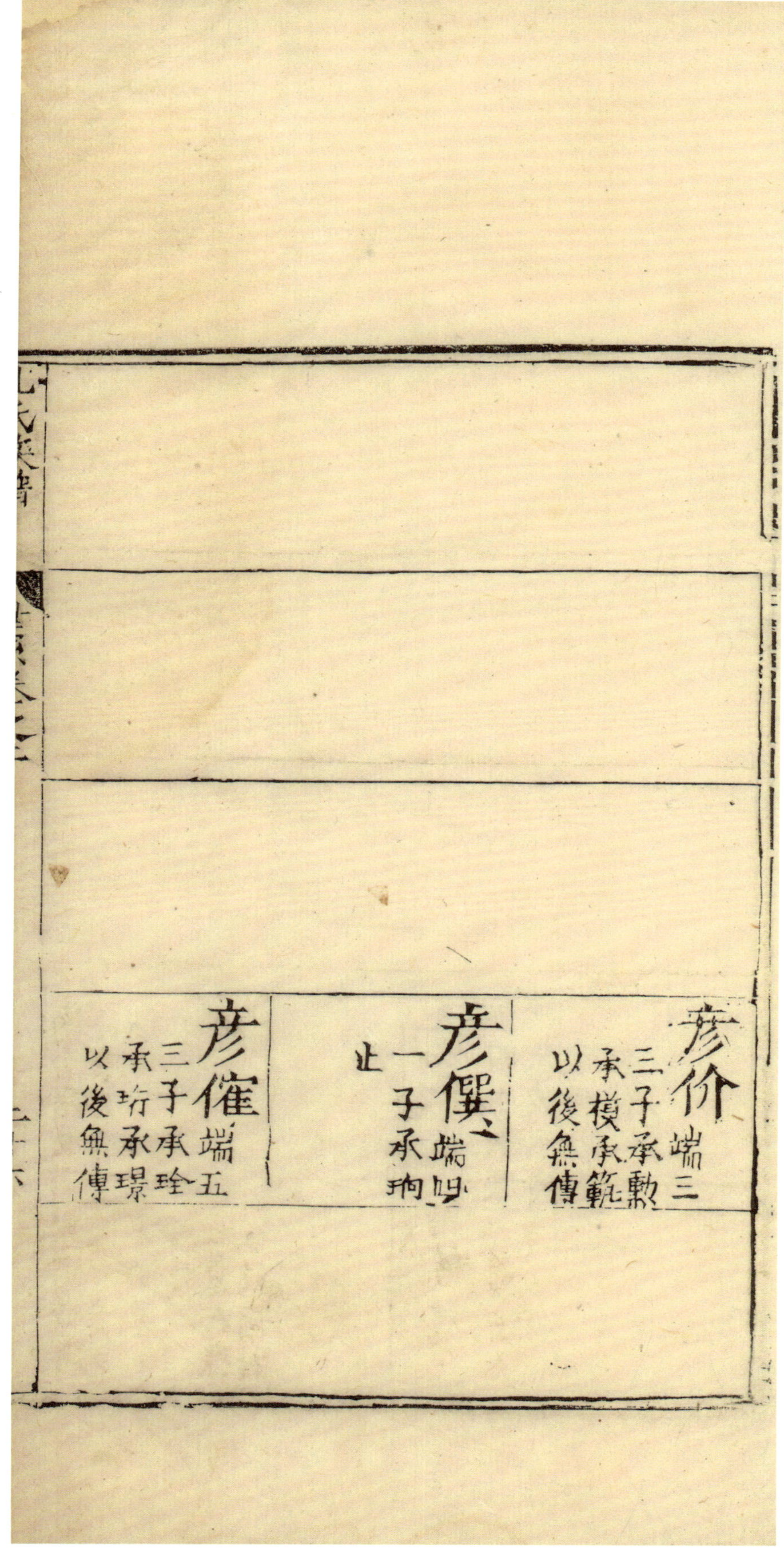

彥价 端三
三子承勲承模承範
以後無傳

彥僎 端四
一子承珣
止

彥催 端五
三子承琀承珩承璟
以後無傳

17.5cm x 31.0cm

嘉靖三十五年十月

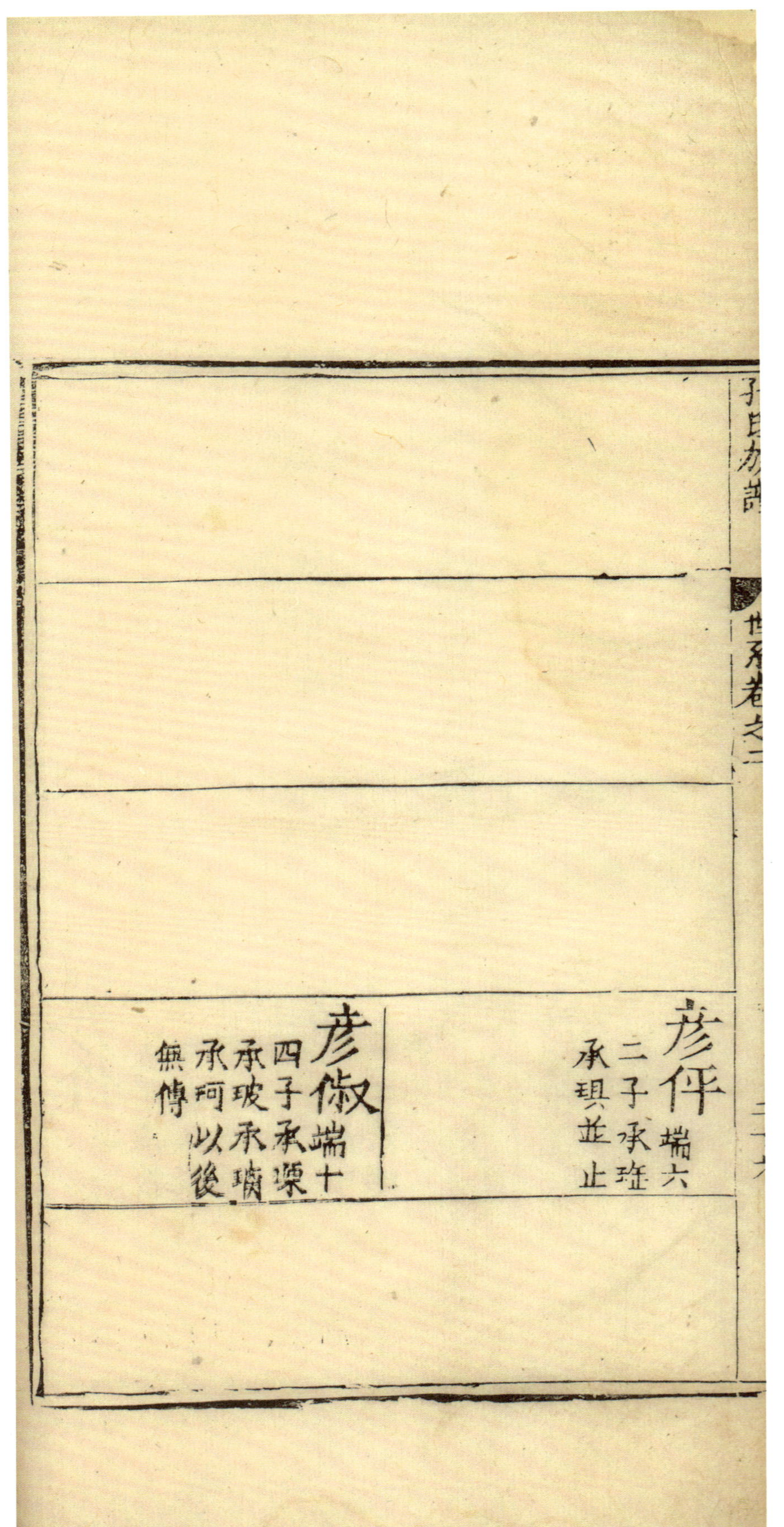

孔氏族譜

世系卷之二

彥伻 端六
二子 承琎
承琪 並止

彥傚 端十
四子 承璪
承玻 承璝
承珂 以後
無傳

17.5cm x 31.0cm

嘉靖三十五年十月

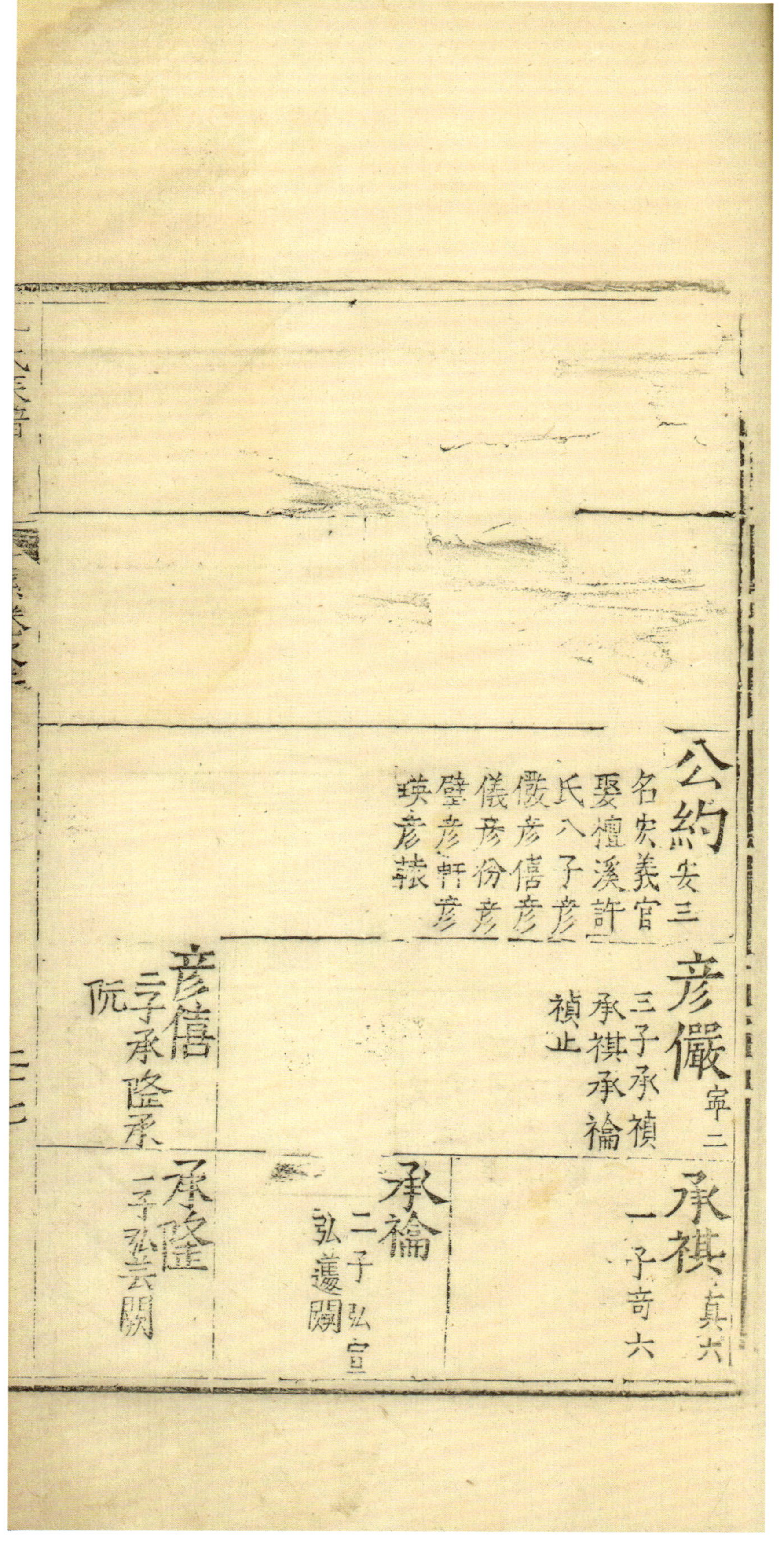

公約 紹安三
名宏義官娶檀溪許氏八子彥儼彥僖彥儀彥份彥璧彥軒彥瑛彥䘏

彥儼 宇二
三子承禎承祺承綸禎止

彥僖
二子承隆承阮

承祺 真六
一子奇六

承綸
二子弘宣弘邁闕

承隆
一子弘云闕

17.5cm x 31.0cm

嘉靖三十五年十月

孔氏族譜 世系卷之二 二十七

彥儀 寧五
二子承恩承先
先止

承恩 真五
二子弘善弘輝
善闕

承先 止

承阮
子弘慈
闕

17.5cm x 31.0cm

嘉靖三十五年十月

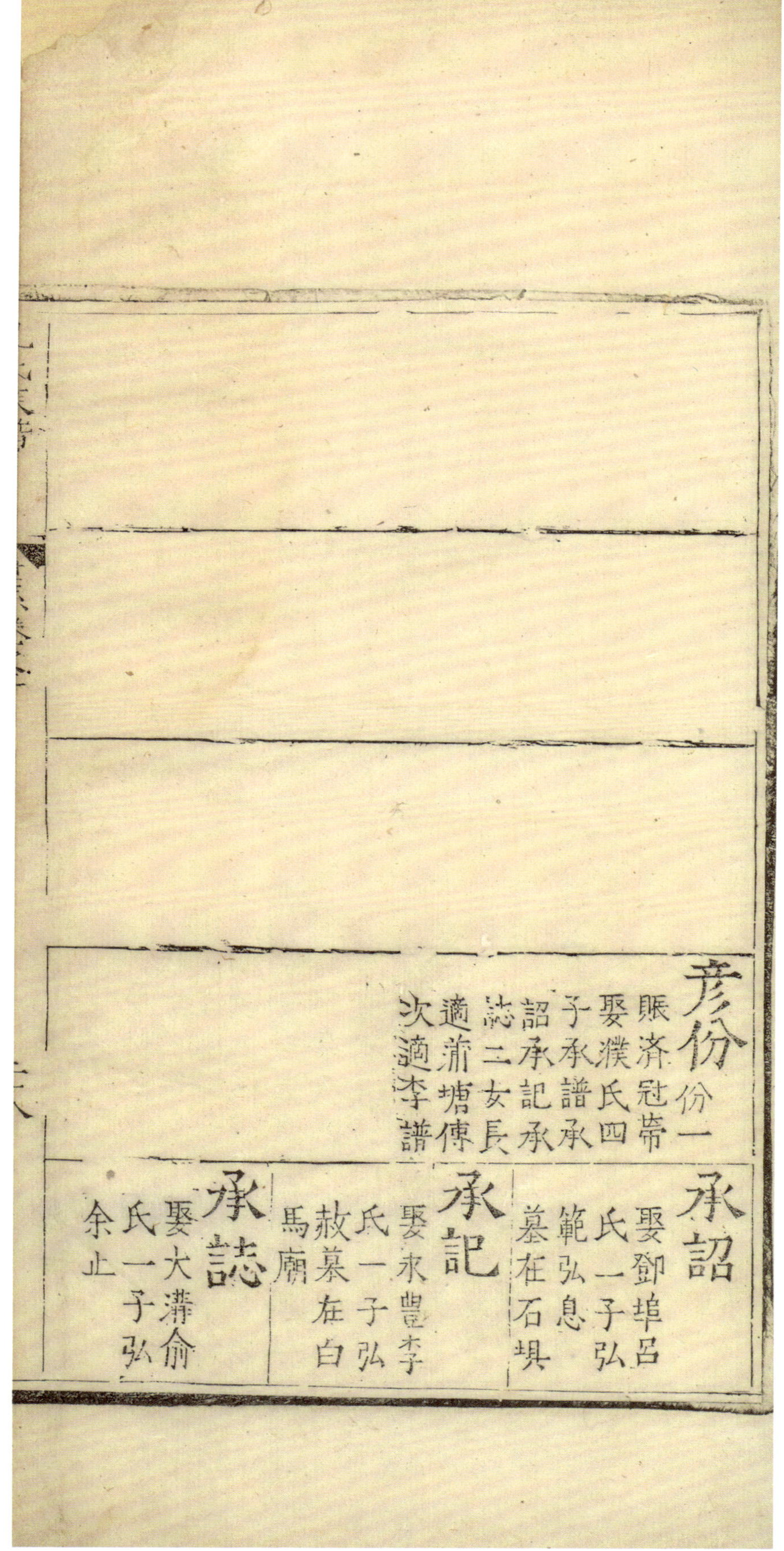

彥份 份一
賑済冠帯娶濮氏四子承譜承詔承記承誌二女長適荊塘傳次適李譜

承詔
娶鄧埠呂氏一子弘範弘息墓在石垻

承記
娶永豐李氏一子弘赦墓在白馬廟

承誌
娶大溝俞氏一子弘余止

17.5cm x 31.0cm

嘉靖三十五年十月

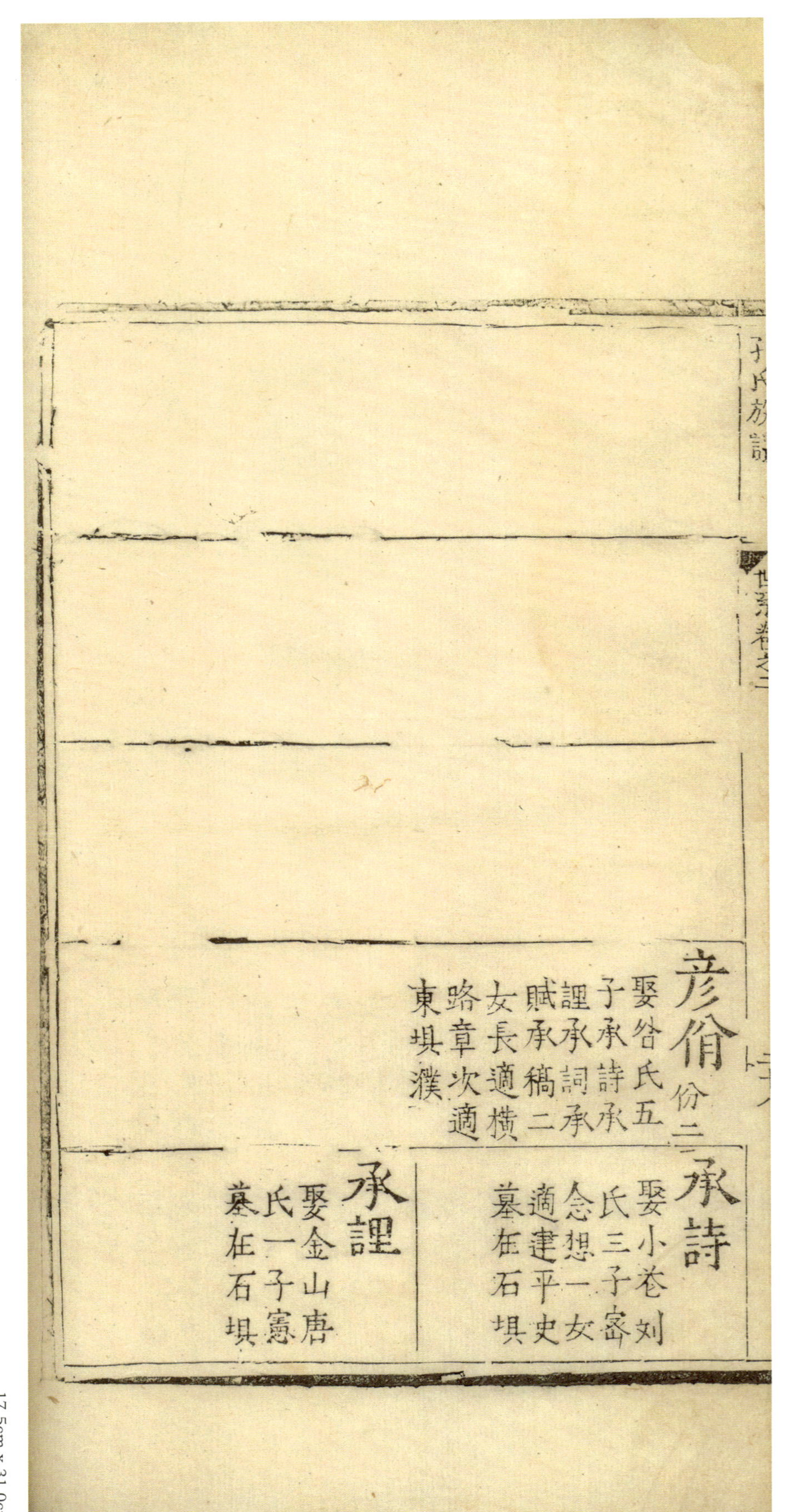

孔氏族譜

世系卷之二

彥脩 份三
娶呇氏五子承詩承諲承詞承賦承稱二女長適橫路章次適東塓濮

承詩
娶小巷刘氏三子寄念一女適想平建史墓在石塓

承諲
娶金山唐氏一子𢡱墓在石塓

17.5cm x 31.0cm

嘉靖三十五年十月

承詞 止
娶金山唐
氏二女長
適孫次適
牟俱建平
墓在石埧

承賦
娶鄧埠謝
氏一子思
二女長適
東埧曹次
適鄧埠呂
墓在石埧

17.5cm x 31.0cm

嘉靖三十五年十月

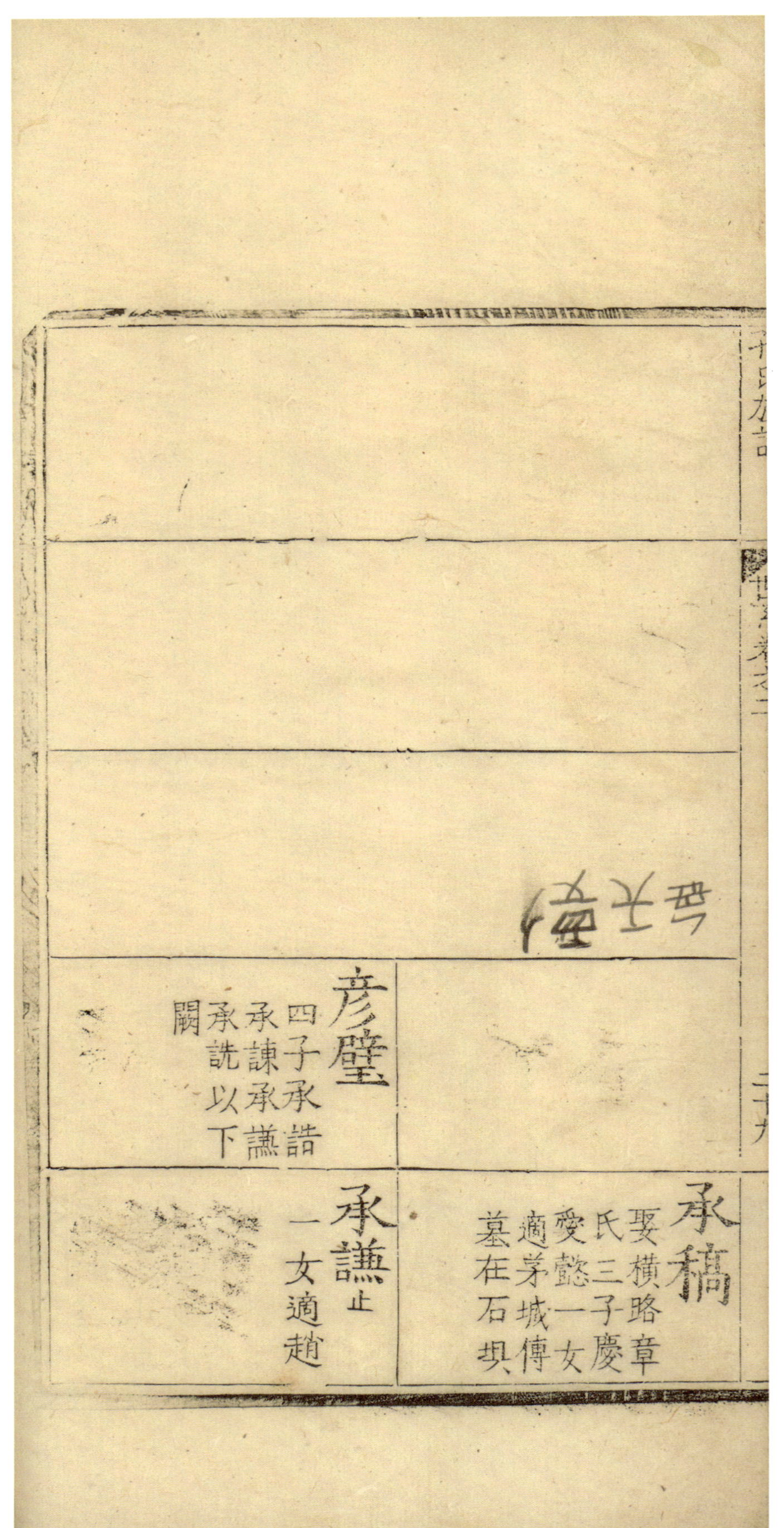

承稿
娶橫路章氏三子慶愛懿一女適茅城傅墓在石埧

彥璧
四子承誥承謙承讜承詵以下闕

承讜止
一女適趙

17.5cm x 31.0cm

嘉靖三十五年十月

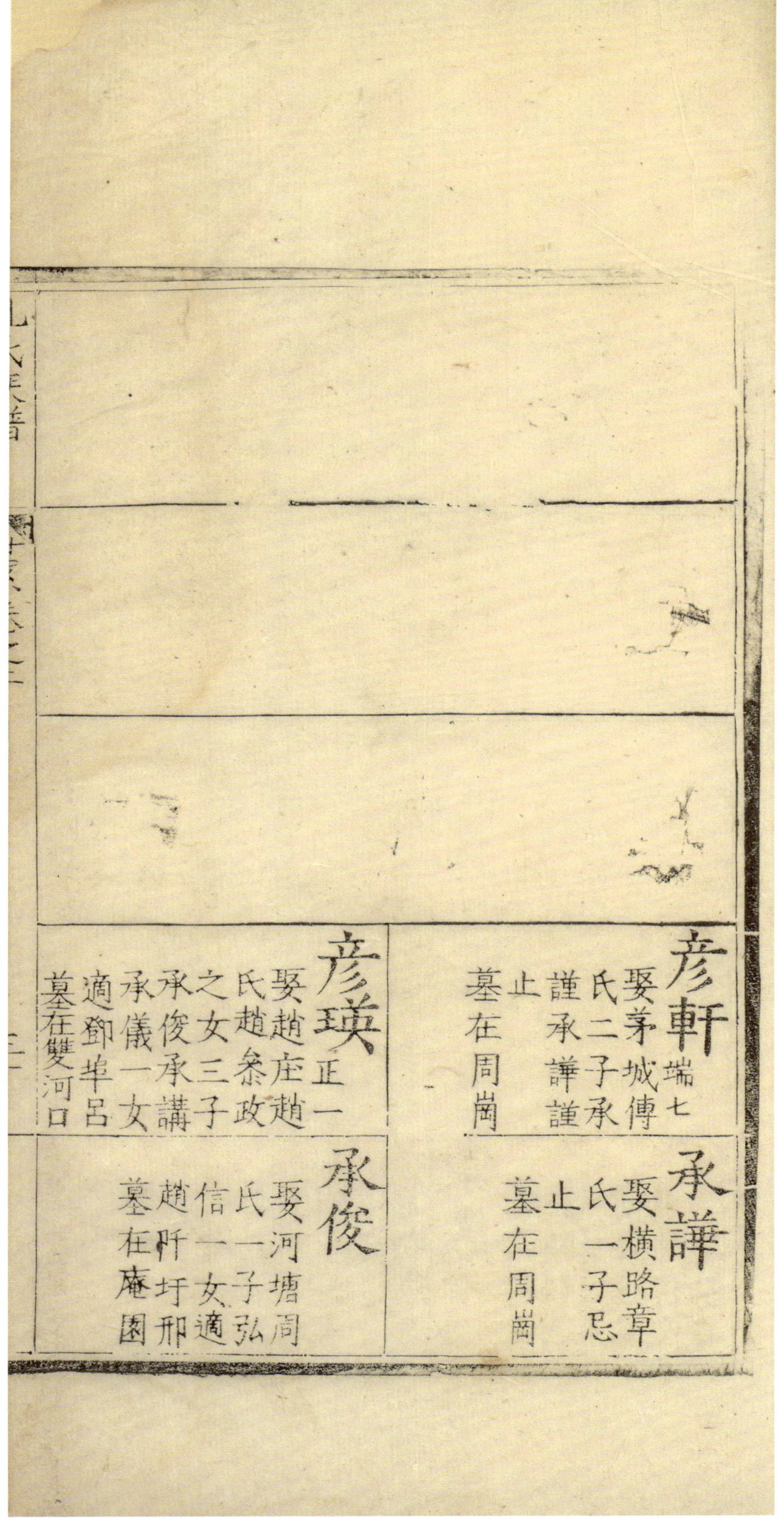

彥軒 端七
娶茅城傅氏二子承謹承譁謹止
墓在周崗

彥瑛 正一
娶趙庄趙氏趙条政之女三子承俊承講承儀一女適鄧埠呂
墓在雙河口

承譁
娶横路章氏一子忌
止
墓在周崗

承俊
娶河塘周氏一子弘信一女適趙阡圩邢
墓在庵園

17.5cm x 31.0cm

孔氏族譜

世系卷之二

承講 娶木竹園傳氏三子弘瑞弘祥弘禮二女長適小花劉坎適建平張墓在庵園

承儀 宗威 號雙河娶孔鎮張氏一女適東埧魏繼娶水陽倪氏二子弘度

17.5cm x 31.0cm

嘉靖三十五年十月

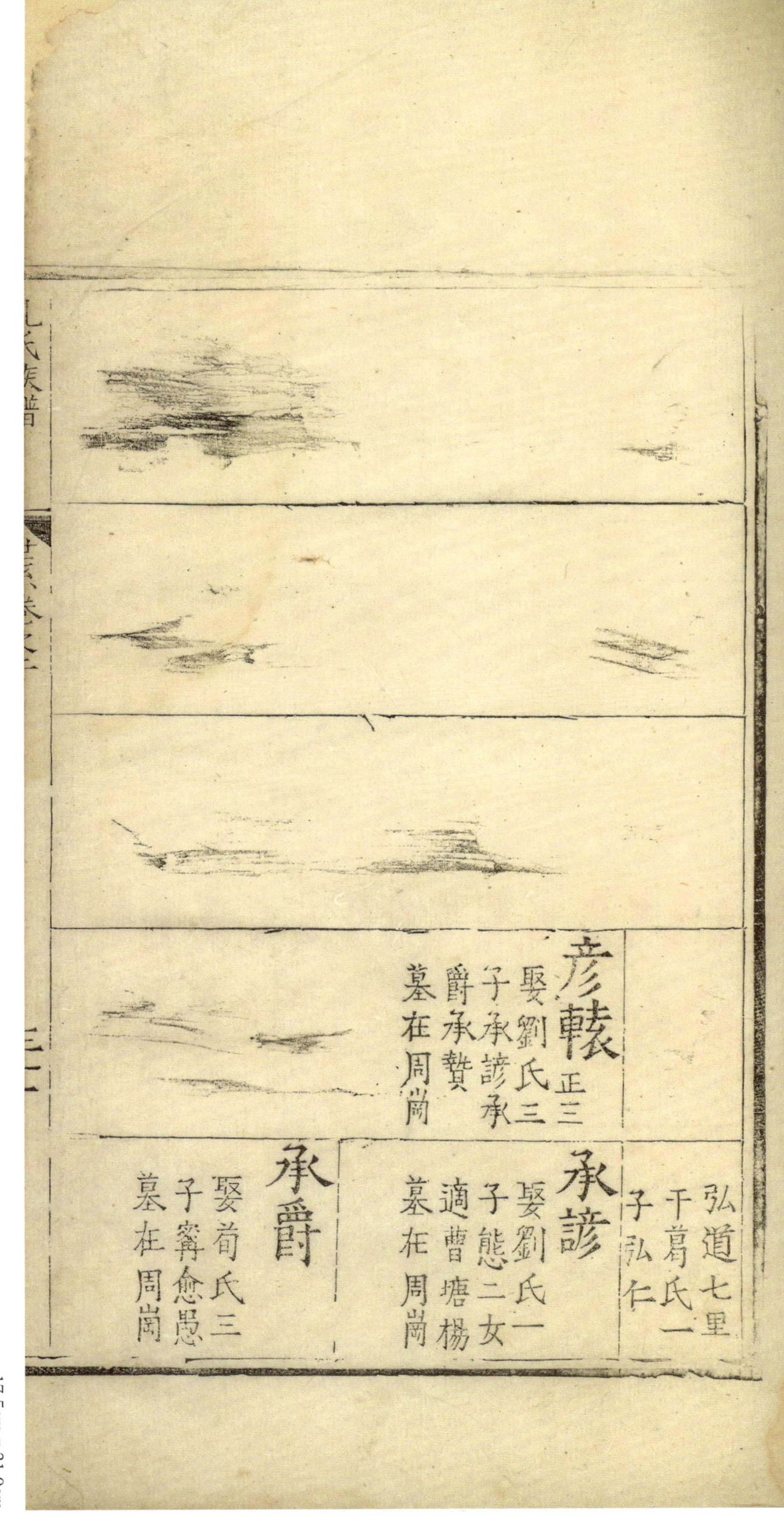
孔氏族譜 卷之三

弘道七里
干葛氏一
子弘仁

彥轅 正三
娶劉氏三
子承諺承
爵承贊
墓在周崗

承諺
娶劉氏一
子態二女
適曹塘楊
墓在周崗

承爵
娶荀氏三
子寗愈懸
墓在周崗

17.5cm x 31.0cm

嘉靖三十五年十月

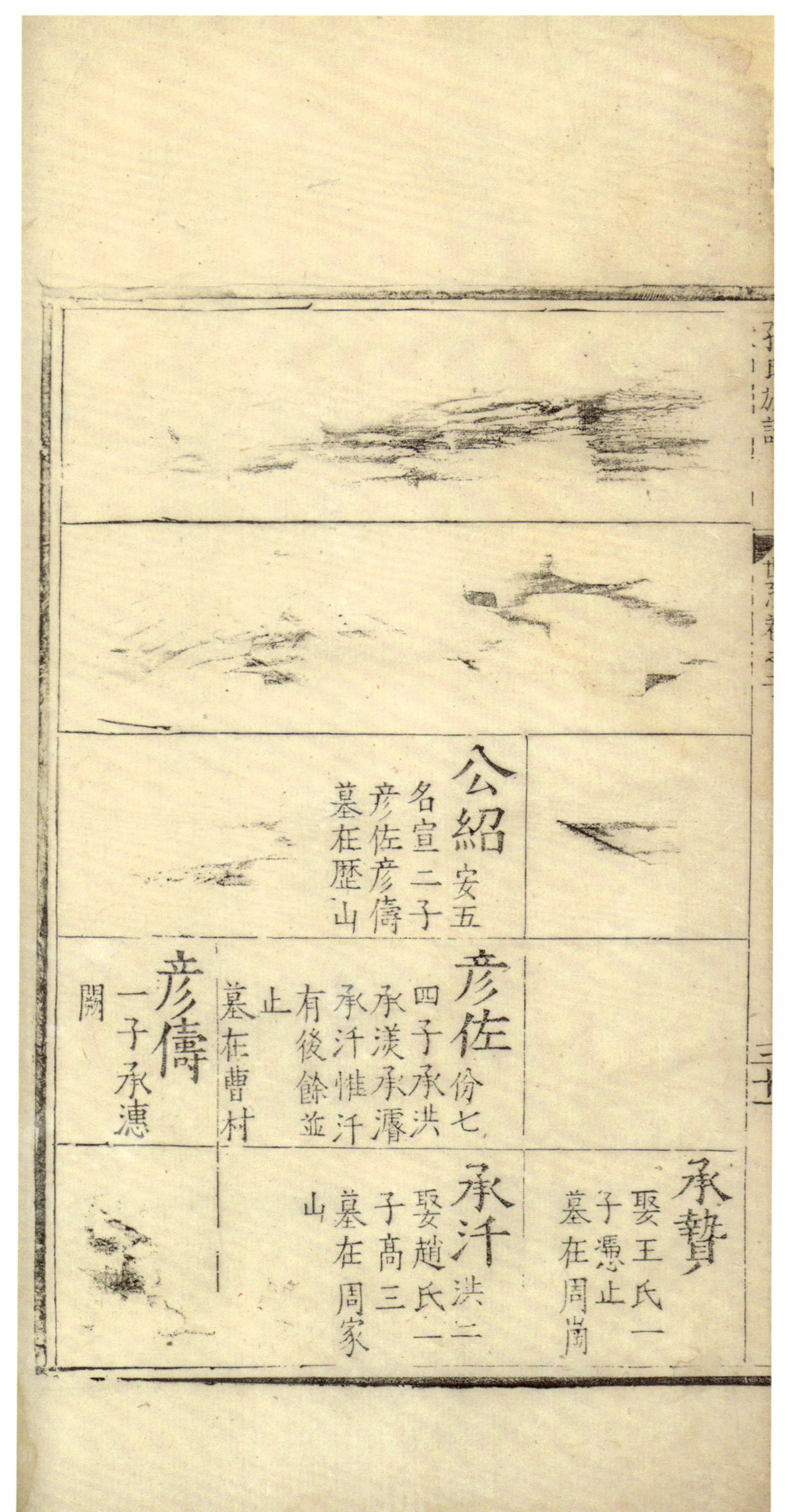

公紹 安五
名宣二子
彥佐彥儔
墓在歷山

彥佐 份七
四子承洪
承漢承濬
承汗惟汗
有後餘竝
止
墓在曹村

彥儔
一子承澺
闕

承贊
娶王氏一
子憑止
墓在周崗

承汗 洪二
娶趙氏一
子高三
墓在周家
山

17.5cm x 31.0cm

嘉靖三十五年十月

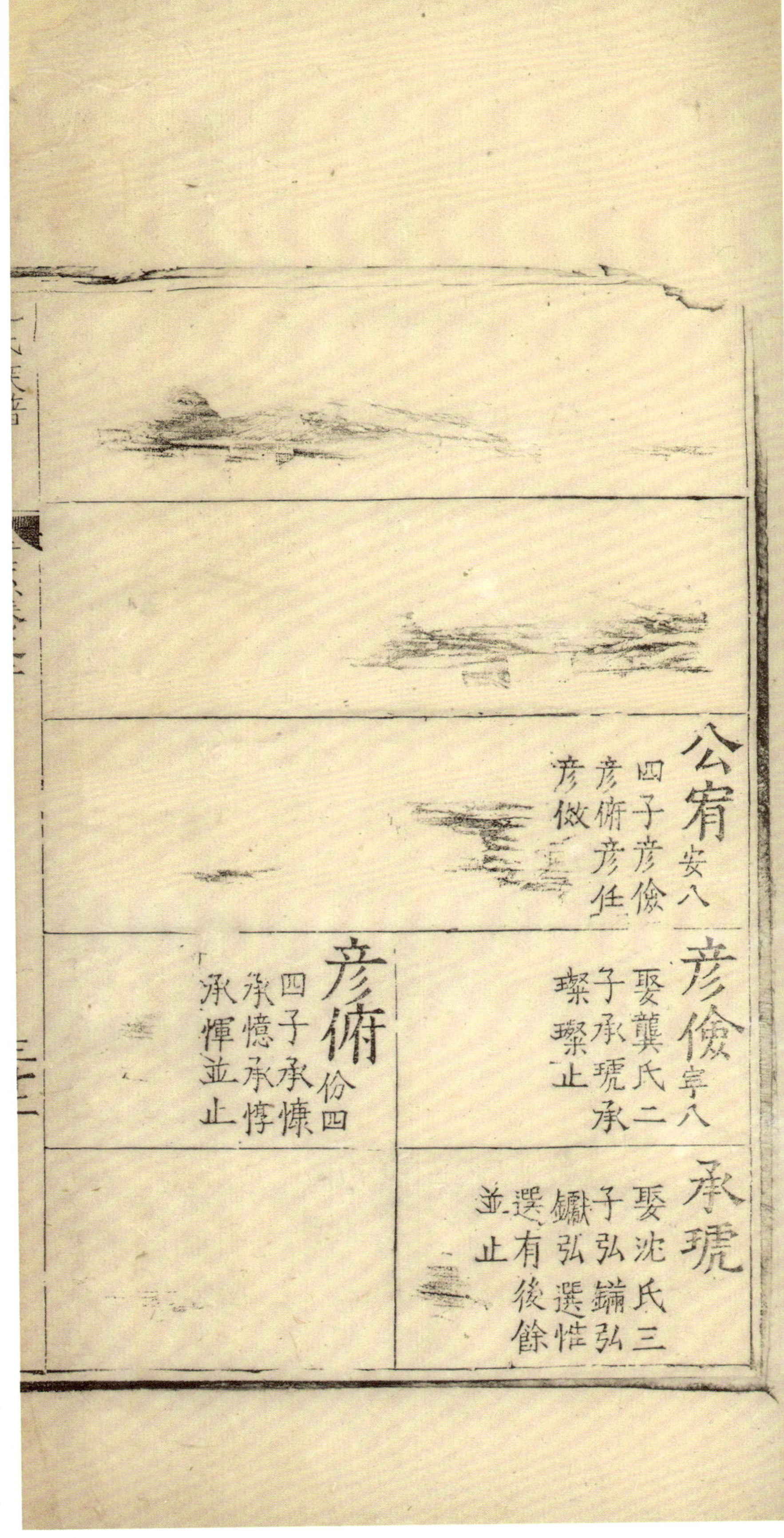

公宥 安八
四子 彦儉 彦俯 彦任 彦傚

彦儉 字八
娶龔氏 二子 承琥 承璪 璪止

彦俯 份四
四子 承慊 承憶 承悖 承惲 並止

承琥
娶沈氏 三子 弘鏞 弘鏽 弘選 選有後 餘並止

17.5cm x 31.0cm

嘉靖三十五年十月

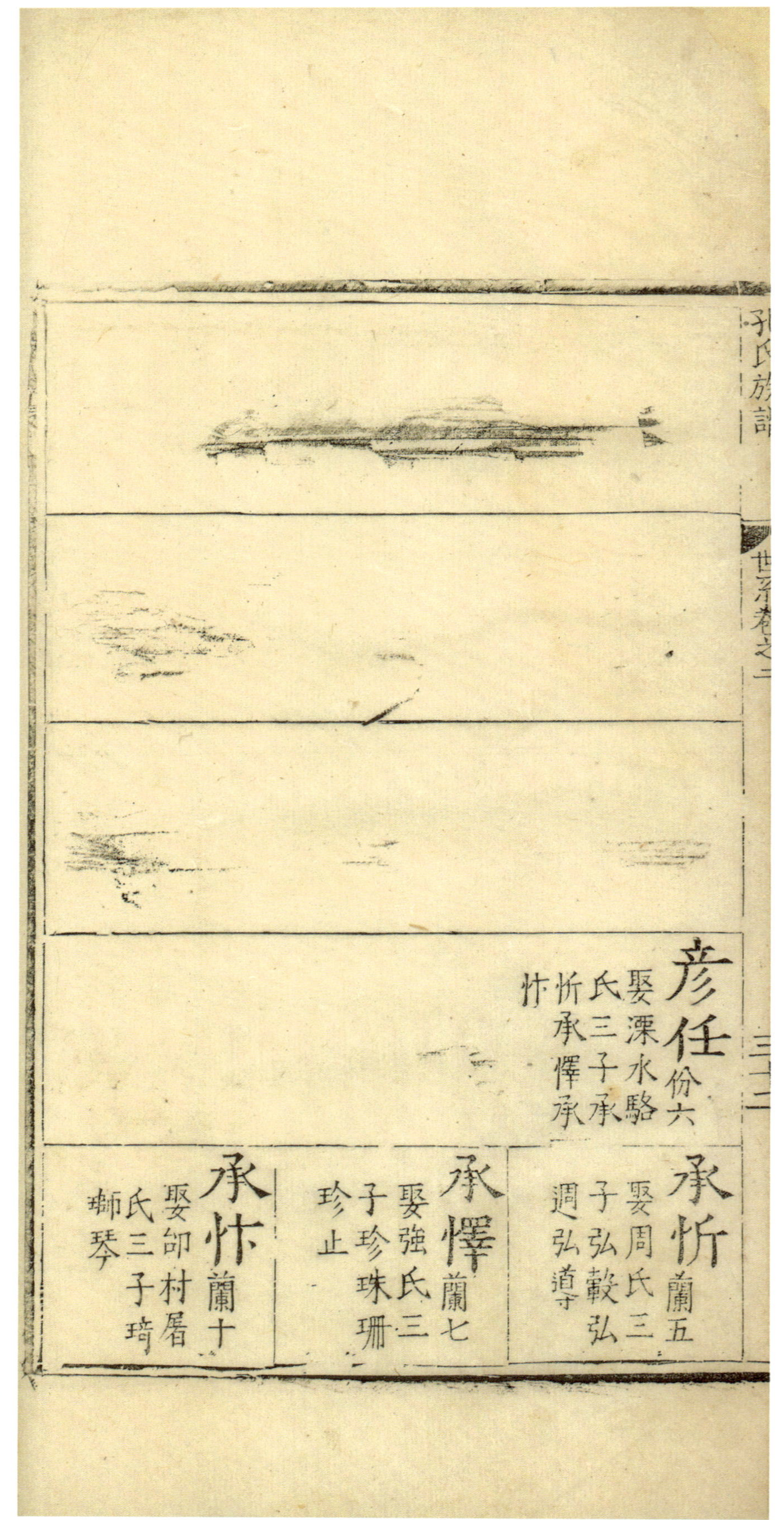

孔氏族譜　世系卷之二　三十二

彥任 份六
娶溧水駱氏三子承忻承懌承忭

承忻 蘭五
娶周氏三子弘轂弘週弘遒

承懌 蘭七
娶強氏三子珍珠珊珍止

承忭 蘭十
娶卲村居氏三子琦瑯琴

17.5cm x 31.0cm

嘉靖三十五年十月

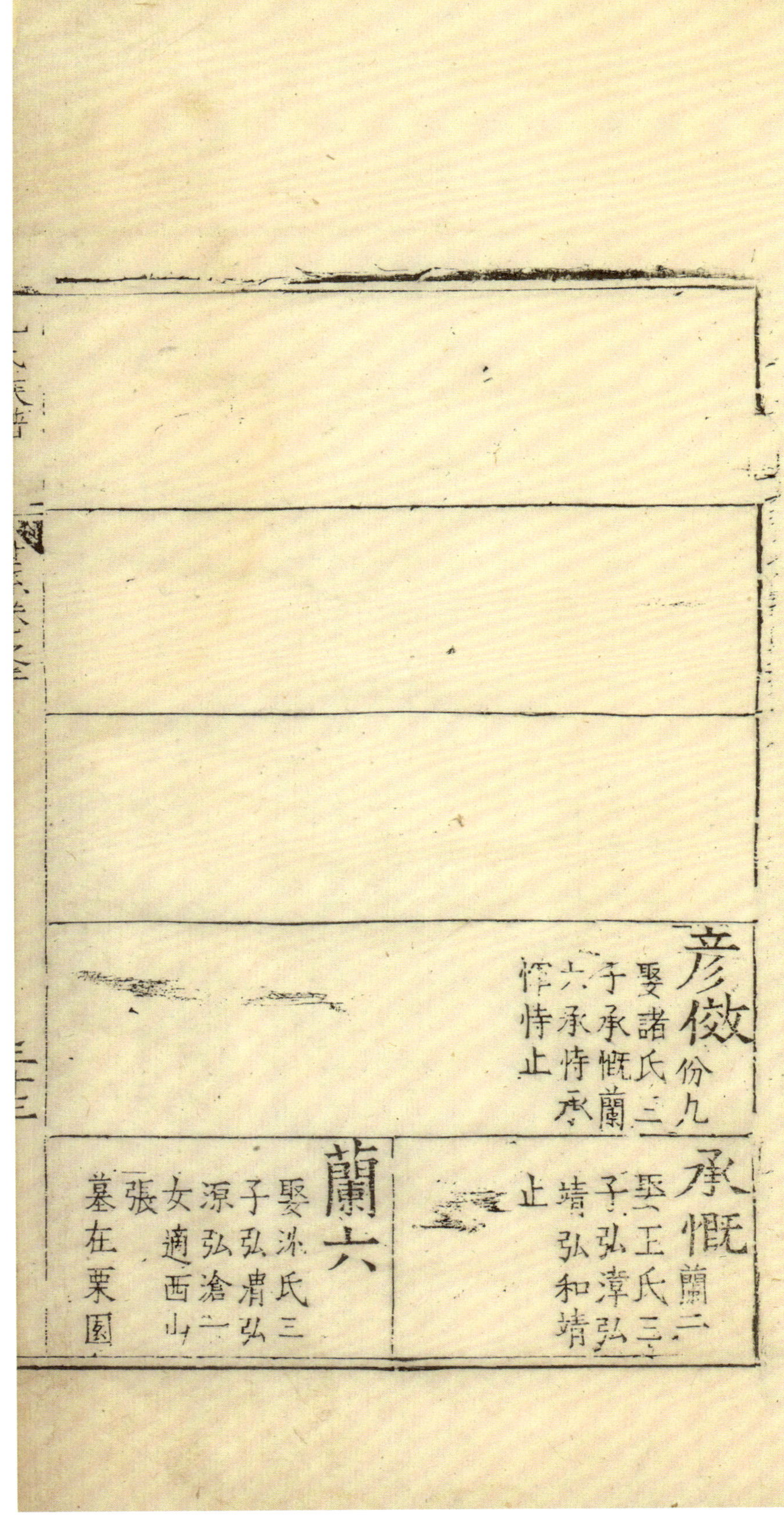

17.5cm x 31.0cm

嘉靖三十五年十月

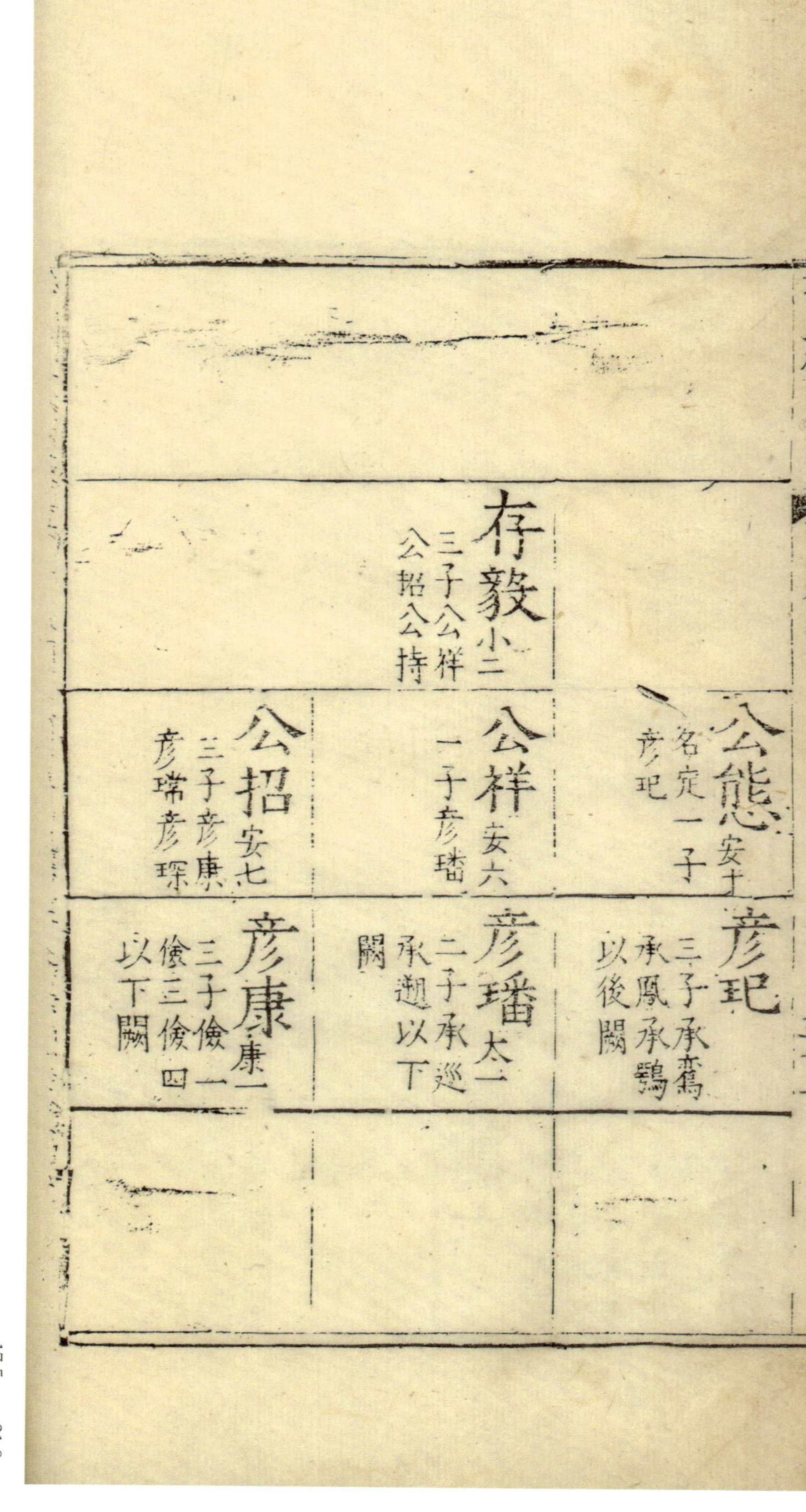

孔氏族譜 世系卷之二 三十三

存毅 小二
三子公祥 公招 公持

公態 安十
名定 一子 彥玘

公祥 安六
一子彥璠

公招 安七
三子彥康 彥瑞 彥琛

彥玘
三子承鳶 承鳳 承鷄
以後闕

彥璠 太二
二子承巡 承邇 以下
闕

彥康 康一
三子儉一 儉三 儉四
以下闕

17.5cm x 31.0cm

嘉靖三十五年十月

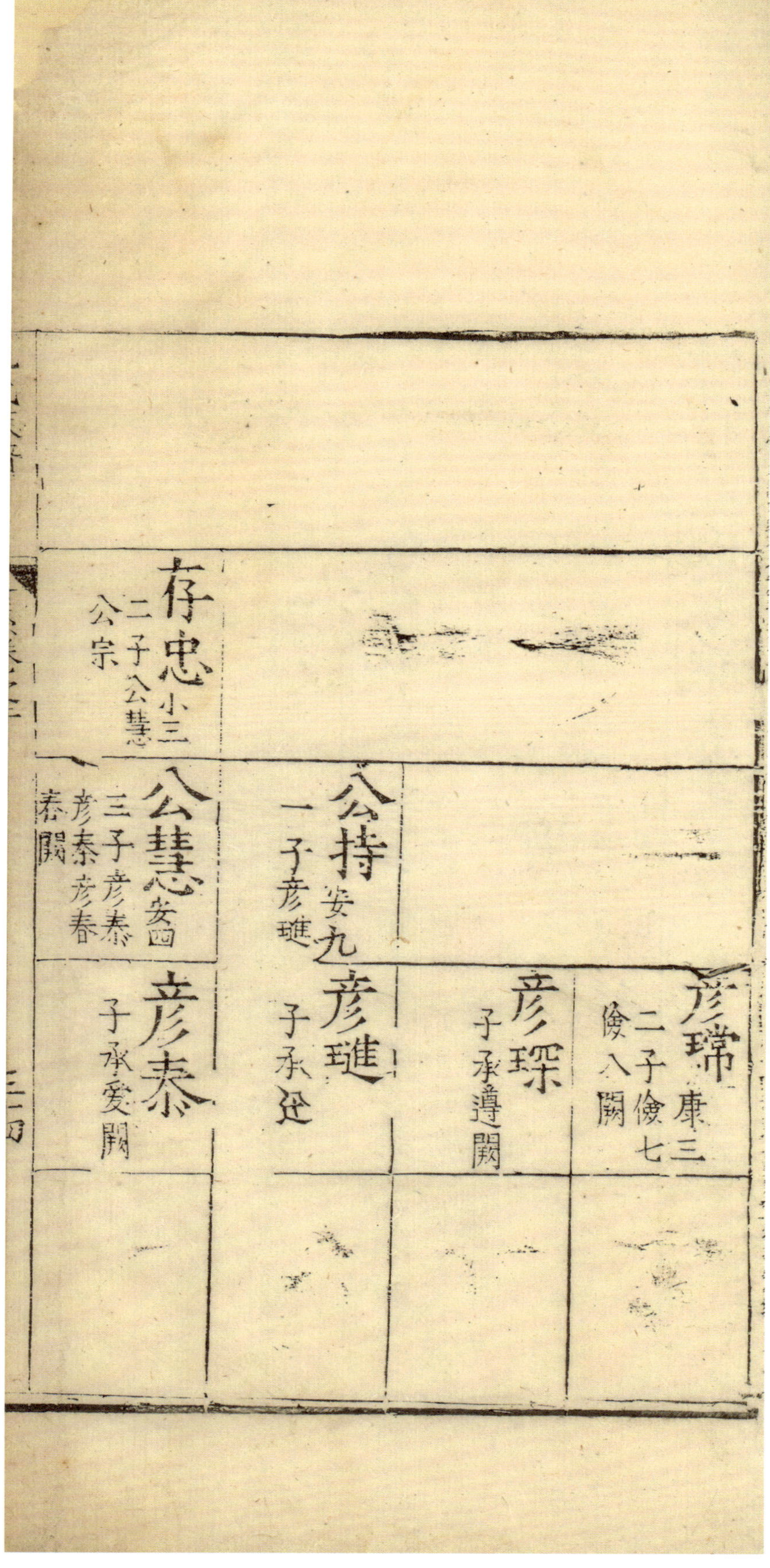

存忠 小三
二子公慧
公宗

公持 安九
一子彥璡

公慧 安四
三子彥泰 彥春
彥泰闕

彥璲 康三
二子儉七
儉八闕

彥琛
子承遵闕

彥璡
子承廷

彥泰
子承愛闕

17.5cm x 31.0cm

孔府檔案彙編

嘉靖三十五年十月

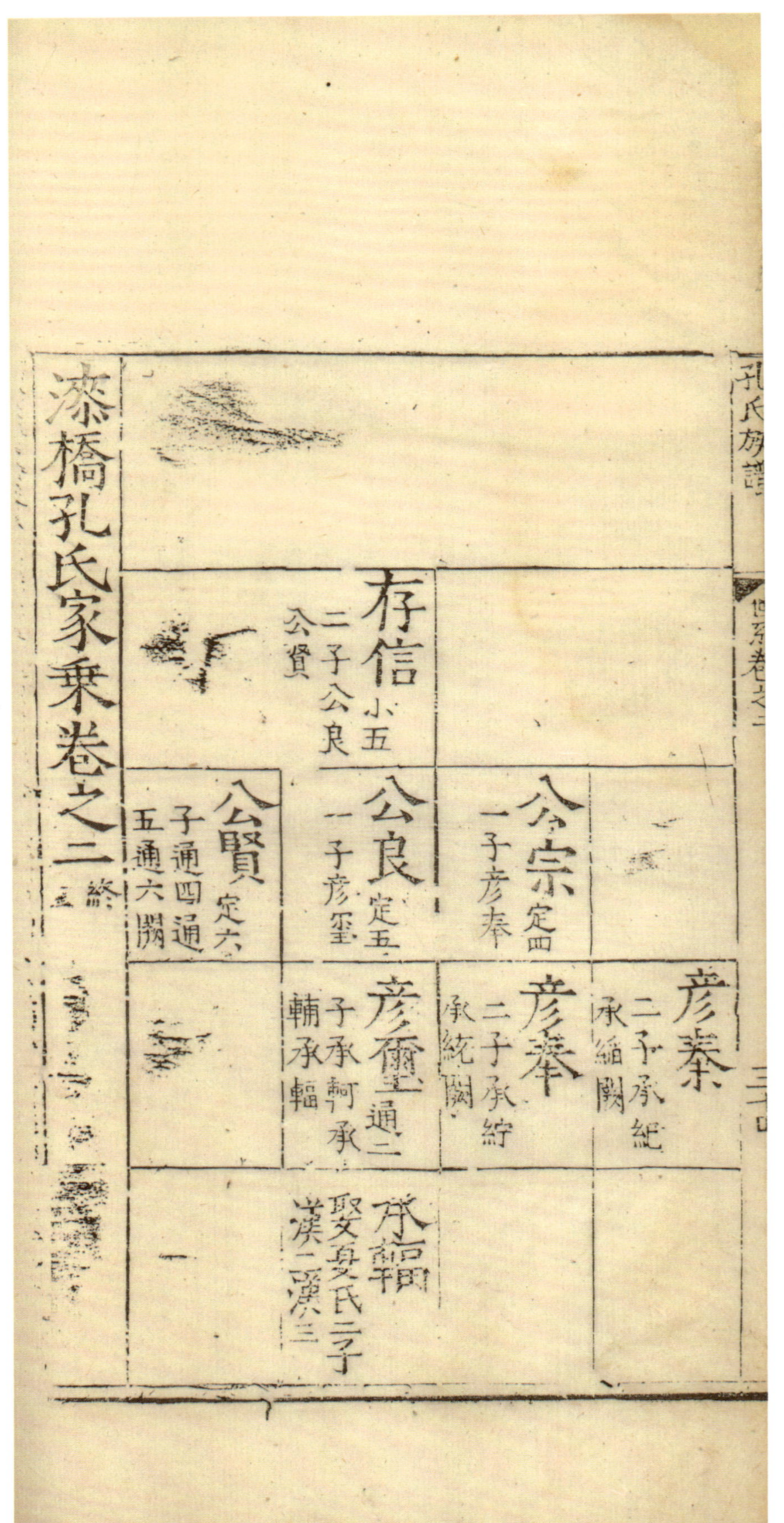
漆橋孔氏家乘卷之二

孔氏族譜

世系卷之二

存信 小五 二子公良 公賢

公良 定五 一子彥璽

公宗 定四 一子彥奉

公賢 定六 子通四通 五通六闕

彥秦 二子承紀 承緇闕

彥奉 二子承紵 承統闕

彥璽 通二 子承軻 承 輔承輻

承輻 娶吳氏二子 漢二漢三

漆橋孔氏家乘卷之二 終

17.5cm x 31.0cm

明代卷

嘉靖三十五年十月

孔子博物館藏

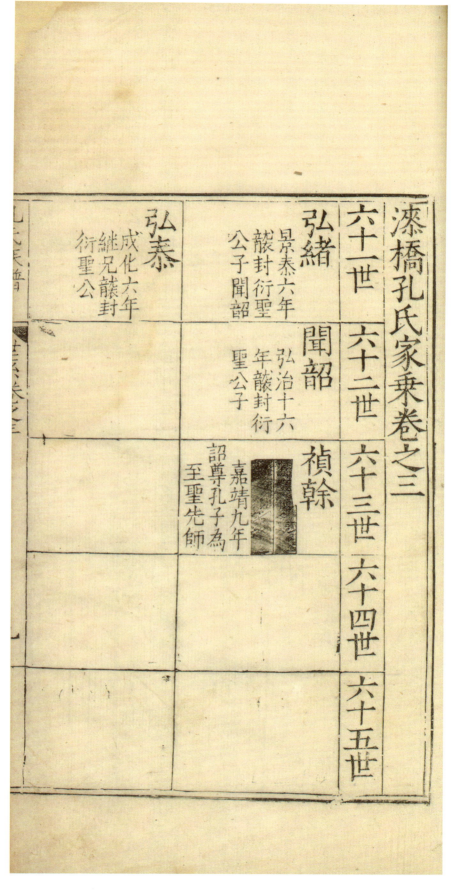

漆橋孔氏家乘卷之三

六十一世	六十二世	六十三世	六十四世	六十五世
弘緒 景泰六年襲封衍聖公子聞韶	聞韶 弘治十六年襲封衍聖公子	禎榦 嘉靖九年詔尊孔子為至聖先師		
弘泰 成化六年繼兄襲封衍聖公				

孔氏家譜

17.5cm x 31.0cm

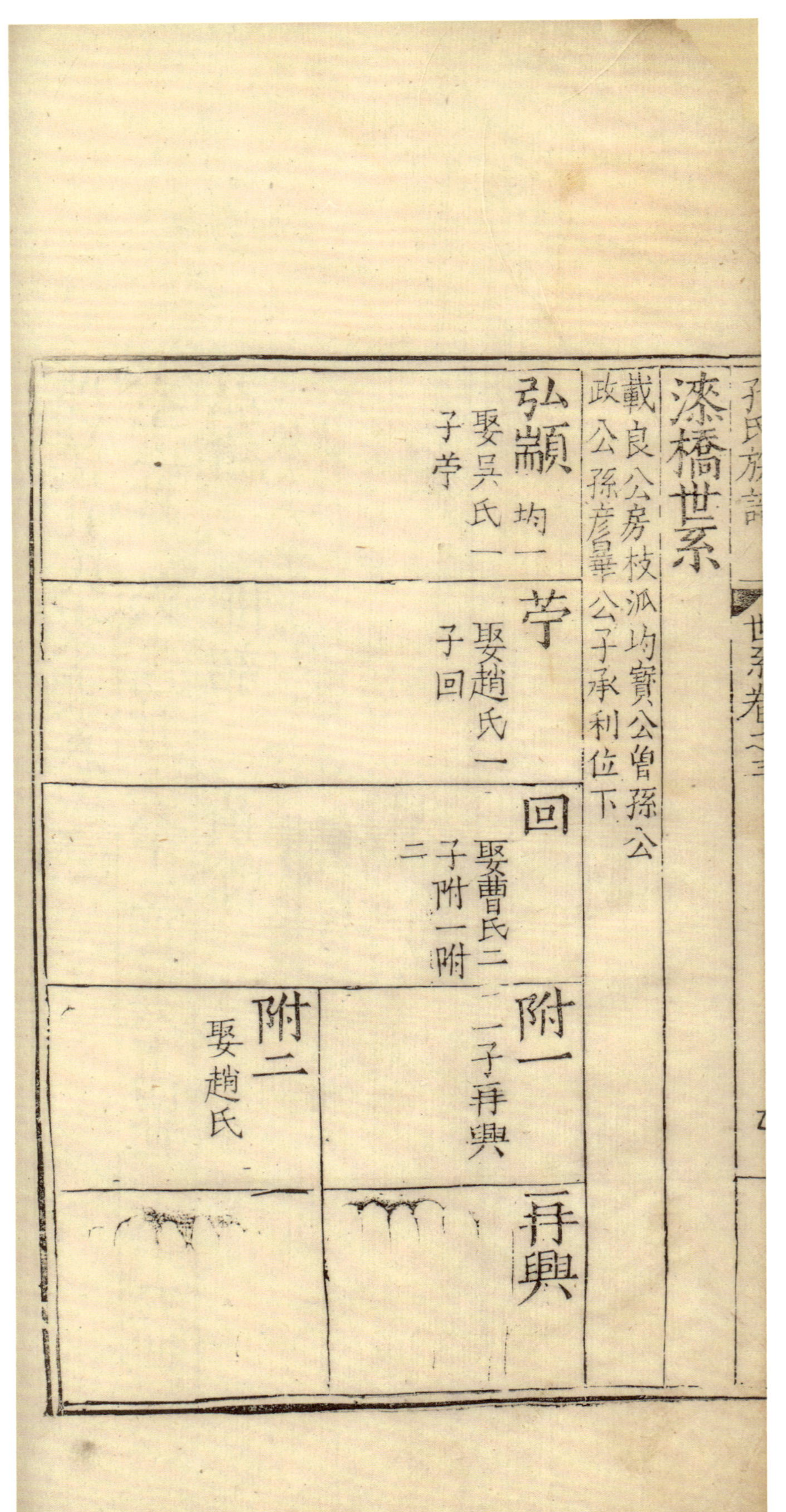

孔氏族譜 世系卷之三

漆橋世系

載良公房枝派均實公曾孫公政公孫彥暈公子承利位下

弘顯 均一
娶吳氏一
子芧

芧
娶趙氏一
子回

回
娶曹氏二
子附一 附二

附一
子再興

附二
娶趙氏

再興

17.5cm x 31.0cm

嘉靖三十五年十月

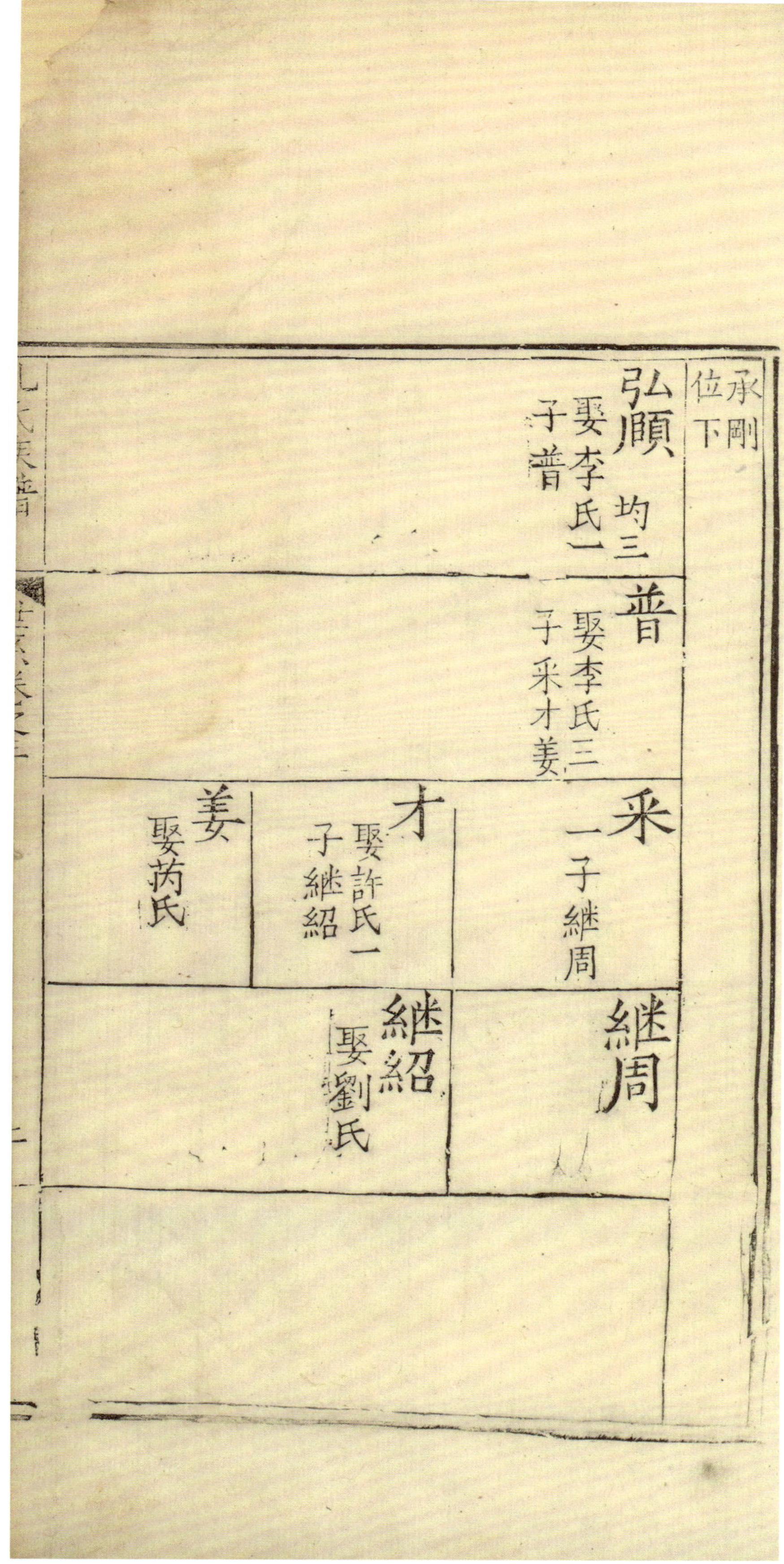
承剛位下

弘順 均三 娶李氏一子普

普 娶李氏三子采才姜

采 一子繼周

才 娶許氏一子繼紹

姜 娶苪氏

繼周

繼紹 娶劉氏

17.5cm x 31.0cm

嘉靖三十五年十月

仲德公房技泒希魯公曾孫公誠公孫彥聰公子承燕位下

弘明
娶長路夏氏六子符節篭筠箬筎
墓在後村曹家坟

符
娶舊鎮朱氏一子珮一女適高淳陳

節
娶何氏二子璟琚四

珮
一子學一一女適東垻王

璟
娶諸氏一子一鈴繼娶魏氏二子一

學一
娶童氏

一鈴
娶舊鎮朱氏　子一女

邦澄

邦仁

17.5cm x 31.0cm

嘉靖三十五年十月

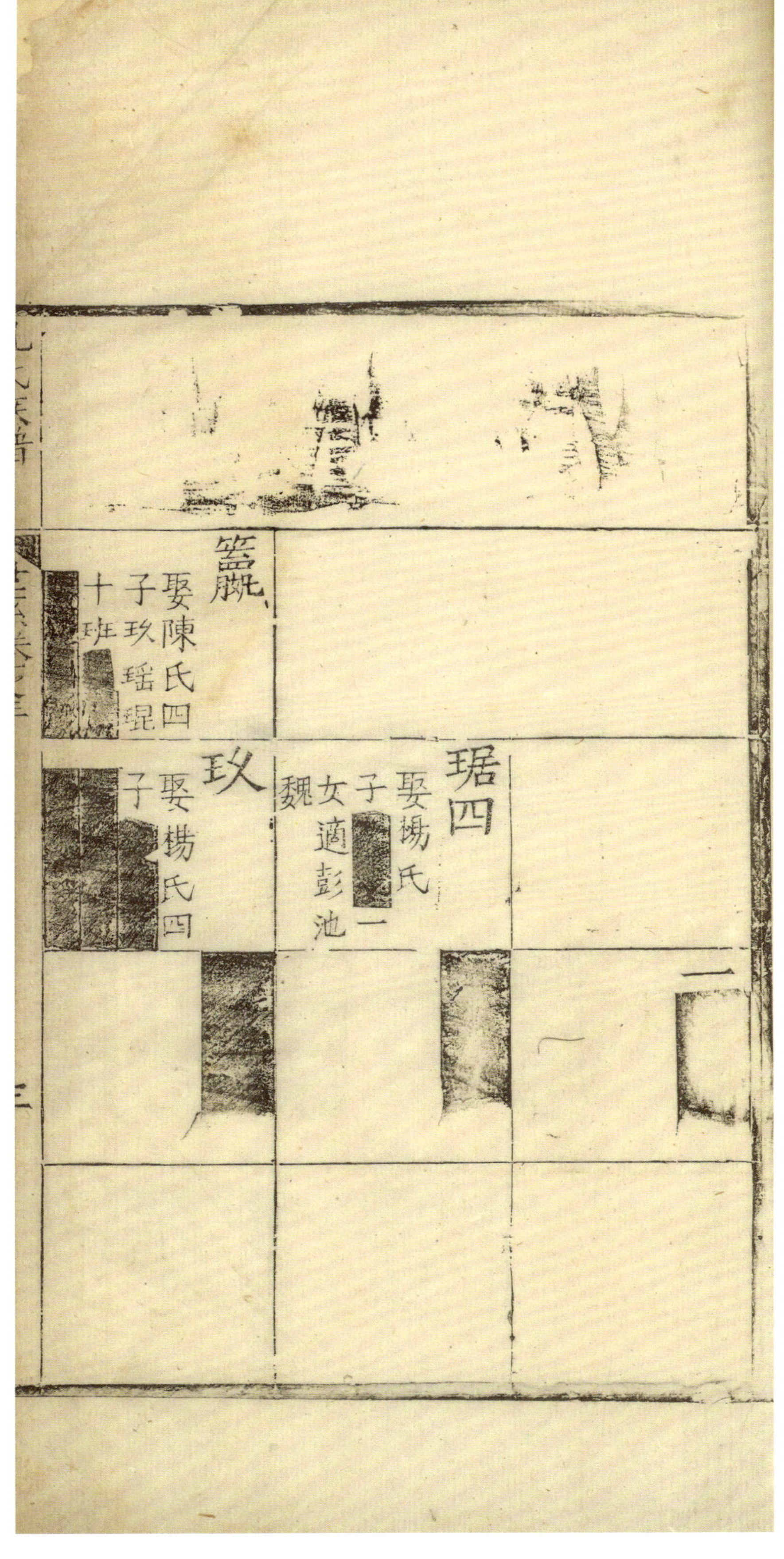

17.5cm x 31.0cm

嘉靖三十五年十月

17.5cm x 31.0cm

嘉靖三十五年十月

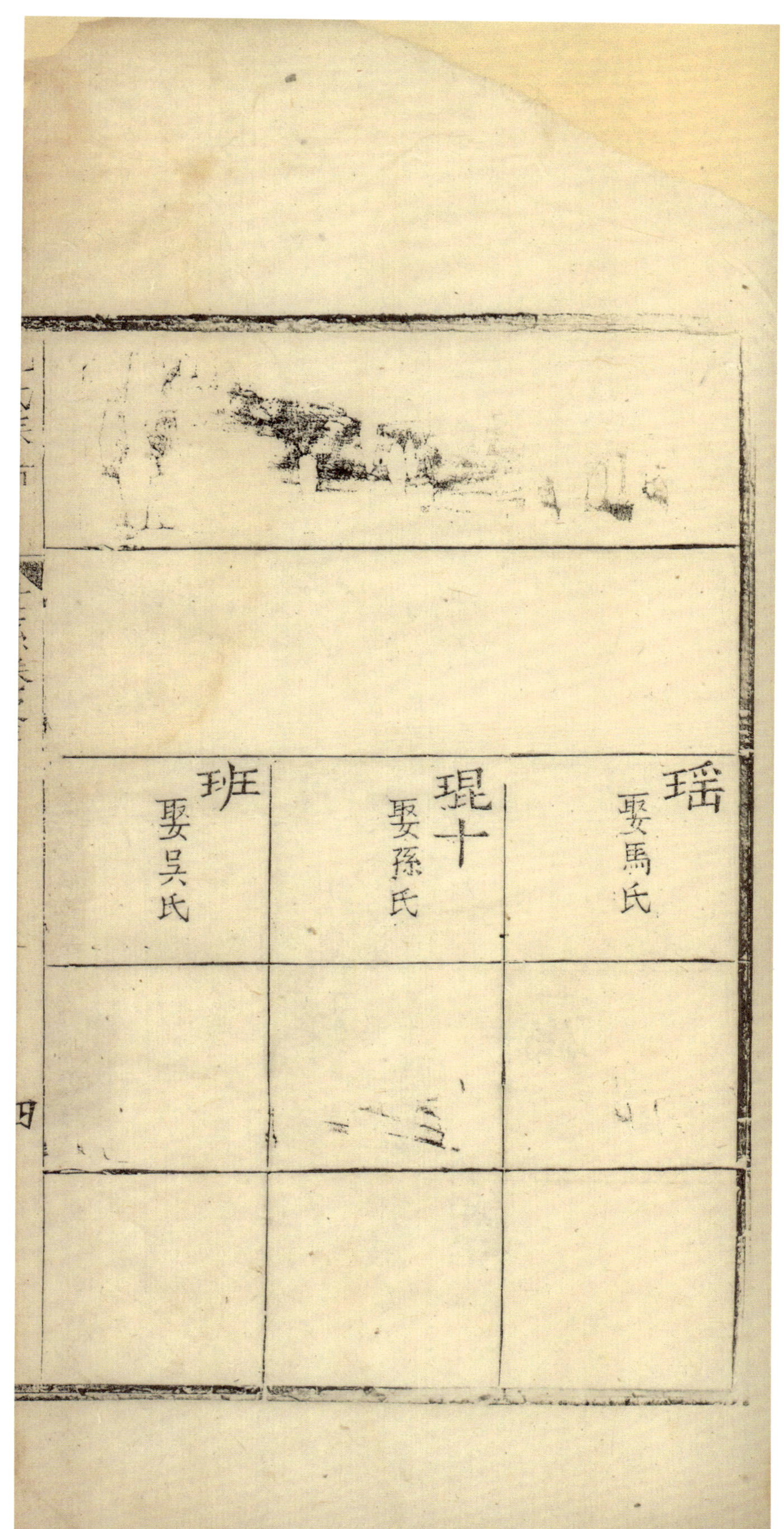

17.5cm x 31.0cm

嘉靖三十五年十月

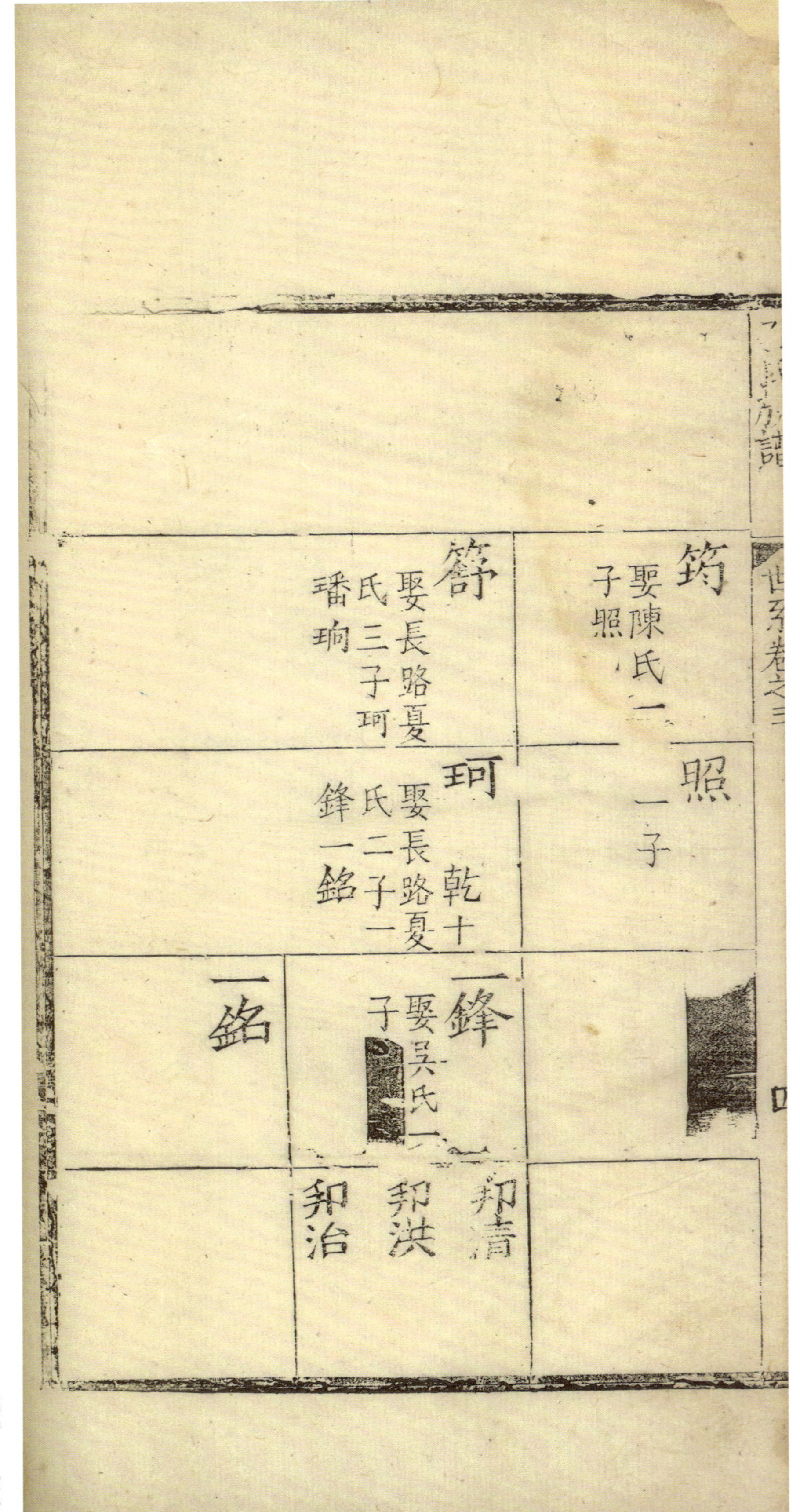

…譜 世系卷之三

筠 娶陳氏一子照

照 一子

箬 娶長路夏氏三子珂 璠 琎

珂 乾十 娶長路夏氏二子一鋒 一銘

一鋒 娶吴氏一子

一銘

邦清 邦洪 邦治

17.5cm x 31.0cm

嘉靖三十五年十月

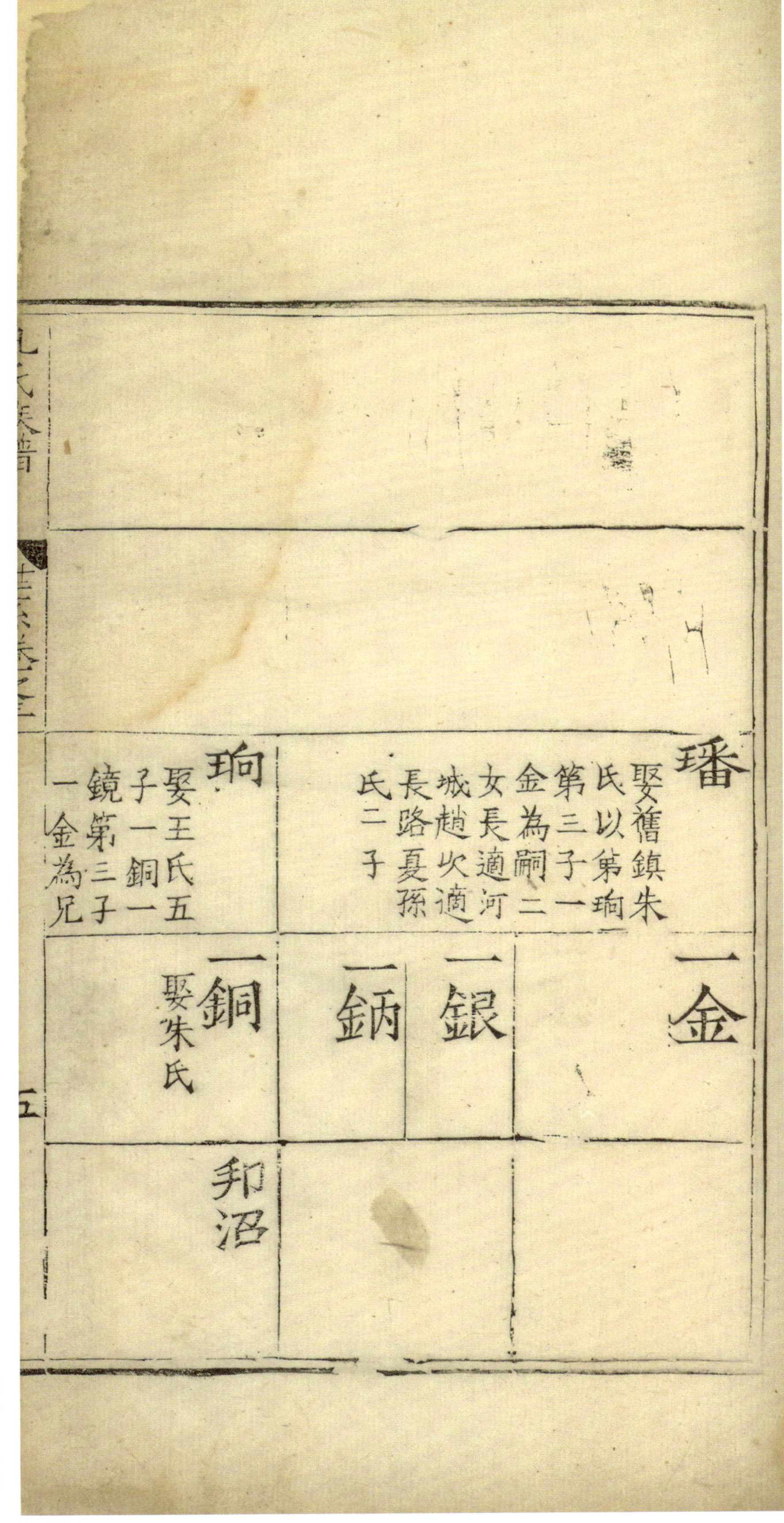

璠
娶舊鎮朱氏以第三子金為嗣二女長適河城長適越路夏孫氏二子

珦
娶王氏五子一銅一鏡第三子一金為兄

一金

一銀

一鈉

一銅
娶朱氏

㺶沼

17.5cm x 31.0cm

嘉靖三十五年十月

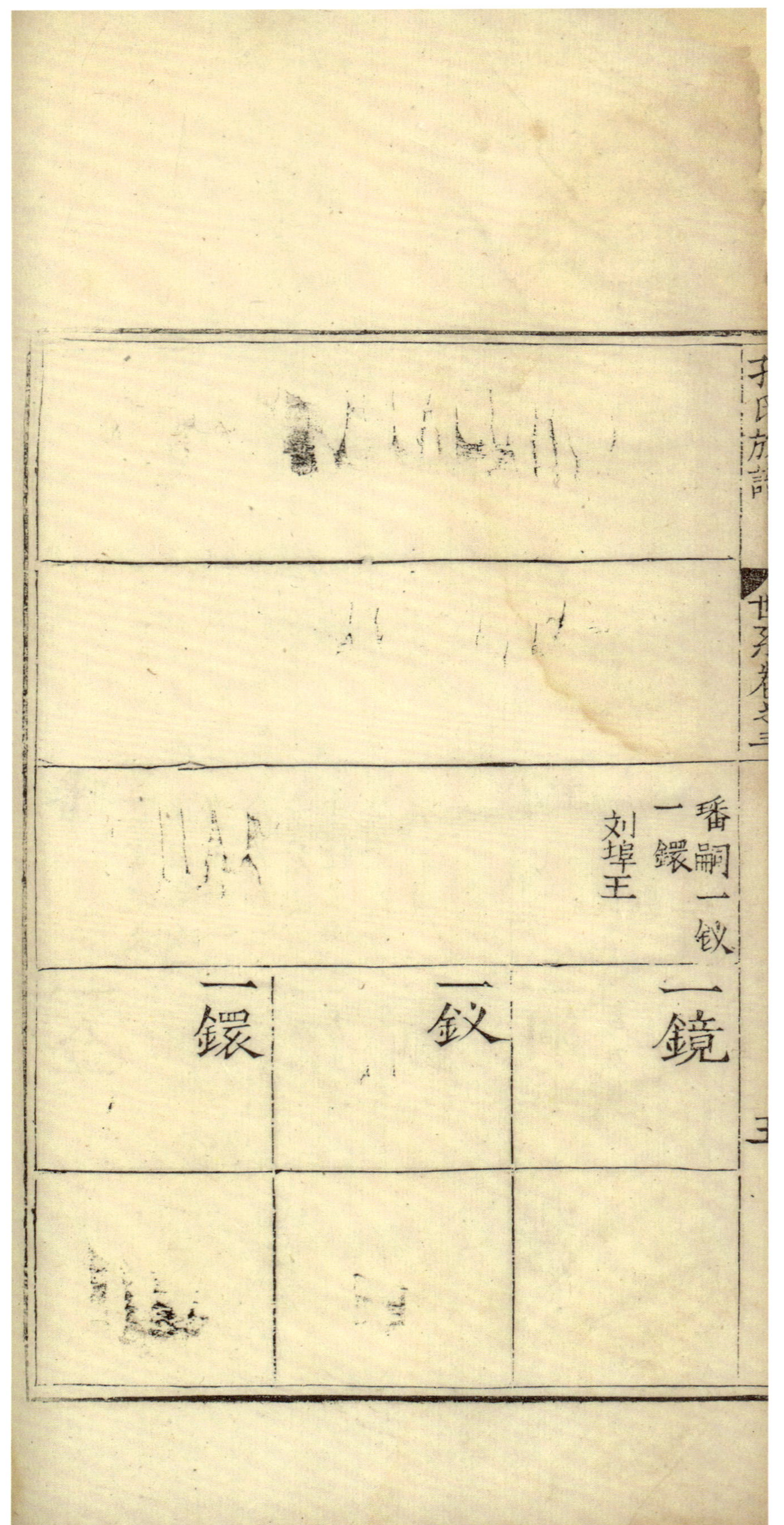

孔氏族譜 世系卷之三

璠嗣一鈙
一鐶
刘埠王

一鏡
一鈙
一鐶

17.5cm x 31.0cm

嘉靖三十五年十月

箍
娶袁氏四子庠庠定庙二女長適城上耶次適小花劉
墓在五昷庙西

庠
娶長路夏氏四子一欽一鑑一鎮一銮二女長適城上耶次適長路夏

一欽
娶徐氏子和振

一鑑

一鎮

和振

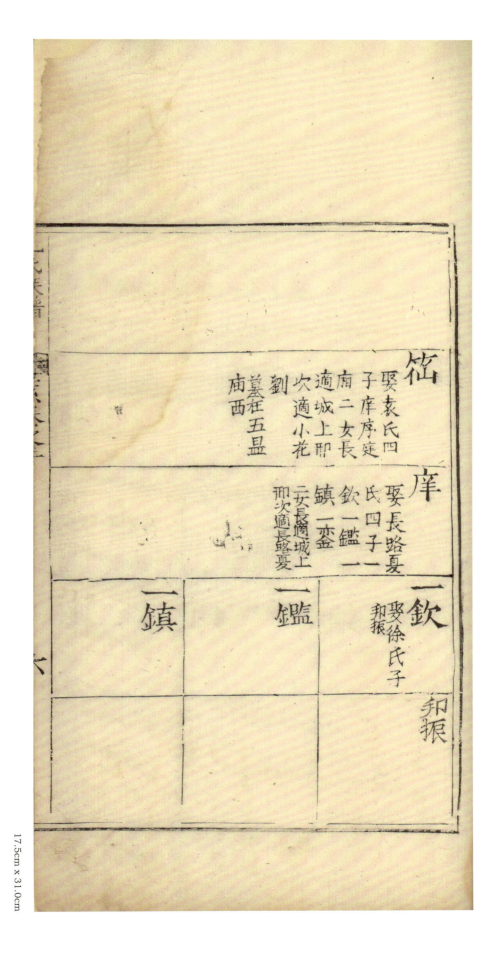

17.5cm x 31.0cm

嘉靖三十五年十月

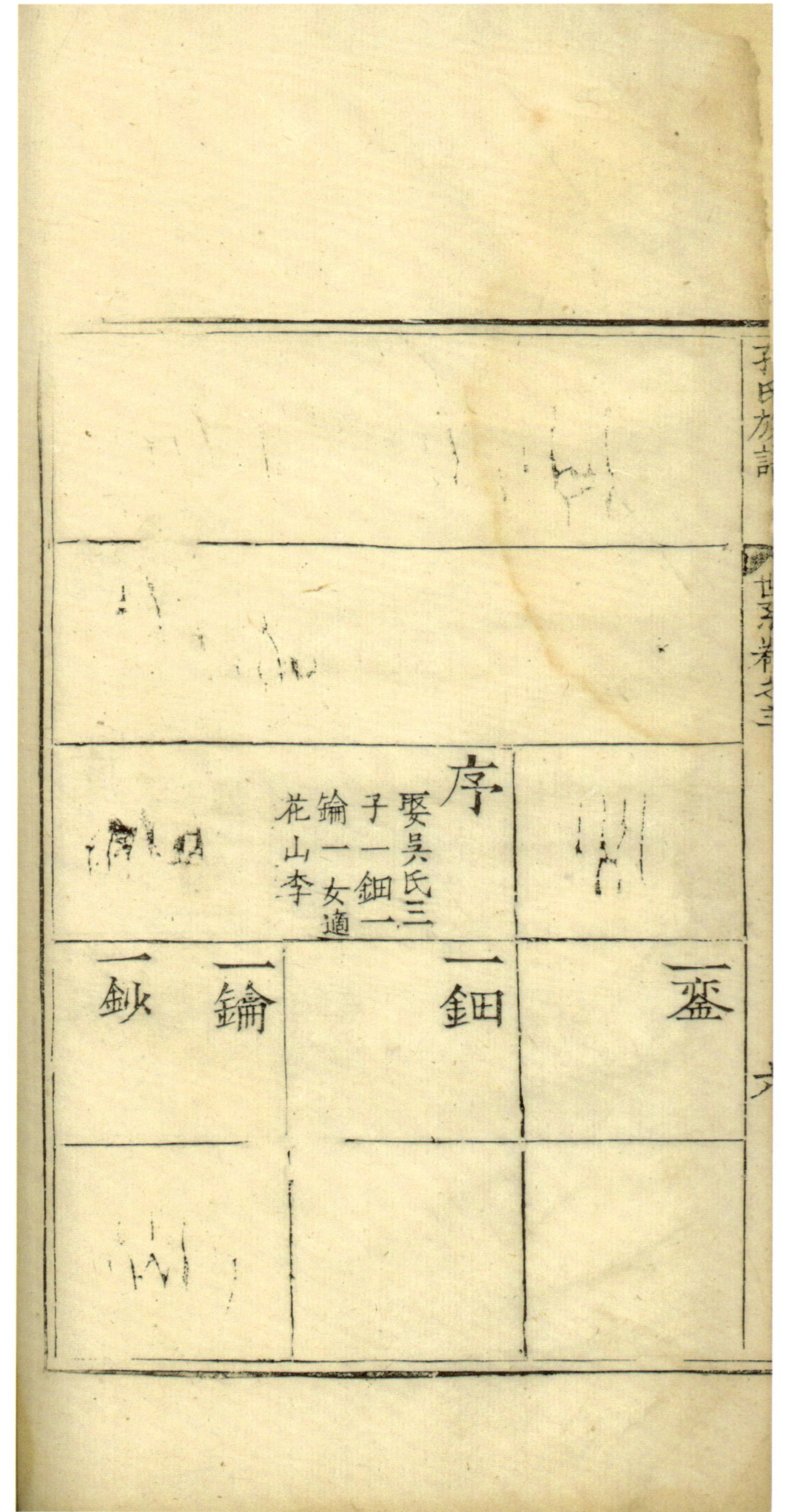
孔氏族譜 世系卷之三

序 娶吳氏三 子一鈿一 錀一女適 花山李

一鍪
一鈿
一錀
一鈥

17.5cm x 31.0cm

嘉靖三十五年十月

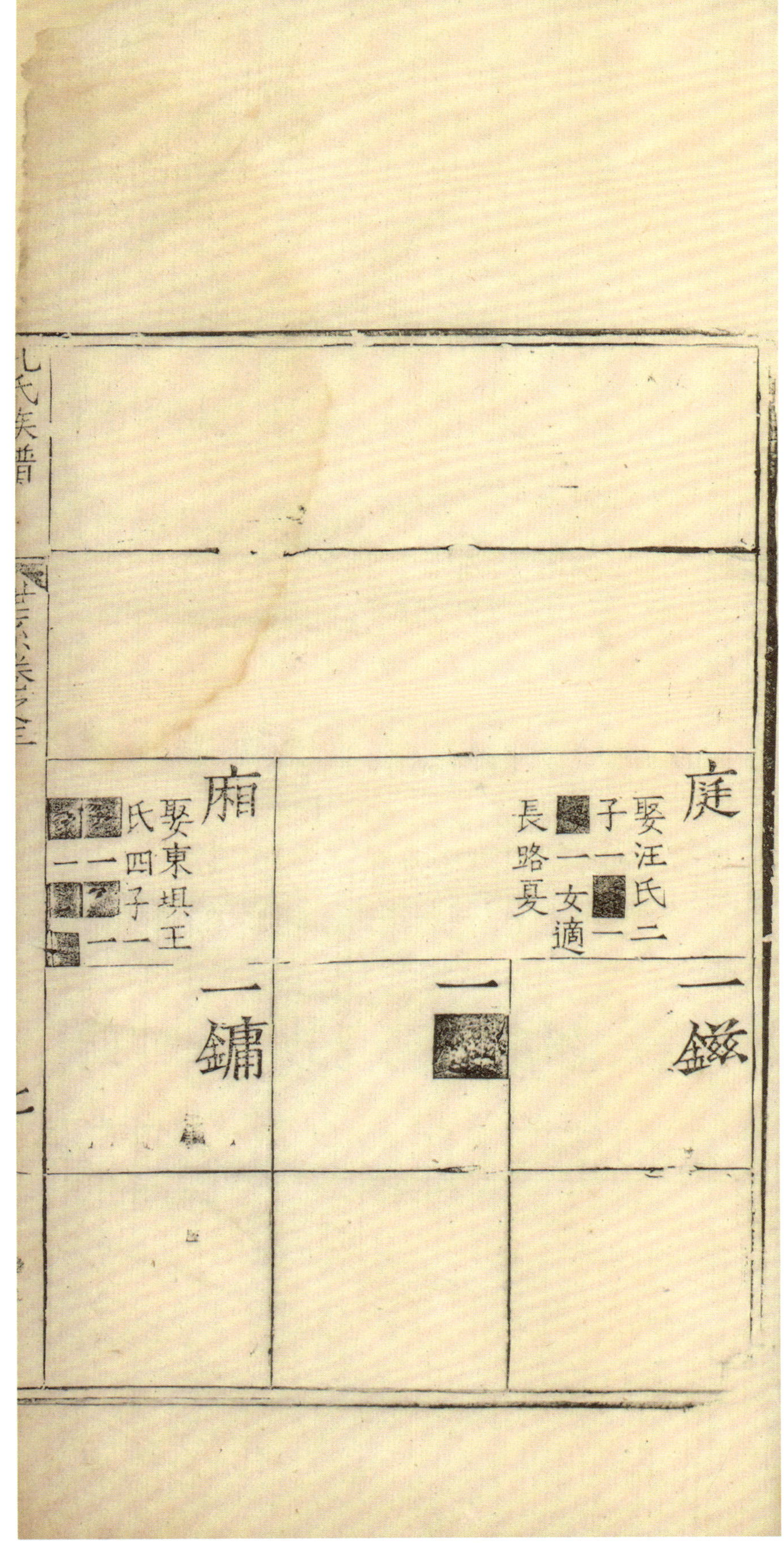
孔氏族譜

庭
娶汪氏二
子一■一
■一女適
長路妟

廂
娶東垻王
氏四子一
■一■一
■一■■

一鎡

一■

一鏞

17.5cm x 31.0cm

嘉靖三十五年十月

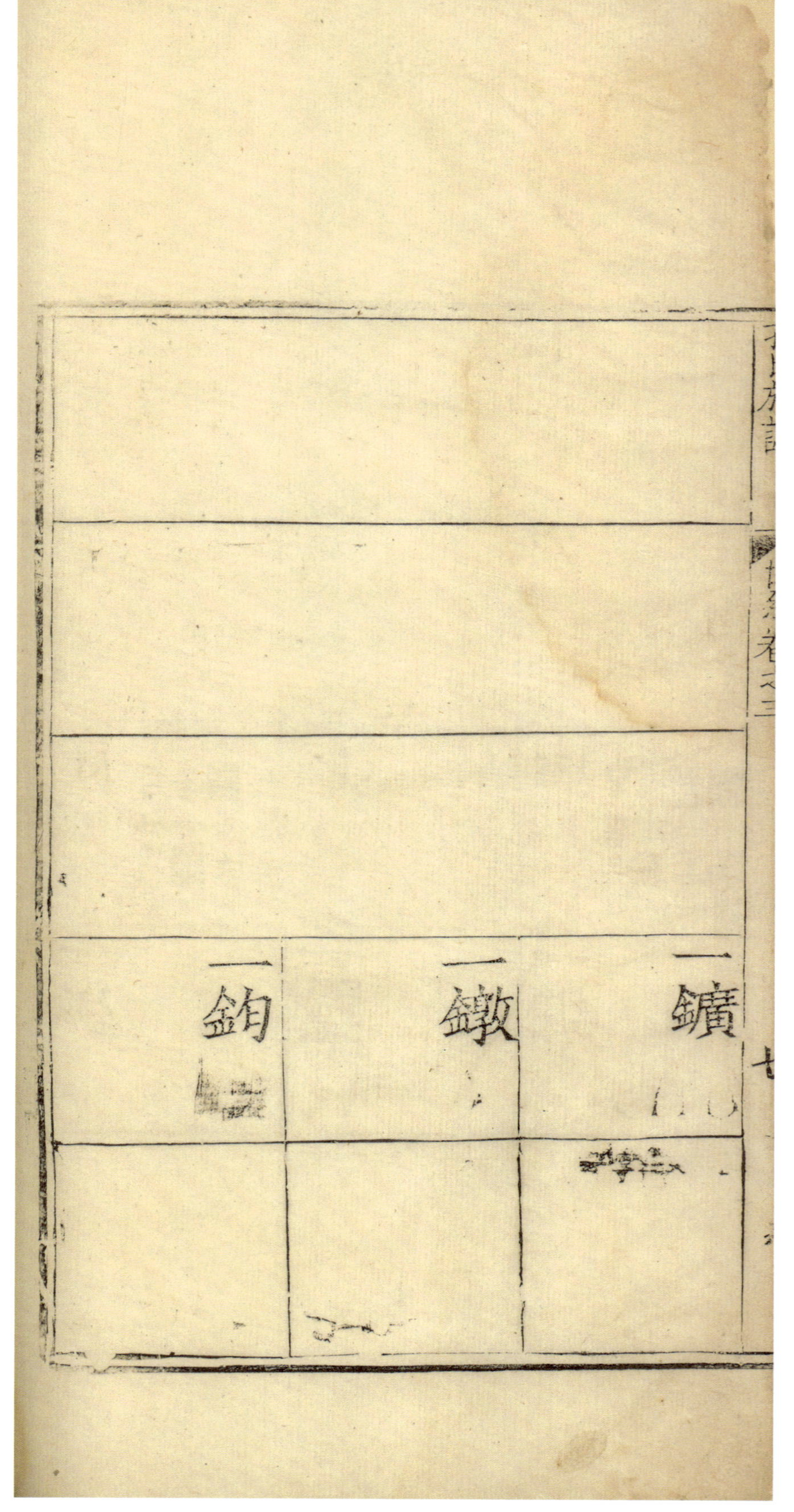

17.5cm x 31.0cm

嘉靖三十五年十月

弘暲 娶桂氏六子汶滇浣淙洙泗

汶 娶舊鎮朱氏一子任

滇 娶彭池魏氏一子貢

浣 娶史氏二子御衍

任 娶曹氏一子一令

貢 娶丁氏一子一宇 女

御 娶張氏一子一[illegible]一 女適建平歐

一令

一宇

一宴

一亮

17.5cm x 31.0cm

孔氏族譜　世系卷之三

淙　娶袁村袁氏三子何佑伊公墓在栢村小山

衍　娶高氏一子一齊 [illegible]

何　娶夏氏四子一應一慶一康一庶一女適高淳陳

一齊

一高

一應　娶汪氏

一慶　娶茅城傅氏

17.5cm x 31.0cm

嘉靖三十五年十月

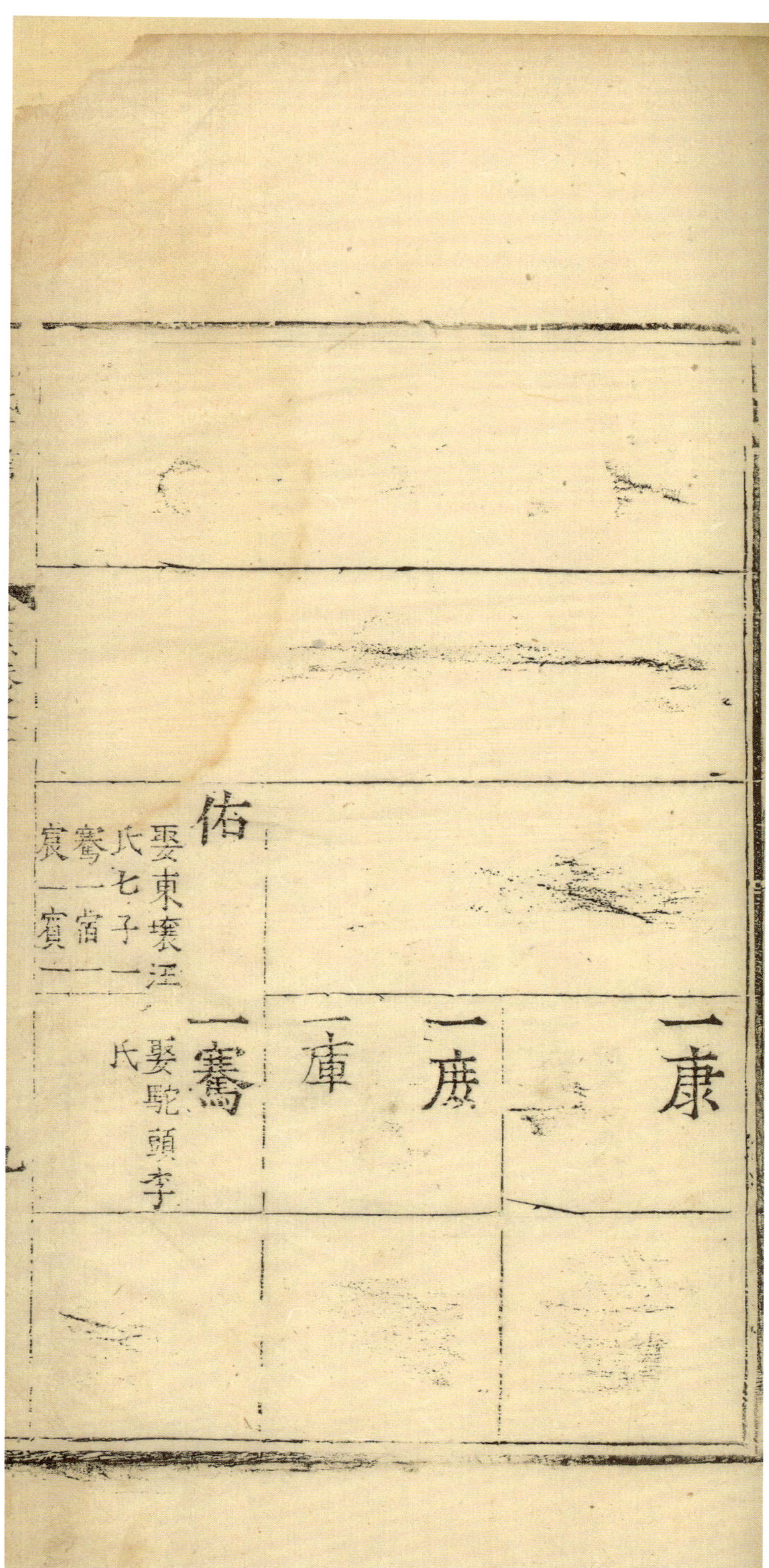
佑
娶東壤汪
氏七子一
騫一甯一
宸一賓一

一騫
娶駝頭李
氏

一庫

一庚

一康

17.5cm x 31.0cm

嘉靖三十五年十月

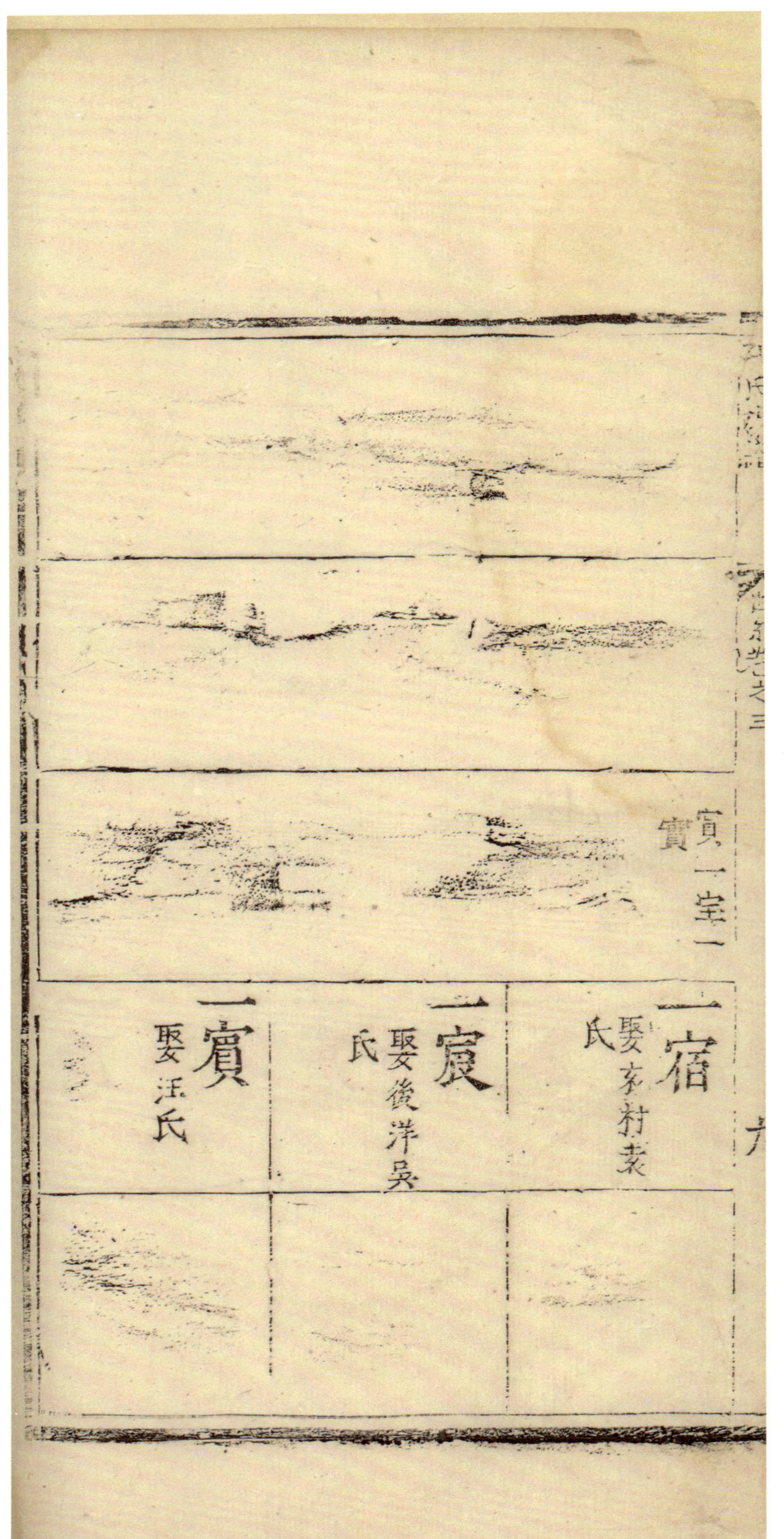

寅一宗一
實

一宿
娶亥村袁氏

一宸
娶後泮吳氏

一賓
娶汪氏

17.5cm x 31.0cm

嘉靖三十五年十月

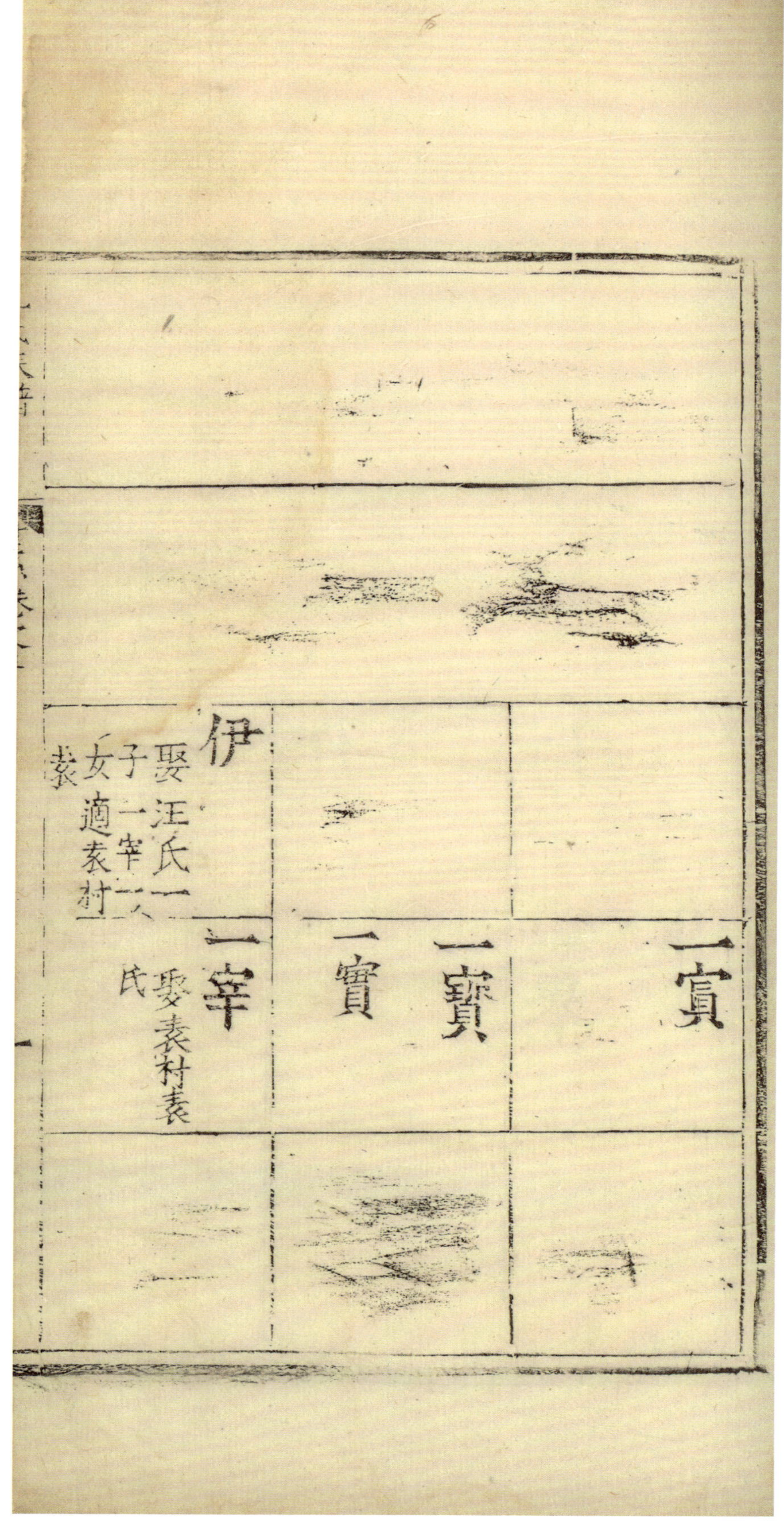

17.5cm x 31.0cm

嘉靖三十五年十月

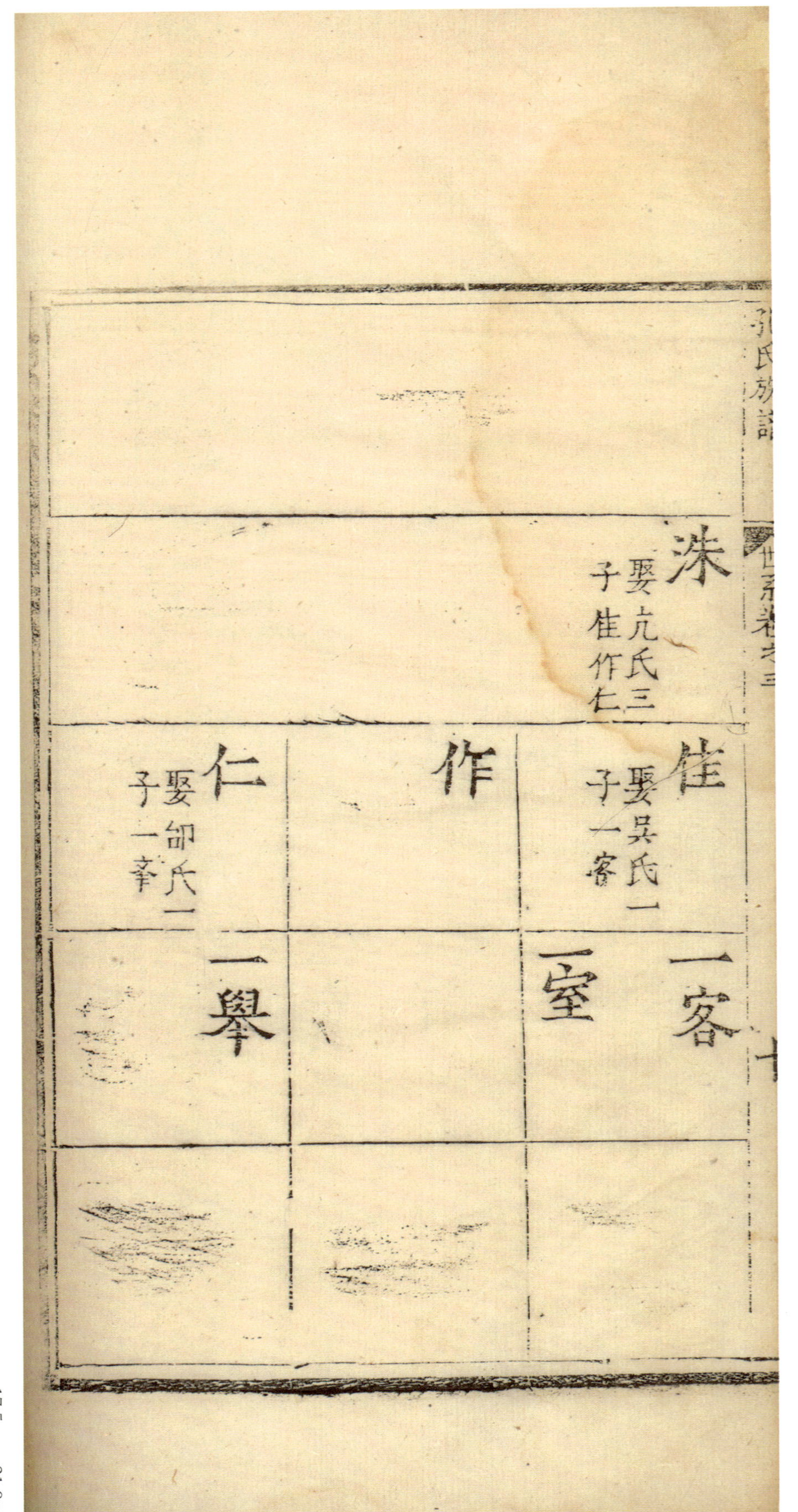

孔氏族譜　世系卷之三　十

洙
娶卞氏三
子佳作仁

佳
娶吳氏一
子一客

作

仁
娶邰氏一
子一亯

一客

一室

一舉

17.5cm x 31.0cm

嘉靖三十五年十月

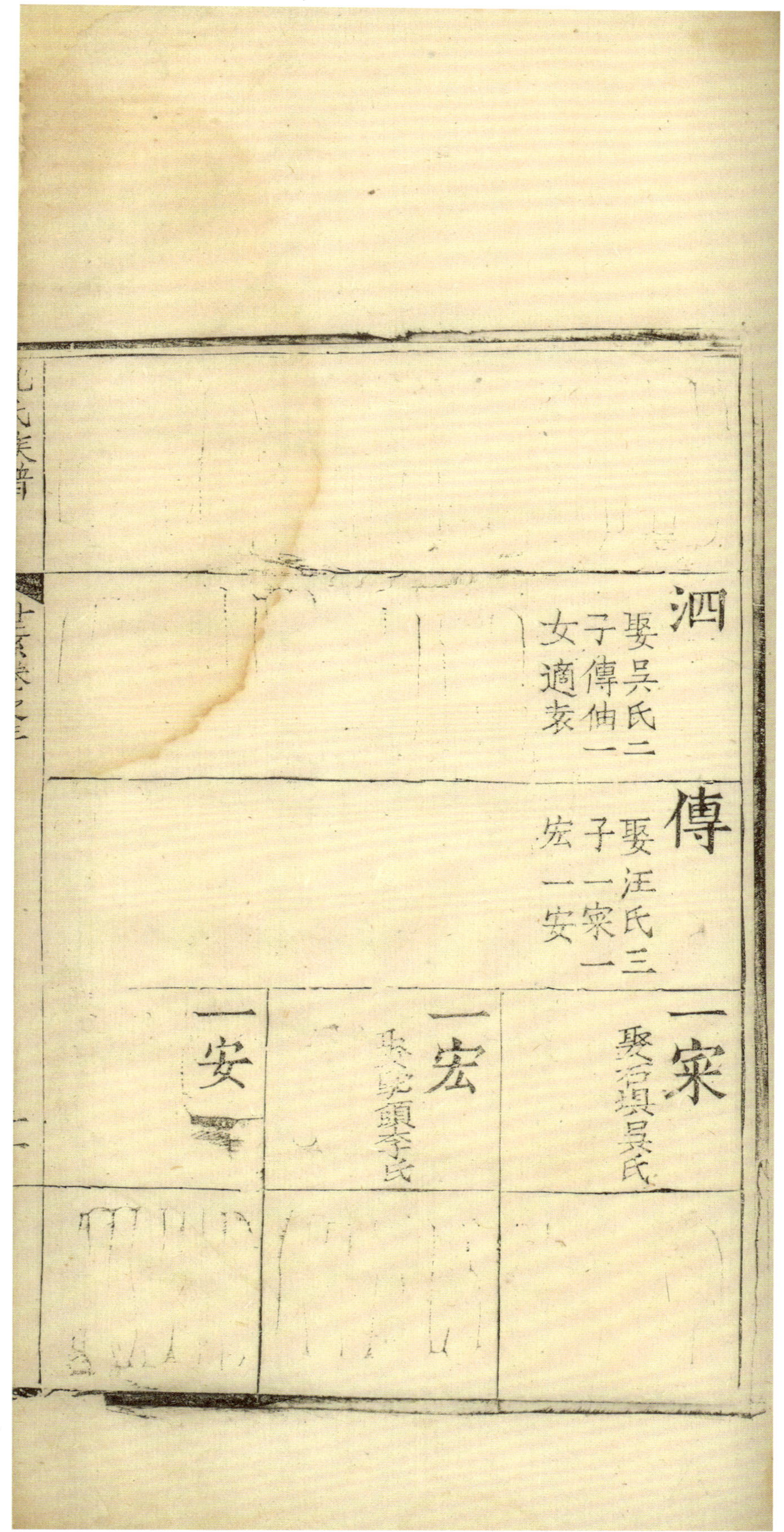

泗
娶吴氏二
子傳伷一
女適袁

傳
娶汪氏三
子一宋一
宏一安

一宋
娶石壩吴氏

一宏
娶駝頭李氏

一安

17.5cm x 31.0cm

嘉靖三十五年十月

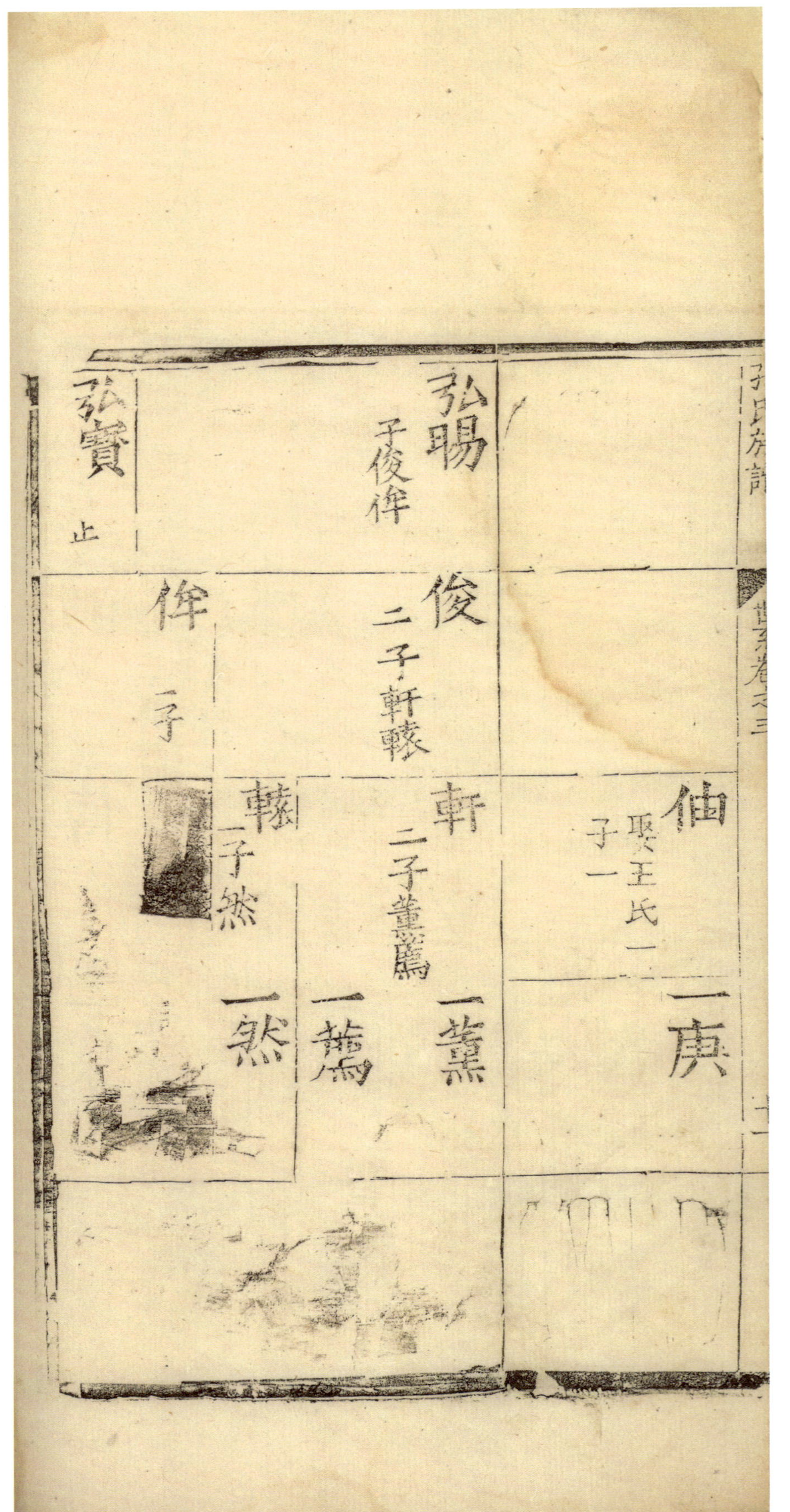

孔氏族譜卷之三

弘賓 止

弘賜 子俊侔

俊 二子軒轅

侔 一子

軒 二子董驚

轅 一子然

伷 娶王氏一子一

一庚

一薰

一驚

一然

17.5cm x 31.0cm

嘉靖三十五年十月

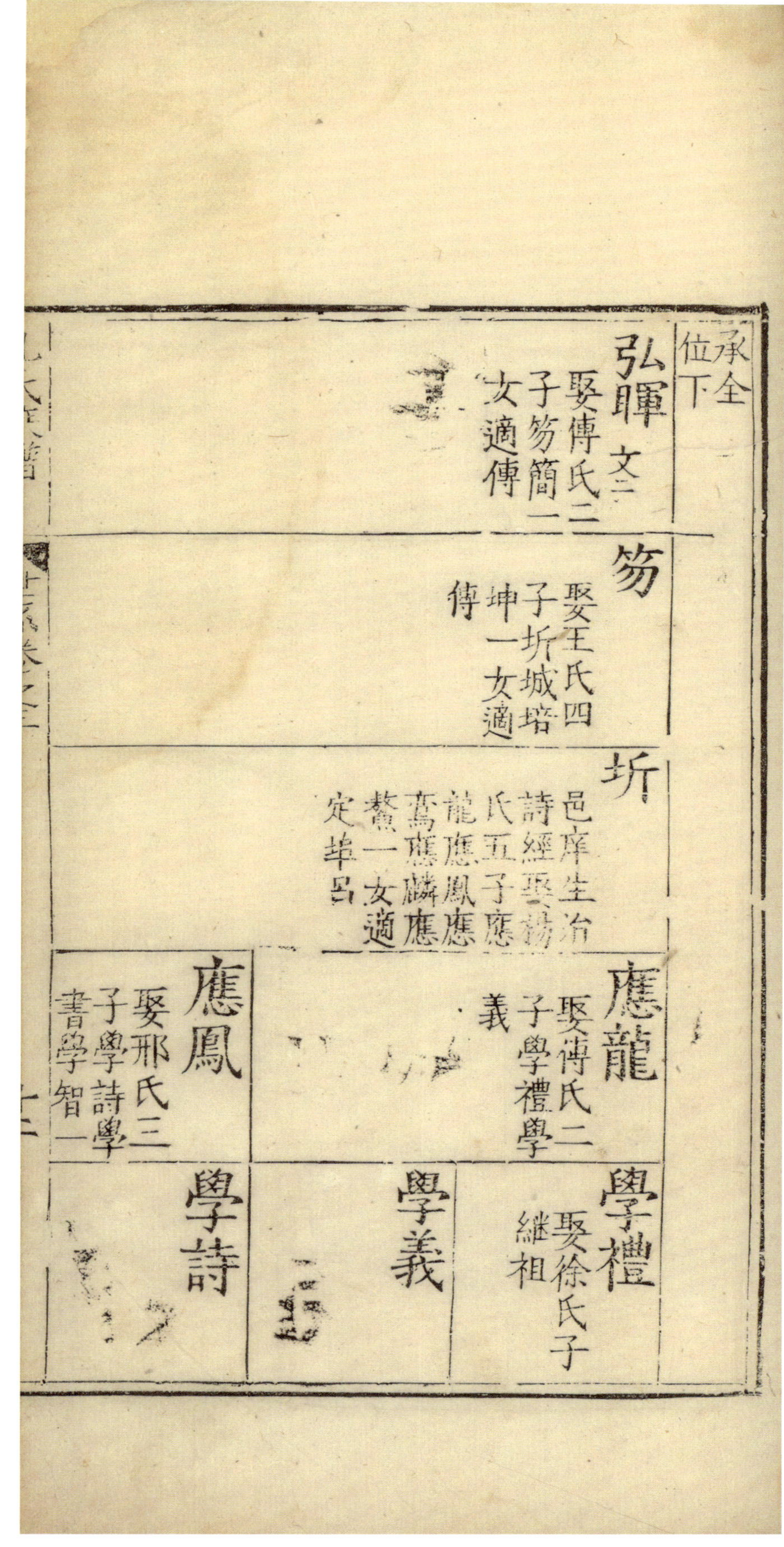

17.5cm x 31.0cm

嘉靖三十五年十月

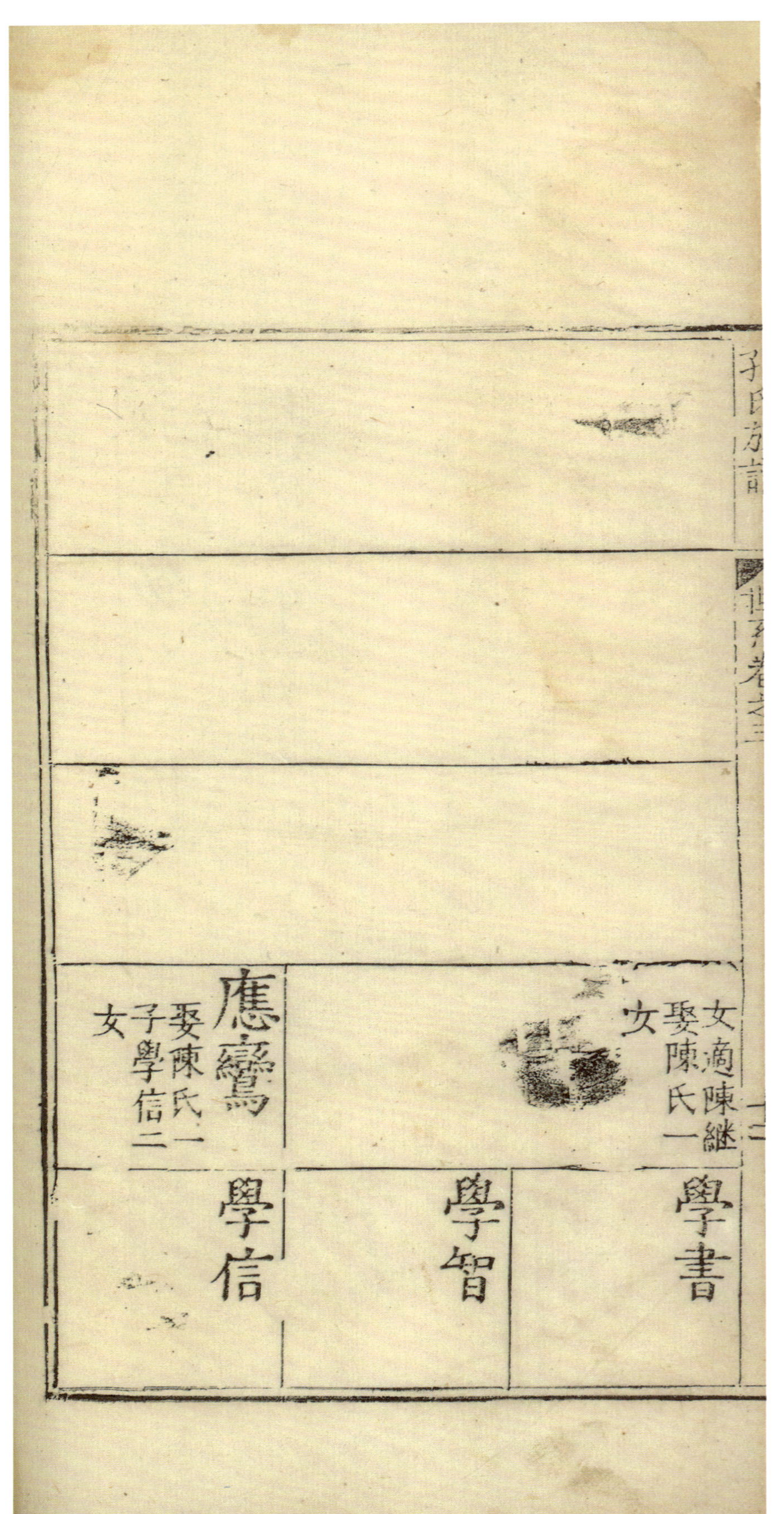

女適陳繼
娶陳氏一
女

學書

學智

應鸞
娶陳氏一
子學信二
女

學信

17.5cm x 31.0cm

孔氏族譜

應麟
娶王氏二子學聖學賢二女

應鰲
娶徐氏三子學忠學賦學孝

學聖

學賢

學忠

17.5cm x 31.0cm

嘉靖三十五年十月

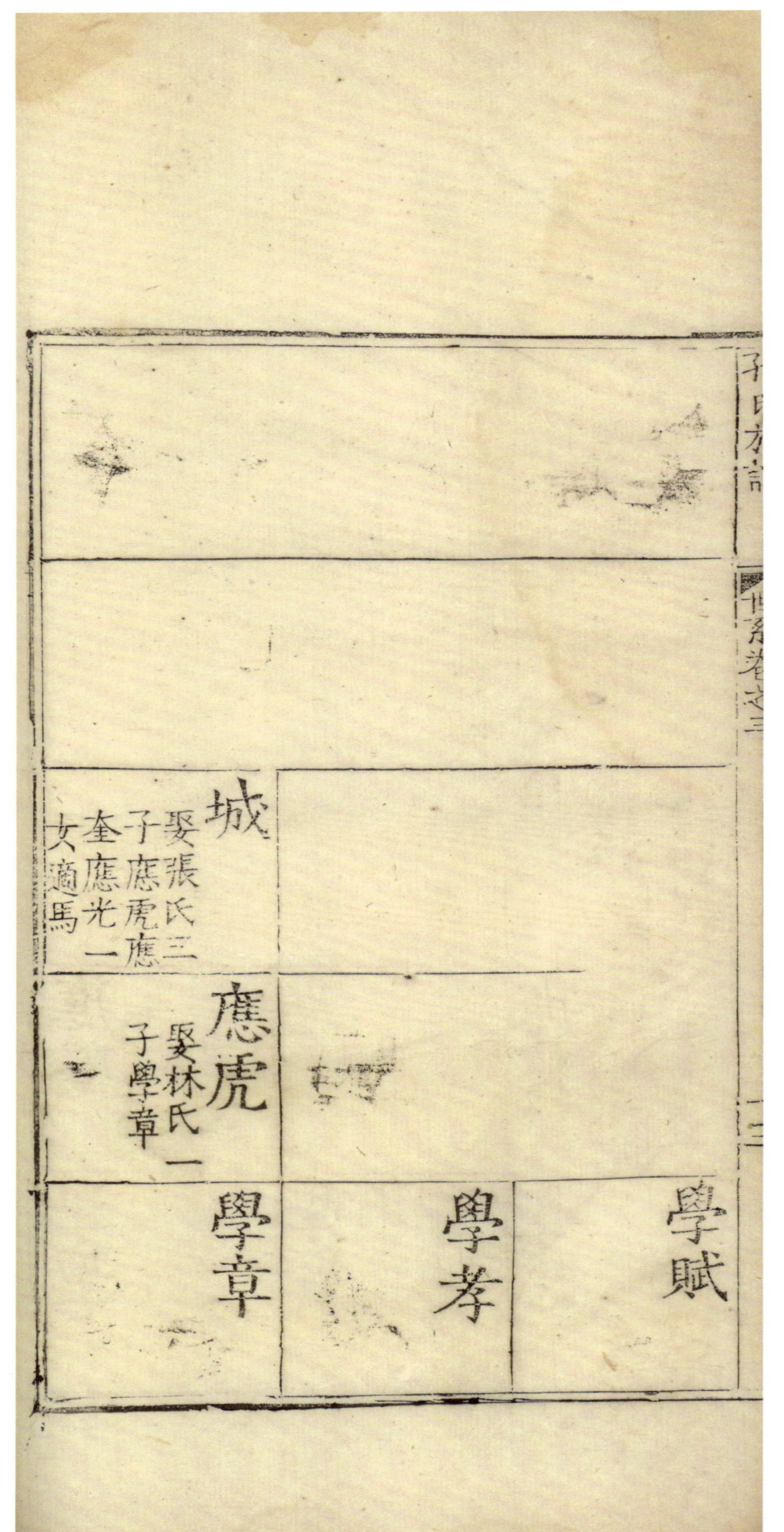

孔氏族譜

世系卷之三

城
娶張氏三
子應虎應
奎應光一
女適馬

應虎
娶林氏一
子學章

學賦

學孝

學章

17.5cm x 31.0cm

嘉靖三十五年十月

應奎
娶屠氏

應光

培
娶張氏三
子應豹應
麂應鹿一
女適徐

應豹
娶傅氏一
女

17.5cm x 31.0cm

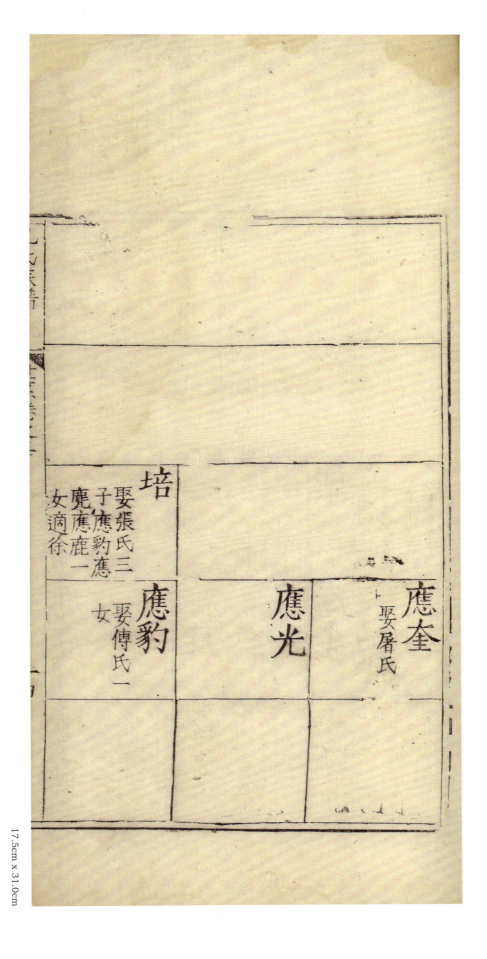

嘉靖三十五年十月

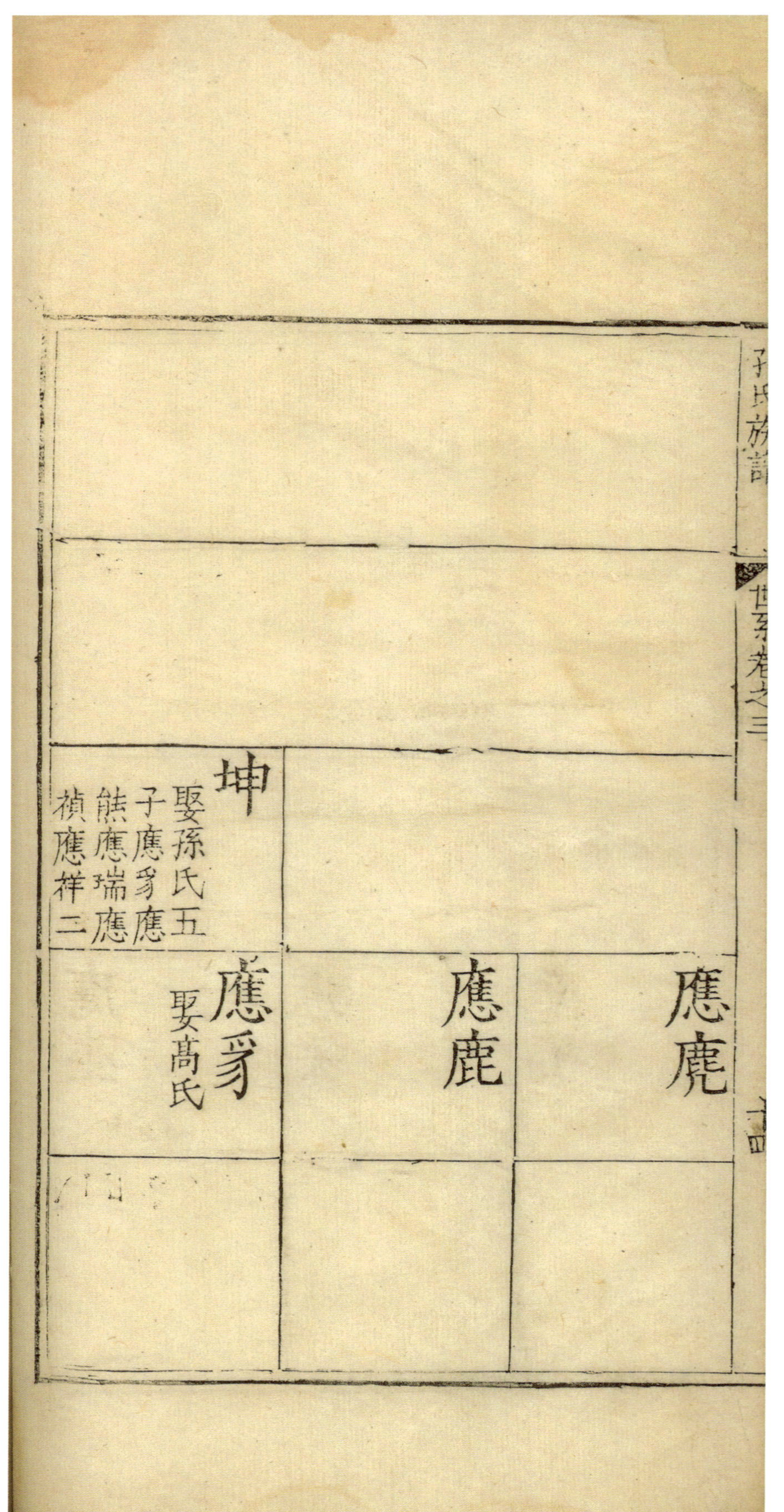

孔氏族譜

世系卷之三

坤

娶孫氏五子應豸應熊應瑞應禎應祥二

應鹿

應鹿

應豸

娶高氏

譜

17.5cm x 31.0cm

嘉靖三十五年十月

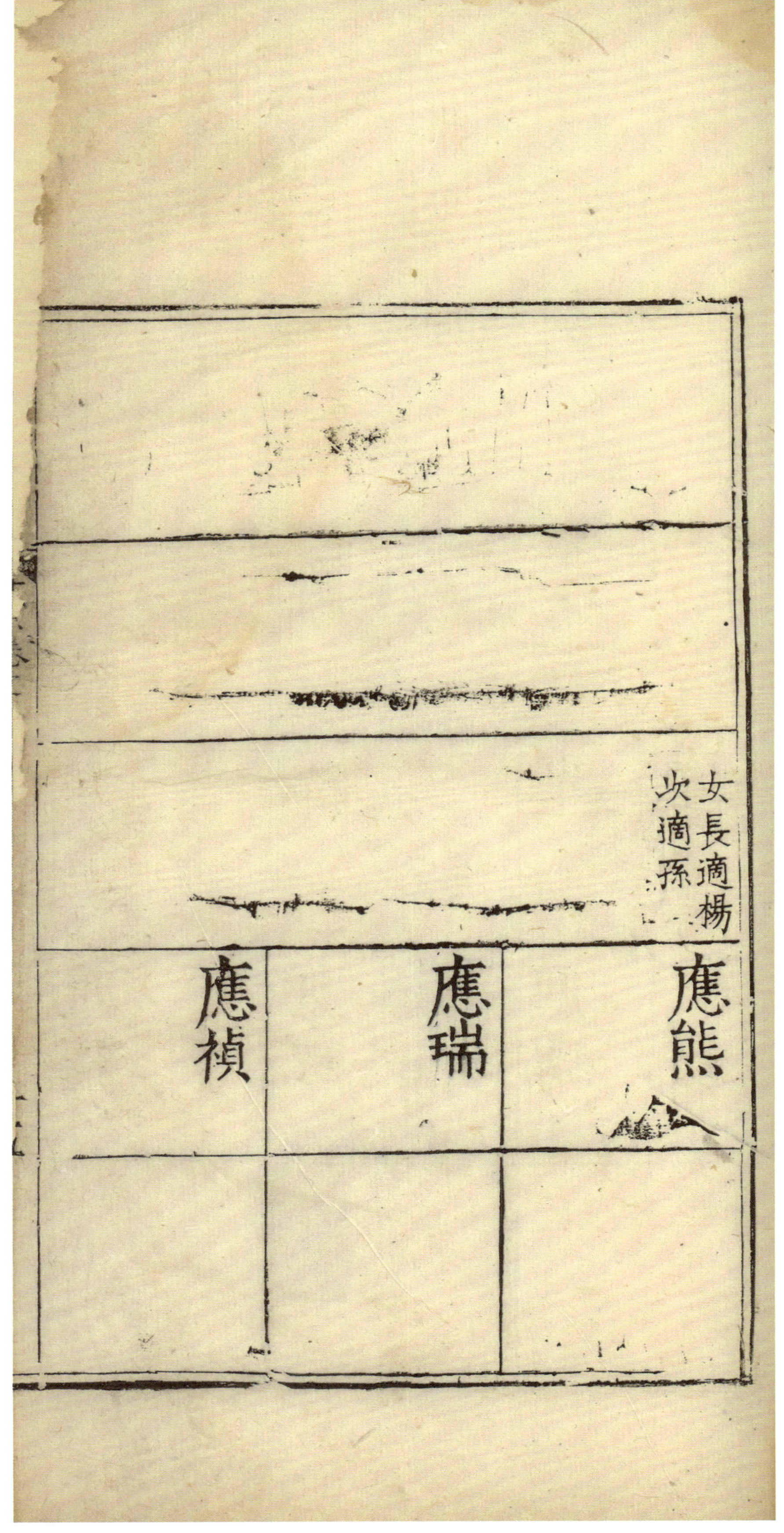

17.5cm x 31.0cm

嘉靖三十五年十月

世系卷之三

十五

簡

娶史氏四子圻址坦坡一女適建平潘

圻

娶傅氏一子應爵一女適黄

址

娶俞氏一子應鵬一女適湖陽邢

應祥

應爵

娶孫氏一子

應鵬

17.5cm x 31.0cm

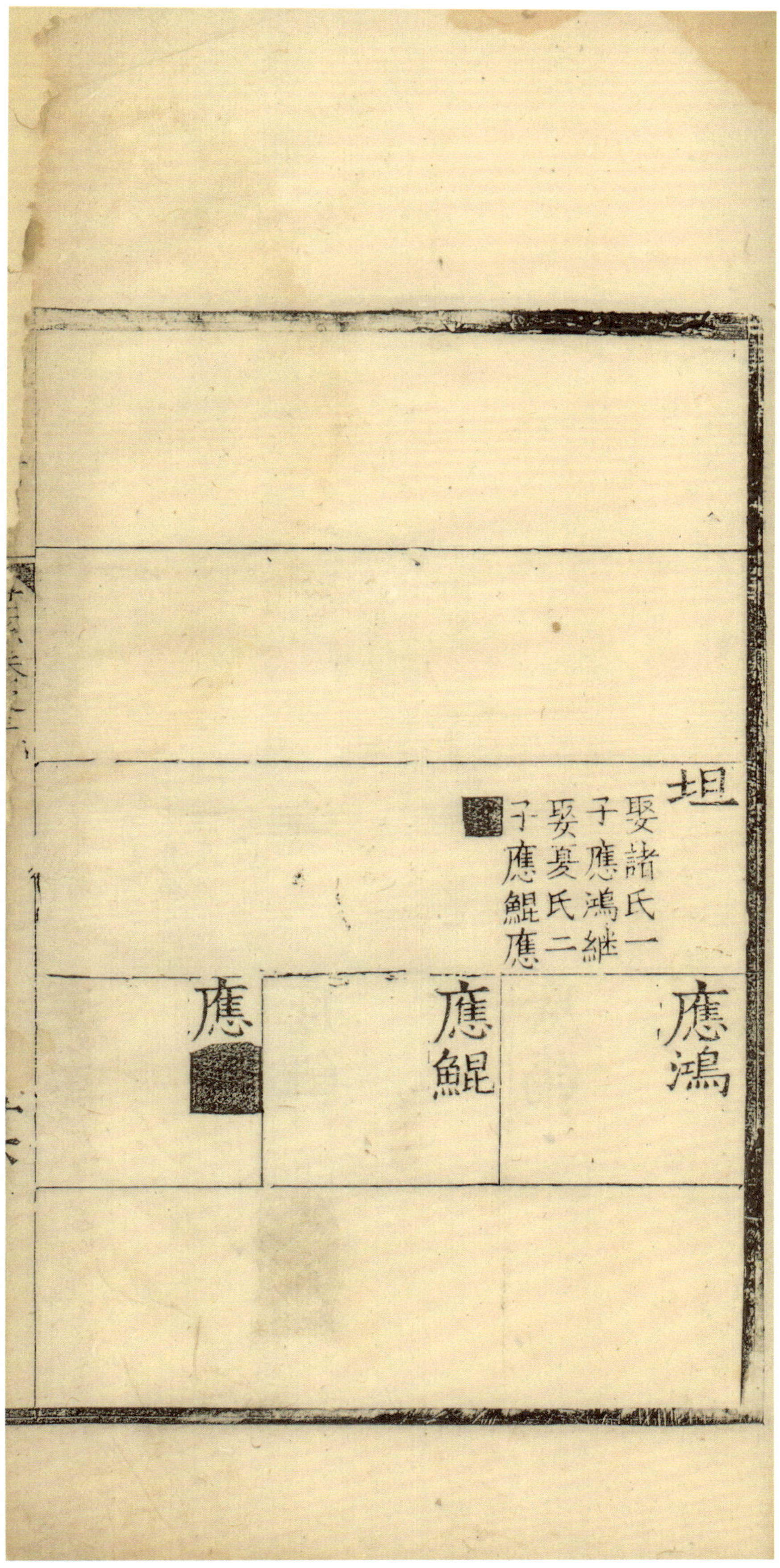

坦
娶諸氏一
子應鴻繼
娶宴氏二
子應鯤應

應鴻

應鯤

應

17.5cm x 31.0cm

嘉靖三十五年十月

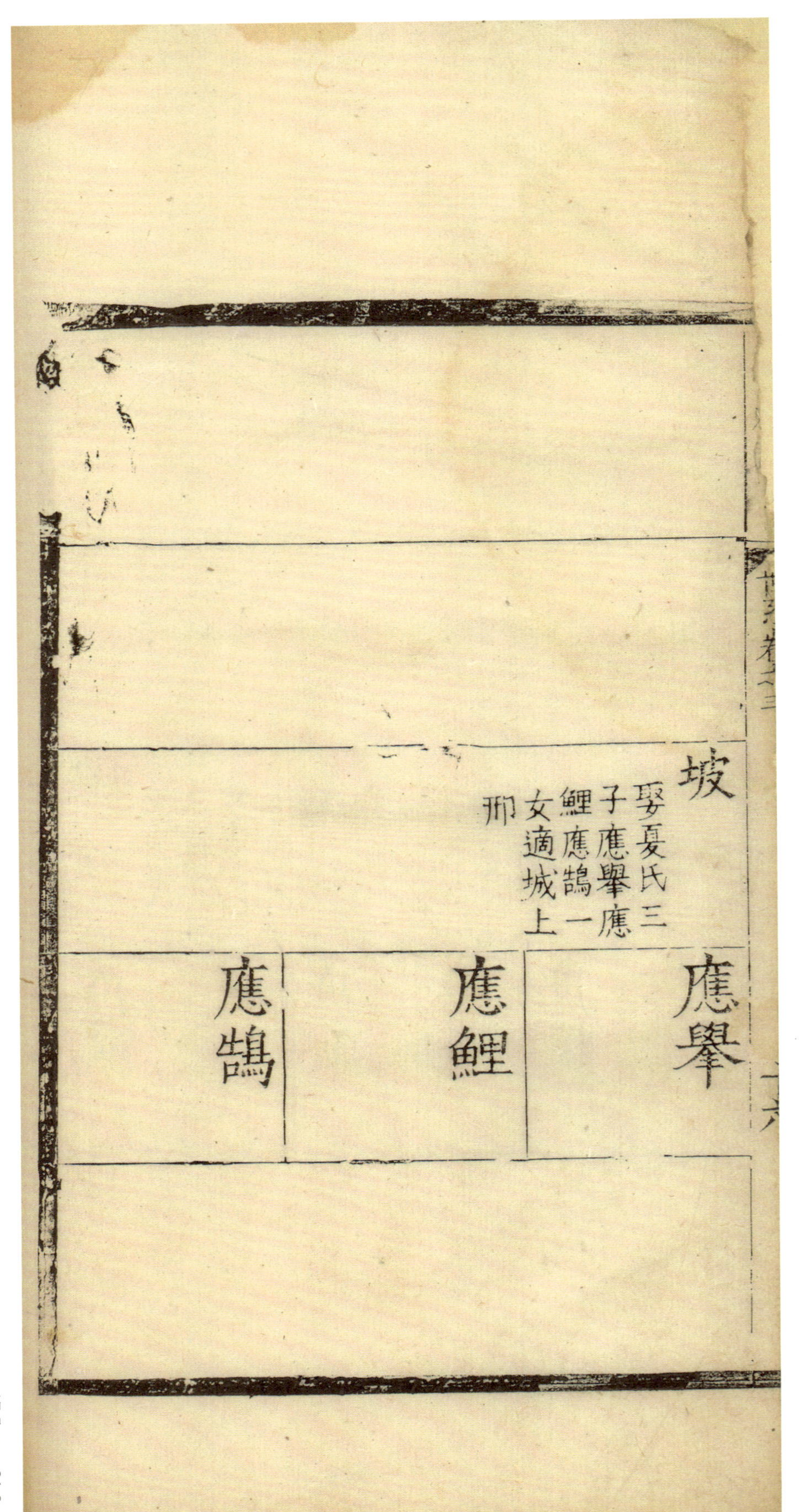
坡
娶夏氏三
子應舉應
鯉應鵠一
女適城上
邢
應舉
應鯉
應鵠

17.5cm x 31.0cm

弘䏨 文五
娶史氏四
子贇篪箬
筌一女適
史

贇
娶陳氏三
子敕敔孜

敕
娶高淳陳
氏二子廷
松廷栢繼
娶杭氏一
子廷梅
繼娶河城
逆氏生一

廷松
娶田氏二
子學仁學
道

廷栢
娶史氏一
子學傅

學仁
娶桂氏一
繼綠

學道
娶魏氏

學傅

17.5cm x 31.0cm

嘉靖三十五年十月

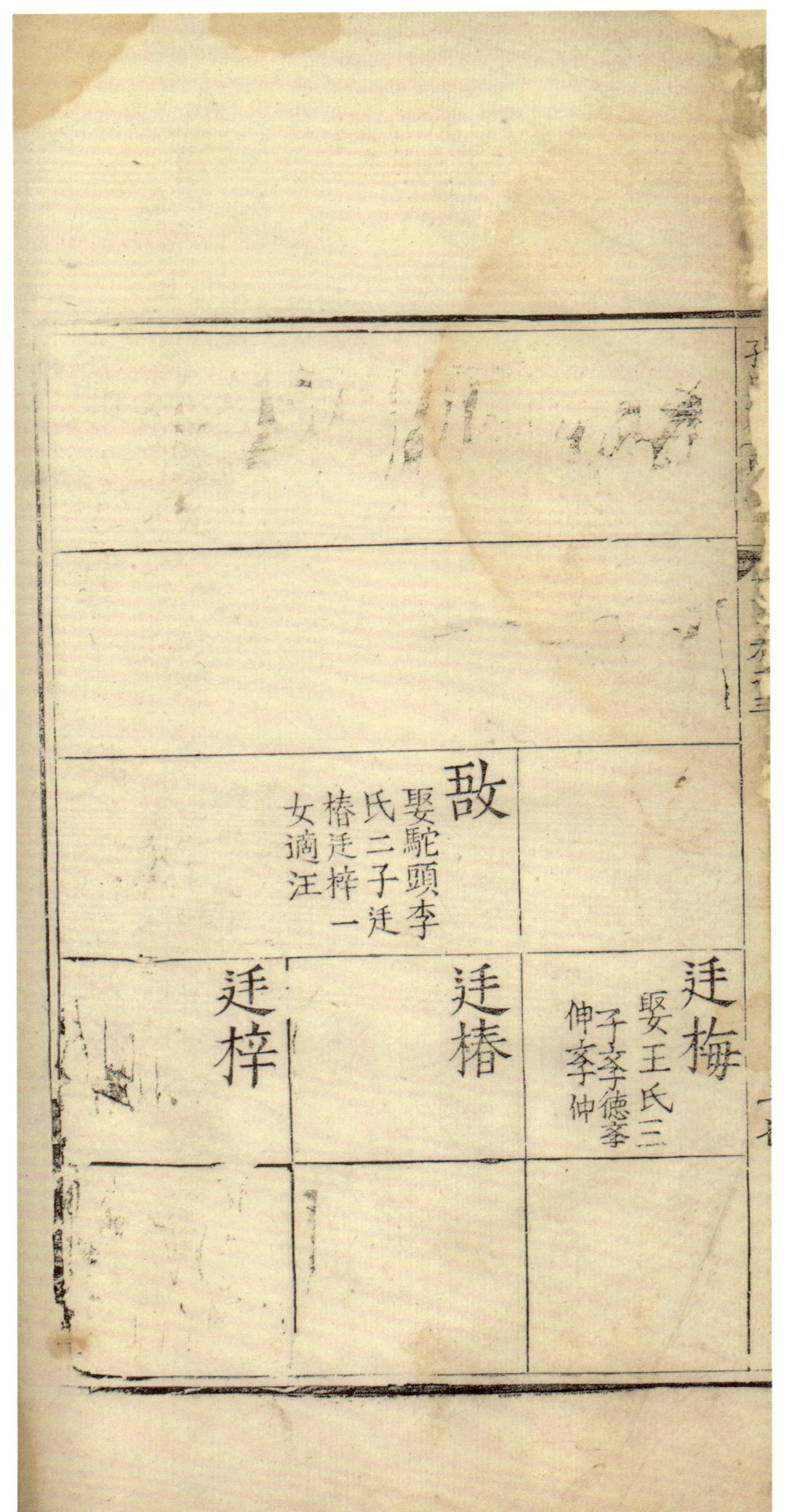
敔
娶駝頭李
氏二子廷
椿廷梓一
女適汪

廷梅
娶王氏三
子李德李
仲李仲

廷椿

廷梓

17.5cm x 31.0cm

嘉靖三十五年十月

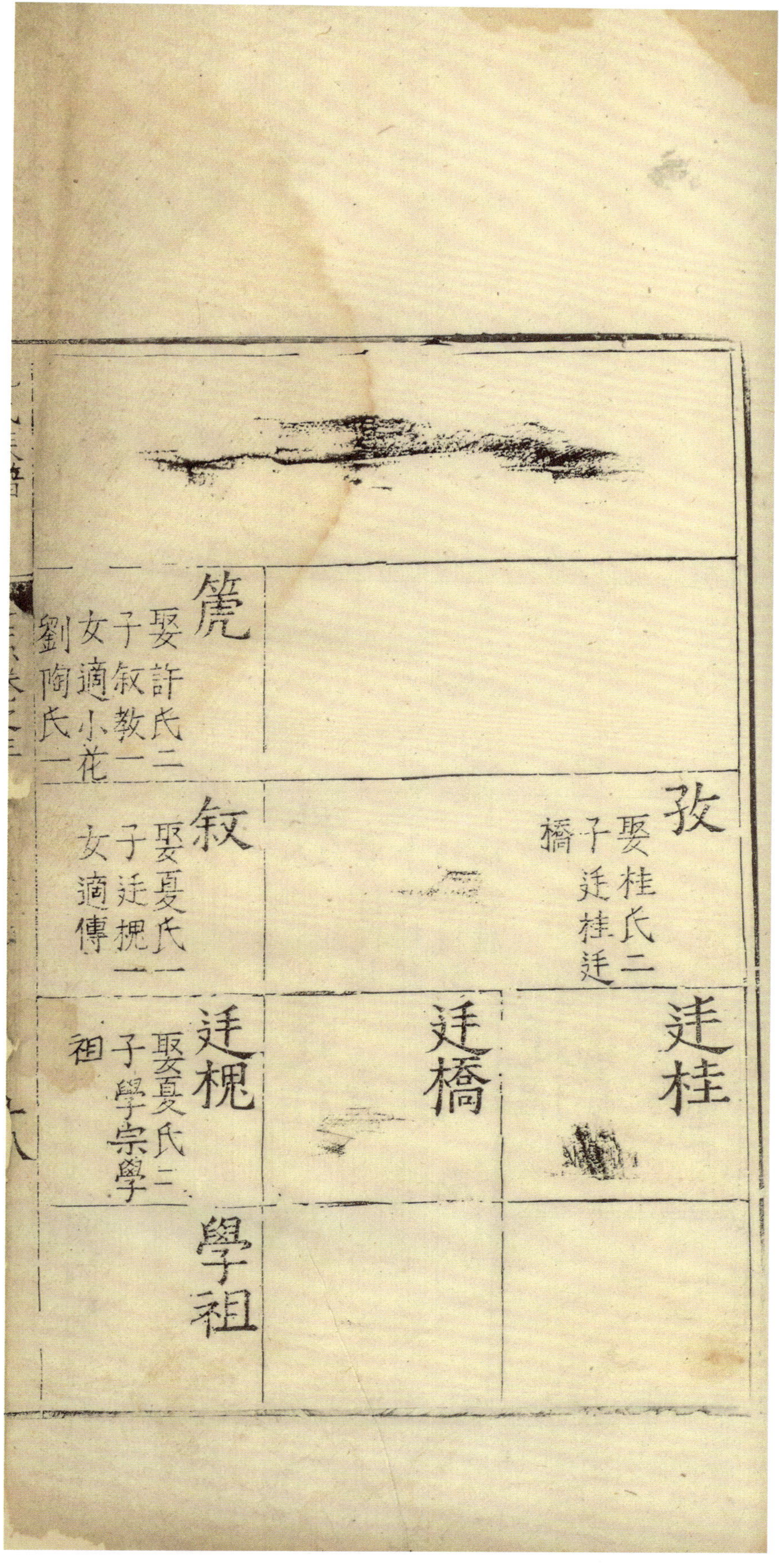

孜
娶桂氏二
子廷桂 廷橋

廷桂

廷橋

篪
娶許氏二
子叙教一
女適小花
劉陶氏一

叙
娶夏氏一
子廷槐一
女適傳

廷槐
娶夏氏二
子學宗 學祖

學祖

17.5cm x 31.0cm

嘉靖三十五年十月

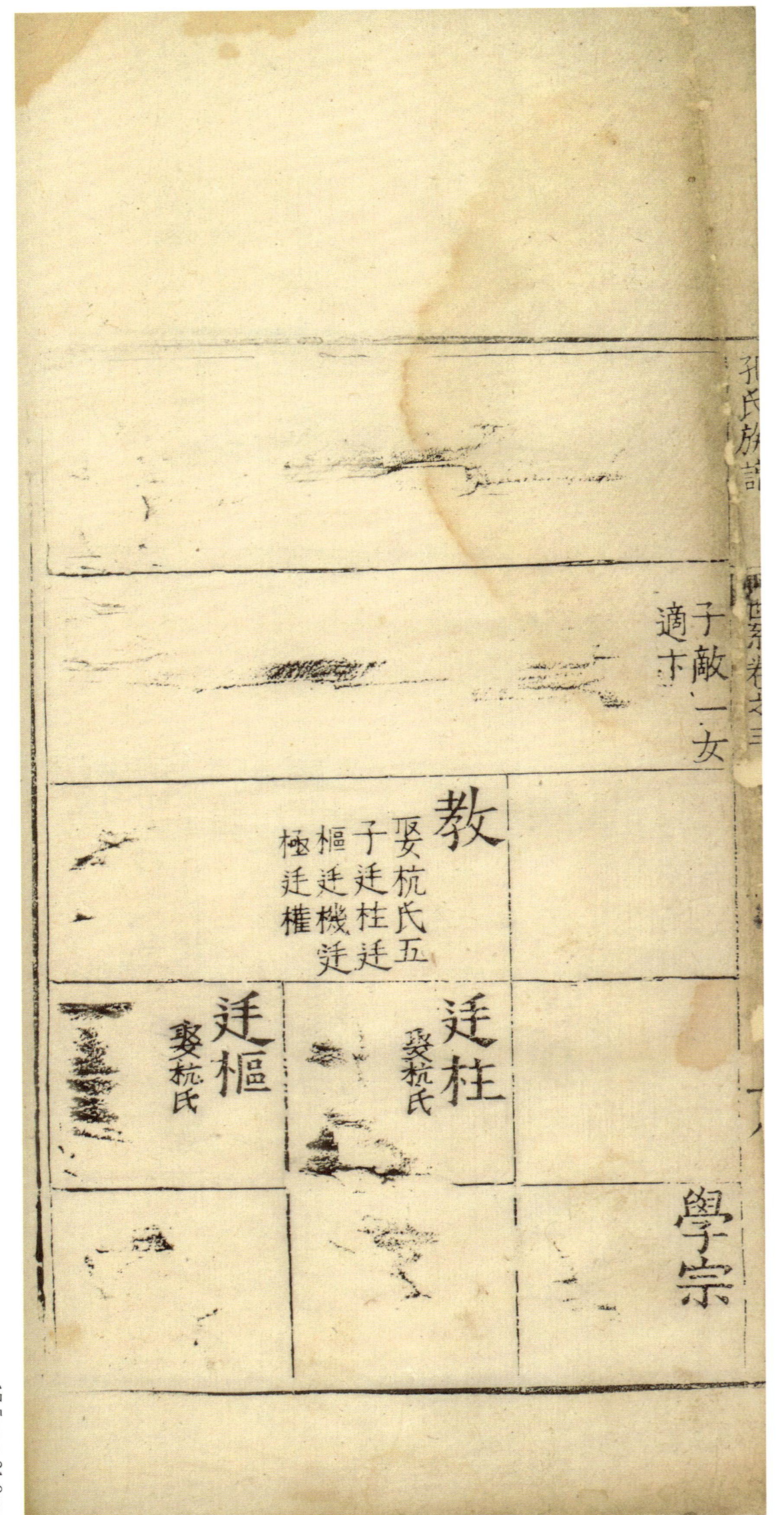

17.5cm x 31.0cm

嘉靖三十五年十月

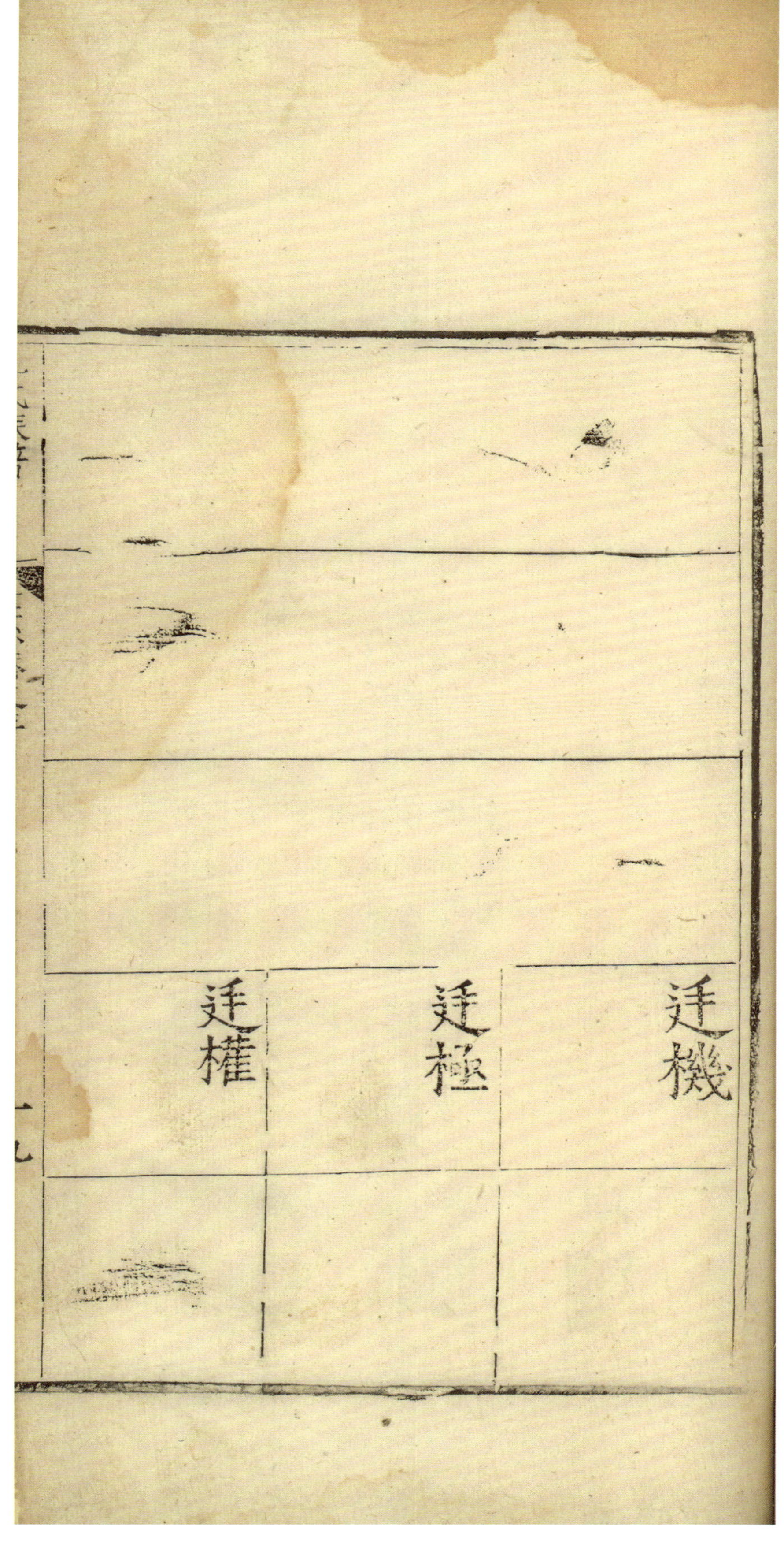

17.5cm x 31.0cm

嘉靖三十五年十月

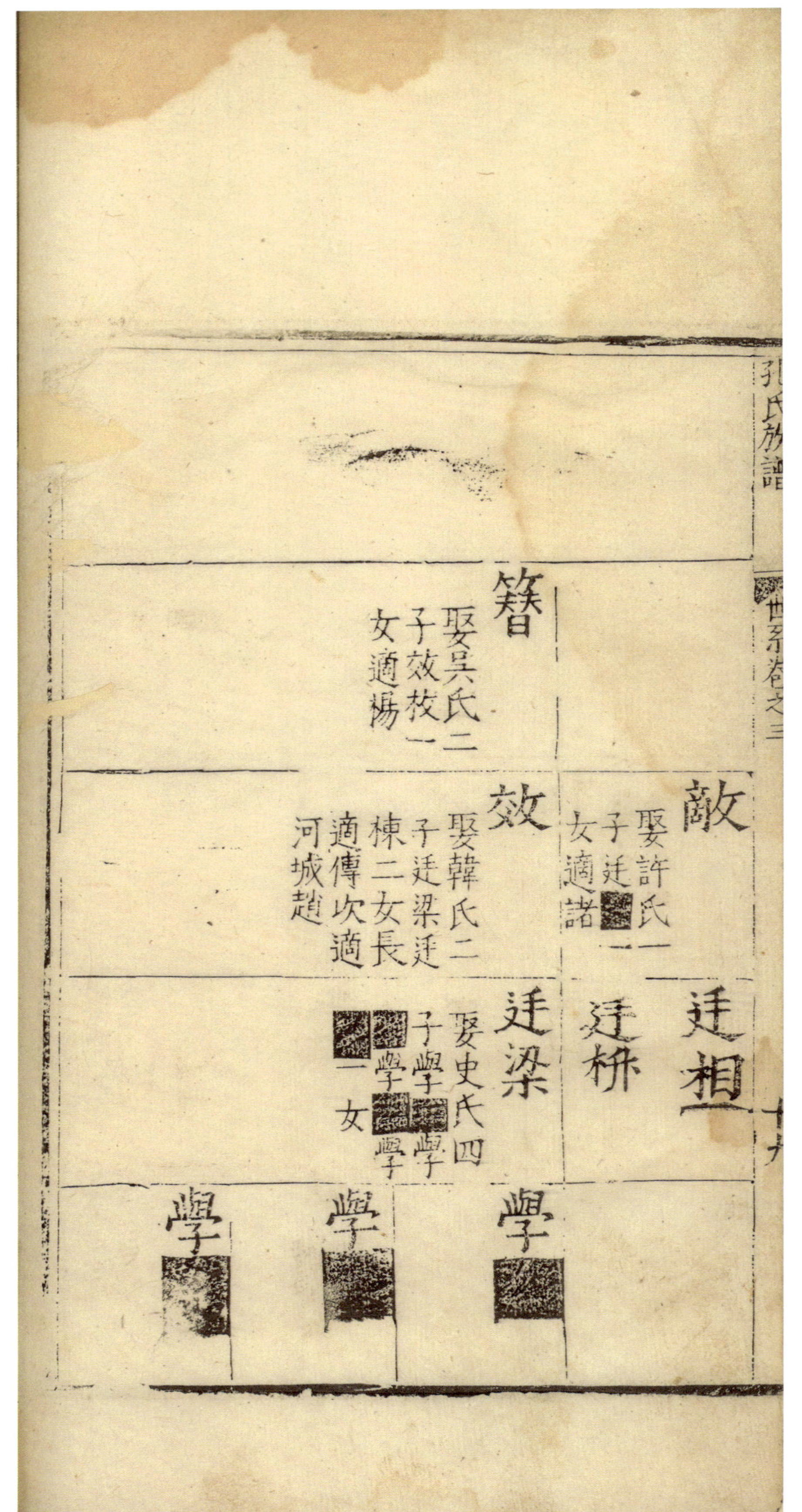

17.5cm x 31.0cm

孔子博物館藏

嘉靖三十五年十月

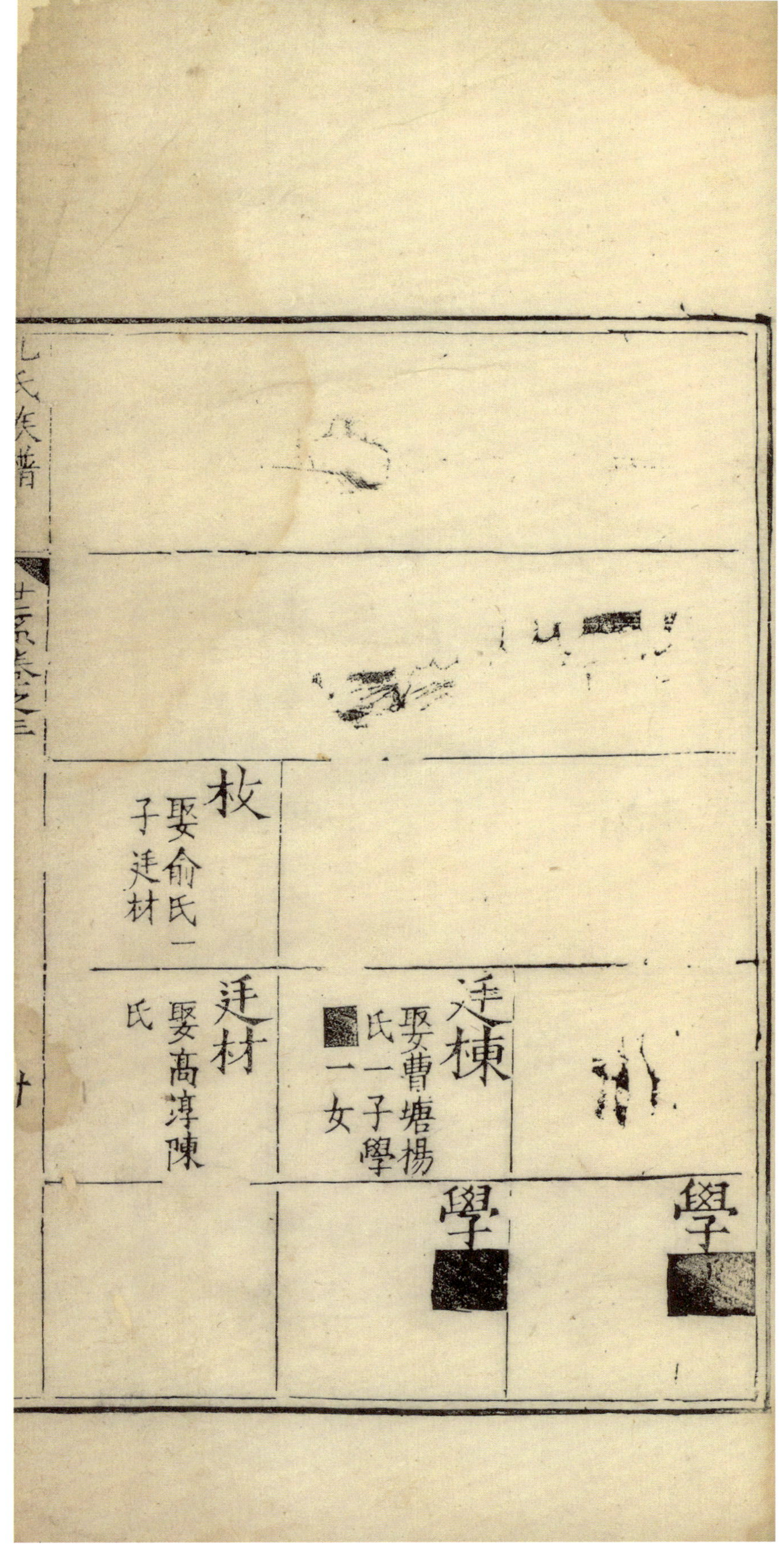

17.5cm x 31.0cm

埅
娶李氏以
堂弟監弟
四子敷為
嗣一女適
港口李

敷
娶楊氏四
子一杏一
杰一綮一
檖一女適
港口李

一杏
娶唐昌傅
氏

一杰
娶固城桂
氏

一綮

17.5cm x 31.0cm

嘉靖三十五年十月

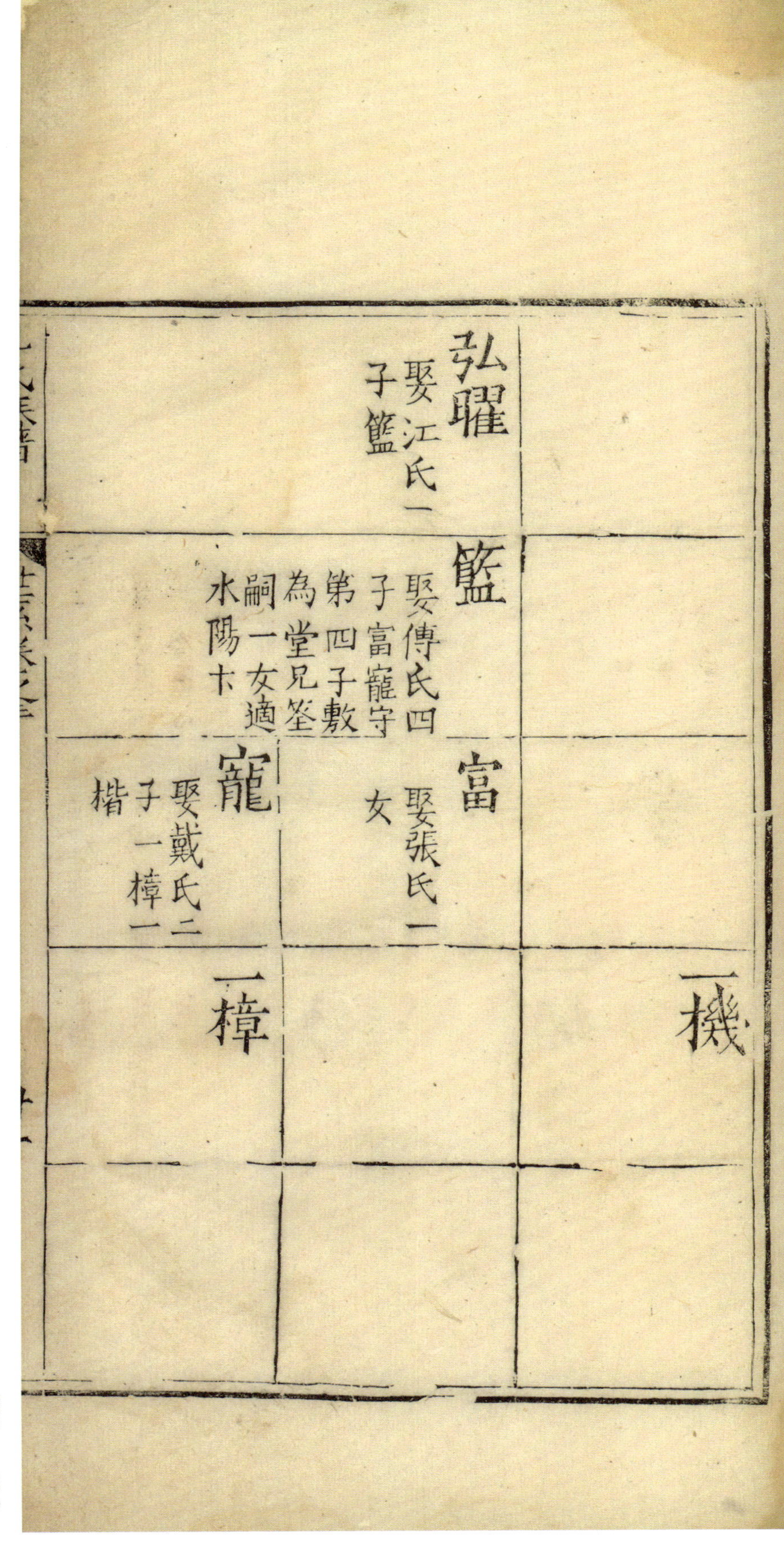

弘曜 娶江氏一子鑑

鑑 娶傅氏四子富寵守第四子敷為堂兄荃嗣一女適水陽卞

富 娶張氏一女

寵 娶戴氏二子一樟一楷

一樟

一機

17.5cm x 31.0cm

嘉靖三十五年十月

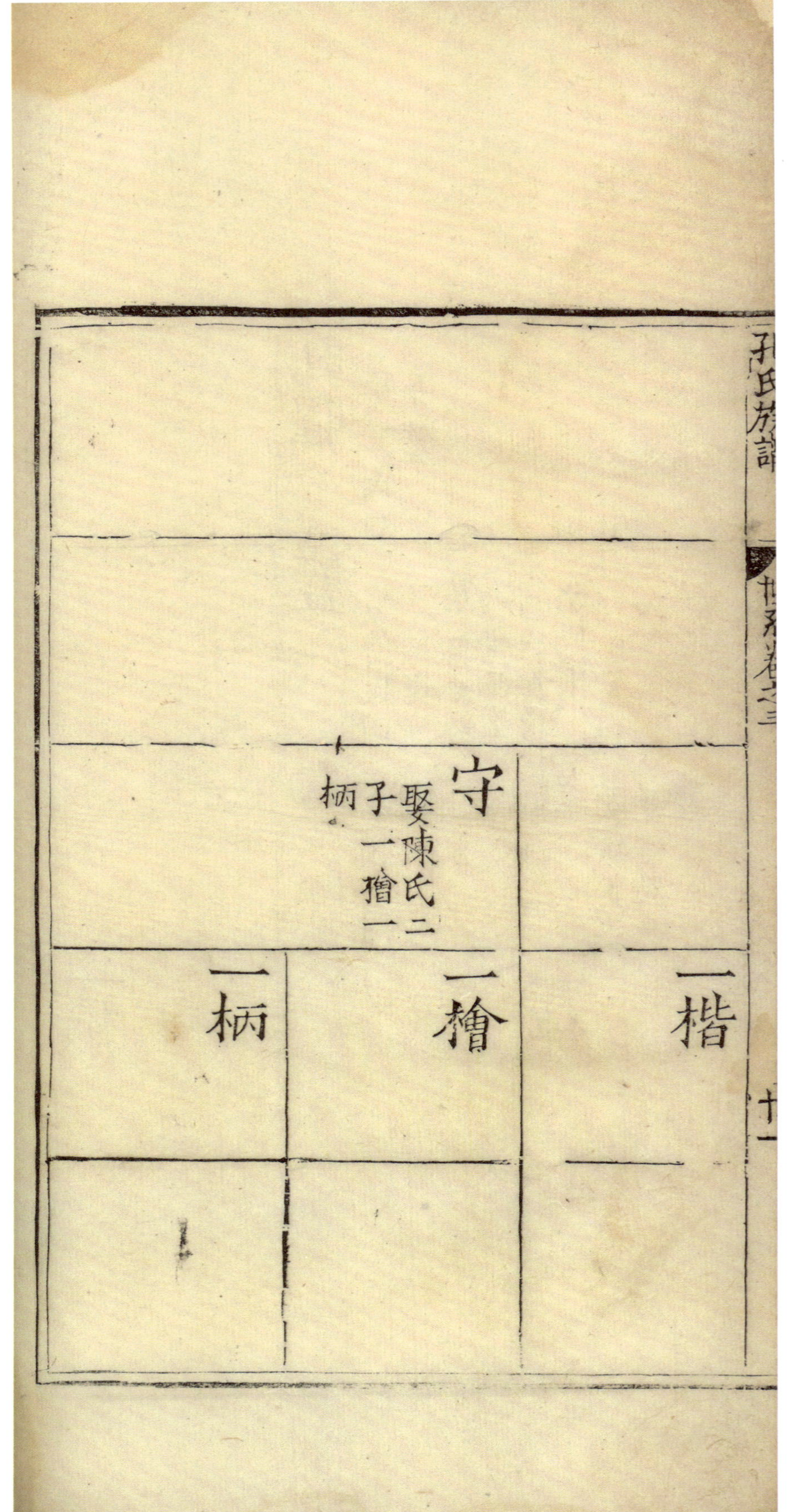

孔氏族譜 世系卷之三

守 娶陳氏二 子一 檜一 柄一

一楷

一檜

一柄

十一

17.5cm x 31.0cm

嘉靖三十五年十月

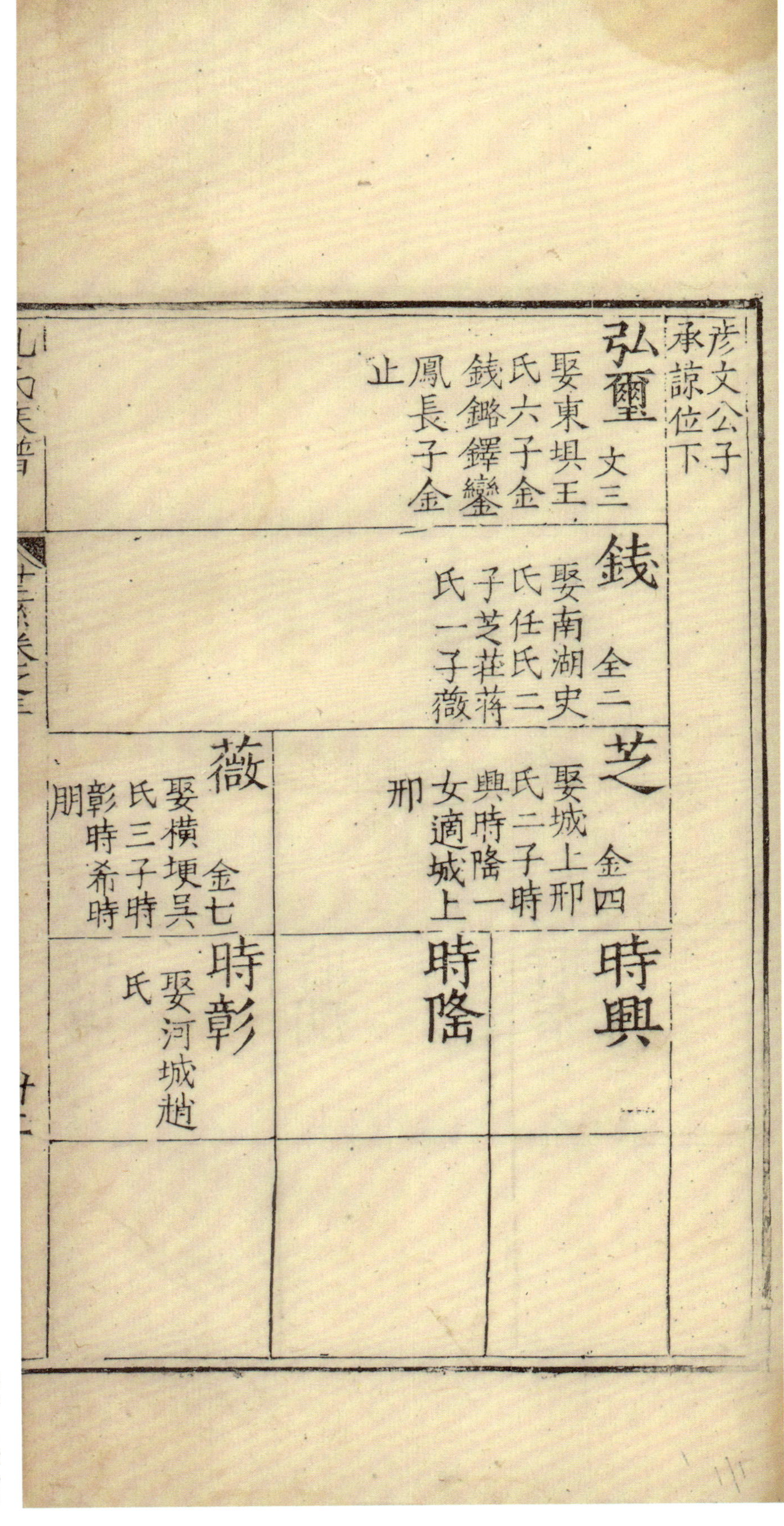

彦文公子承諒位下

弘璽 文三 娶東垻王氏六子全錢鏴鐸鑾鳳長子全止

錢 全二 娶南湖史氏任氏二子芝莊蔣氏一子薇

芝 全四 娶城上邢氏二子時興時隆一女適城上邢

薇 全七 娶横埂吴氏三子時彰時希時朋

時興

時隆

時彰 娶河城趙氏

17.5cm x 31.0cm

孔氏族譜

世系卷之三

十二

莊
金十
娶郭村夏
氏一子時
泰

時泰

時朋

時希

17.5cm x 31.0cm

嘉靖三十五年十月

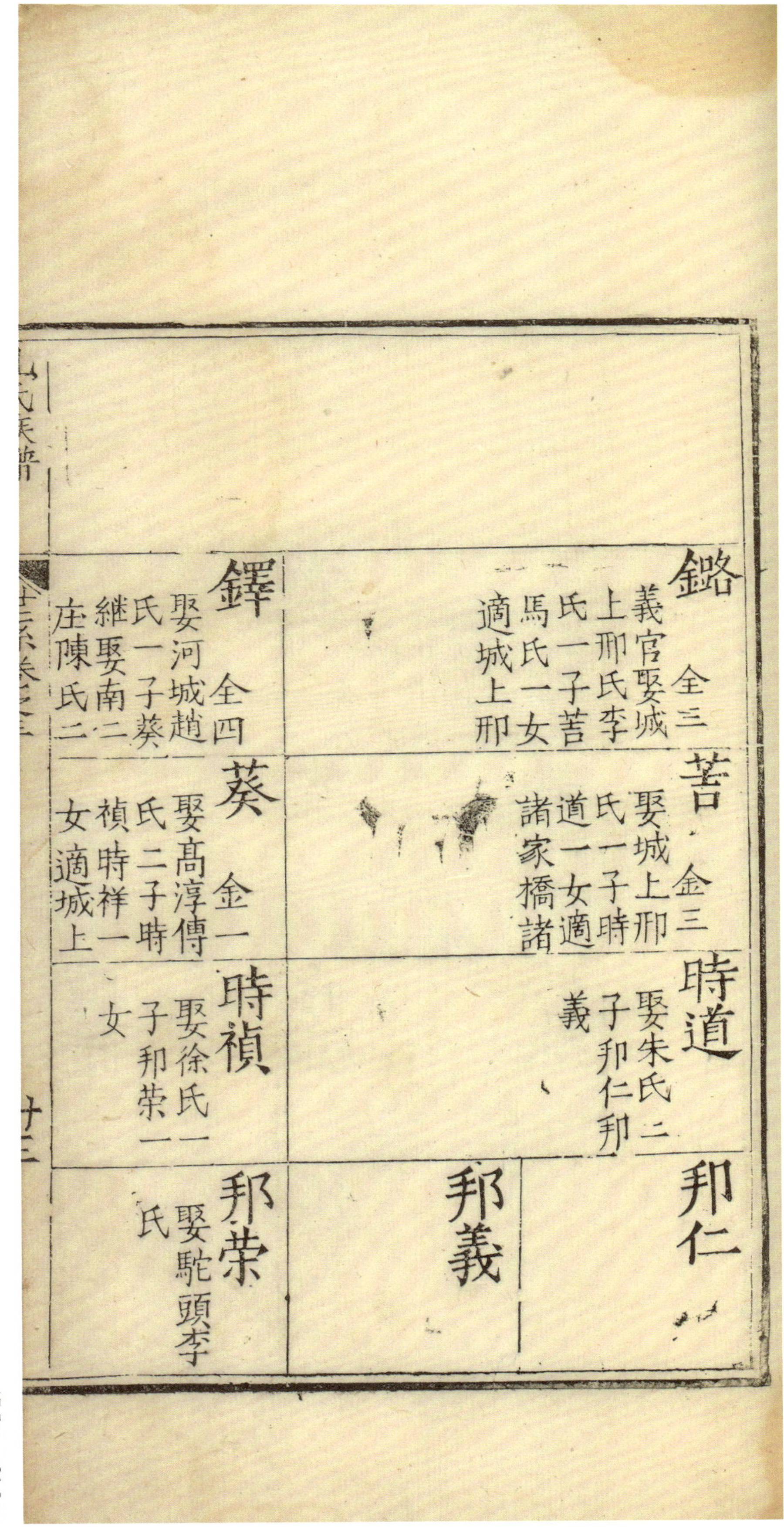

孔氏族譜　全宗卷之三　十三

鎔　全三
義官娶城上邢氏李氏一子菩馬氏一女適城上邢

菩　金三
娶城上邢氏一子時道一女適諸家橋諸

時道
娶朱氏二子邦仁邦義

邦仁

邦義

鐸　全四
娶河城趙氏一子葵繼娶南二庄陳氏二

葵　金一
娶高淳傅氏二子時禎時祥一女適城上

時禎
娶徐氏一子邦榮一女

邦榮
娶駝頭李氏

17.5cm x 31.0cm

女長適趙阡圩邢次適駝頭李

邢

鑾　全六

娶城上邢氏四子藻藹蔭蒀一女適南湖史趙氏一子芾藹止墓俱在下塘

藻　金五

娶黃氏一子時明一女適南湖史

蔭　縧二

娶高淳陳氏二子時恩時惠

時祥

娶宋氏一子邦奎

時明

娶王氏一子邦憲

時恩

娶城上邢氏

邦舉

邦憲

17.5cm x 31.0cm

嘉靖三十五年十月

17.5cm x 31.0cm

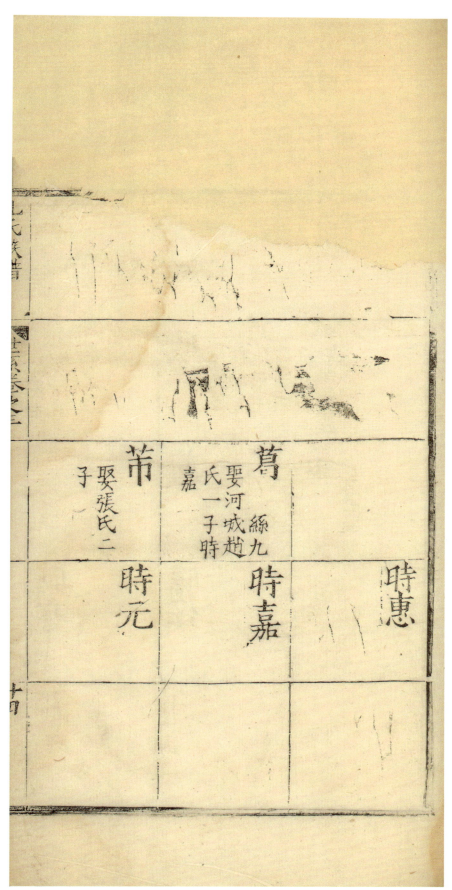

嘉靖三十五年十月

孔氏族譜

世系卷之三

時亨

鳳
全七
娶上谷王
氏一女適
趙阡圩於
氏二子著
蓟李氏一
子華著止

蓟
娶袁氏一
子時保

華
贅金陵

時保

17.5cm x 31.0cm

嘉靖三十五年十月

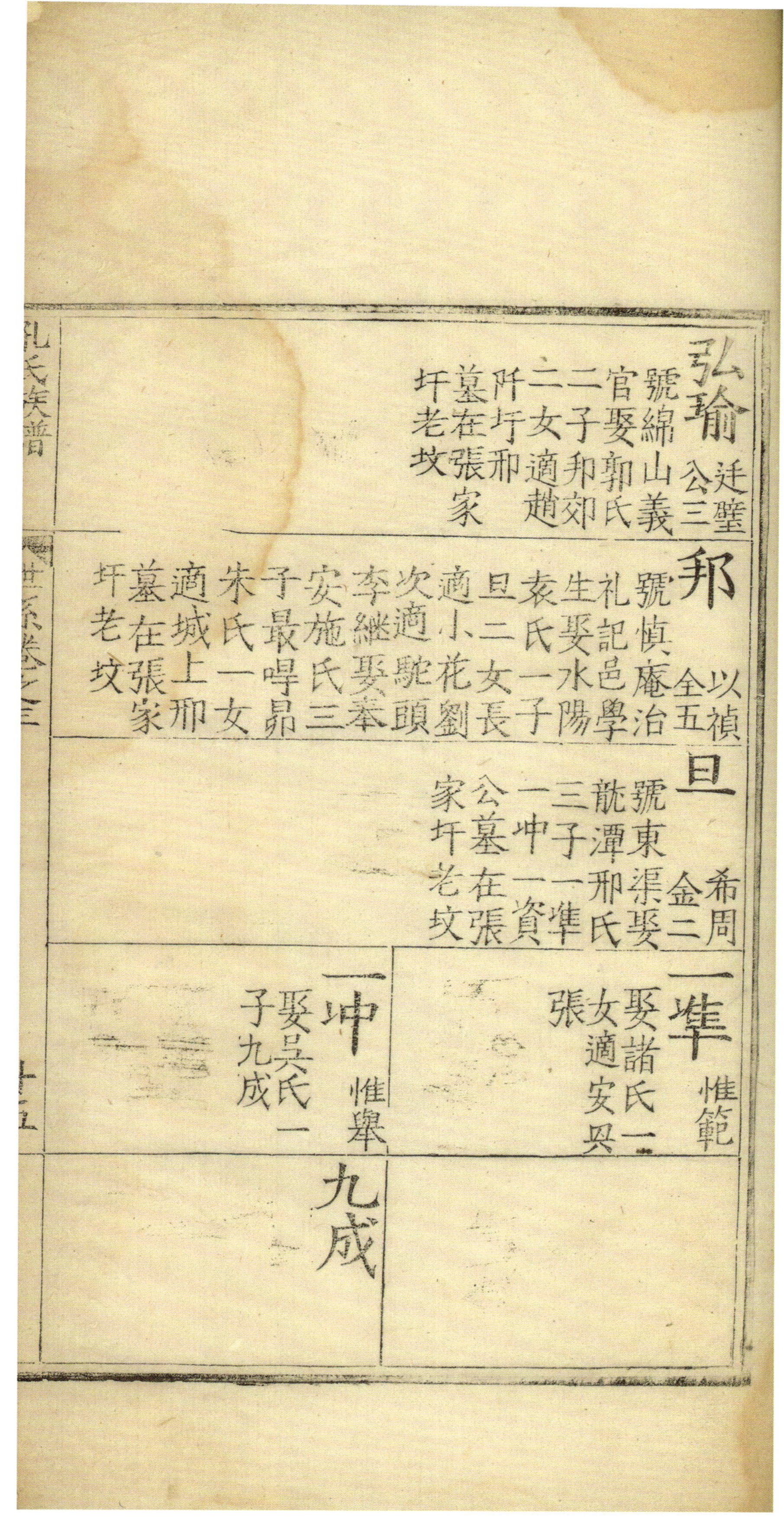

孔氏族譜 世系卷之三

弘瑜 廷璧公三
號綿山義官娶郭氏二子邦郊二女適趙阡圩邢墓在張家圩老坟

邦 以禎全五
號慎庵治礼記邑學生娶水陽袁氏一子旦二女長適小花劉次適馳頭李繼娶奉安施氏三子最哻昂朱氏一女適城上邢墓在張家圩老坟

旦 希周金二
號東渠娶龍潭邢氏三子一準一冲一資公墓在張家圩老坟

一準 惟範
娶諸氏一女適安与張

一冲 惟舉
娶吳氏一子九成

九成

17.5cm x 31.0cm

嘉靖三十五年十月

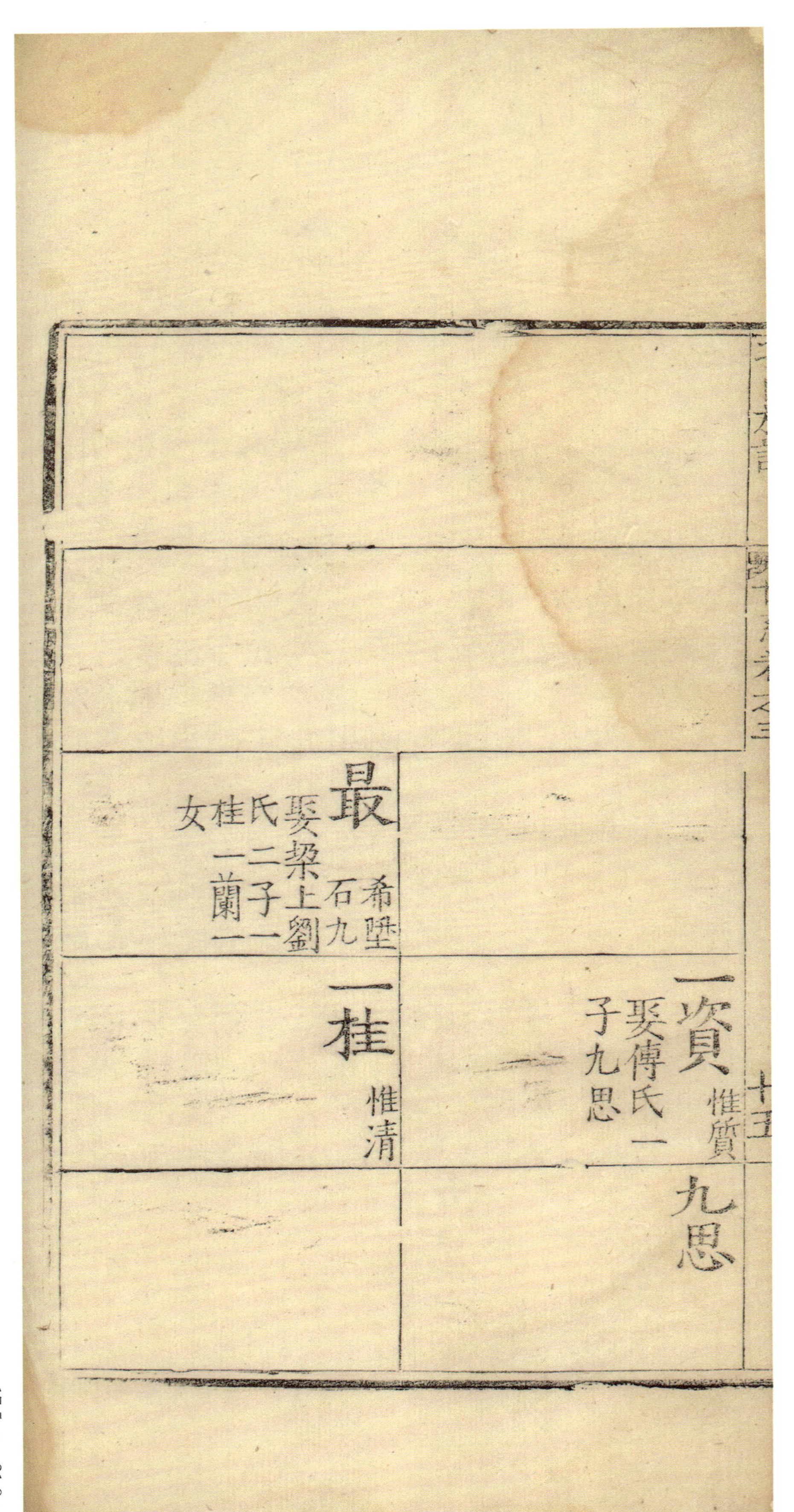

一資 惟質
娶傅氏一
子九思

九思

最 希堅
石九
娶梁上劉
氏二子一
桂一蘭一
女

一桂 惟清

17.5cm x 31.0cm

孔子博物館藏

嘉靖三十五年十月

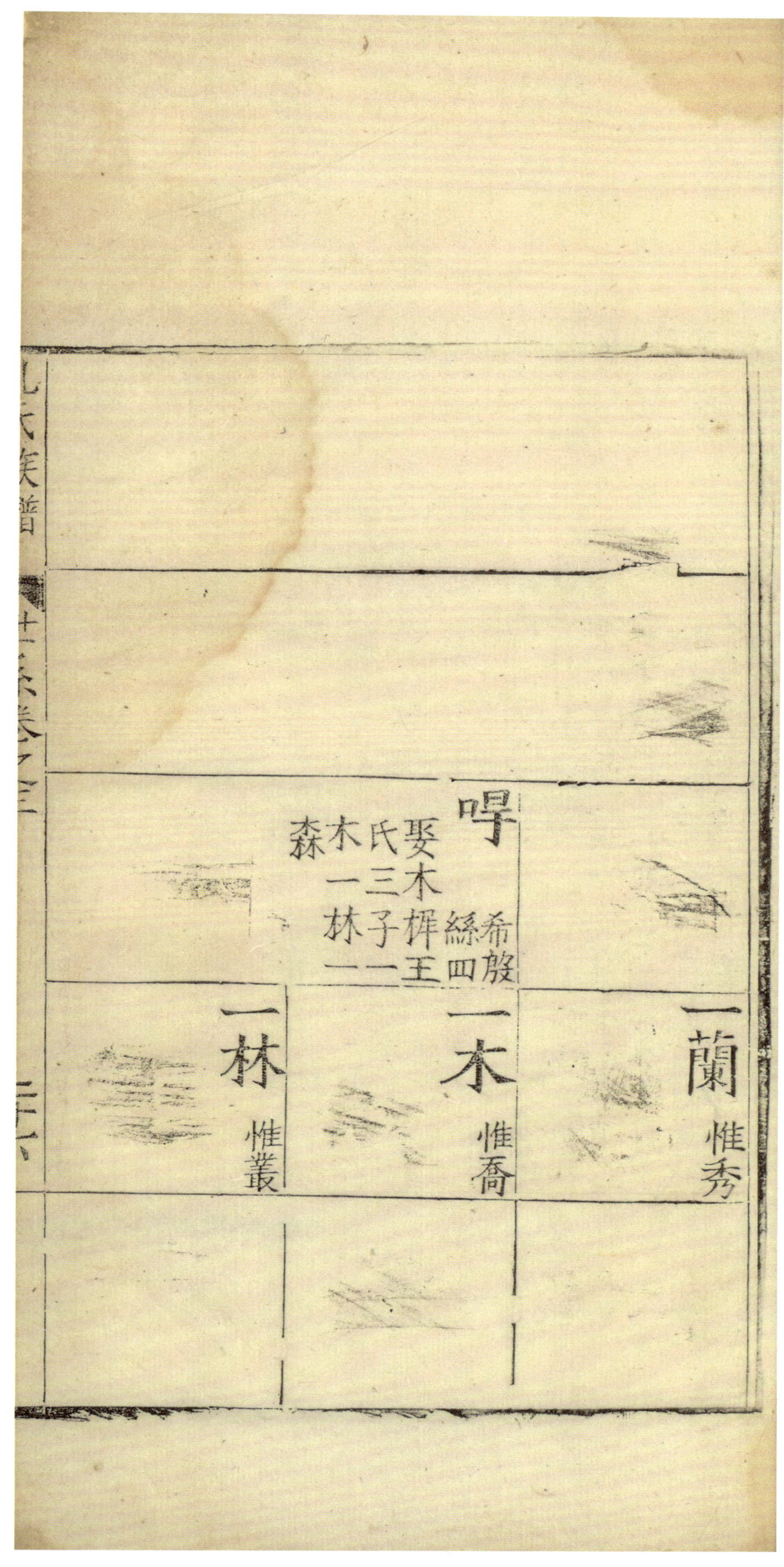

17.5cm x 31.0cm

嘉靖三十五年十月

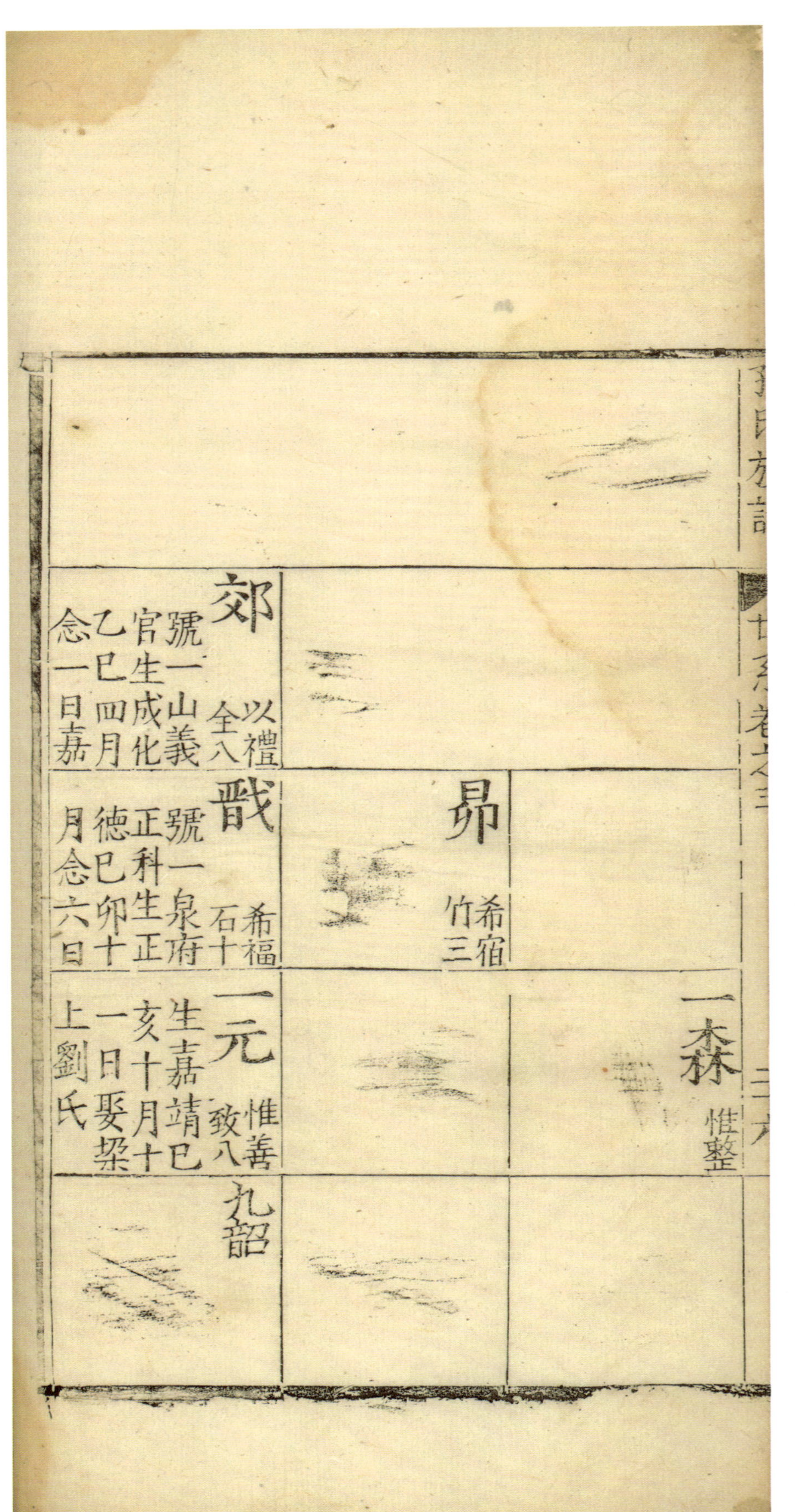

孔氏族譜世系卷之三

一森 惟整

昂 希宿 竹三

戩 希福 石十 號一泉府正科生正德己卯十月念六日

郊 以禮 全八 號一山義官生成化乙巳四月念一日嘉

一元 惟善 致八 生嘉靖己亥十月十一日娶梁上劉氏

九韶

17.5cm x 31.0cm

孔氏族譜　十二系　卷之三　三三

靖甲午七月十六日卒娶小花史氏生弘治己酉十月念六日嘉靖癸卯九月念七日卒二子戩星一女適安興張墓合塋前村上庄西

娶郃村郃氏生正德己卯十二月念七日十二子一元周氏生嘉靖丁酉十二月十三日一子一魁

子九部九皐

星　希明　絲五
號西橋生嘉靖壬午八月初六日娶白沙

一魁　惟斗　洽五

一中　惟時　誠六
生嘉靖甲辰五月二十日娶馱頭李氏

九皐

17.5cm x 31.0cm

嘉靖三十五年十月

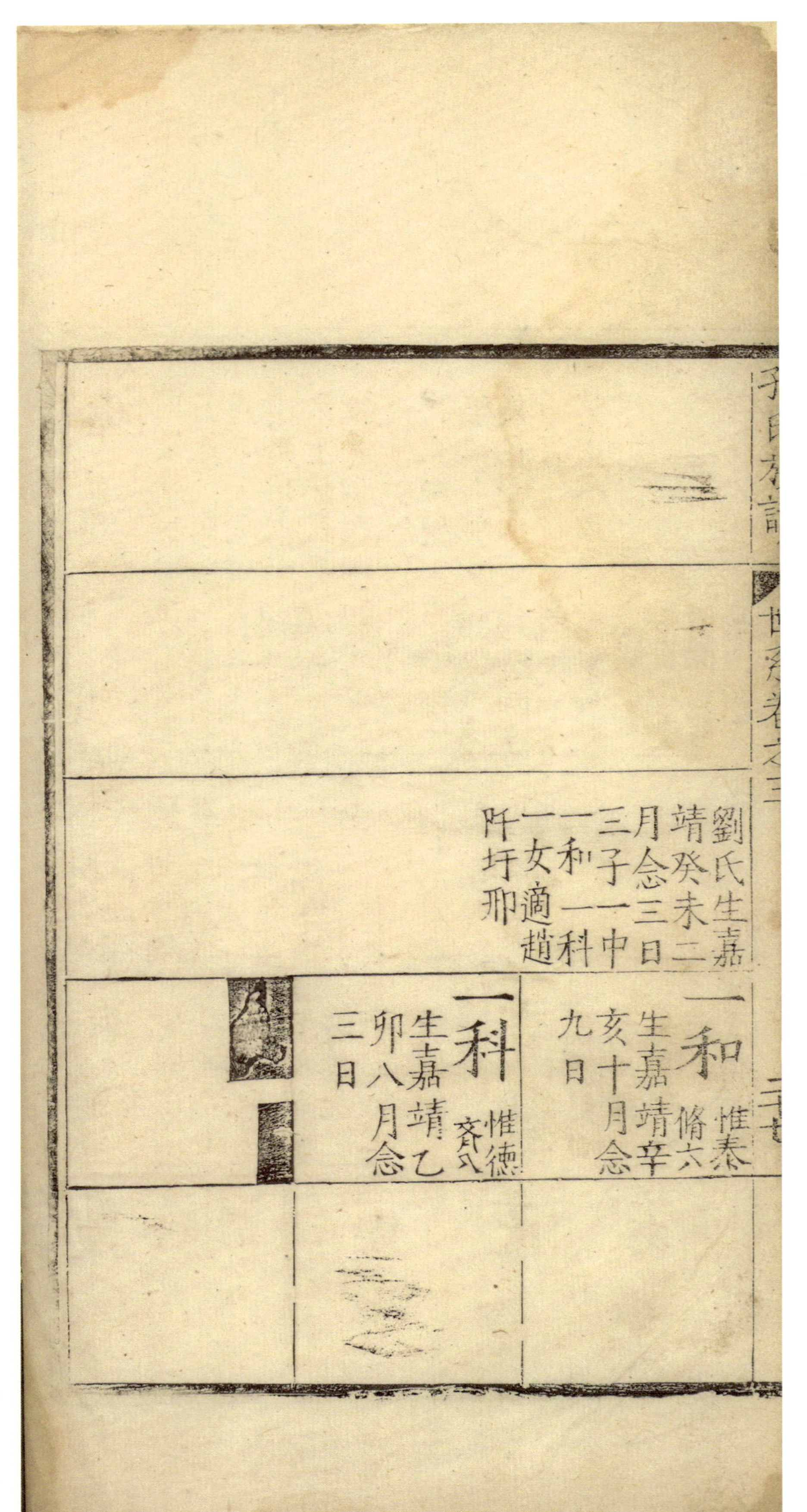
孔氏族譜　世系卷之三

劉氏生嘉靖癸未二月念三日三子一中一和一科一女適趙阡圩耶

一和　惟泰　脩六　生嘉靖辛亥十月念九日

一科　惟德　齊八　生嘉靖乙卯八月念三日

17.5cm x 31.0cm

嘉靖三十五年十月

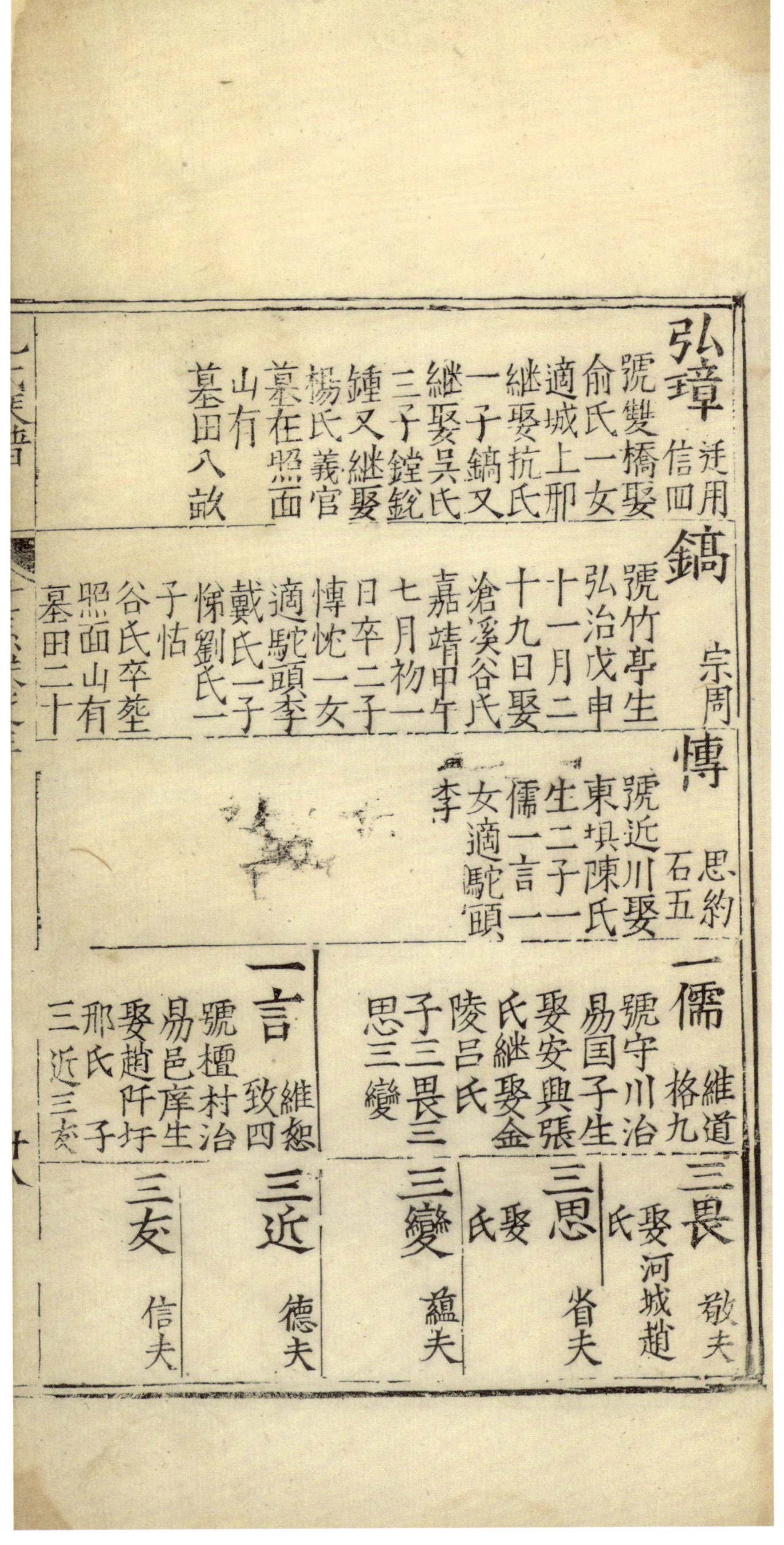

17.5cm x 31.0cm

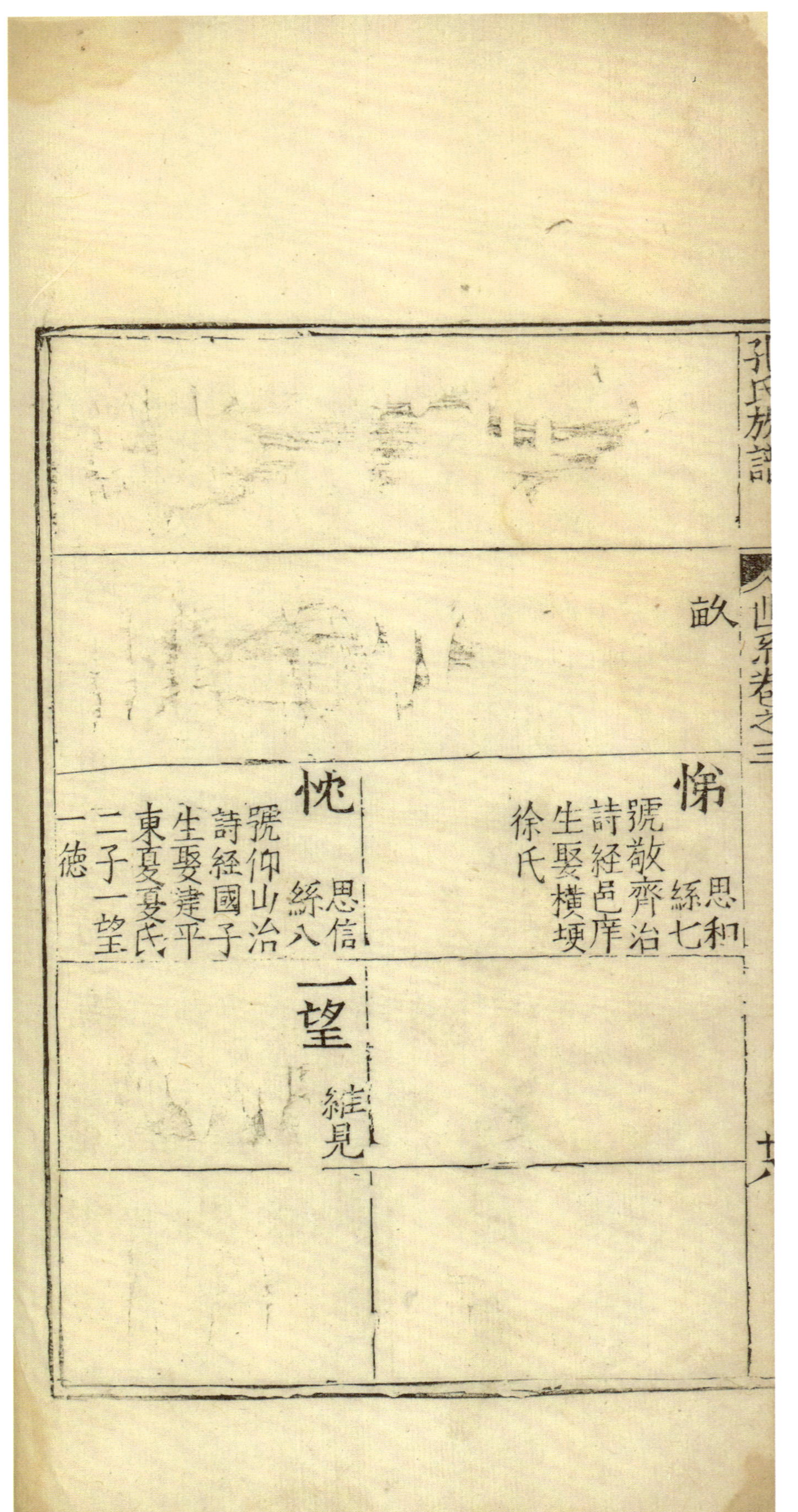

孔氏族譜

世系卷之三

畝

悌
思和
係七
號敬齊治
詩經邑庠
生娶横埂
徐氏

恍
思信
係八
號仰山治
詩經國子
生娶建平
東夏夏氏
二子一望
一德

一望
繼見

17.5cm x 31.0cm

嘉靖三十五年十月

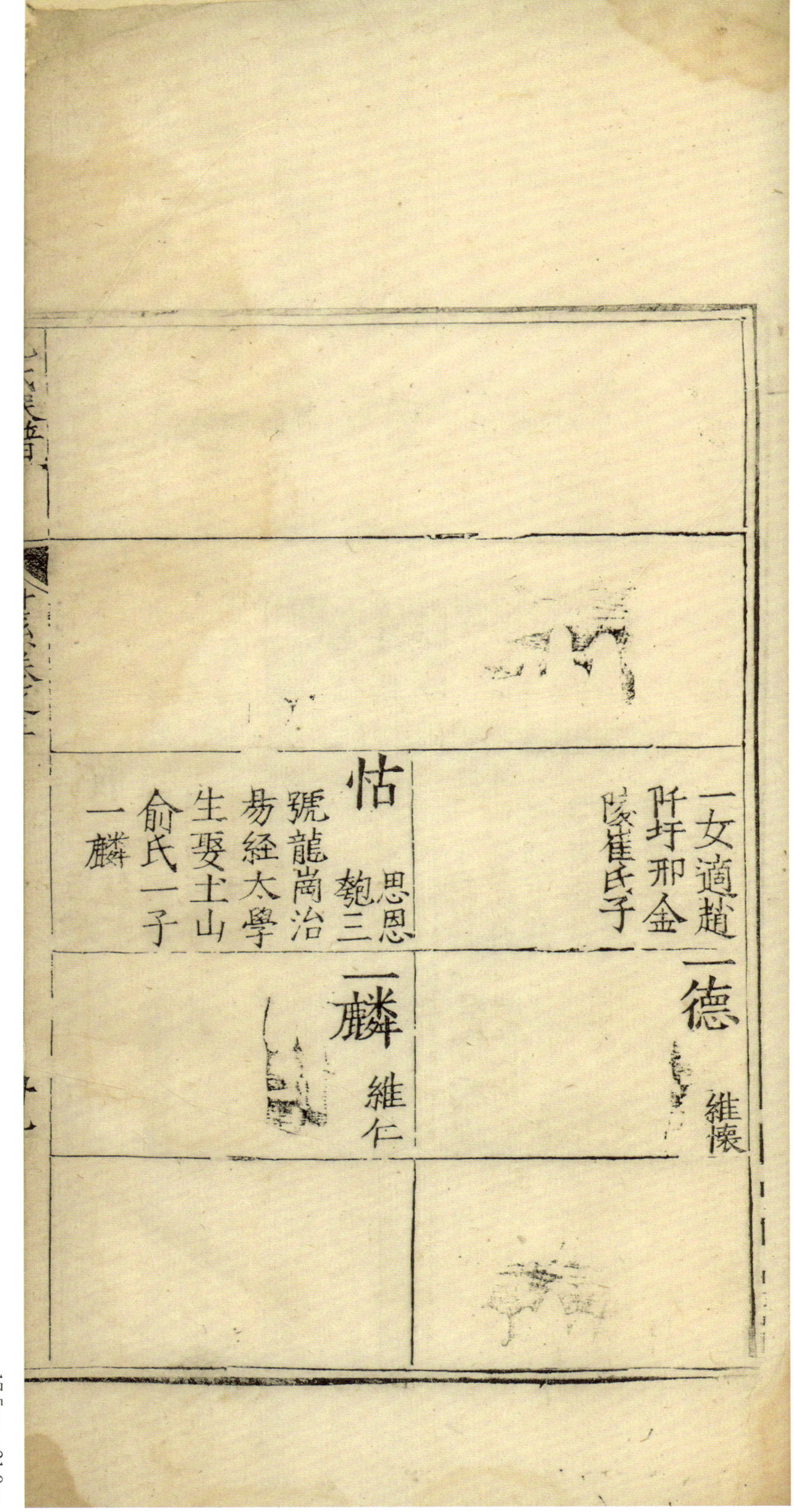

一女適趙
阡圩邢金
陵崔氏子

一德
維懷

怙
思恩
𪘏三
號龍崗治
易経太學
生娶士山
俞氏一子
一麟

一麟
維仁

17.5cm x 31.0cm

嘉靖三十五年十月

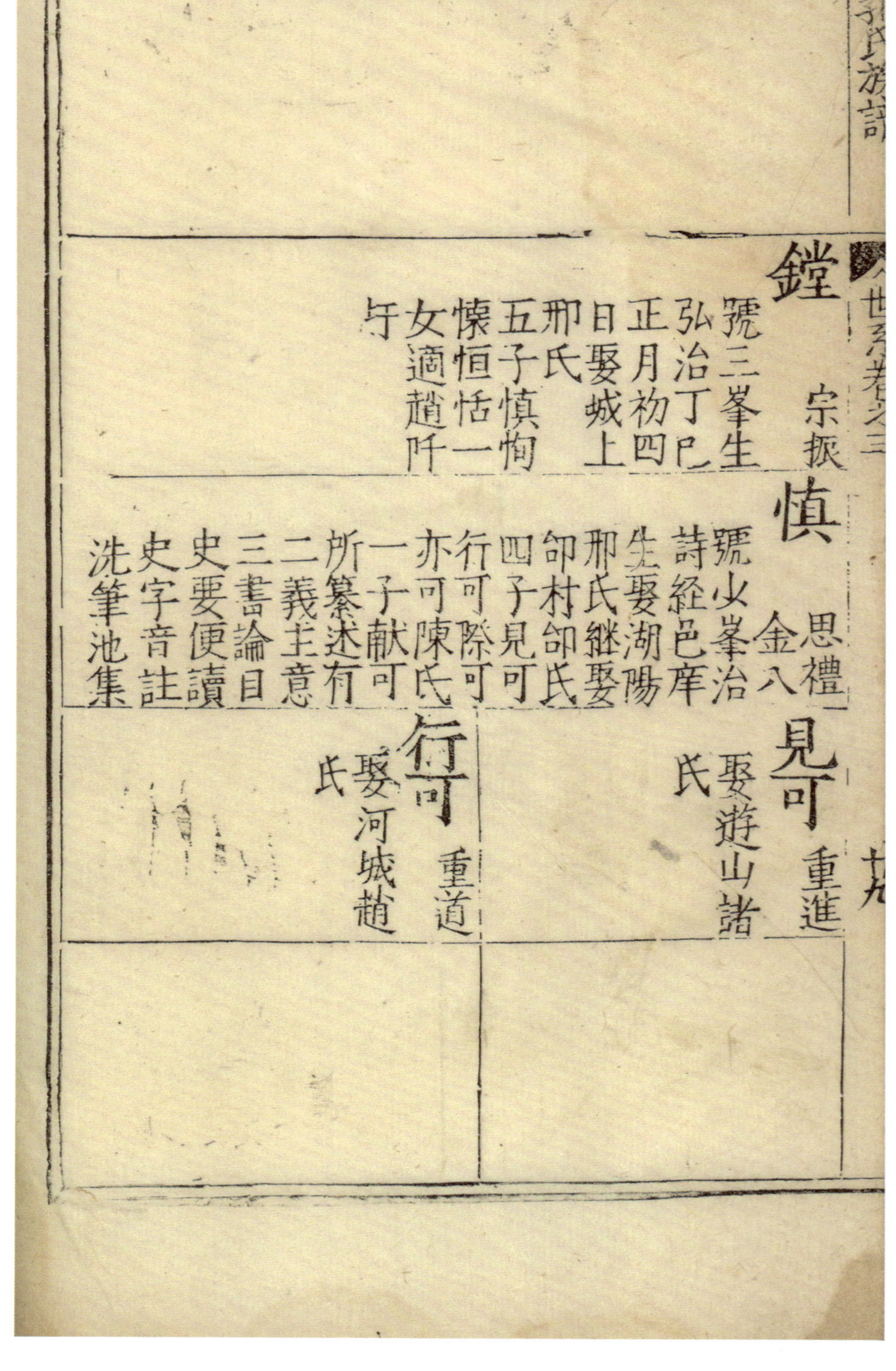

鐙 宗振
號三峯生
弘治丁巳
正月初四
日娶城上
邢氏
五子慎恂
懷恒恬一
女適趙阡
圩

慎 思禮 金八
號少峯治
詩經邑庠
生娶湖陽
邢氏繼娶
卻村卻氏
四子見可
行可除可
亦可陳氏
一子猷可
所纂述有
二義主意
三書論目
史要便讀
史字音註
洗筆池集

見可 重進
娶遊山諸
氏

行可 重道
娶河城趙
氏

17.5cm x 31.0cm

嘉靖三十五年十月

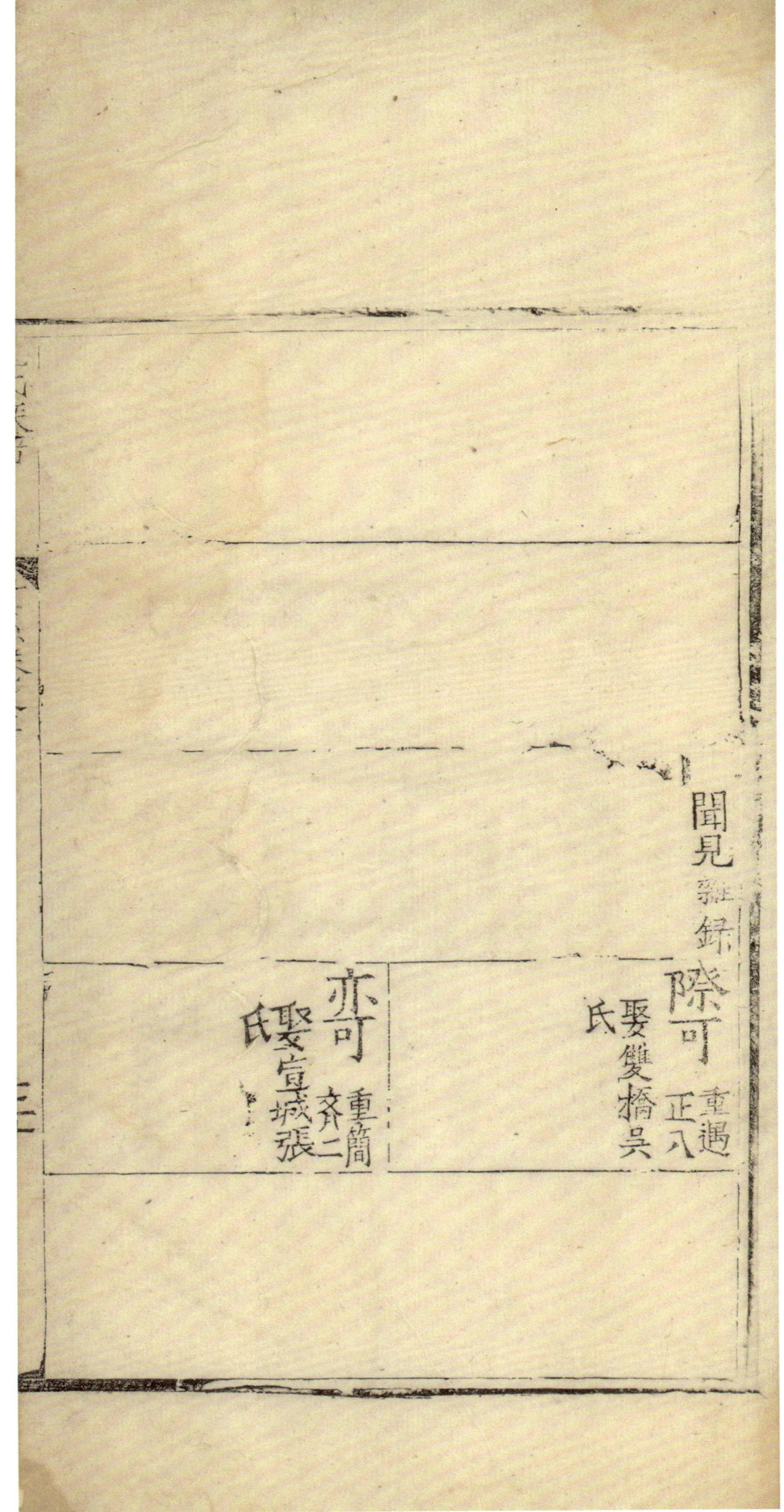

17.5cm x 31.0cm

嘉靖三十五年十月

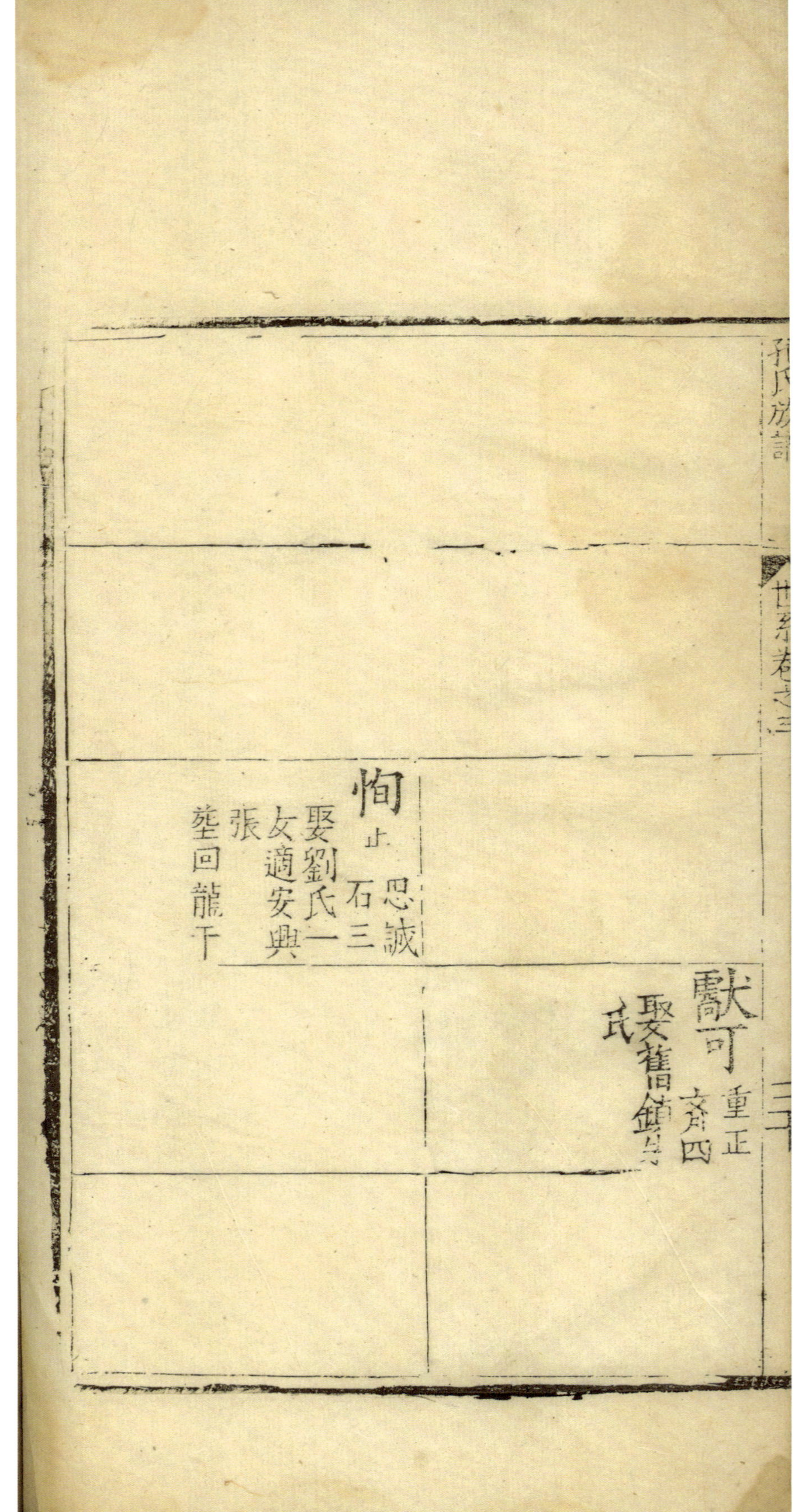
孔氏族譜
世系卷之三

恂 止
思誠
石三
娶劉氏一
女適安興
張
塟回龍下

猷可
重正
齊四
娶舊鎮吳
氏

17.5cm x 31.0cm

嘉靖三十五年十月

懷 思德 絲一
號東麓娶東埧魏氏卒塋新當干無嗣以兄子行可繼世

恒 止 思貞 絲六
號一齋治詩經邑庠生娶安興張氏女適卲村卲墓在新當干

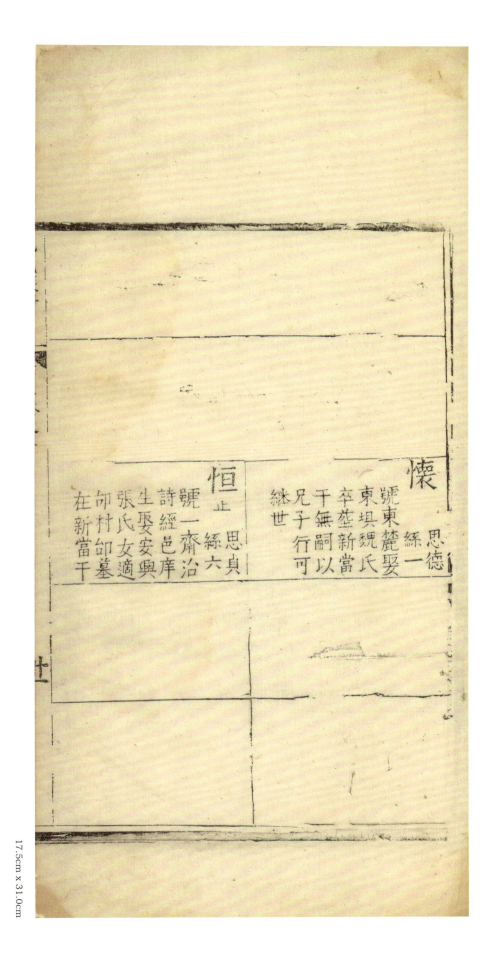

17.5cm x 31.0cm

嘉靖三十五年十月

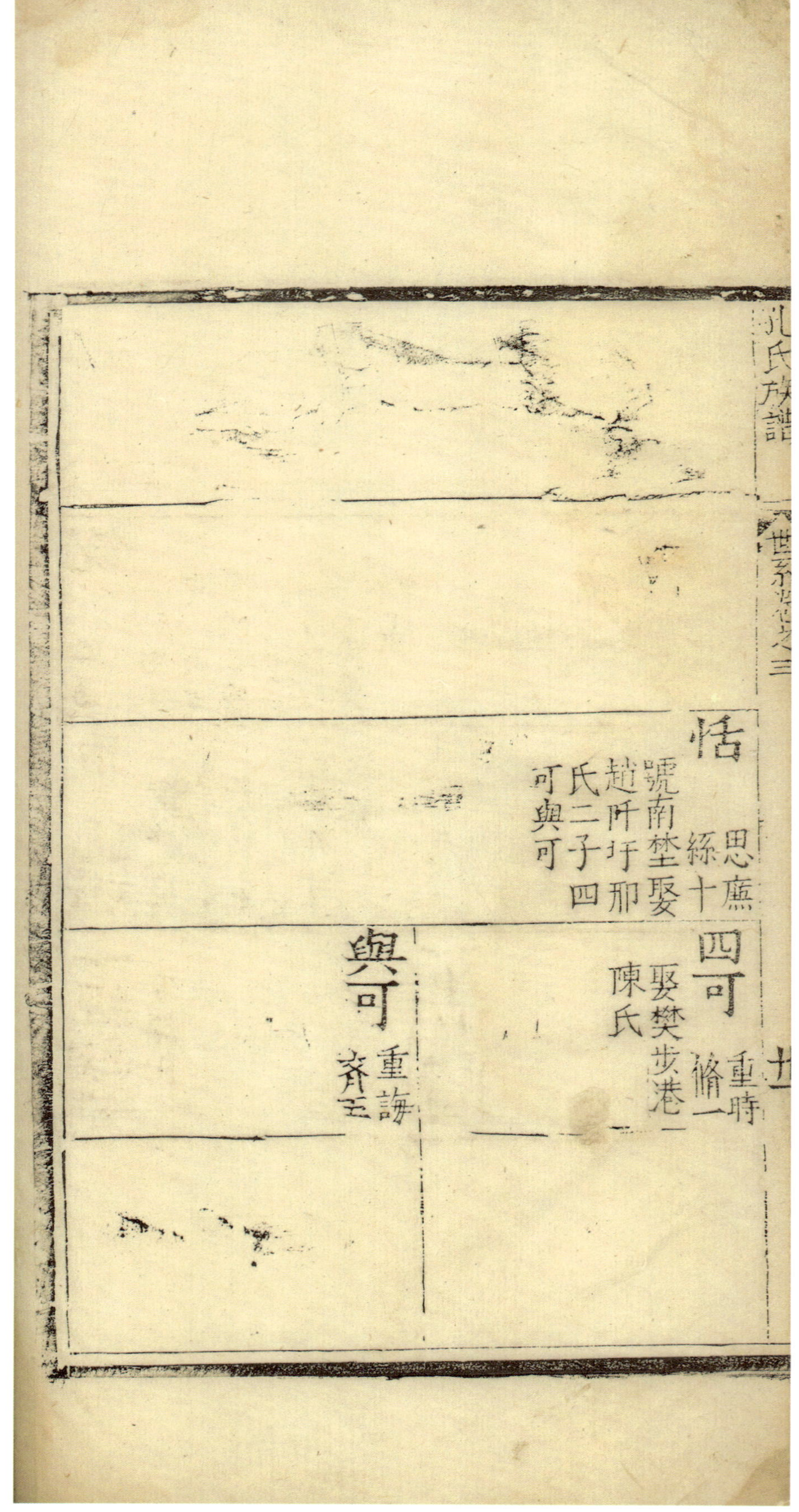

孔氏族譜

世系譜之三

恬
思廉
孫十
號南埜娶
趙阡圩邨
氏二子四
可與可

四可
重時
脩一
娶樊步港一
陳氏

與可
重誨
斉王

17.5cm x 31.0cm

嘉靖三十五年十月

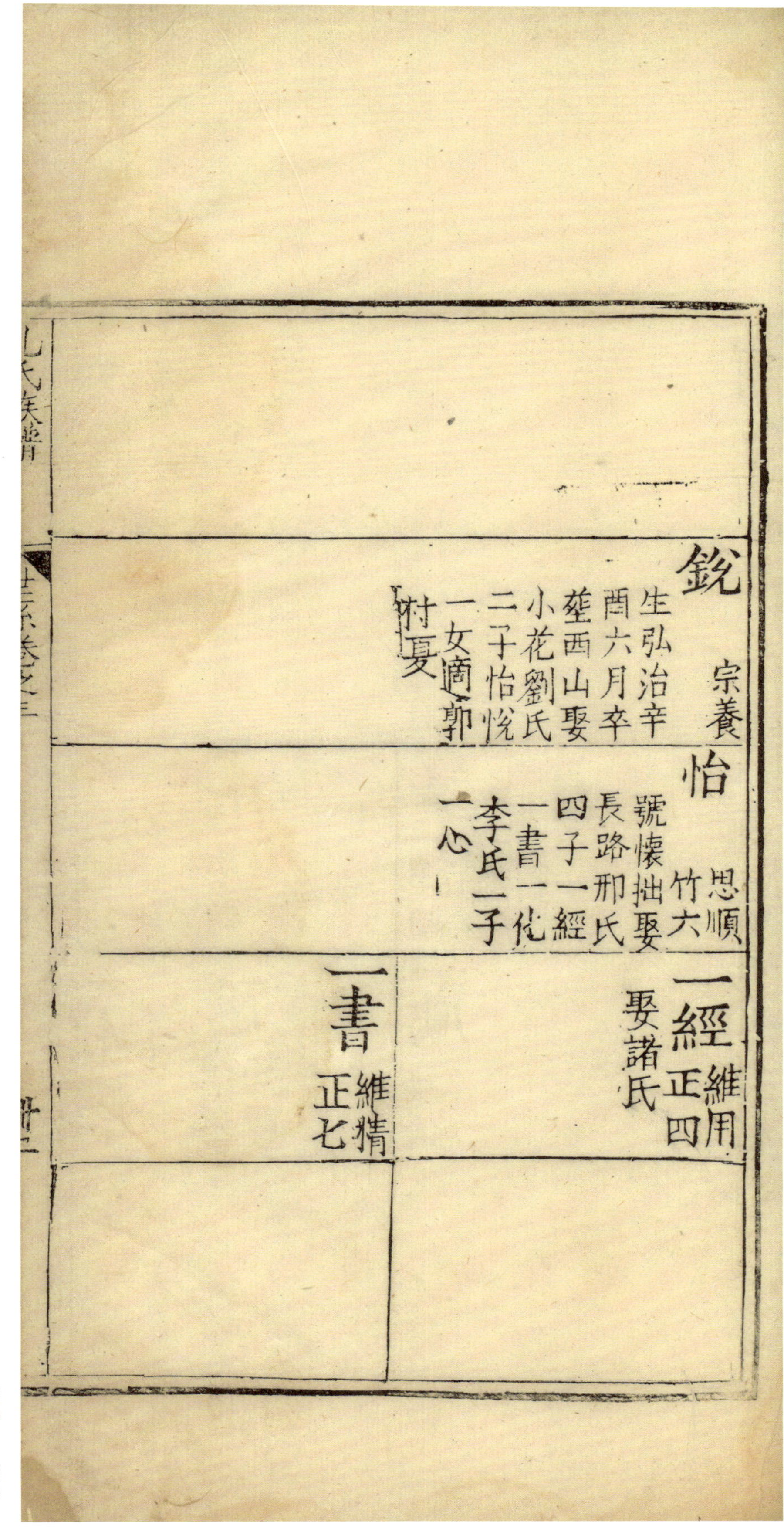

孔氏族譜　世系卷之三　廿三

銳　宗養
生弘治辛
酉六月卒
塟西山娶
小花劉氏
二子怡悅
一女適郭
村夏

怡　思順
竹六
號懷拙娶
長路邢氏
四子一經
一書一化
李氏一子
一心

一經　維用
正四
娶諸氏

一書　維精
正七

17.5cm x 31.0cm

嘉靖三十五年十月

孔氏族譜 世系卷之三

一化 維誠 修十

一心 維統 治四

悦 思道 竹八 號心齋娶埰上劉氏■■子一鳳

一鳳 維儀

17.5cm x 31.0cm

嘉靖三十五年十月

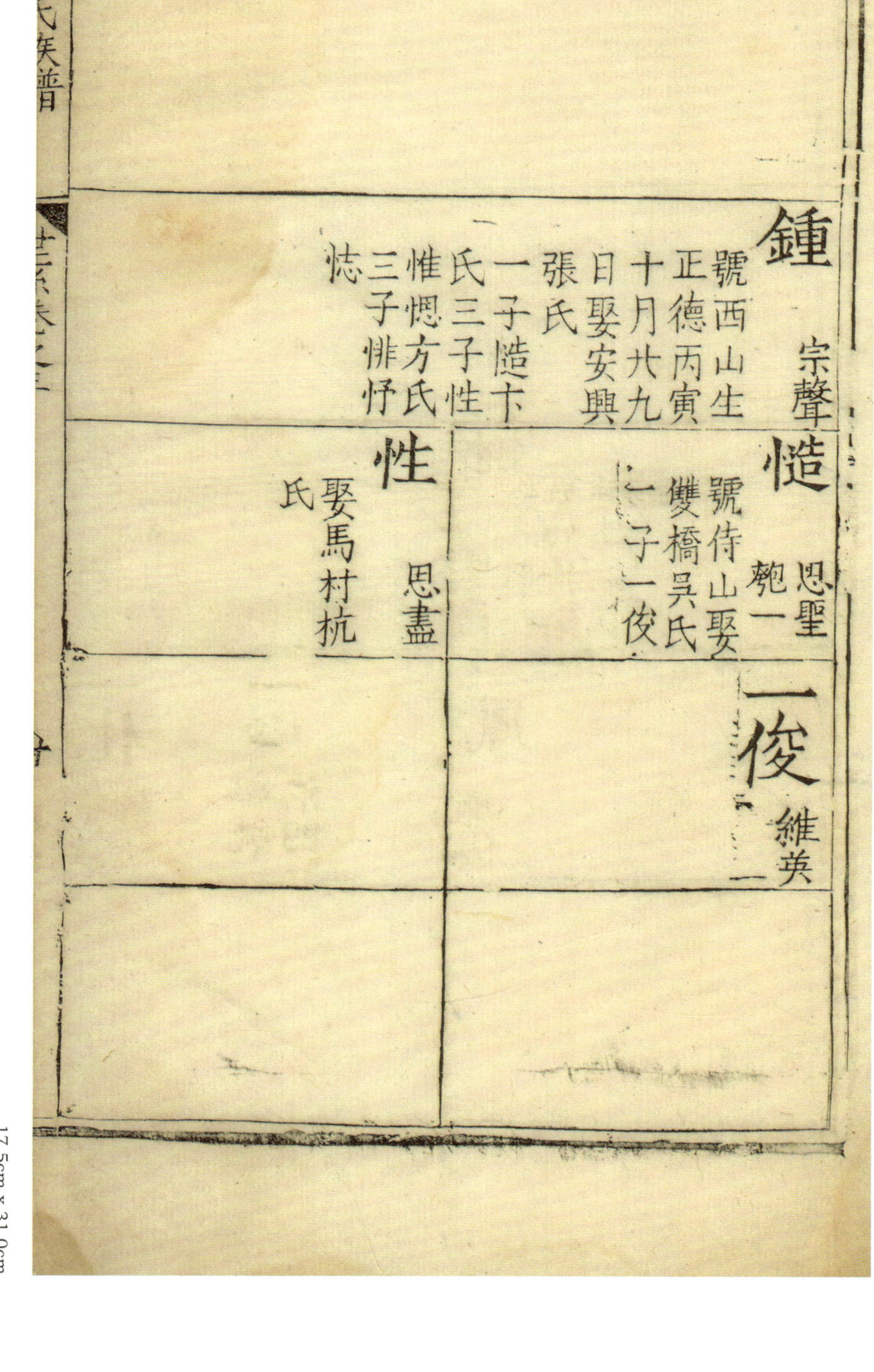

17.5cm x 31.0cm

嘉靖三十五年十月

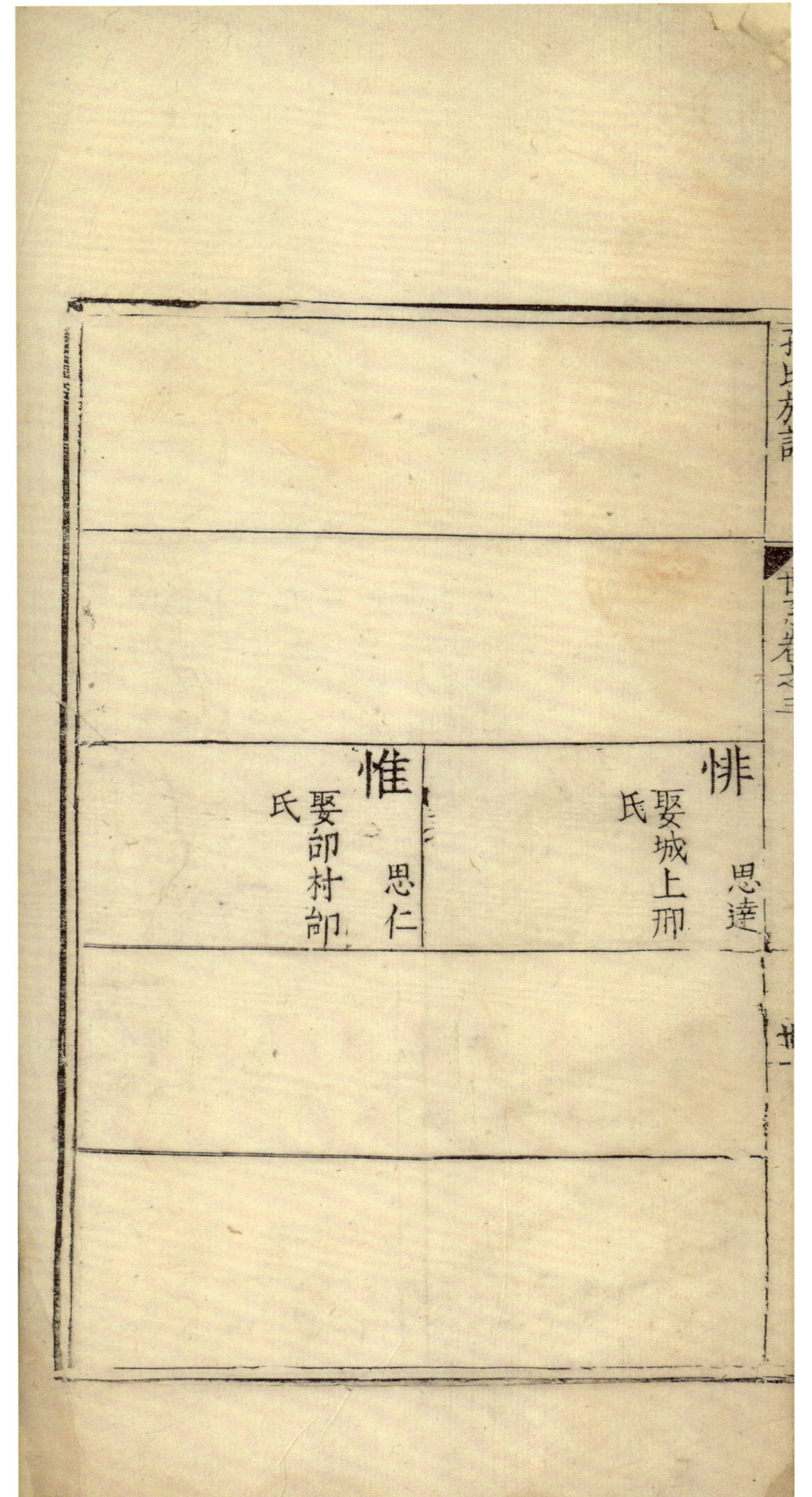

孔氏族譜　卷之三

悱　思達　娶城上邢氏

惟　思仁　娶卲村卲氏

17.5cm x 31.0cm

嘉靖三十五年十月

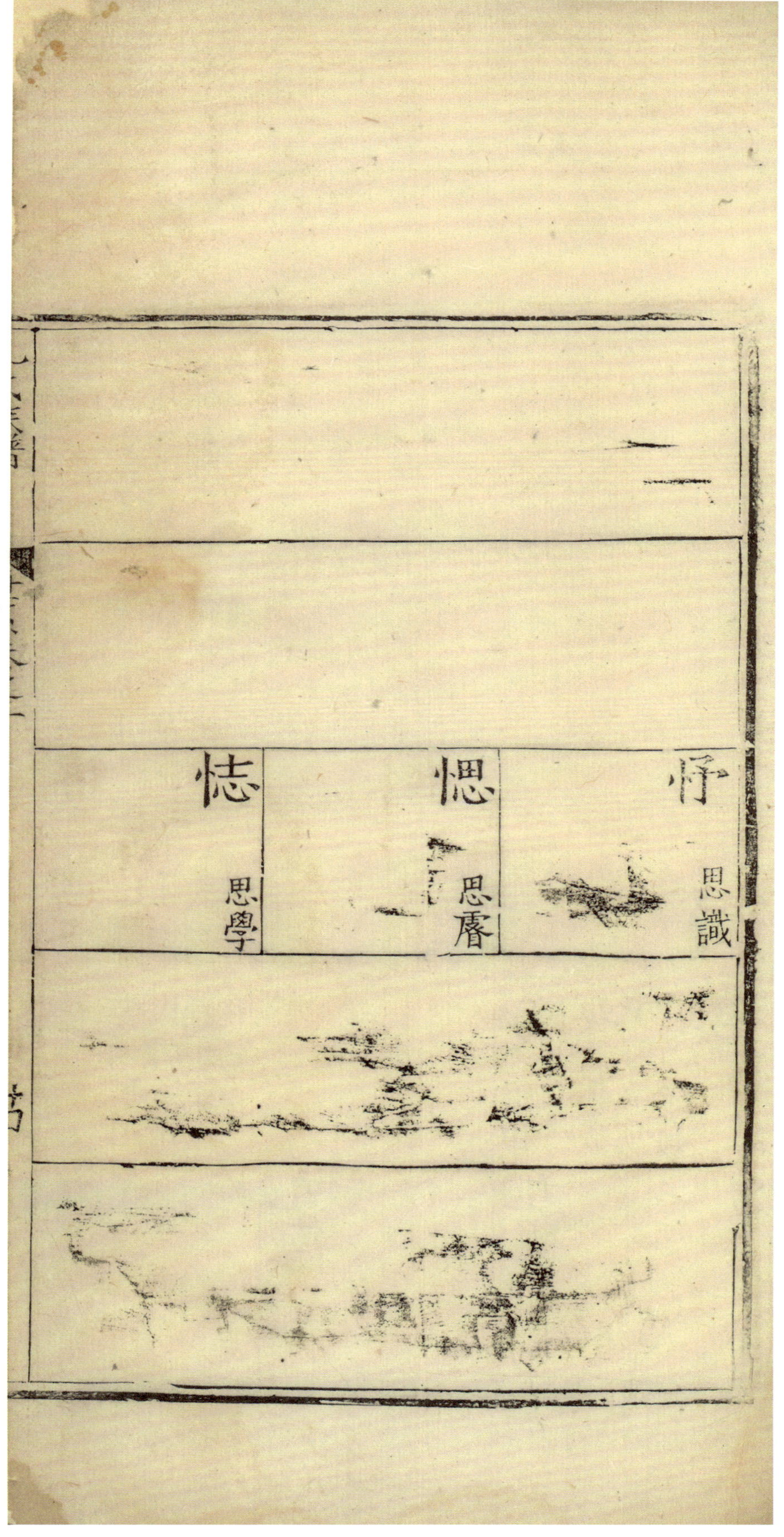

17.5cm x 31.0cm

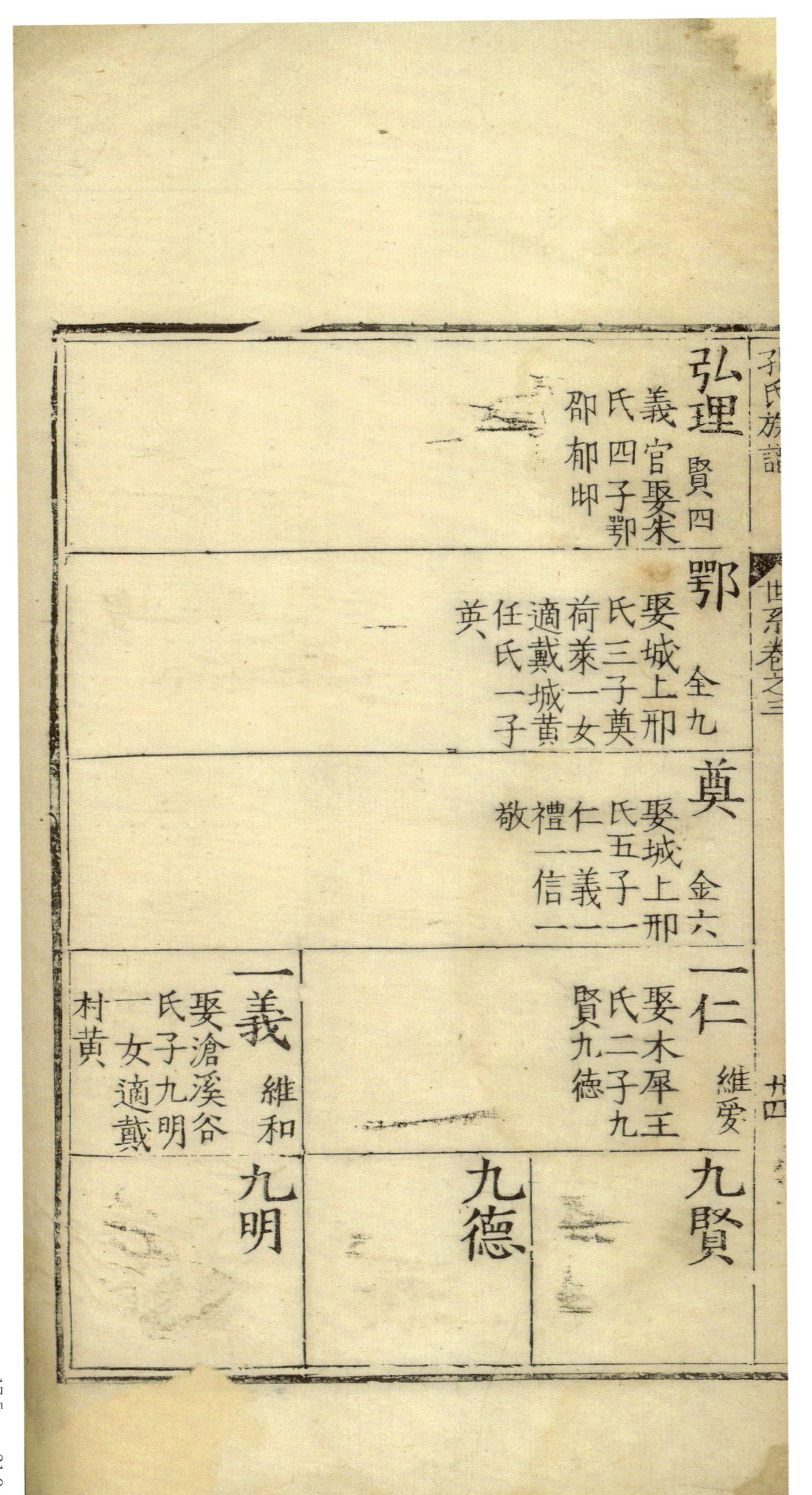

弘理 賢四 義官娶朱氏四子鄂邵郁卬

鄂 全九 娶城上邢氏三子奠荷萊一女適戴城黃任氏一子英

奠 金六 娶城上邢氏五子一仁一義一禮一信一敬

一仁 維愛 娶木犀王氏二子九賢九德

一義 維和 娶滄溪谷氏子九明一女適戴村黃

九賢

九德

九明

17.5cm x 31.0cm

嘉靖三十五年十月

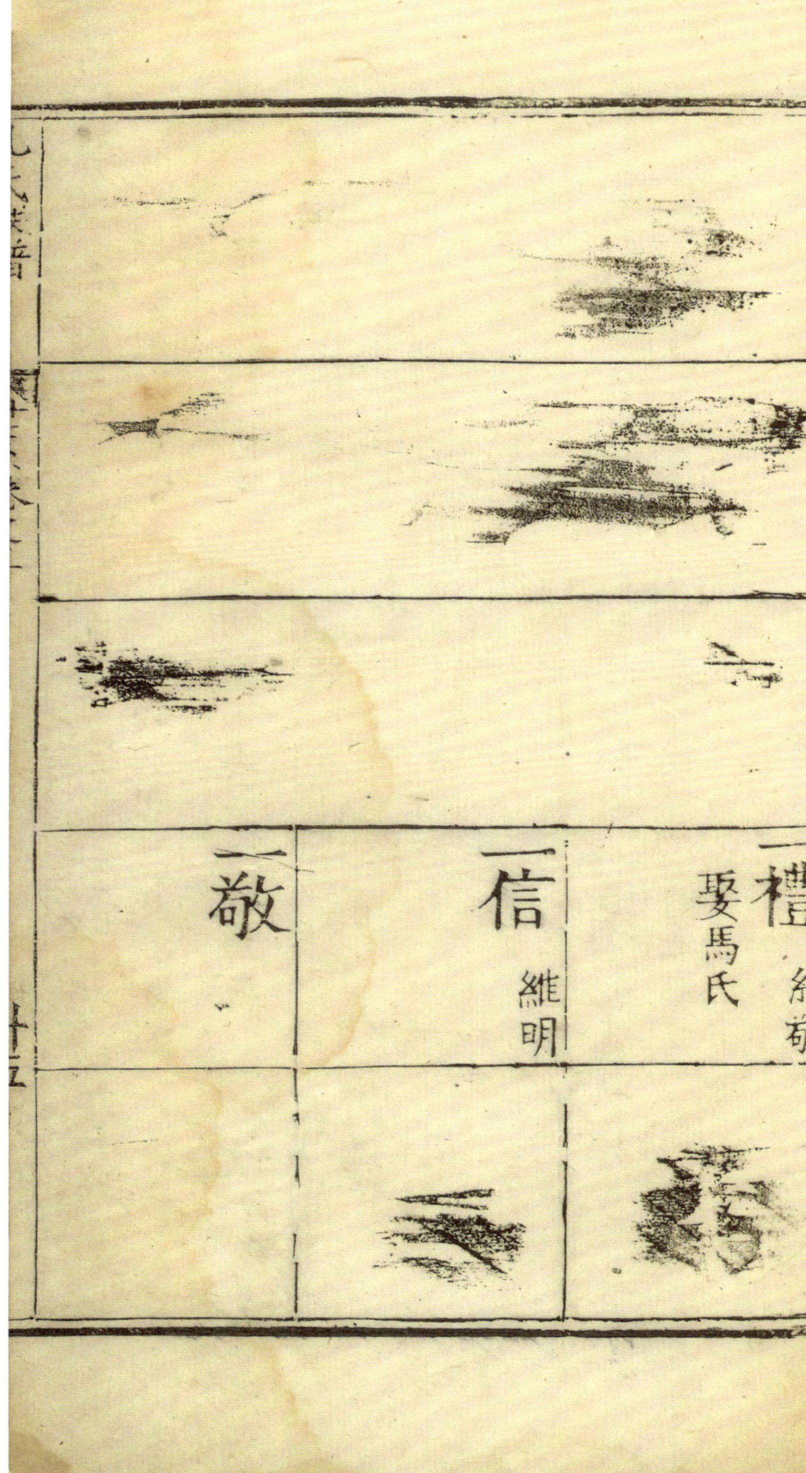
一禮 維敬
娶馬氏
一信 維明
一敬

17.5cm x 31.0cm

嘉靖三十五年十月

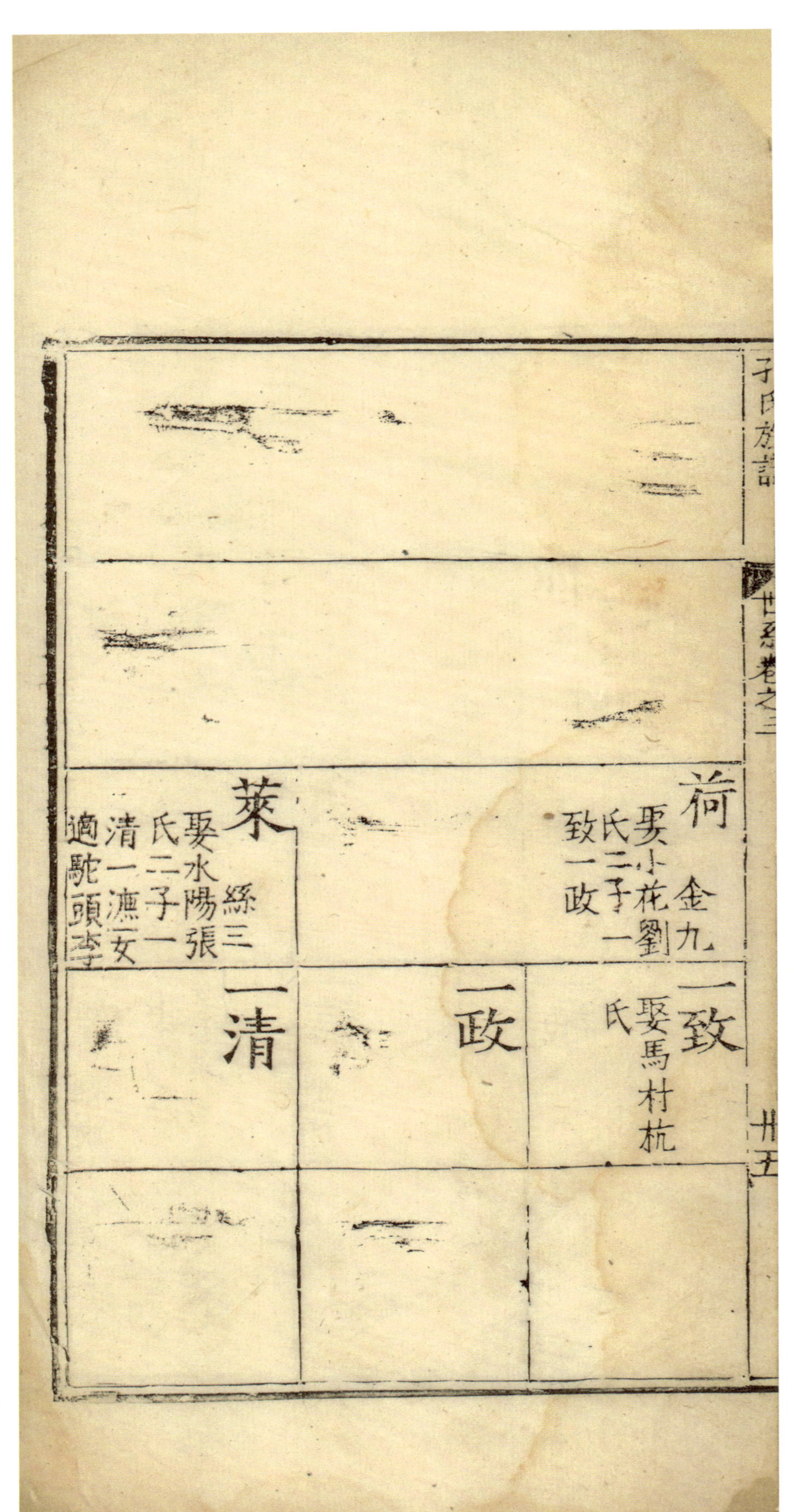
孔氏族譜

世系卷之三

荷 娶小花劉 金九 氏二子一致 一政

萊 娶水陽張 絲三 氏二子一清 一漉 一女適駝頭李

一致 娶馬村杭氏

一政

一清

卌五

17.5cm x 31.0cm

嘉靖三十五年十月

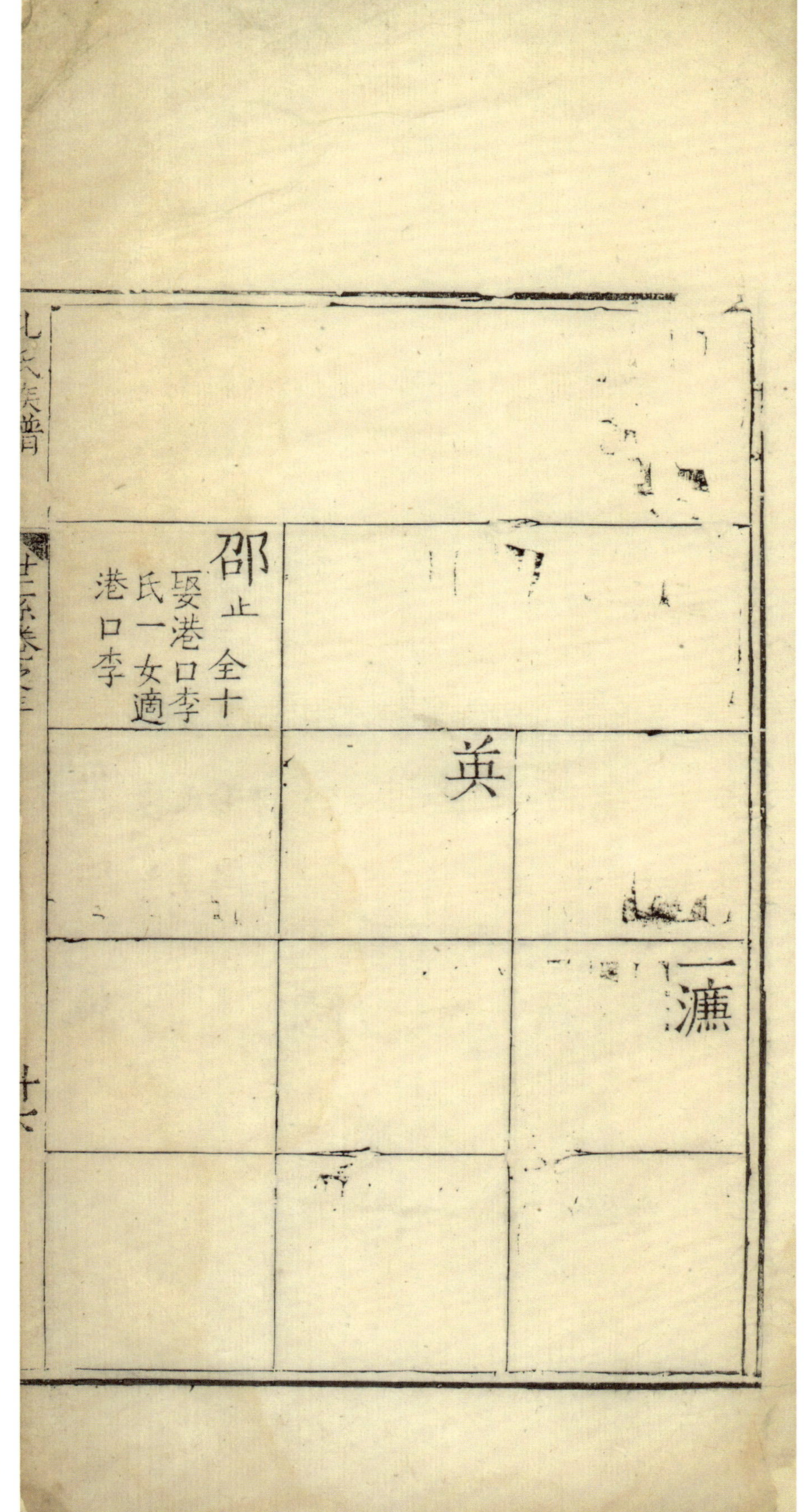

孔氏族譜　卷之　十六

邵 止 全十

娶港口李氏一女適港口李

英

濂

17.5cm x 31.0cm

嘉靖三十五年十月

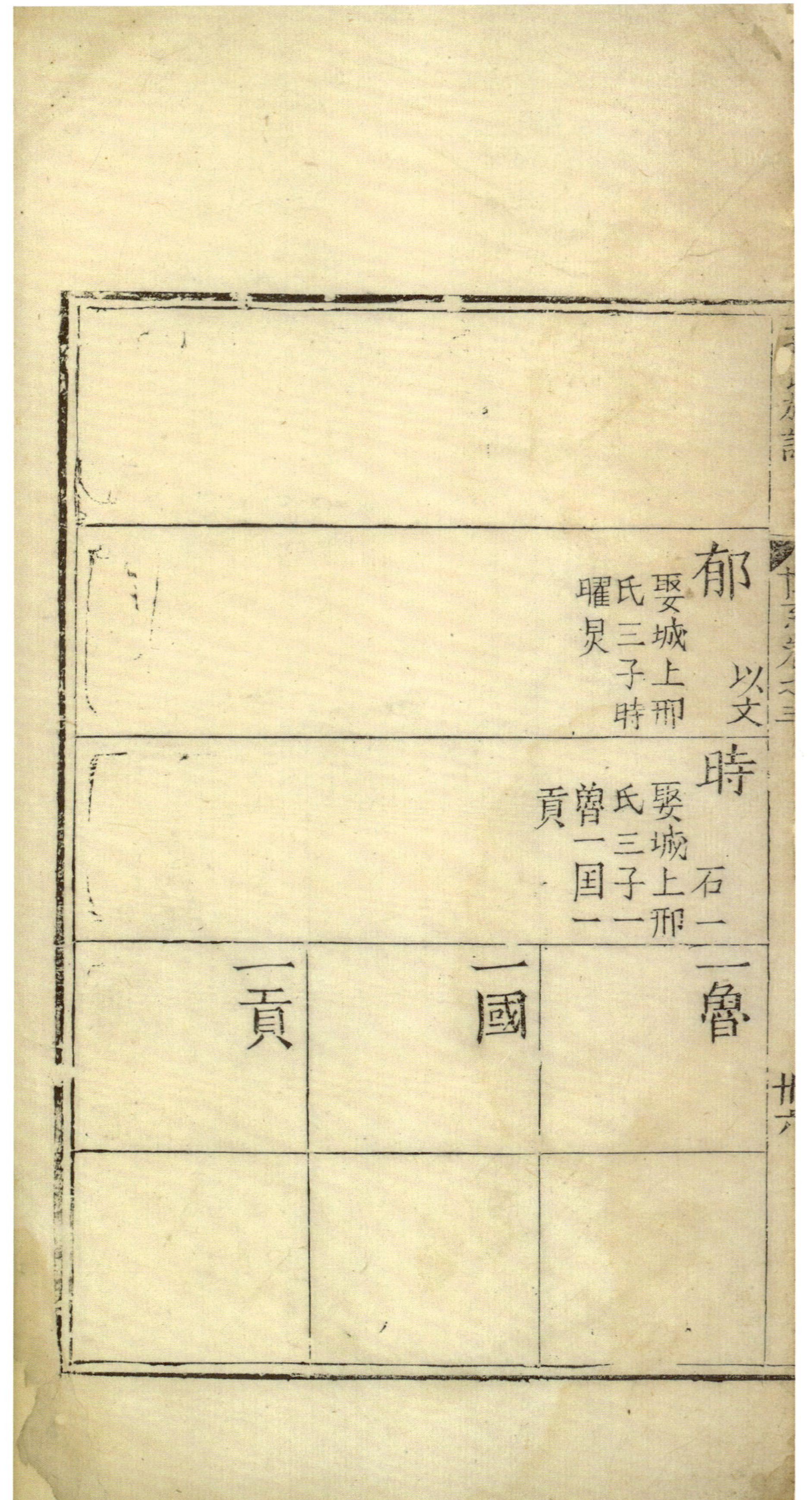

郁 以文
娶城上邢氏三子時曜炅

時
娶城上邢氏三子曾國貢 石一

魯一

國一

貢一

17.5cm x 31.0cm

嘉靖三十五年十月

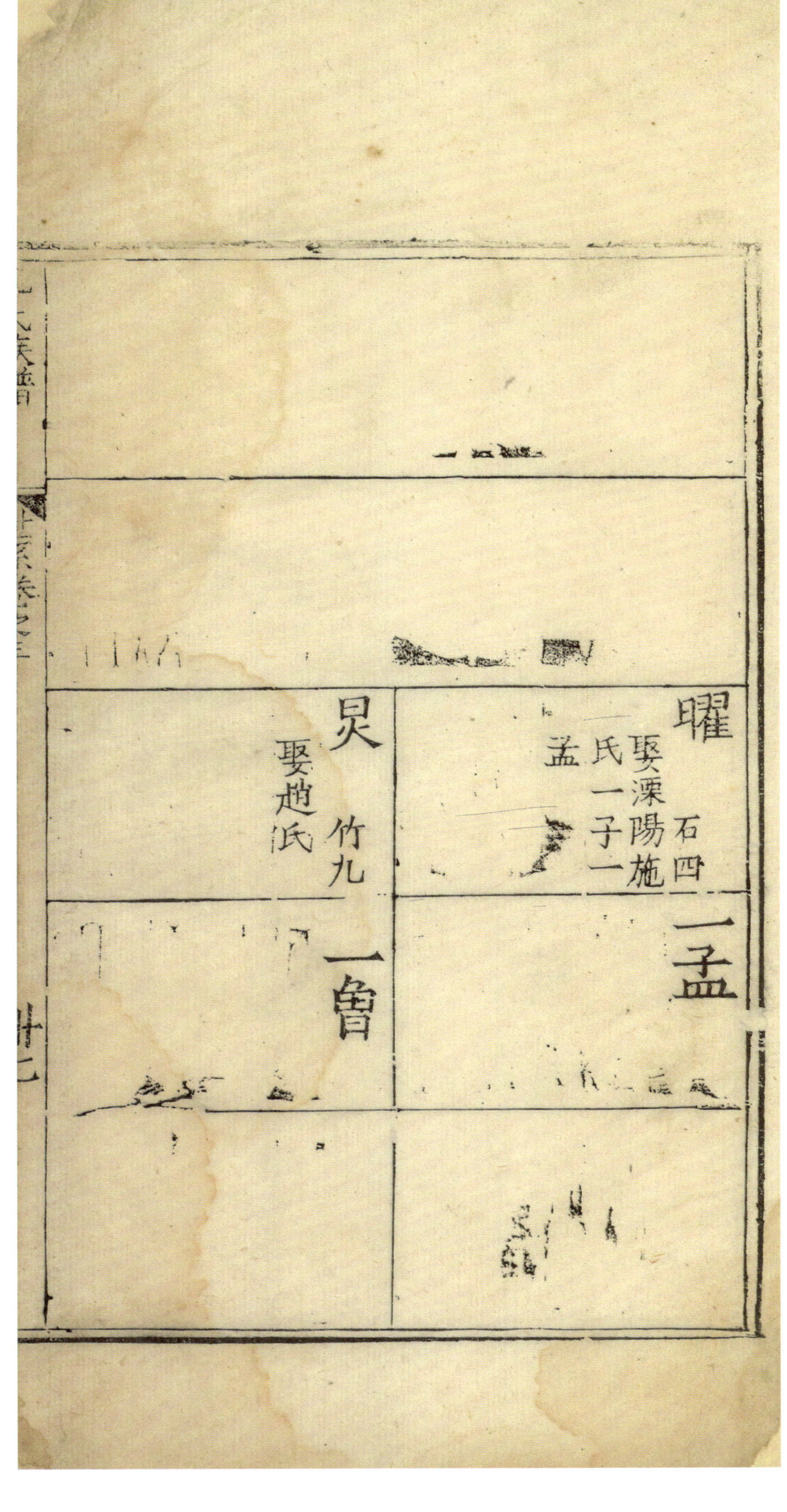

17.5cm x 31.0cm

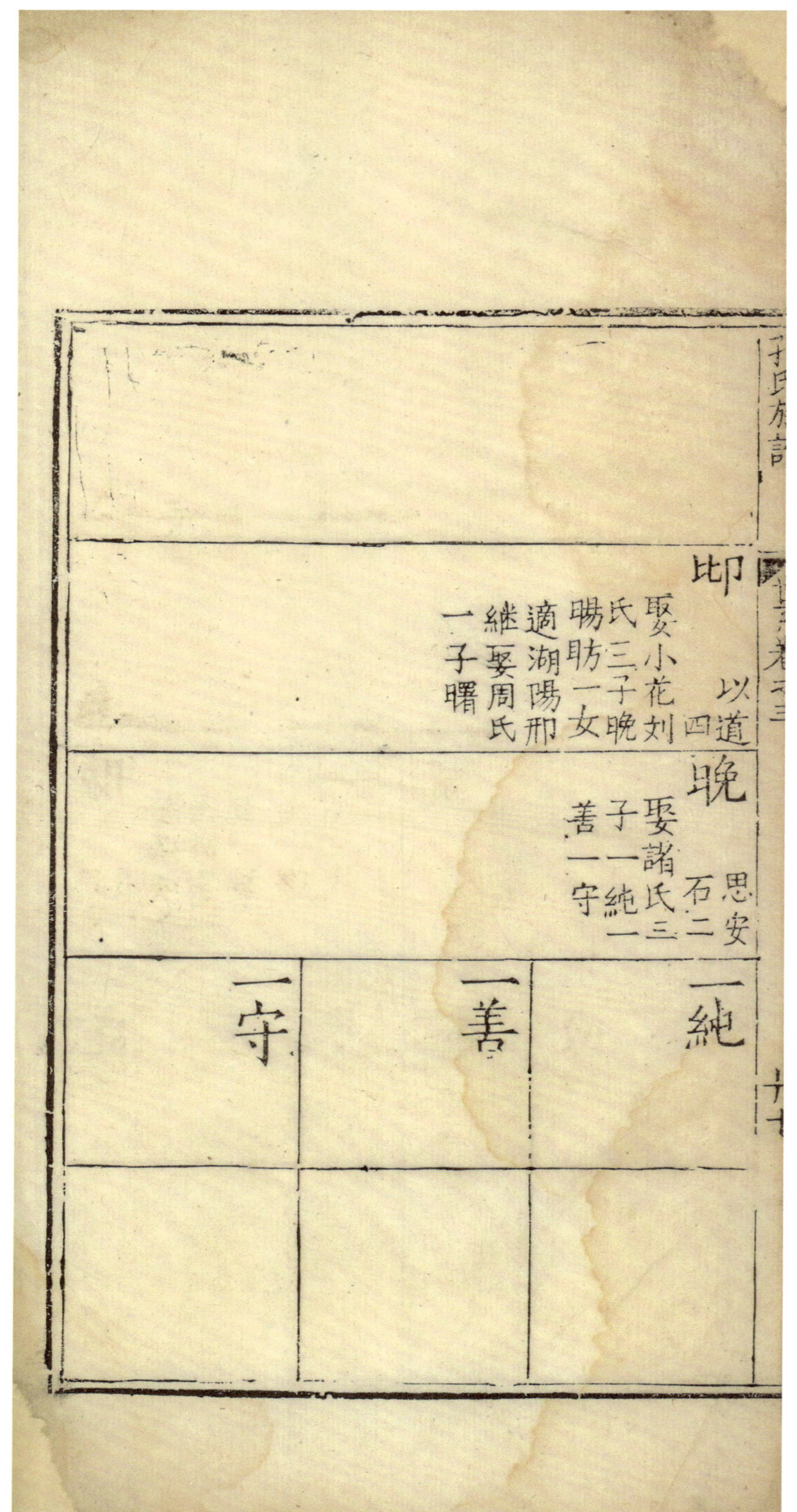
孔氏族譜
世系卷之三
卯 以道四 娶小花刘氏三子晚 暘昉一女適湖陽邢 繼娶周氏一子曙
晚 思安石二 娶諸氏三子一純一善一守
一純
一善
一守

17.5cm x 31.0cm

孔子博物館藏

嘉靖三十五年十月

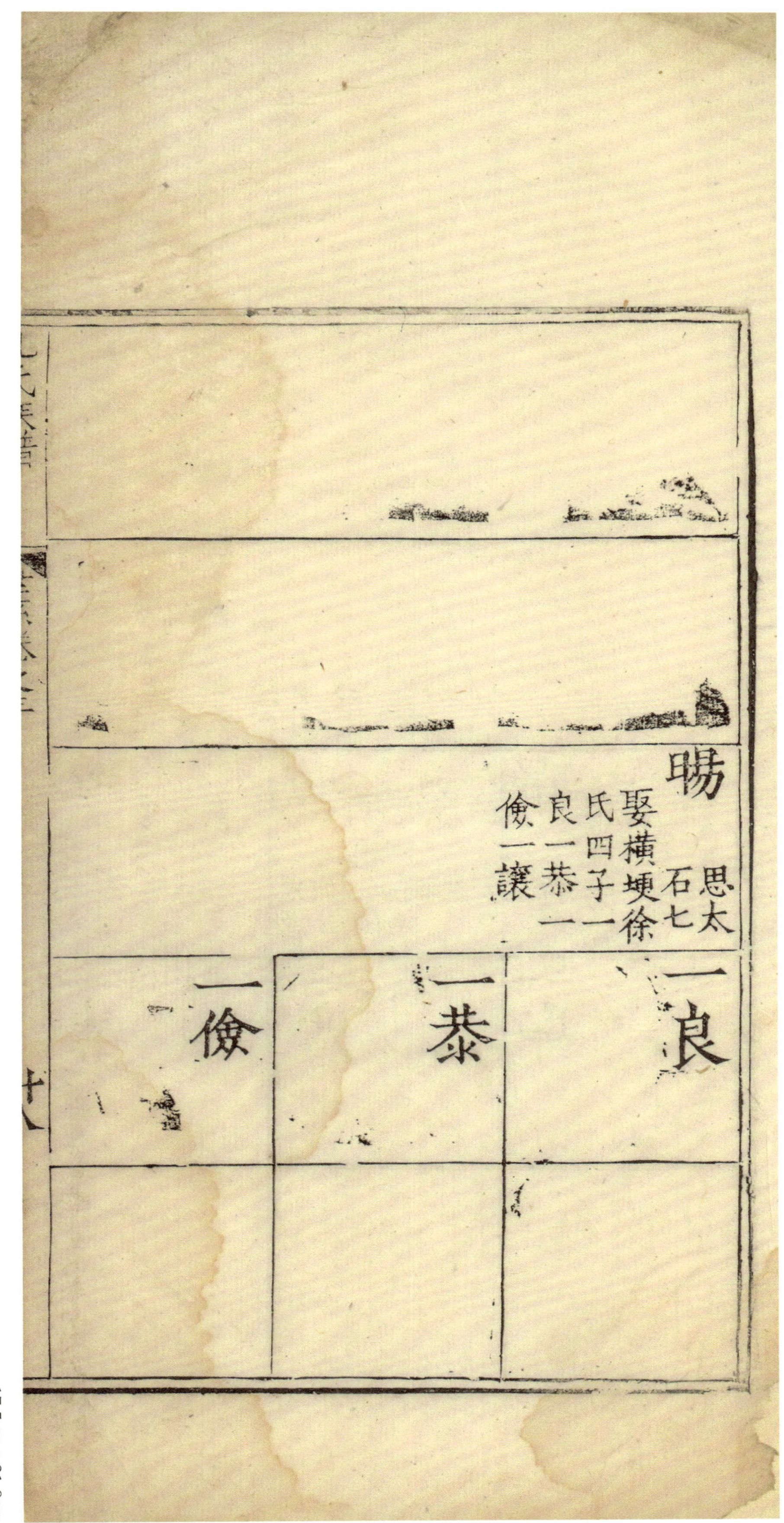

暘
思太
石七
娶橫埂徐
氏四子一
良一恭一
儉一讓

一良

一恭

一儉

17.5cm x 31.0cm

嘉靖三十五年十月

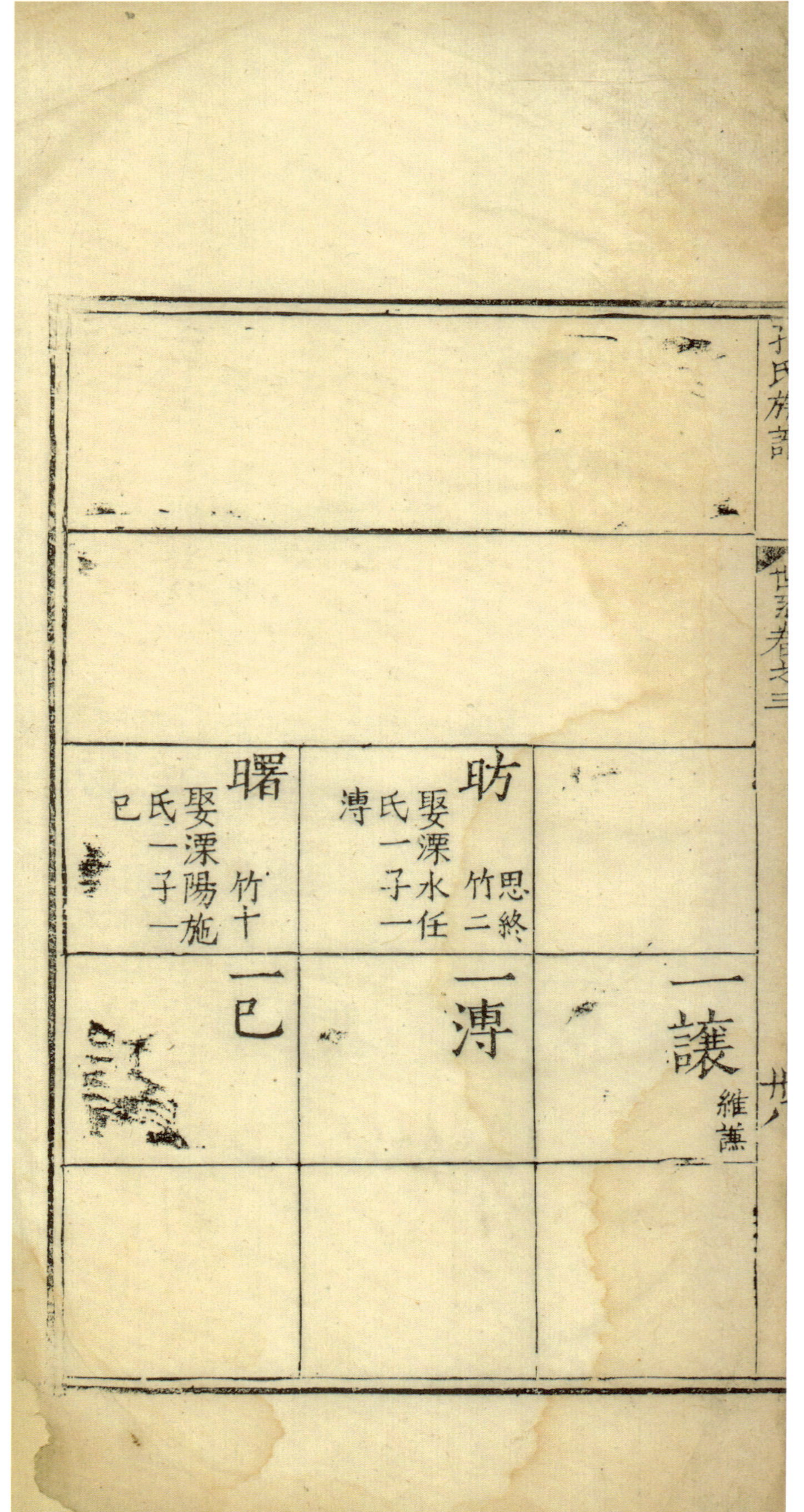

孔氏族譜 世家卷之三

一讓 維藩

一溥

昉 思終 竹二 娶溧水任氏 一子一 溥

一巳

曙 竹十 娶溧陽施氏 一子一 巳

17.5cm x 31.0cm

孔子博物館藏

嘉靖三十五年十月

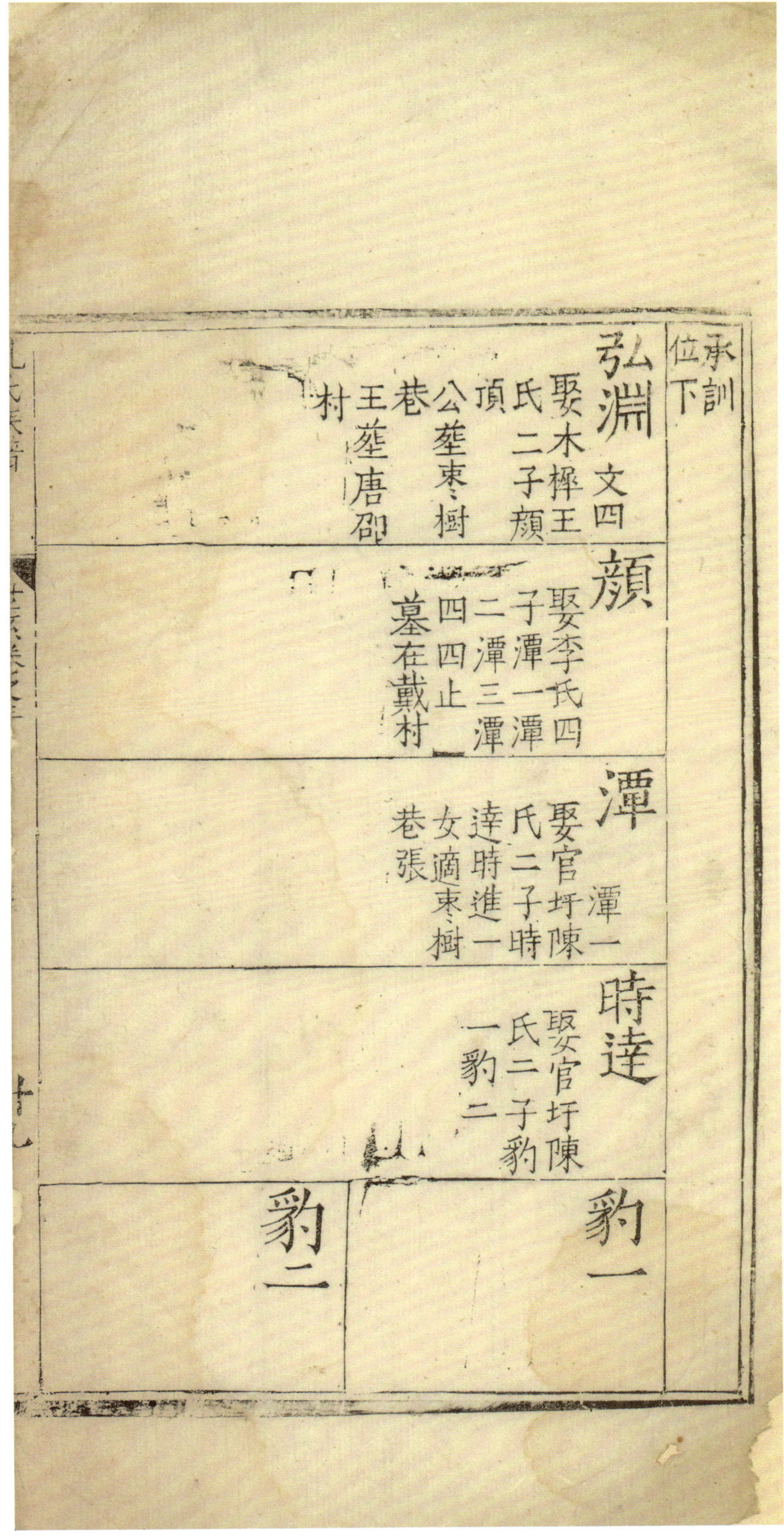

承訓位下

弘淵 文四
娶木樨王氏二子頫項公塋東樹巷王塋唐卲村

頫
娶李氏四子潭一潭二潭三潭四四止墓在戴村

潭 潭一
娶官圩陳氏二子時進一時達適東樹巷張女

時達
娶官圩陳氏二子豹一豹二

豹一

豹二

17.5cm x 31.0cm

嘉靖三十五年十月

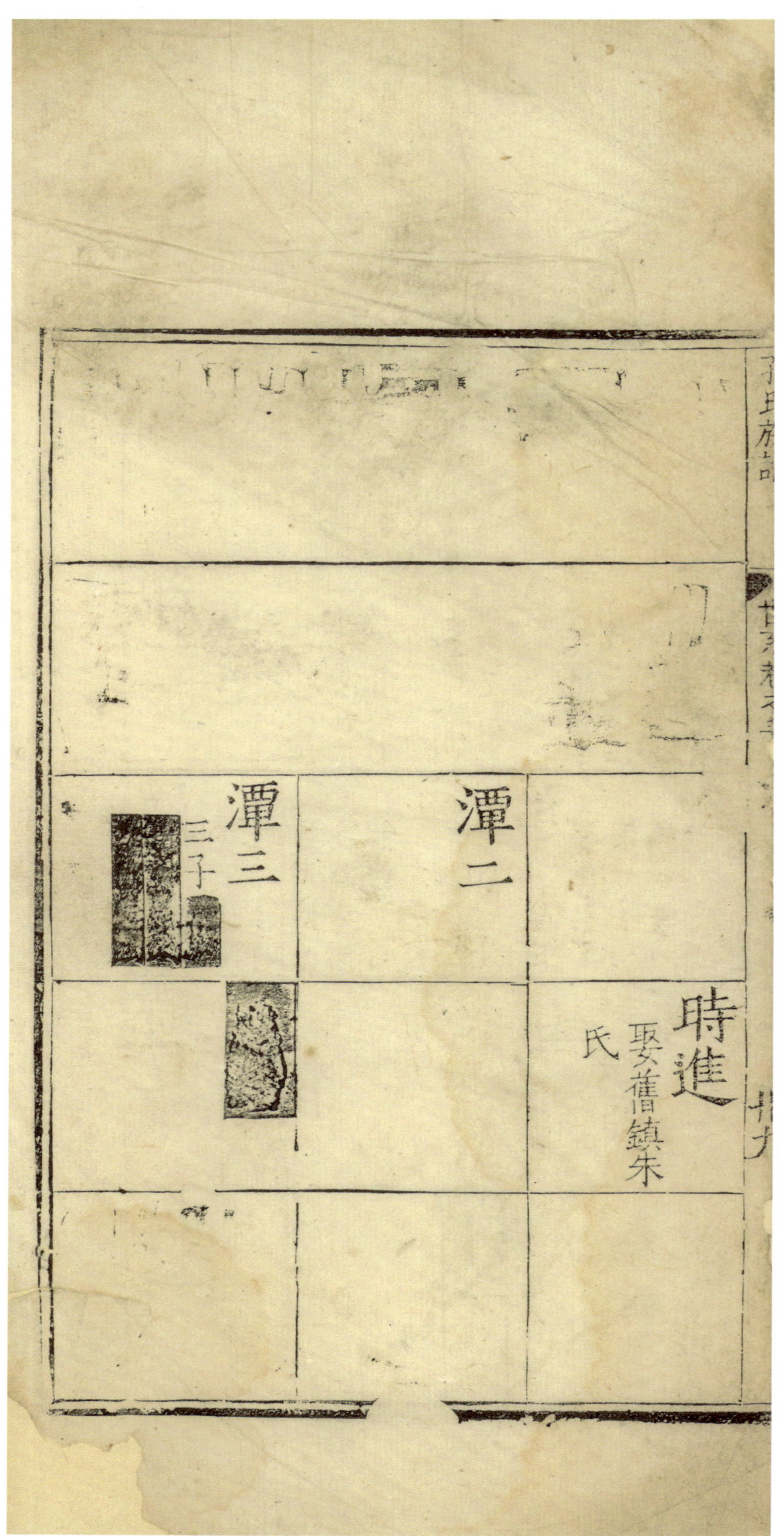
潭三
三子
潭二
時進
娶舊鎮朱氏

17.5cm x 31.0cm

嘉靖三十五年十月

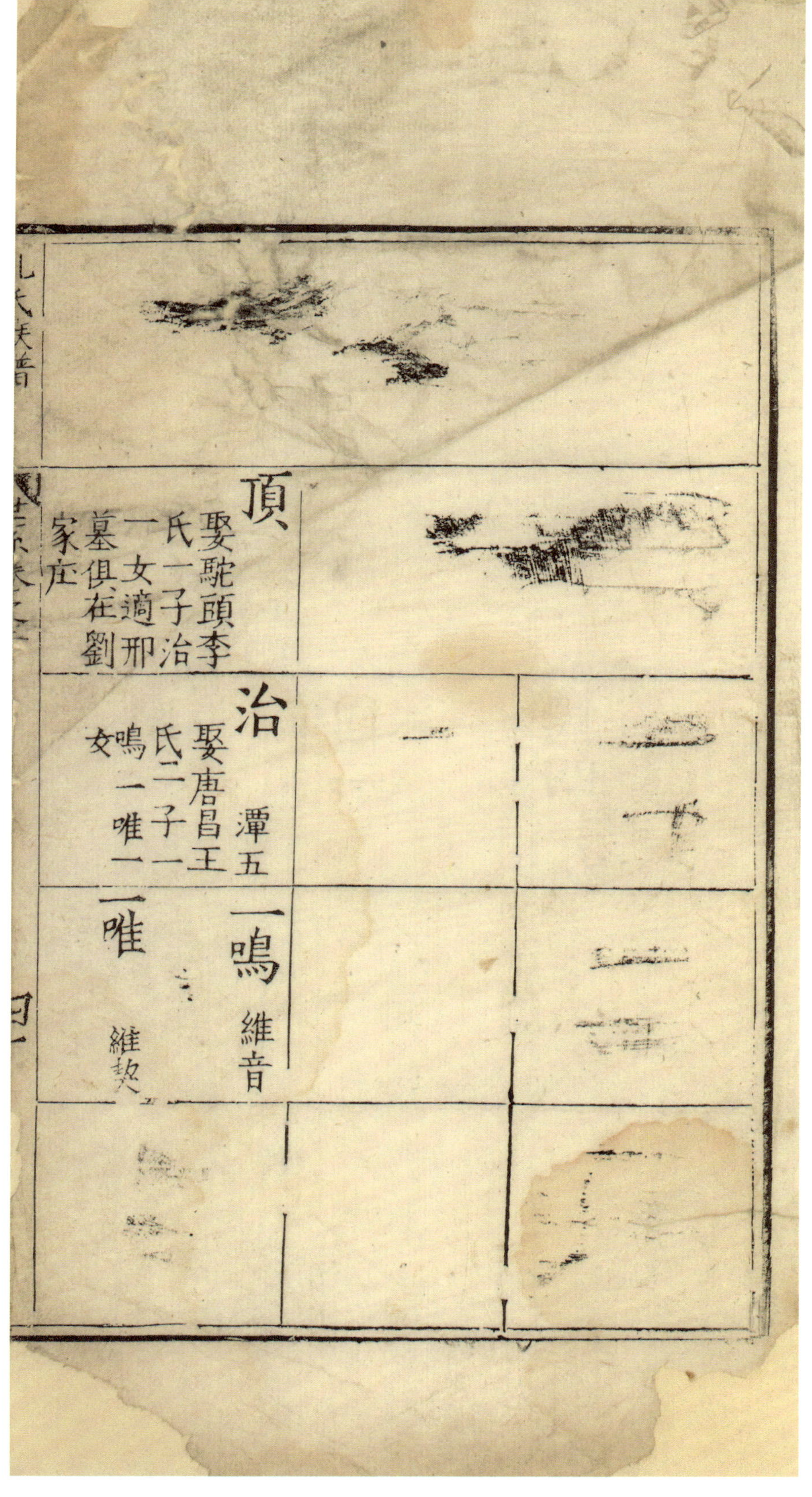

頂
娶駝頭李氏一子治一女適邢墓俱在劉家庄

治
潭五
娶唐昌王氏二子一嗚一唯一女

一嗚
維音

一唯
維契

17.5cm x 31.0cm

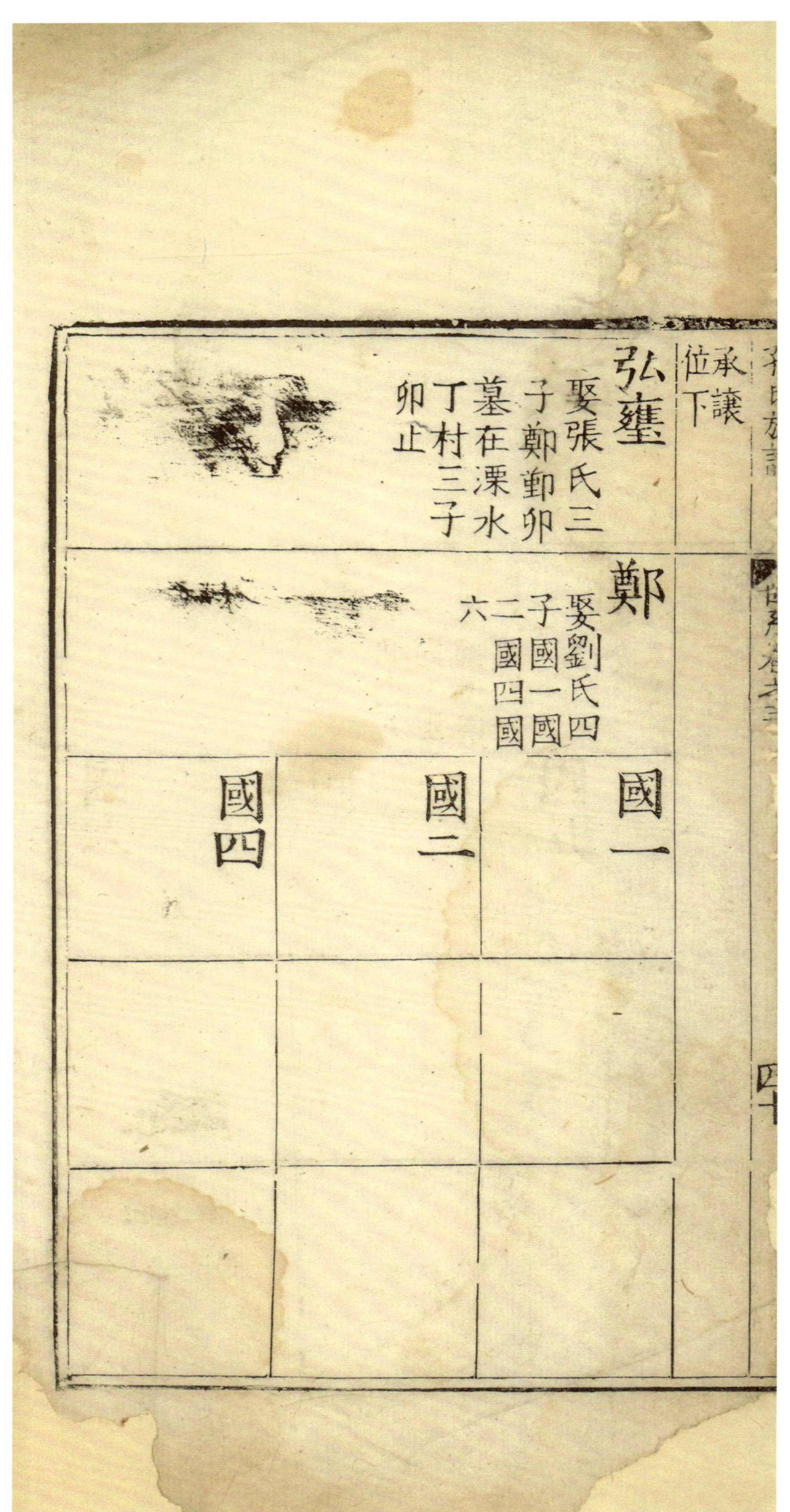

承讓
位下

弘壅
娶張氏三
子鄭鄞卯
墓在溧水
丁村三子
卯止

鄭
娶劉氏四
子國一國
二國四國
六

國一

國二

國四

17.5cm x 31.0cm

嘉靖三十五年十月

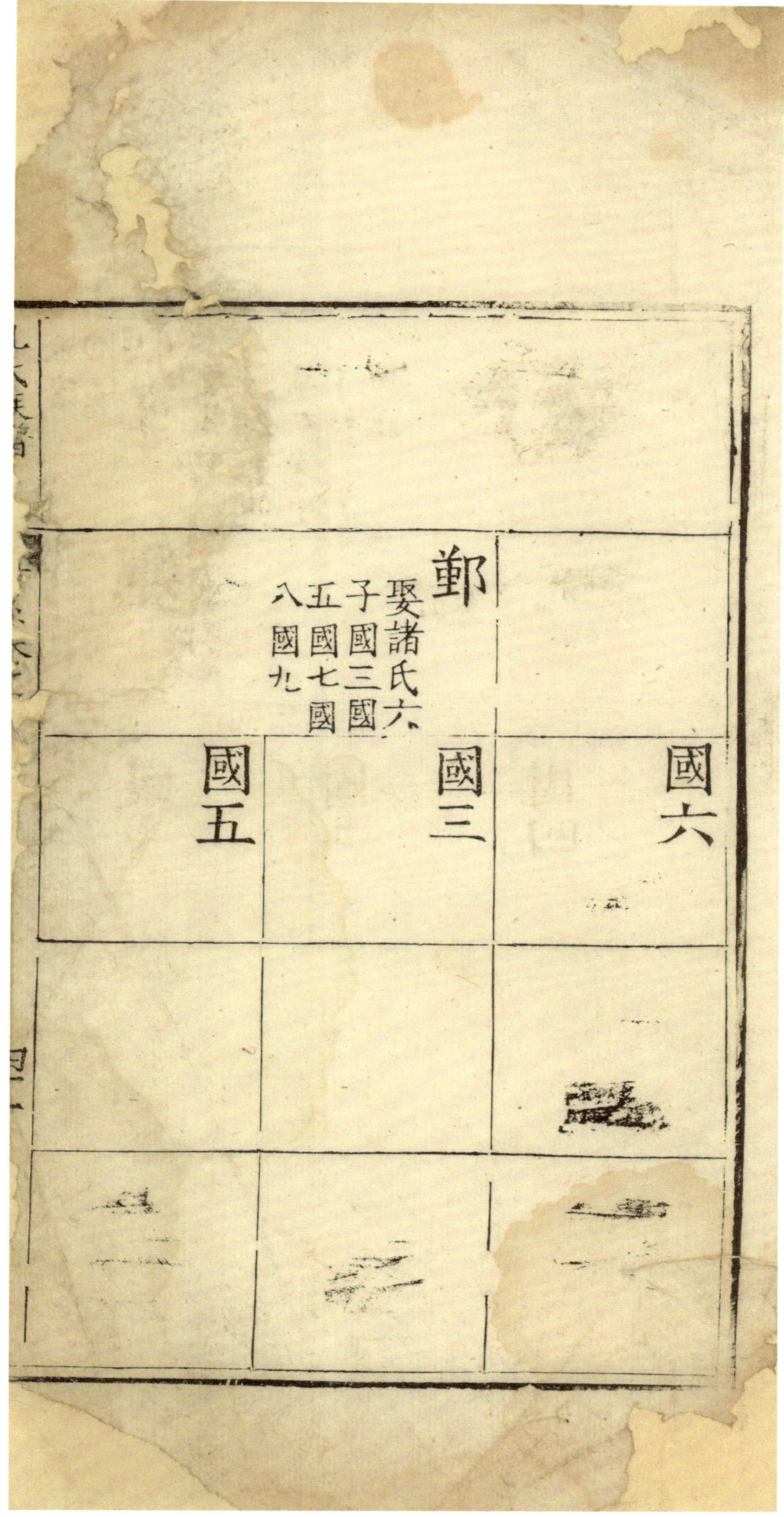

17.5cm x 31.0cm

嘉靖三十五年十月

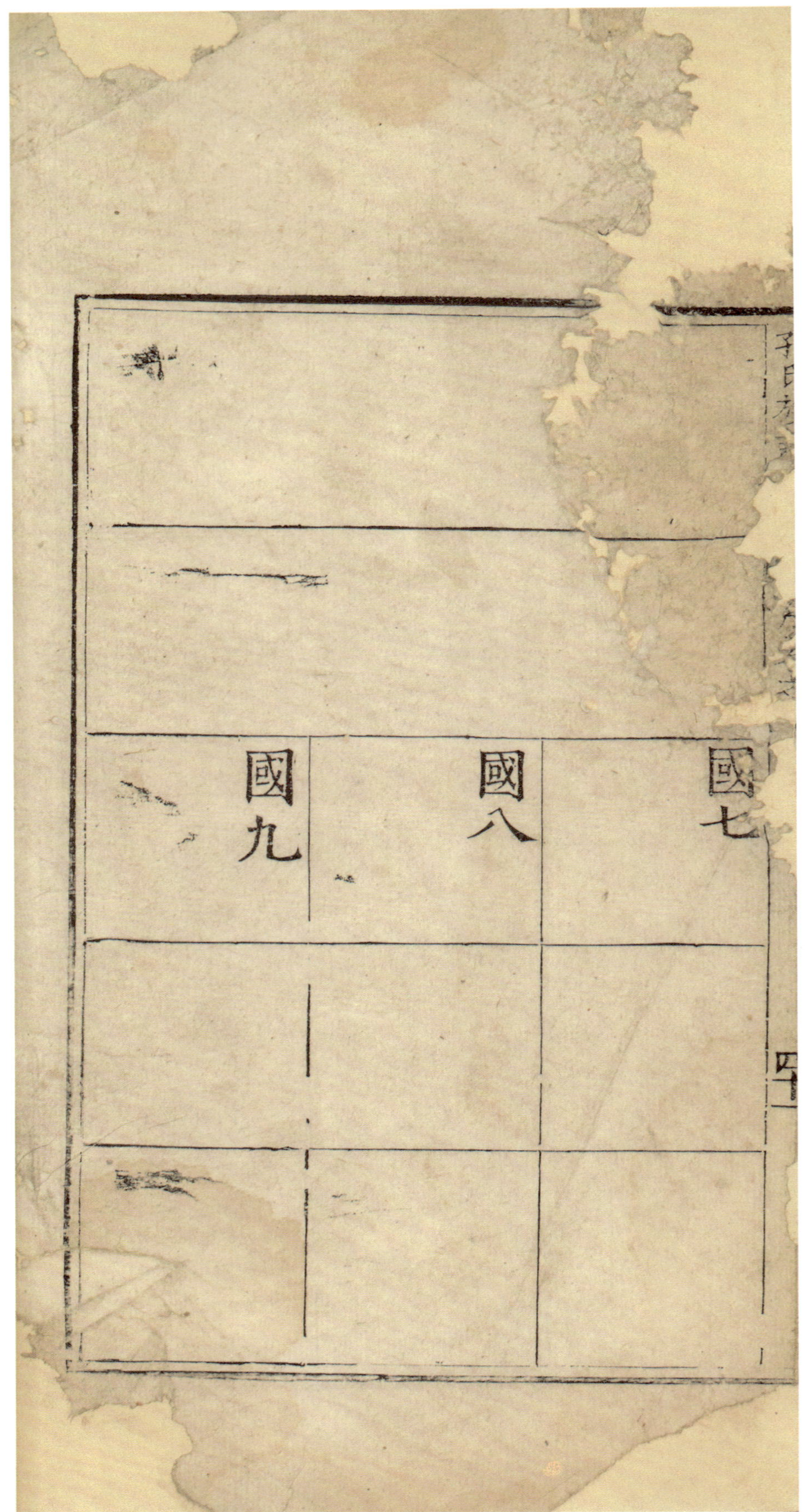

17.5cm x 31.0cm

嘉靖三十五年十月

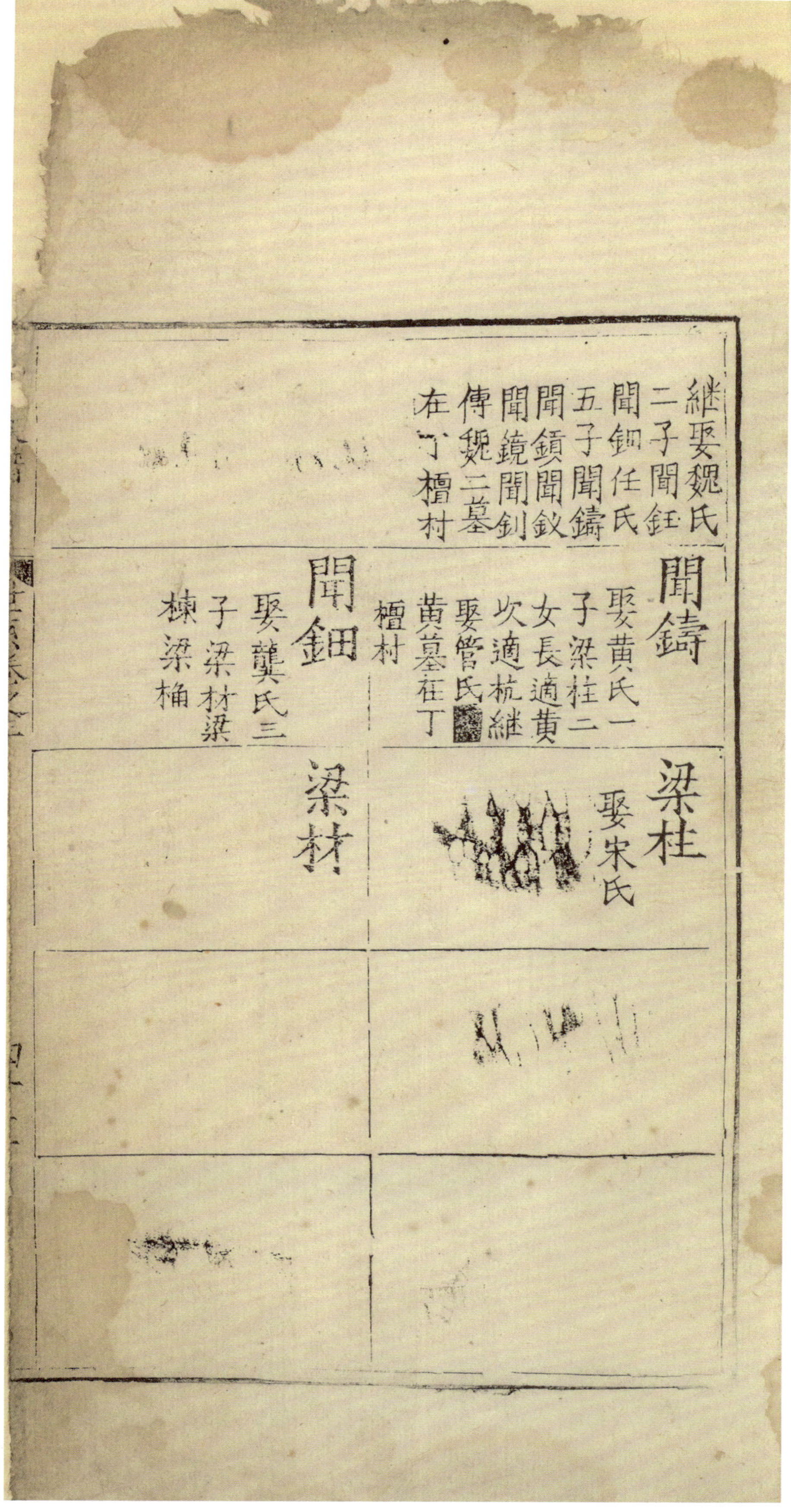

繼娶魏氏
二子聞鈺
聞鈿任氏
五子聞鑄
聞鎖聞欽
聞鏡聞釗
傳魏二墓
在丁檀村

聞鑄
娶黄氏一
子梁柱二
女長適黄
次適杭繼
娶管氏[illegible]
黄墓在丁
檀村

聞鈿
娶龔氏三
子梁材梁
棟梁桷

梁柱
娶宋氏

梁材

17.5cm x 31.0cm

嘉靖三十五年十月

17.5cm x 31.0cm

嘉靖三十五年十月

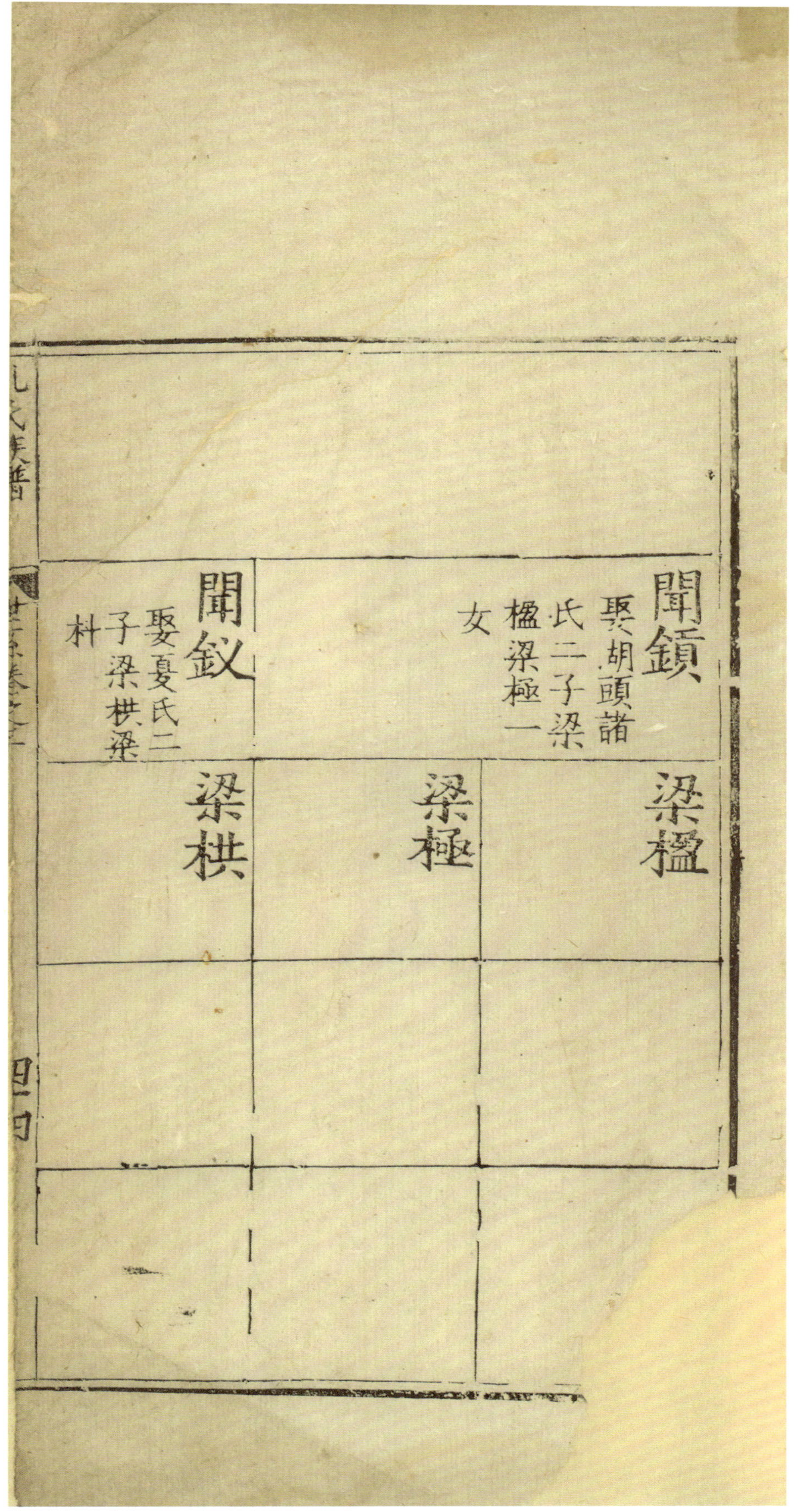

聞鑌 娶胡頭諸氏二子梁楹梁極一女

聞釵 娶夏氏二子梁栱梁枓

梁楹

梁極

梁栱

17.5cm x 31.0cm

嘉靖三十五年十月

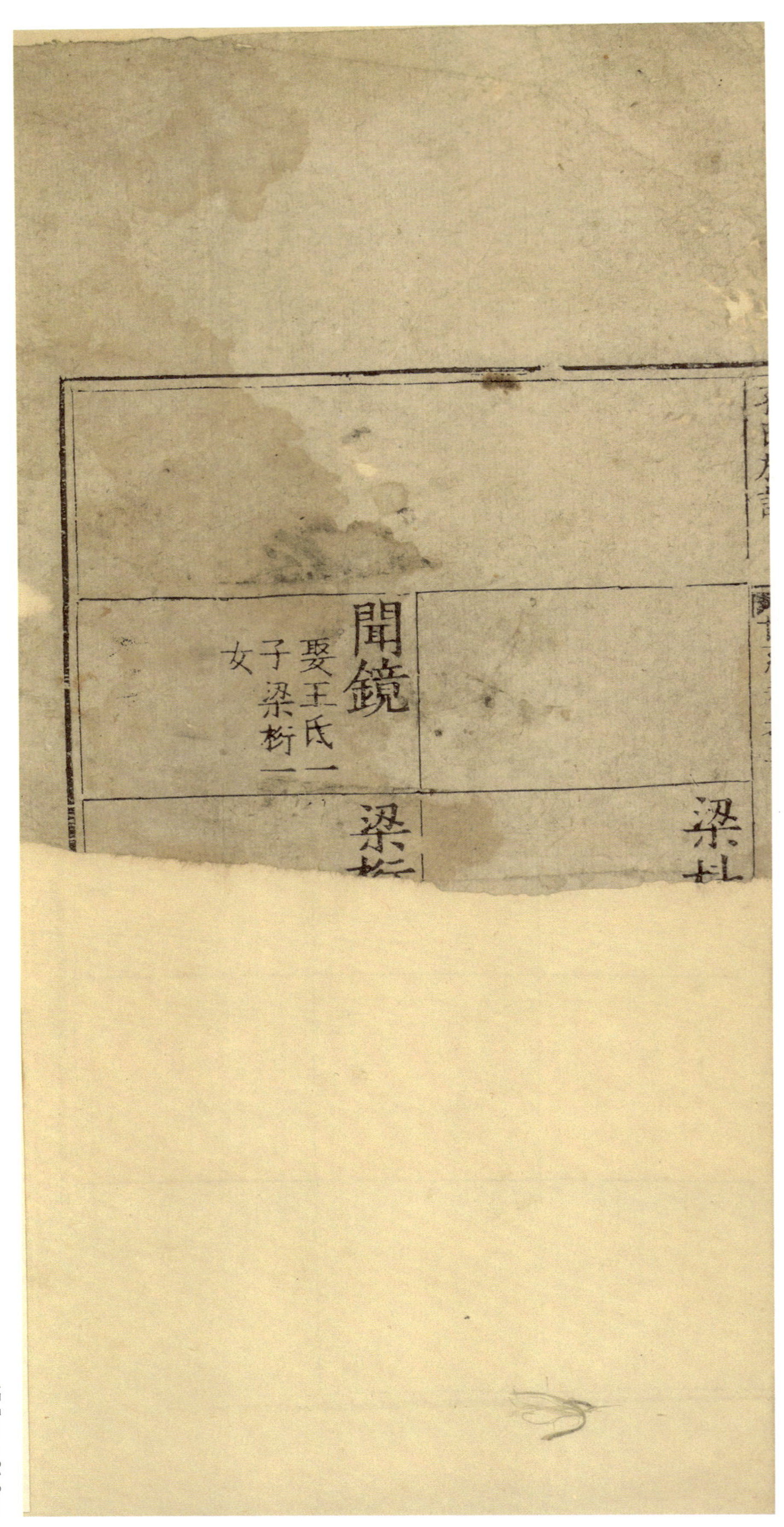

聞鏡
娶王氏一
子梁桁一
女

17.5cm x 31.0cm

考證表

機關代號第　號

保管單位第　號

本案卷内共有壹本七十二張已編號之文件。七十七頁

保管單位缺點的説明。

附註

檔案工作人員的職務（簽名）

公元一九六二年十二月　日

本府捐分曲阜等處宅園地基資助近族行縣立案

天啓三年

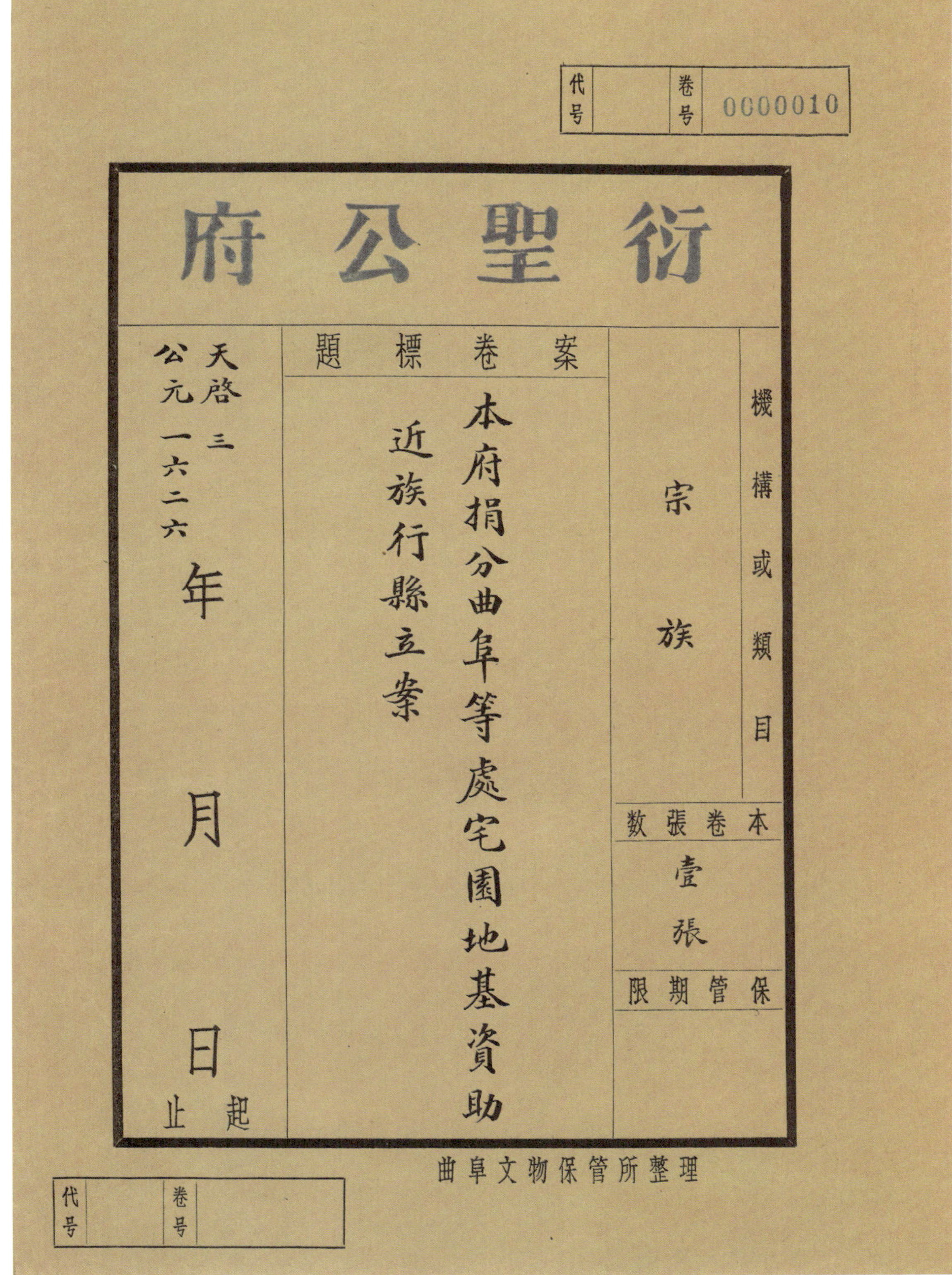
代号　卷号 0000010

衍聖公府

機構或類目	案卷標題	
宗族	本府捐分曲阜等處宅園地基資助近族行縣立案	天啓三年　公元一六二六　年　月　日　起止
本卷張数		
壹張		
保管期限		

曲阜文物保管所整理

代号　卷号

卷内目錄

順序號	作者	内容摘要	文件上的號數	文件上的日期	文件所在的張次	備註
1		本府捐分曲阜等處宅園地基資助近族行縣立案		天啟三年六月日	—	
				年月日	—	
				年月日	—	
				年月日	—	
				年月日	—	
				年月日	—	
				年月日	—	
				年月日	—	
				年月日	—	
				年月日	—	

填寫人　　年　月　日

衍聖公府爲捐産資族事致曲阜縣手本稿（附捐單）

天啓三年六月十三日

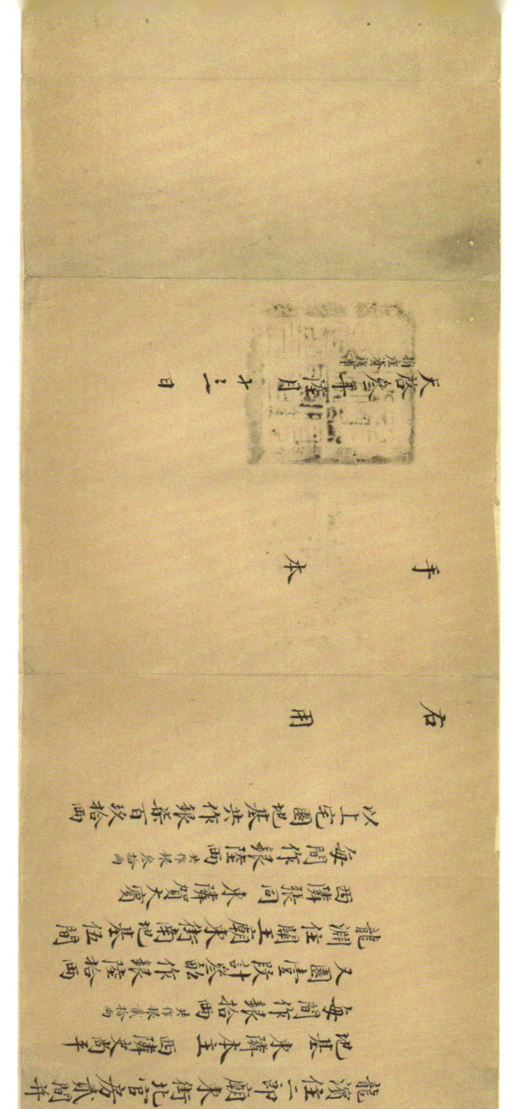

大圖詳見附録019頁

137.0cm x 29.7cm

考證表

機關代號第　　號

保管單位第　　號

本案卷内共有　壹張已編號之文件。

保管單位缺點的說明。

附註

檔案工作人員的職務（簽名）

公元一九六二年十二月　　日

代号
卷号 0000011
衍聖公府
案卷標題
孔廟管勾、司樂、典籍各官仍應照例由州縣有司考察
崇禎五 六
公元一六三二 三
年 月 日
起 止
機構或類目
屬員
本卷張數
捌張
保管期限
曲阜文物保管所整理
代号
卷号

11

卷内目錄

顺序号	作者	内容摘要	文件上的号数	文件上的日期	文件所在的张数	备注
一	衍聖公府	咨吏部都察院各衙門為查復屬官舊制全優典以成委用		崇禎五年正月初六日	—	
二	衍聖公府	咨都察院為屬官按照舊制轉行山東巡撫令兖州府不必序入考察之列		崇禎五年正月初六日	—	
三	衍聖公府	咨都察院底稿前事		崇禎五年正月日	—	
四	衍聖公府	抄来都察院勘劄山東巡按為去管勾司樂典籍考察事稿		崇禎五年正月二十七日	—	
五	考功清吏司	送来吏部咨山東巡撫為去管勾司樂典籍考察事稿立案		崇禎五年二月十八日	—	
六	衍聖公府	知会各衙門將本府屬官照例不必序入考察之列現准回復轉行底稿		崇禎五年二月日	—	
七	衍聖公府	行兖州府為查復屬官等事		崇禎年四月日	—	
八	兖州府	行曲阜县奉山東布政司轉奉各衙門以衍聖公府屬官照例考察並何官管束衍聖公府移此文速查復以憑轉報		崇禎六年三月二十八日	—	
				年月日		

填寫人　　年　月　日

衍聖公府爲查復屬官舊制全優典以成委用事文卷卷面

崇禎五年正月初六日

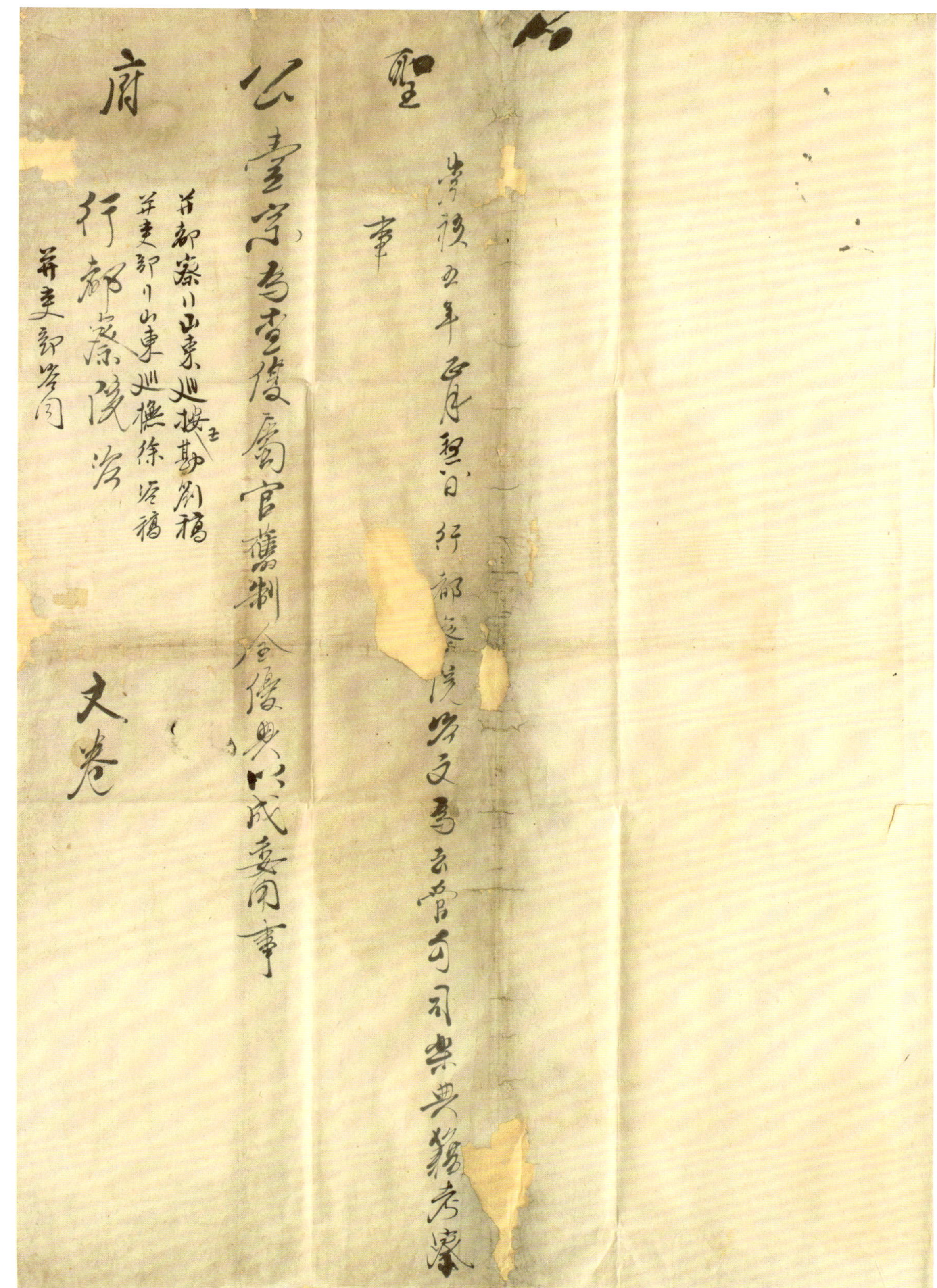

56.6cm x 80.9cm

衍聖公府爲將孔廟屬官仍照舊例免入地方考察事致都察院咨定稿

崇禎五年正月初六日

太子太傅襲封衍聖公府爲查復屬官舊例令優典以安厥事照得本府屬官管勾司樂典籍欽奉

太祖高皇帝聖諭衍聖公官屬着自保舉用欽此欽遵其各官原係本府給發劄付不入州縣有司考察之例蓋

緣聖朝推念優隆盛典而實則管勾詞司祭田章程司樂所管樂舞生典籍之官掌管禮生文籍皆爲

聖廟官員並無民社關係每用一人大都或以廉靜終或以德行允而本府保舉之意頗有光焉萬曆年間

先衍聖公留居京華而管勾向首官不知何緣復入曲阜縣考察之列矣自是以來遂以本府屬官爲受察

之職雖屢相繼員缺察巡而狷介之士實皆不屑於此任也廟庭執事人員無一久存誠非

國朝優隆祀典矣相應查復舊章以光廟貌爲此

特行山東巡按衙門行令兗州府今後將本府管勾司樂典籍官員遵照舊例不必序入考察之列庶

遂至寵眷猶可相續矣隱憂而當事變奈賊不致擬及於閒事矣爲此合咨

貴院煩爲查照施行

一咨察行

都察院

崇禎五年正月

衍聖公

太子太傅襲封衍聖公

61.9cm x 81.2cm

衍聖公府爲將孔廟屬官仍照舊例免入地方考察事致都察院咨草稿

［崇禎五年］正月

咨都察院

為查復屬官舊制全優典以成委用事照得本府

屬官管勾司樂典籍欽奉

太祖高皇帝聖諭衍聖公官屬着自保舉來用欽

此欽遵其各官廩俸係本府給發各官亦不入州縣

有司考察之列蓋雖　聖朝推念優隆盛典而

實則管勾所司祭田事務司樂所管樂舞禮生典

籍之官掌管文籍（礼生）皆為　聖廟官員並無民

社関係無用一人大都或以廉静終或以德行老

而本府保舉之意頗有充焉萬曆年間先衍聖

公留居　京第而管勾等官不知何緣俱入曲阜縣

考察之列矣自是以來遂以本府屬官為受察之

鵠罷斥相繼員缺寂然而猶介之士竟皆不屑於

此任也　廟庭執事人員無一之存誠非　國朝優

隆祀典矣相應查復舊章以光廟貌乞為

轉行山東巡按衙門（行令兗州府）令後將本府管勾司樂典籍官

員遵照舊例不必序入考察之列庶籩豆冠裳猶

可招徠夫隱逸而雷霆斧鉞不致偎及於閒曹矣

為此合咨

貴部院煩為查照施行

正月　　日

56.0cm x 29.2cm

都察院爲孔廟屬官仍照舊例免入地方考察事致山東巡按劄抄件

崇禎五年正月

50.9cm x 27.8cm

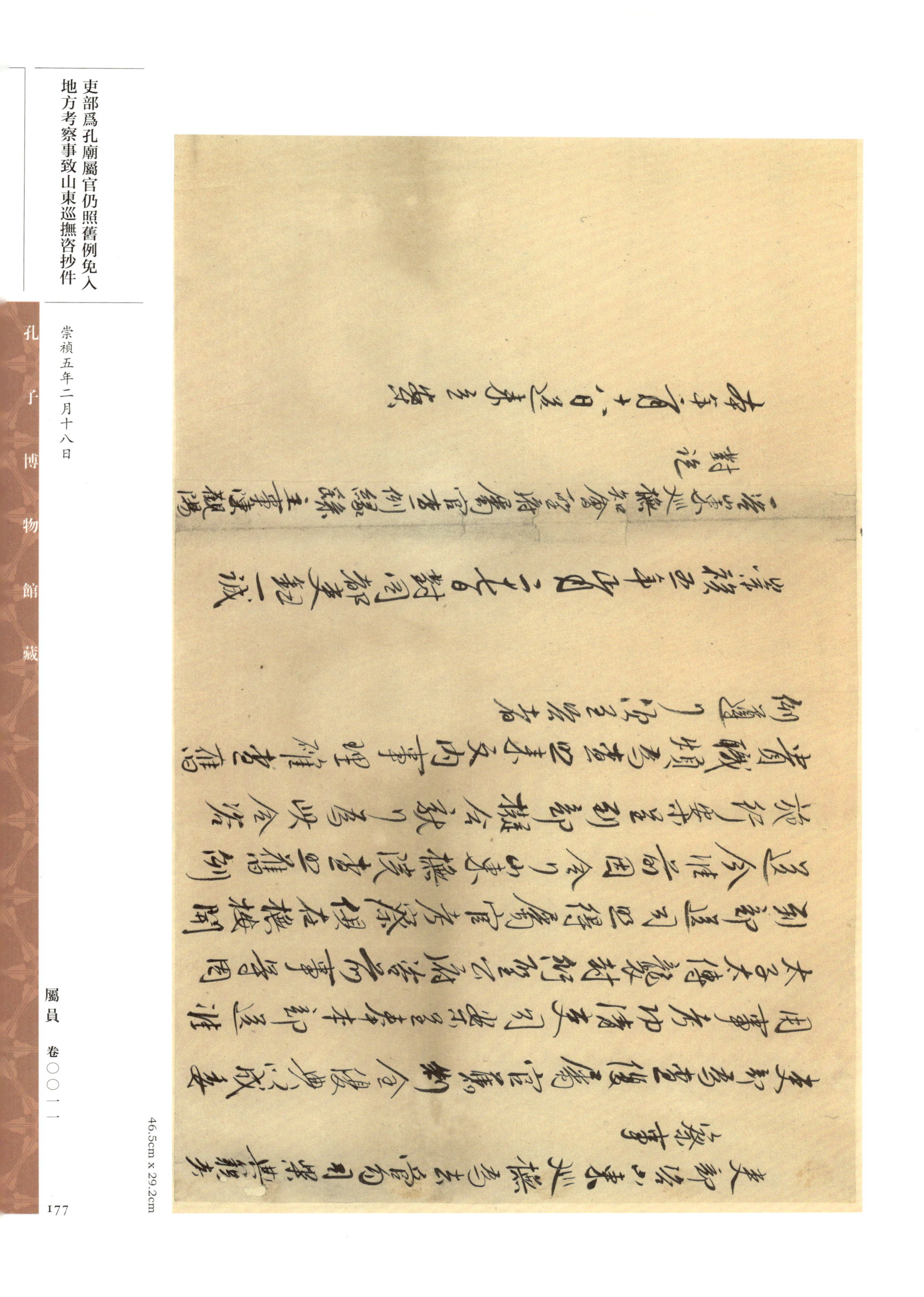

吏部爲孔廟屬官仍照舊例免入地方考察事致山東巡撫咨抄件

崇禎五年二月十八日

46.5cm x 29.2cm

衍聖公府爲屬官仍照舊例免入地方考察事致山東巡撫等知會稿

崇禎五年二月

知會各衙门

為查復屬官舊制全優典以成委用事照得本府屬官管勾司樂典籍欽奉 云云

廟庭執事人員無一久存誠非 國朝優隆初典矣事干舊典重該本府移咨 都察院 吏部轉行 山東巡按衙门令後將本府管勾司樂典籍官員遵照舊制不必序入考察之列庶籩豆冠裳備得招徠夫隱逸而雷霆斧鉞不致偎及於閒曹矣等因各前去隨准回復轉行外合行知會為此合

前去

某衙门煩為查照施行

壬申二月　　日

撫院　按院　布政司　守道　兗州府　廳　曲阜縣

29.8cm x 29.2cm

衍聖公府爲查復屬官等事文卷

卷面

崇禎六年四月十七日

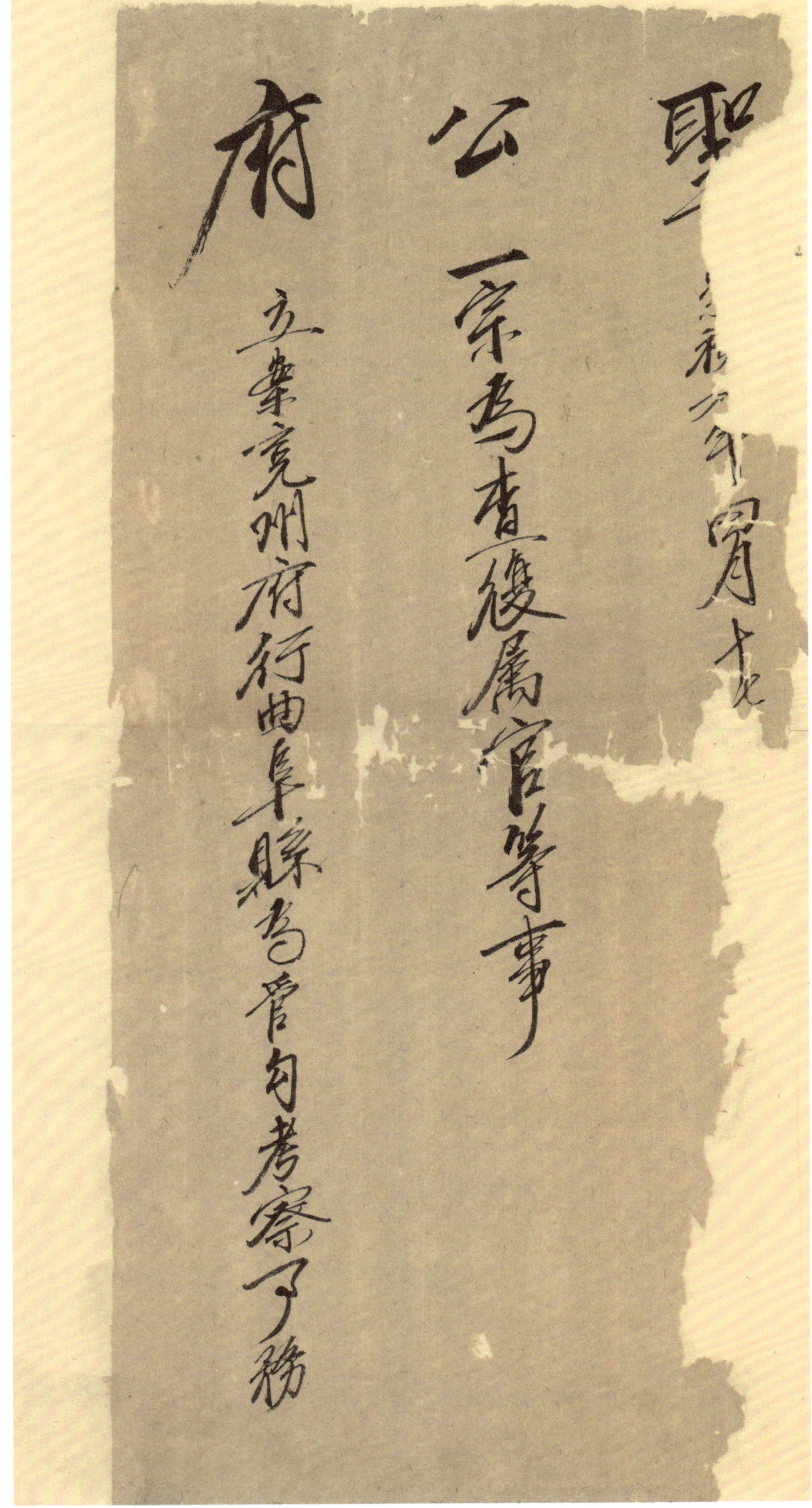

聖 崇禎六年四月十七

公 一宗爲查復屬官等事

府 立案兗州府行曲阜縣爲管勾考察了務

30.9cm x 58.7cm

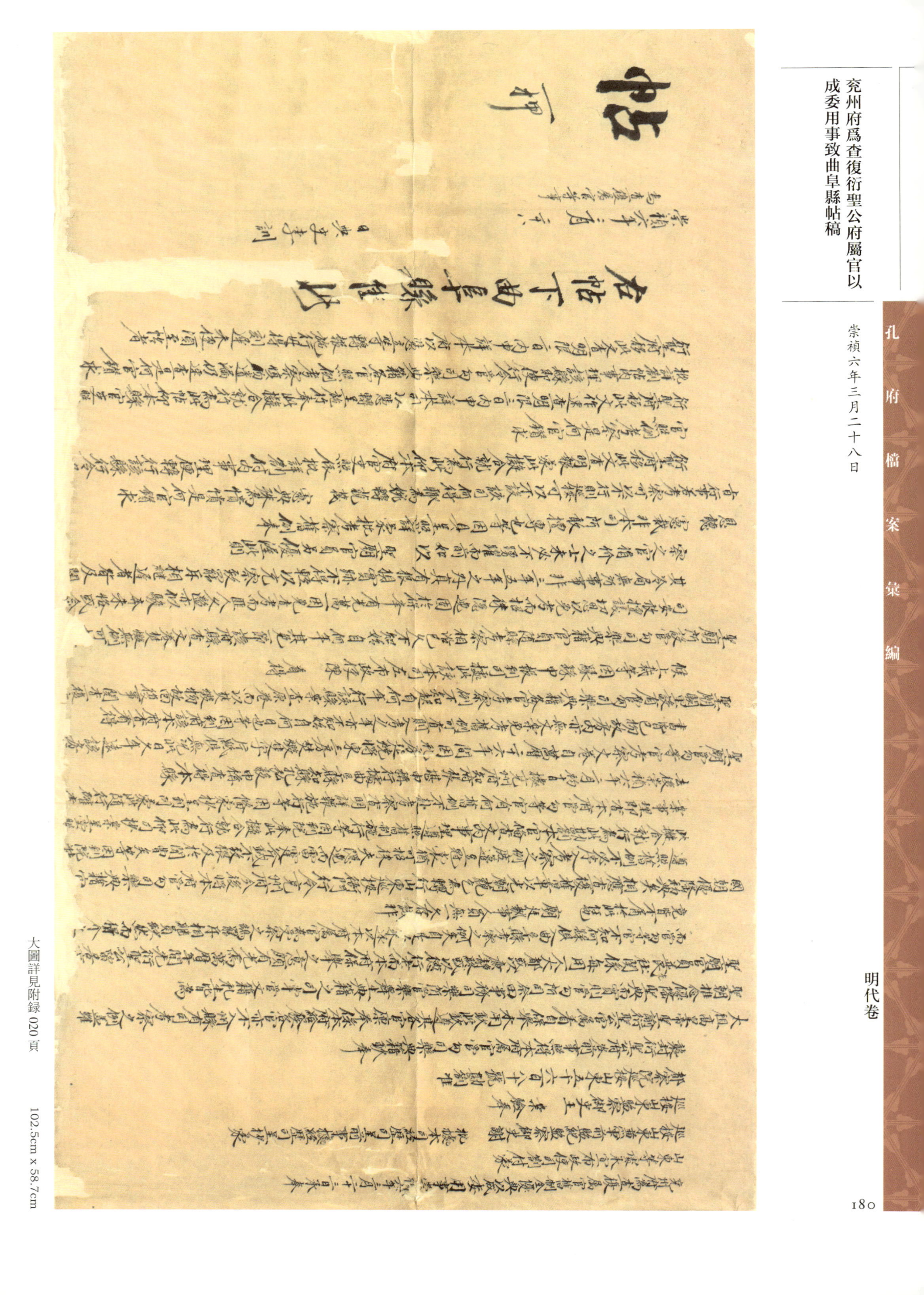

兗州府爲查復衍聖公府屬官以成委用事致曲阜縣帖稿

崇禎六年三月二十八日

大圖詳見附録 020 頁

102.5cm x 58.7cm

考證表

機關代號第　　　號

保管單位第　　　號

本案卷內共有捌張已編號之文件。

保管單位缺點的說明。

附註

檔案工作人員的職務（簽名）

公元一九六二年十二月　日

咨請吏部題授孔廟奎文閣典籍官缺

崇禎十六年

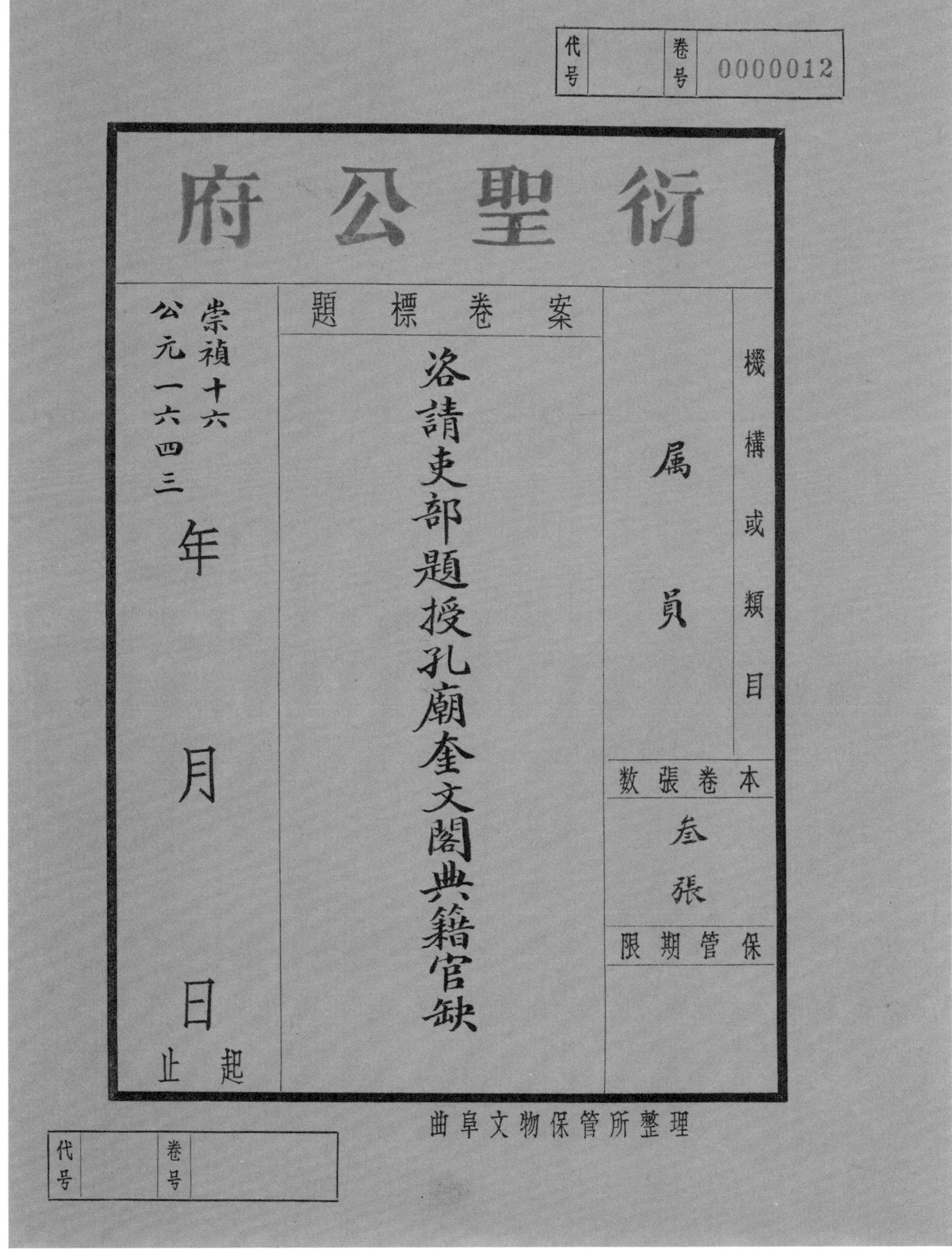
代号 卷号 0000012

衍聖公府

案卷標題

咨請吏部題授孔廟奎文閣典籍官缺

崇禎十六 公元一六四三 年 月 日 起 止

機構或類目 屬員

本卷張数 叁張

保管期限

曲阜文物保管所整理

代号 卷号

屬員 卷〇〇一二

卷內目錄

順序号	作者	內容摘要	文件上的号数	文件上的日期	文件所在的張数	备註
一	衍聖公府	由同卷面		崇禎十六年　月　日	—	
二	衍聖公府	咨吏部孔廟奎文閣典籍張继業病故今选得桂存正堪以補用請題授給憑		崇禎十六年十一月二十四日	—	
三	衍聖公府	咨吏部选典籍底稿前事		崇禎十六年十一月二十四日	—	
				年　月　日	—	
				年　月　日	—	
				年　月　日	—	
				年　月　日	—	
				年　月　日	—	
				年　月　日	—	

填寫人　　　　年　　月　　日

衍聖公府爲題授孔廟奎文閣典籍官缺事文卷卷面

崇禎十六年十二月

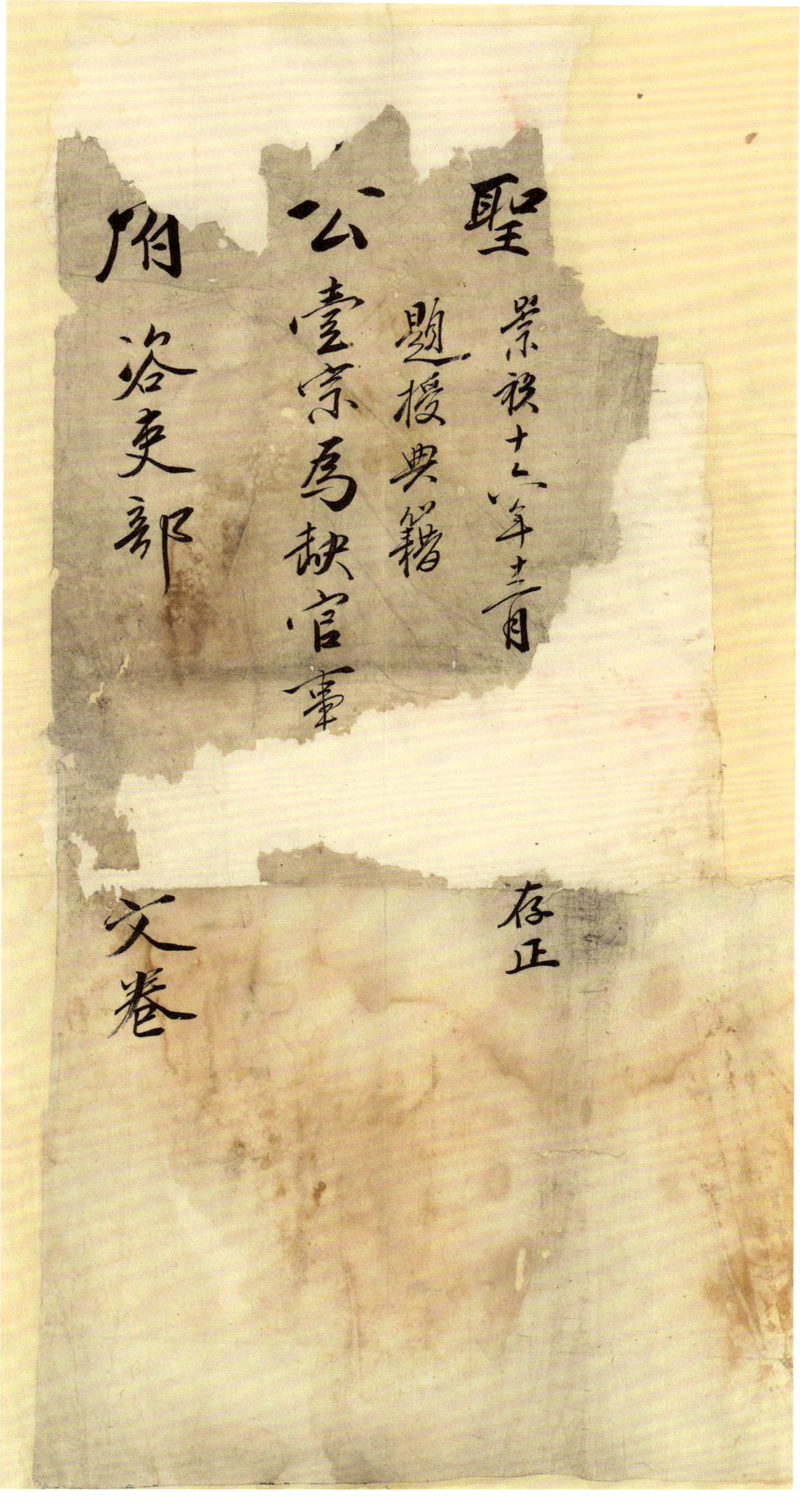

聖

崇禎十六年十二月

題授典籍

公

壹宗爲缺官事

附

咨吏部

存正

文卷

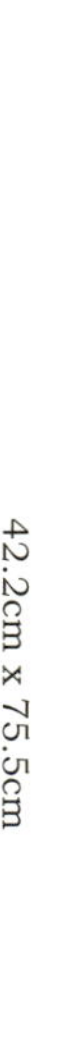

42.2cm x 75.5cm

衍聖公府爲請將桂存正題授奎文閣典籍事致吏部咨定稿

崇禎十六年十一月二十四日

太子太傅襲封衍聖公府爲缺官事。照得

至聖廟奎文閣原任典籍張繼業已經物故，遺下員缺，合行咨補。查得

大明會典一款：凡襲封衍聖公府官屬，宜從衍

聖公保舉來用，欽此欽遵。今選得曲阜縣儒士桂

存正英年梓品，經史題嫻，堪以補用。合咨

貴部煩將桂存正

題授典籍，給憑赴任管事施行。須

至咨者。

一主案咨

吏部

崇禎十六年十一月　日

押

太子太傅襲封衍聖公

押

54.9cm x 74.5cm

衍聖公府爲請將桂存正題授奎文閣典籍事致吏部咨草稿

[崇禎]十六年十一月二十三日

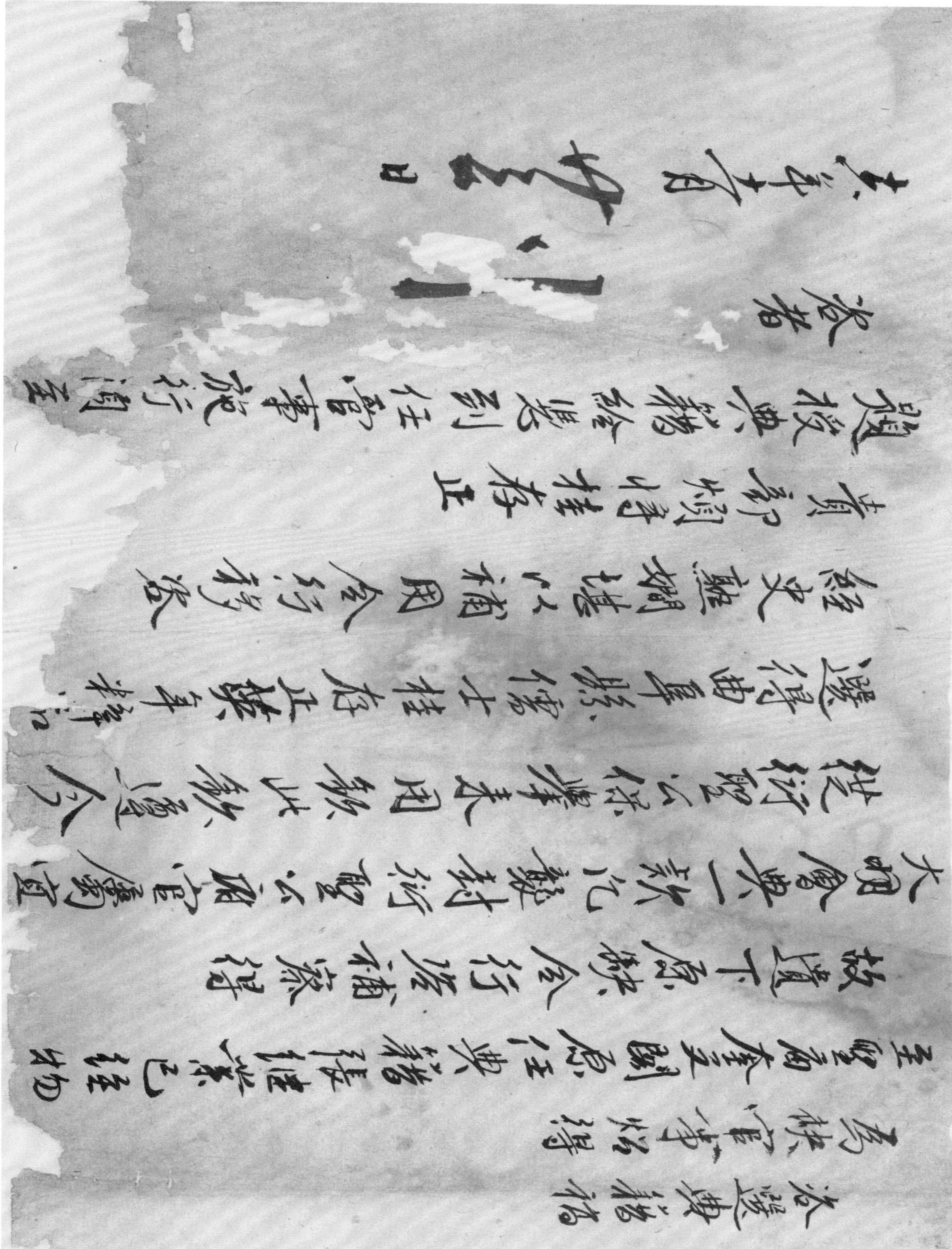

44.3cm x 29.8cm

屬員　卷〇〇一二

考證表

機關代號第　　　號

保管單位第　　　號

本案卷内共有叁　張已編號之文件。

保管單位缺點的説明。

附註

檔案工作人員的職務（簽名）

公元一九六二年十二月　日

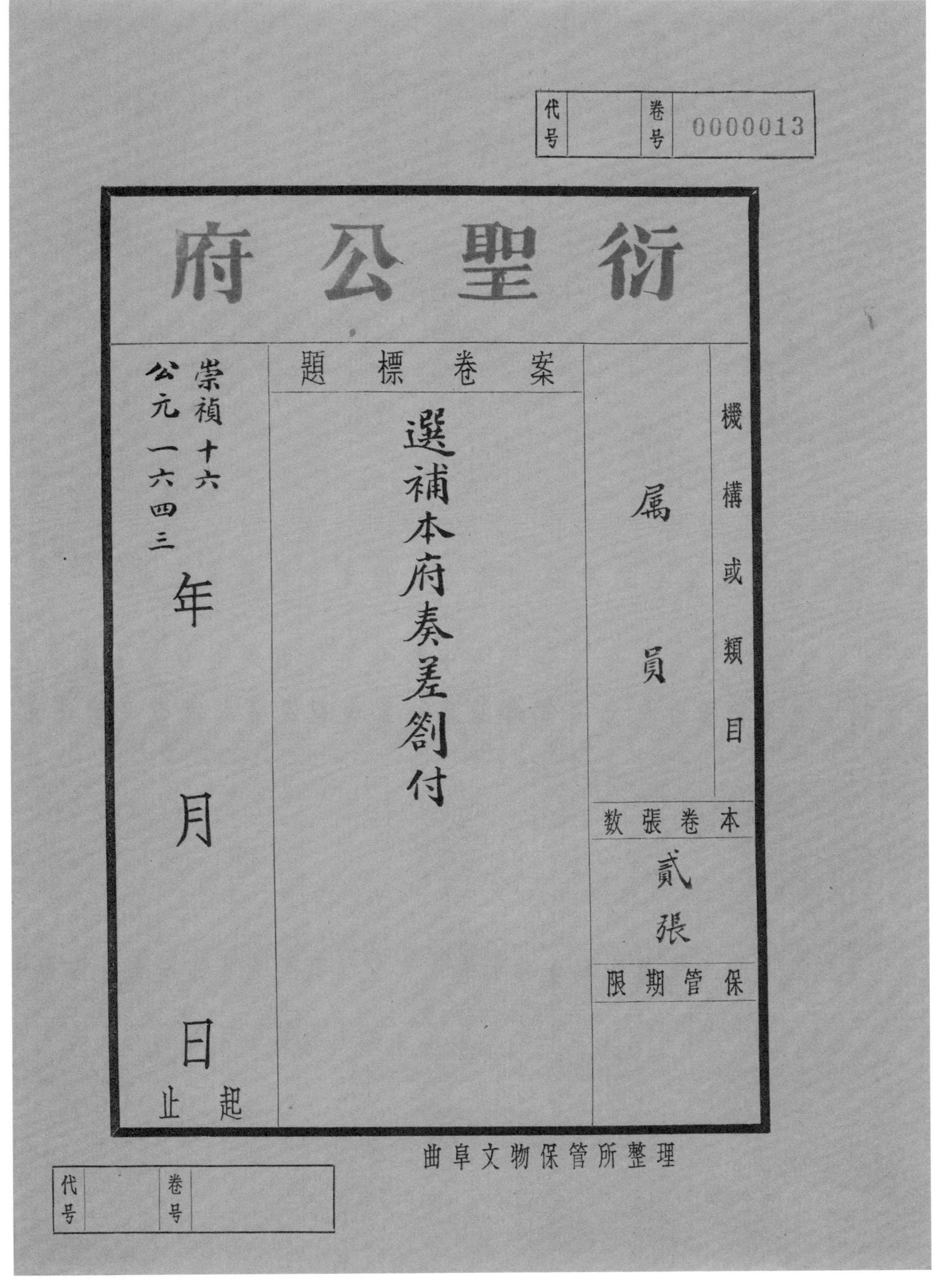
代号 卷号 0000013

衍聖公府

案卷標題

選補本府奏差劄付

崇禎十六年
公元一六四三年 月 日 起 止

機構或類目 屬員

本卷張數 貳張

保管期限

曲阜文物保管所整理

代号 卷号

13

卷內目錄

顺序号	作者	内容摘要	文件上的号数	文件上的日期	文件所在的张数	备注
一	衍聖公府	由同卷面		崇禎十六年月日	—	
二	衍聖公府	奏差員缺選得陳裔逵堪以頂補合行劄付		崇禎十六年十月二十九日	—	
				年月日	—	
				年月日	—	
				年月日	—	
				年月日	—	
				年月日	—	
				年月日	—	
				年月日	—	

填寫人　　年　月　日

衍聖公府爲選補奏差以供齋奏事文卷卷面

崇禎十六年十月二十七日

聖
公
府

崇禎十六年十月二十九日

壹

爲選補奏差以供齋　奏事

一

付奏差陳齊遠准此

屬員　卷〇〇一三

37.9cm x 58.0cm

衍聖公府爲選補奏差以供齋奏事致曲阜縣陳裔遠劄付稿

崇禎十六年十月二十九日

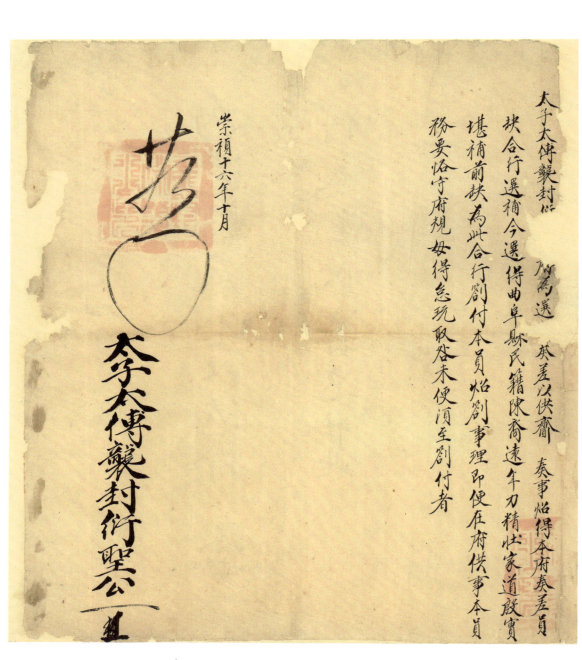

太子太傅襲封衍聖公府爲選補奏差以供齋奏事。炤得本府奏差員缺，合行選補。今選得曲阜縣民籍陳裔遠，年力精壯，家道殷實，堪補前缺。爲此，合行劄付本員，炤劄事理，即便在府供事。本員務要恪守府規，毋得怠玩取咎。未便，須至劄付者。

崇禎十六年十月

太子太傅襲封衍聖公

55.7cm x 58.4cm

考證表

機關代號第　　號

保管單位第　　號

本案卷内共有貳　張已編號之文件。

保管單位缺點的説明。

附註

檔案工作人員的職務（簽名）

公元一九六二年十二月　日

核准王起元接替父職補役獨山屯屯長

萬曆十九年

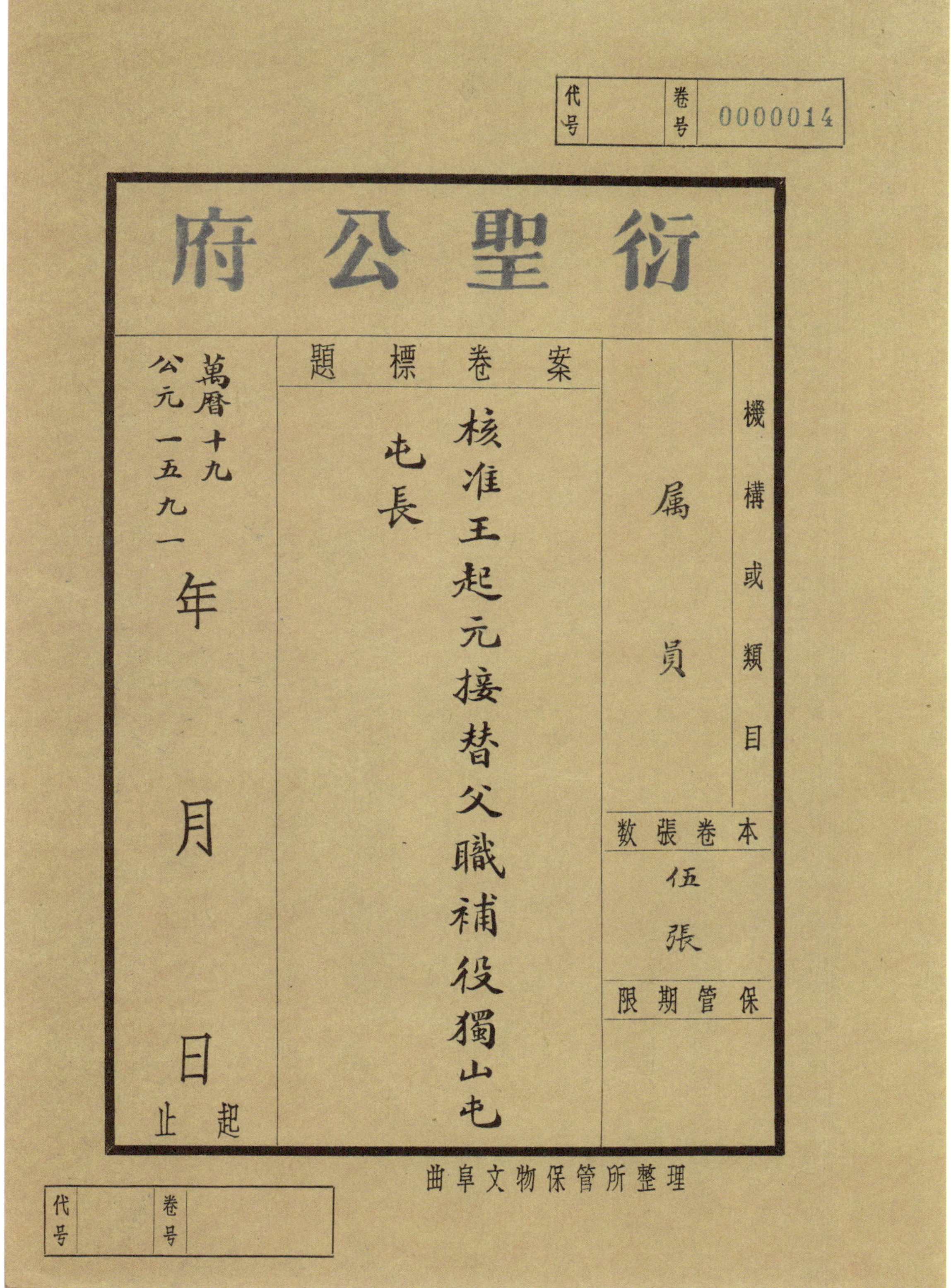
代号

卷号 0000014

衍聖公府

案卷標題

核准王起元接替父職補役獨山屯屯長

萬曆十九
公元一五九一

年 月 日

起 止

機構或類目

屬員

本卷張數

伍張

保管期限

曲阜文物保管所整理

代号

卷号

卷內目錄

順序号	作者	內容摘要	文件上的号数	文件上的日期	文件所在的张数	备註
一	衍聖公府	由同卷面		萬曆十九年 月 日	|	
二	獨山屯屯長王守言	呈為得風疾不能動移乞选壯役催征		萬曆一九年六月 日	|	
三	具保狀張東魯等四人	為獨山屯屯長王守言久病不動保伊子起元接催錢粮		萬曆一九年六月 日	|	
四	衍聖公府	批甲首張東魯等所保王起元膺獨山屯屯長擬令准用合行給批付本役照辦		崇禎一九年六月 日	|	
五	衍聖公府	一批給王起元應獨山屯屯長		崇禎一九年六月二十二日	|	
				年 月 日	|	
				年 月 日	|	
				年 月 日	|	
				年 月 日	|	

填寫人　　年　月　日

衍聖公府爲補役事文卷卷面

萬曆十九年六月二十二日

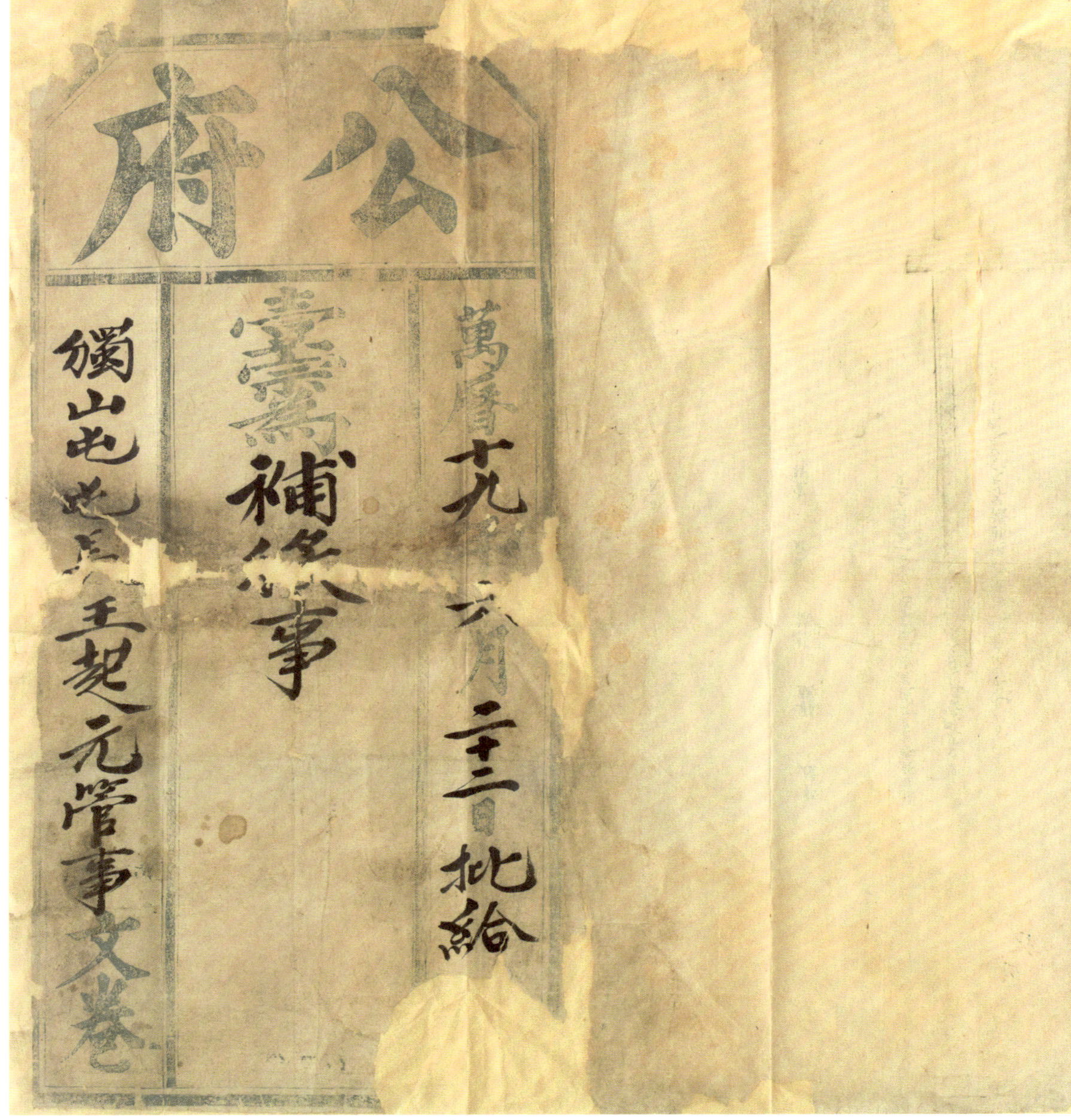

65.0cm x 74.0cm

獨山屯屯長王守言爲年老病篤請更選壯役催徵事致衍聖公孔尚賢啓及批

萬曆十九年六月二十二日

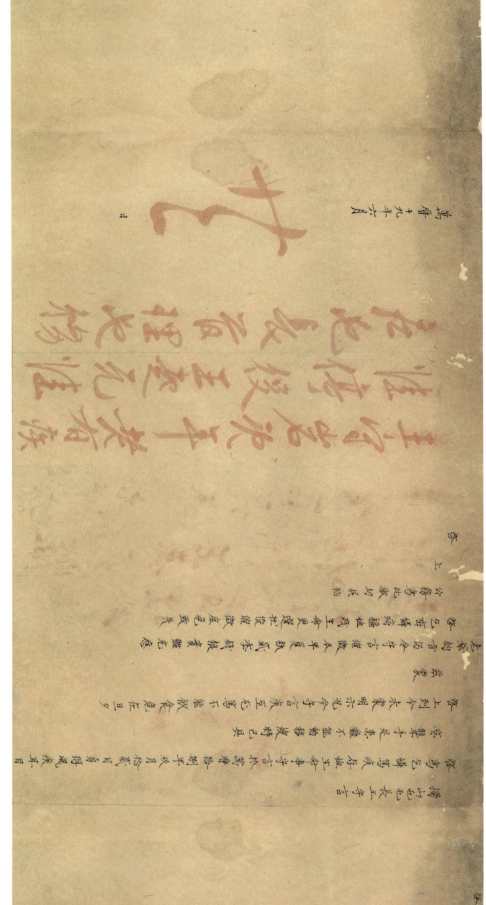

70.2cm x 30.0cm

張東魯等爲王起元充膺獨山屯屯長事所具保狀及批

［萬曆十］九年六月二十二日

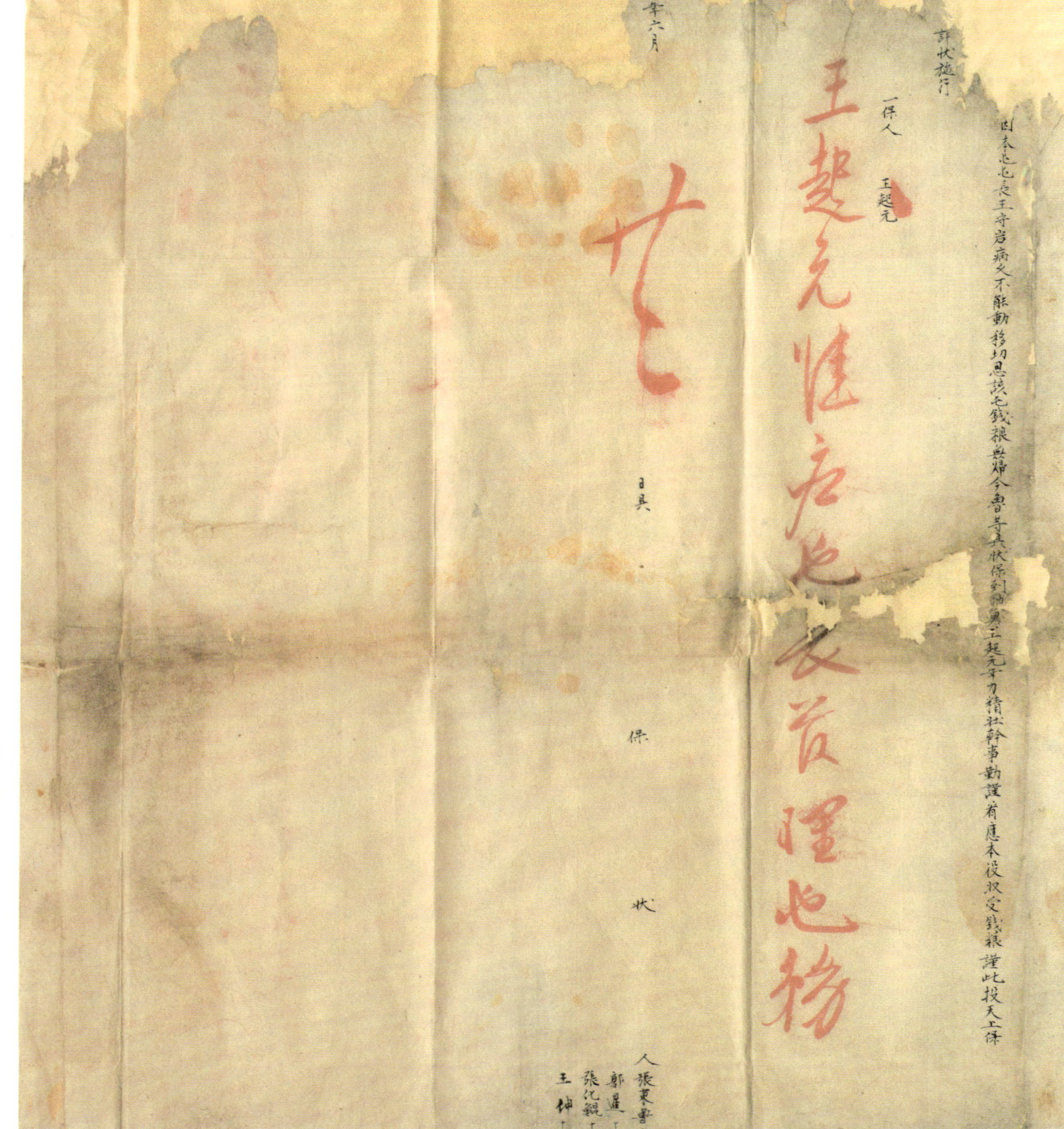

許狀施行

因本屯屯長王守岩病久不能動移，切恐誤屯錢粮無歸，今魯等具狀保到同屯人王起元年力精壯，幹事勤謹，肴應本役收受錢粮，謹此投天上保

一保人 王起元

王起元准應屯長管理屯務

廿七

九年六月 日具 保 狀 人 張東魯 郭選 張汎鎮 王伸

大圖詳見附録021頁

64.7cm x 80.6cm

萬曆十九年六月二十二日

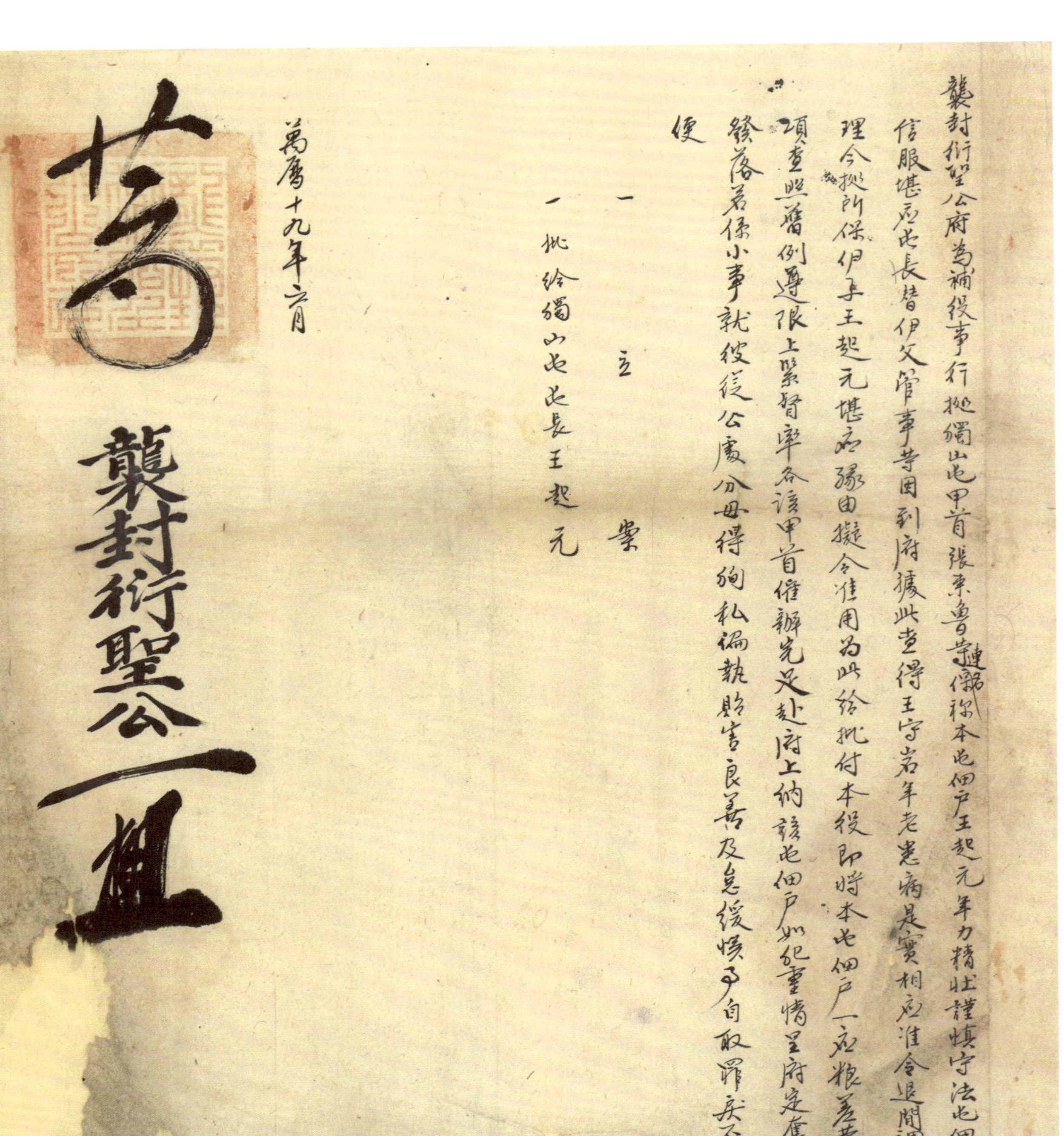

襲封衍聖公府爲補役事行據獨山屯甲首張東魯等連名稱本屯佃户王起元年力精壯謹慎守法屯佃信服堪應屯長替伊父管事等因到府據此查得王守岩年老患病是實相應准令退閒調理今擬所保伊子王起元堪應緣由擬合准用爲此給批付本役即將本屯佃户一應粮差等項查照舊例遵限上緊督率各該甲首催辦完足赴府上納該屯佃户如犯重情呈府定奪發落若係小事就役從公處分毋得徇私偏執貽害良善及怠緩悞事自取罪戾不便

一 立 案

一 批給獨山屯屯長王起元

萬曆十九年六月

襲封衍聖公

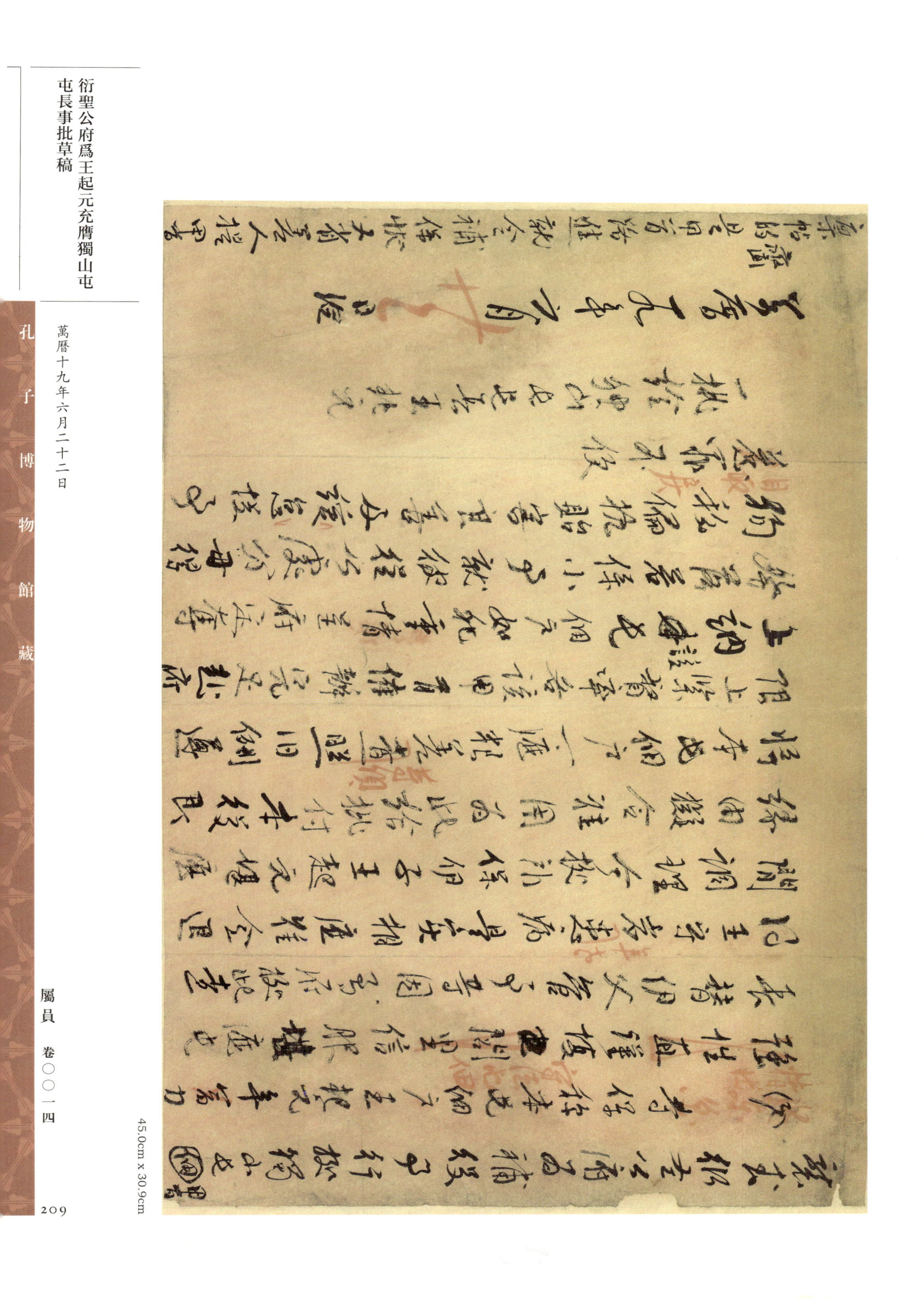

衍聖公府爲王起元充膺獨山屯屯長事批草稿

萬曆十九年六月二十二日

45.0cm x 30.9cm

考證表

機關代號第　　號

保管單位第　　號

本案卷内共有伍　張已編號之文件。

保管單位缺點的説明。

附註

檔案工作人員的職務（簽名）

公元一九六二年十二月　日

换發高平廠莊頭張三樂看守祀田批文

天啓五年

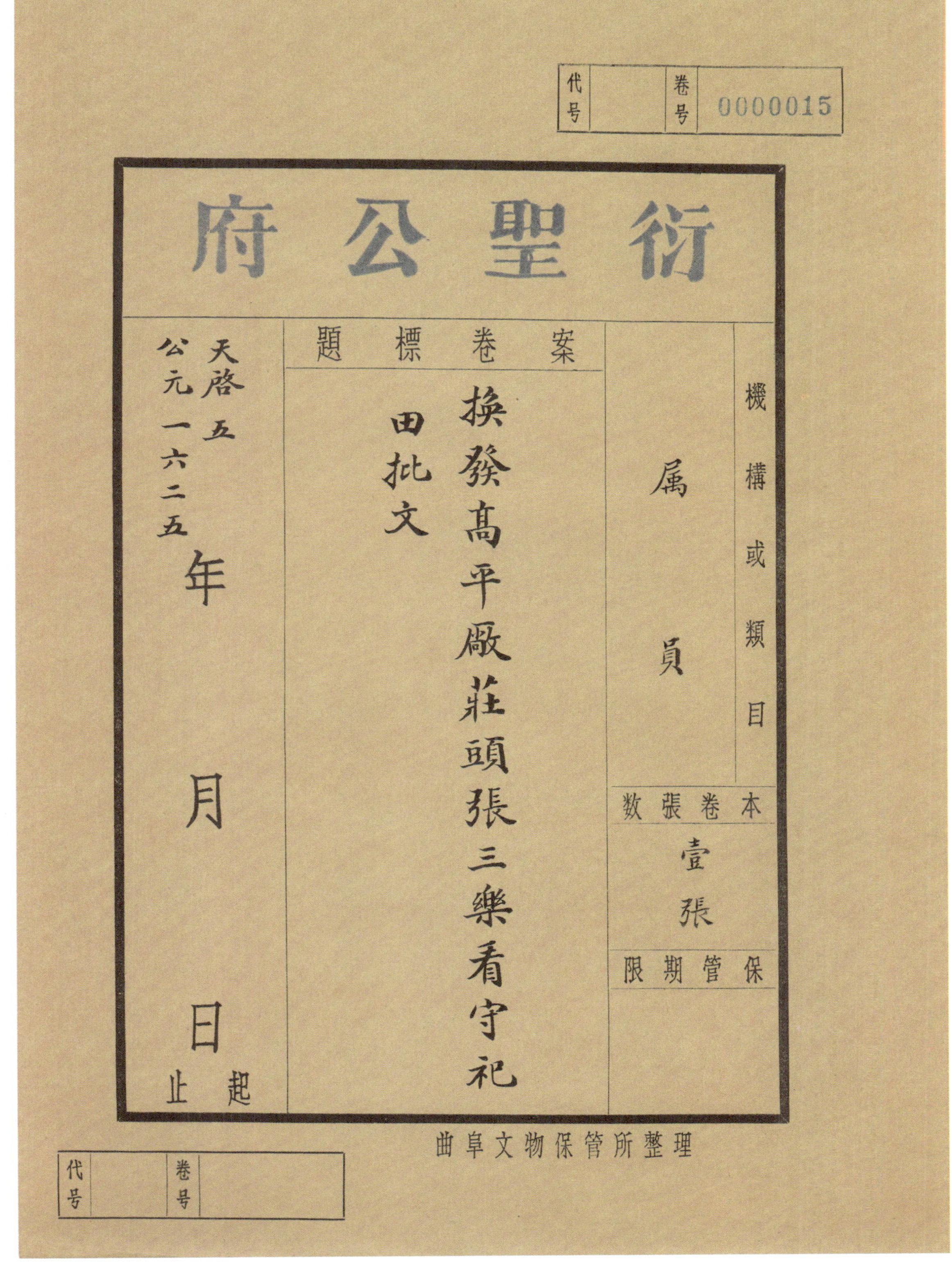
代号　卷号 0000015

衍聖公府

機構或類目

屬員

案卷標題

换發高平廠莊頭張三樂看守祀田批文

天啓五年
公元一六二五年　月　日
起　止

本卷張数 壹張

保管期限

代号　卷号

曲阜文物保管所整理

卷內目錄

順序號	作者	內容摘要	文件上的號數	文件上的日期	文件所在的張次	備註
1		換發高平廠莊頭張三樂看守祀田批文		天啟五年月日	一	
				年月日	一	
				年月日	一	
				年月日	一	
				年月日	一	
				年月日	一	
				年月日	一	
				年月日	一	
				年月日	一	
				年月日	一	

填寫人

年　月　日

衍聖公府爲給換看守祀田批文事致高平廠莊頭張三樂批

天啓五年九月十三日

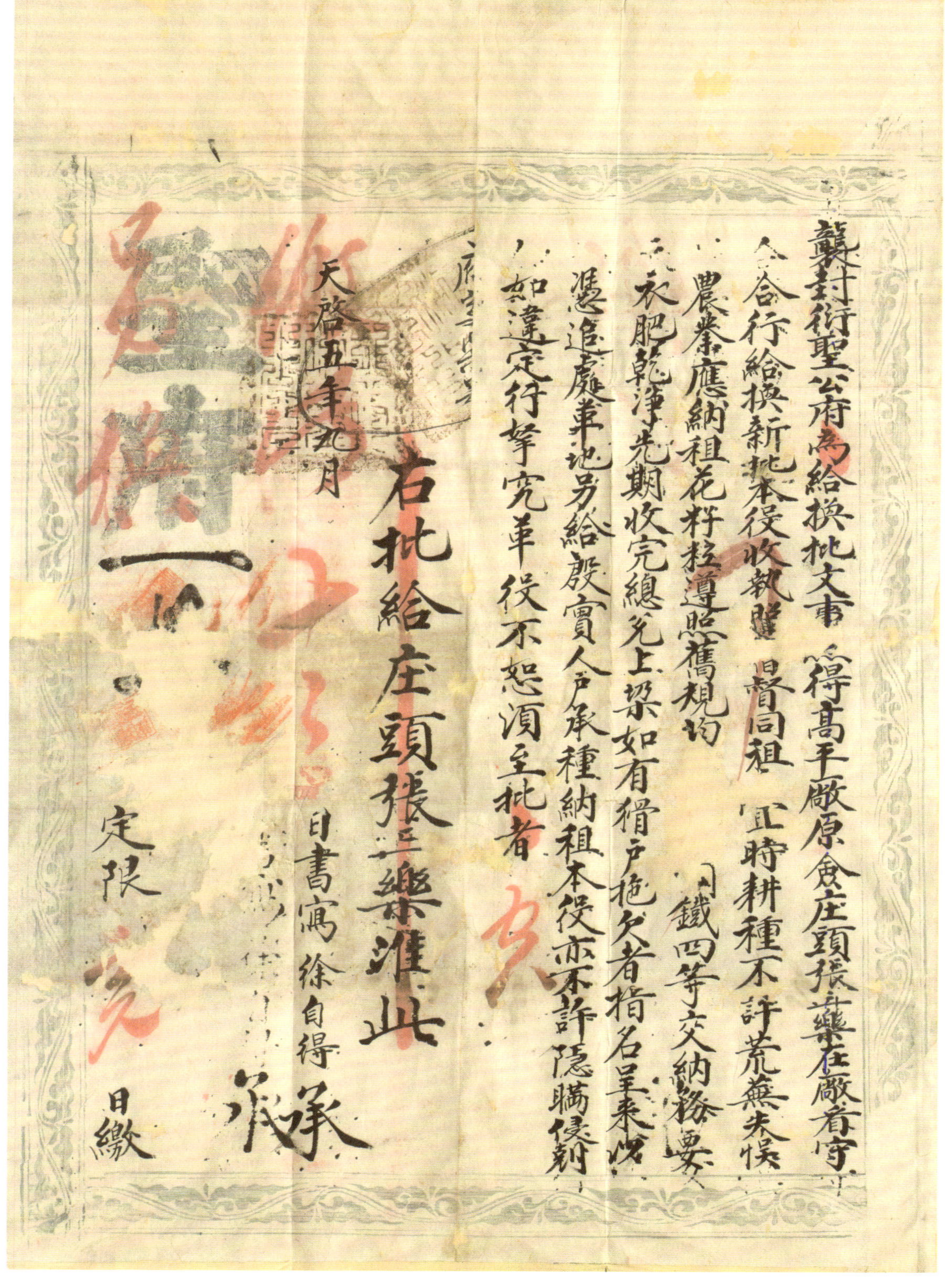

襲封衍聖公府爲給換批文事。□得高平廠原僉庄頭張三樂在廠看守，□合行給換新批，本役收執，督同祖□佃時耕種，不許荒蕪失悞。□農業應納租花籽粒，遵照舊規，□鐵四等交納。務要□衣肥乾淨，先期收完，總兑上梁。如有猾戶拖欠者，指名呈來，以□憑追處。違革地另給殷實人戶承種納租，本役亦不許隱瞞侵尅。□如違定行拏究，革役不恕。須至批者。

右批給庄頭張三樂准此

天啓五年九月

日書寫 徐自得

承

定限

日繳

59.7cm x 81.8cm

考證表

機關代號第　　號

保管單位第　　號

本案卷内共有　壹　張已編號之文件。

保管單位缺點的說明。

附註

檔案工作人員的職務（簽名）

公元一九六二　年十二月　　日

吏部咨准孔公鉉充任孔顔孟三氏子孫教授司學録

嘉靖十三年

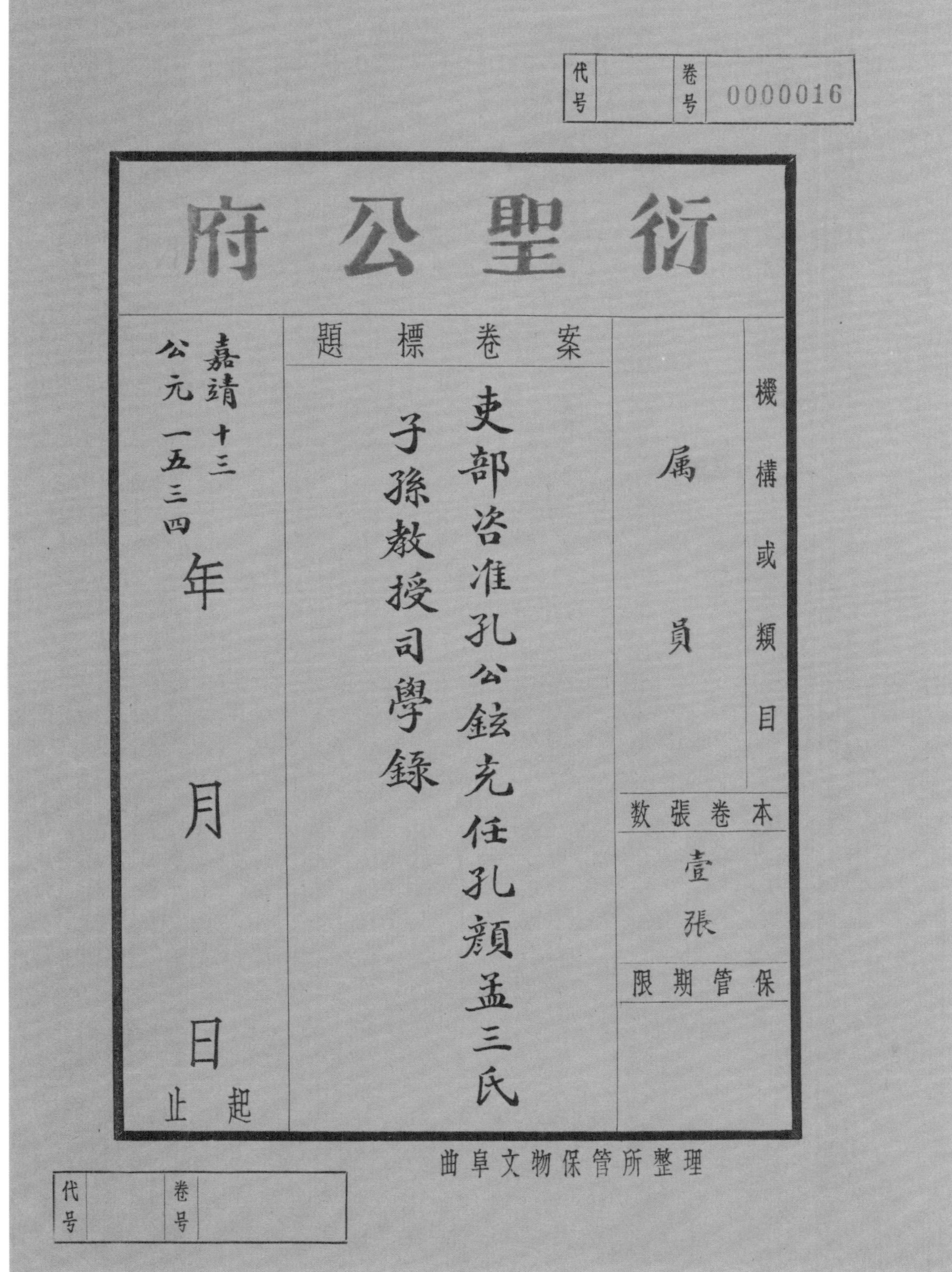

代号 | 卷号 0000016

衍聖公府

案卷標題

吏部咨准孔公鉉充任孔顔孟三氏子孫教授司學録

嘉靖十三
公元一五三四

年 月 日 起 止

機構或類目：屬員

本卷張數：壹張

保管期限

曲阜文物保管所整理

代号 | 卷号

卷內目錄

順序號	作者	內容摘要	文件上的號數	文件上的日期	文件所在的張次	備註
		吏部咨准孔公鋐充任孔顏孟三氏子孫教授司學録		嘉靖十三年 月 日	|	
				年 月 日	|	
				年 月 日	|	
				年 月 日	|	
				年 月 日	|	
				年 月 日	|	
				年 月 日	|	
				年 月 日	|	
				年 月 日	|	
				年 月 日	|	

填寫人　　年　月　日

吏部爲准孔公鉉充任孔顏孟三氏子孫教授司學録事致衍聖公孔聞韶咨（附函封）

嘉靖十三年六月初四日

吏部為缺官事該本部題文選清吏司案呈奉本部送准襲封衍聖公咨稱孔顏孟三氏子孫教授司學録孔公杰致仕去訖見今缺官訓誨結
保得聽選監生孔公鉉性行端潔頗通經史練達老成堪任前職咨請照例銓選等因連人咨部送司查得孔公鉉年三十八歲山東兗州府曲阜縣
人由歲貢撥都察院歷事嘉靖九年秋季考勤上選今該前因案呈到部看得孔顏孟三氏子孫學録有缺原係衍聖公保舉相應族人補任今
衍聖公孔　照例咨保族人孔公鉉堪任學録一節維查有前項舊例緣係舉保官員事理未敢擅便嘉靖十三年五月二十九日太子太保本部尚書
汪　等具題六月初二日奉
聖旨孔公鉉准照例與做學録欽此欽遵當將孔公鉉填註孔顏孟三氏子孫教授司學録訖本部給憑令其赴任管事外擬合通行為此合咨前去煩
為查照本部題奉
欽依內事理欽遵施行須至咨者

右　咨

襲封衍聖公孔

缺官事

嘉靖拾叁年陸月初四日

對同都吏俞珊

咨

大圖詳見附録022頁

76.5cm x 88.1cm

吏部爲准孔公鉉充任孔顏孟三氏子孫教授司學録事致衍聖公孔聞韶咨（附函封）

嘉靖十三年六月初四日

吏部公文賫至

襲封衍聖公孔開拆

内乙件

嘉靖拾叁年陸月初九日辰時行

41.8cm x 36.0cm

孔子博物館藏

考證表

機關代號第　　號

保管單位第　　號

本案卷内共有壹　張已編號之文件。

保管單位缺點的説明。

附註

檔案工作人員的職務（簽名）

公元一九六二年十二月　日

咨請吏部題授孔興榮繼任尼山書院學録

崇禎十四年

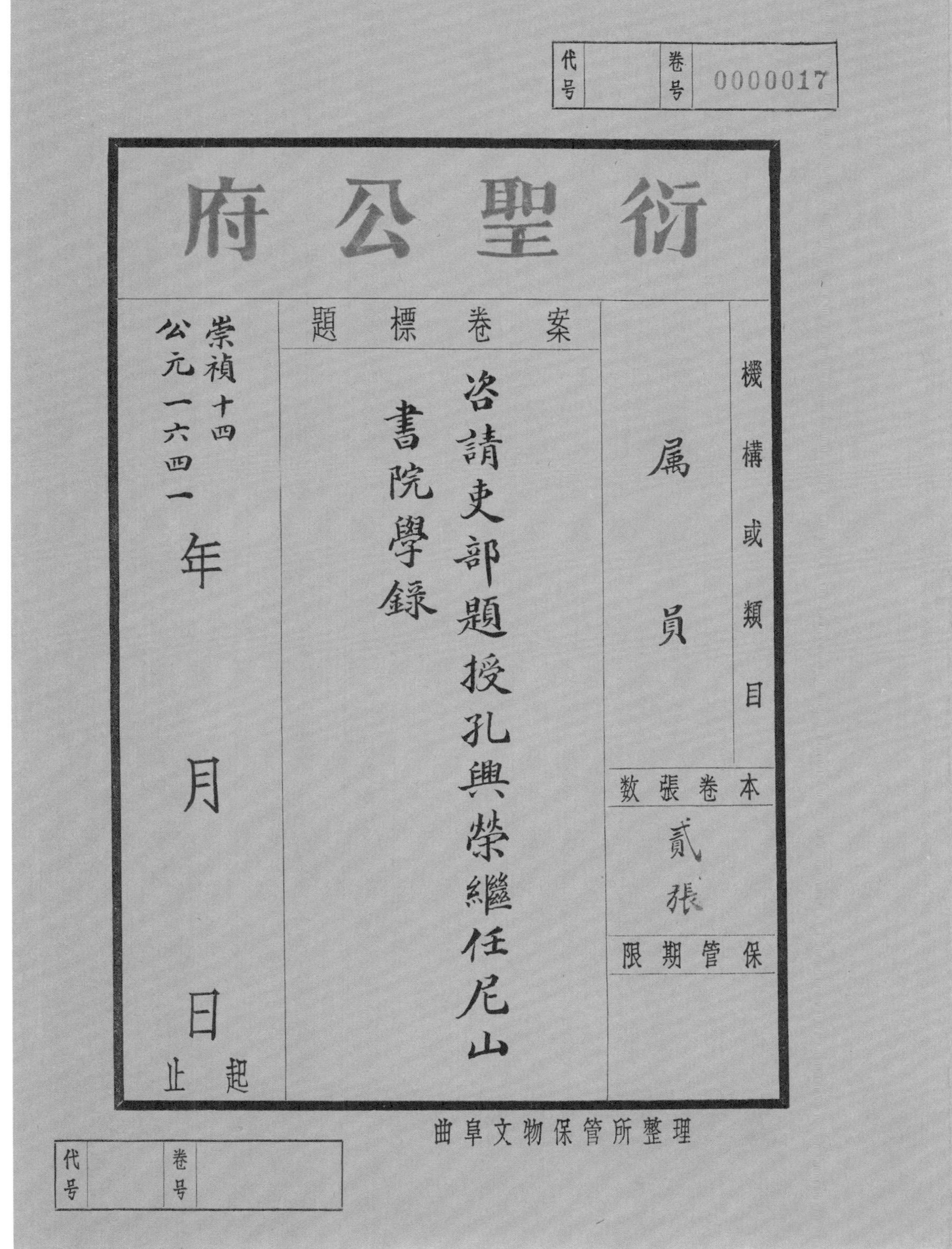
代号 卷号 0000017

衍聖公府

案卷標題

咨請吏部題授孔興榮繼任尼山書院學録

崇禎十四年 公元一六四一年 月 日 起 止

機構或類目 屬員

本卷張數 貳張

保管期限

曲阜文物保管所整理

代号 卷号

卷內目錄

順序號	作者	內容摘要	文件上的號數	文件上的日期	文件所在的張次	備註
		咨請吏部題授孔興榮繼任尼山書院學録		崇禎𠦜年 月 日	—	
				年 月 日	—	
				年 月 日	—	
				年 月 日	—	
				年 月 日	—	
				年 月 日	—	
				年 月 日	—	
				年 月 日	—	
				年 月 日	—	
				年 月 日	—	

填寫人

年 月 日

衍聖公府爲請將孔興榮題授尼山書院學録事致吏部咨定稿

崇禎十四年六月□日

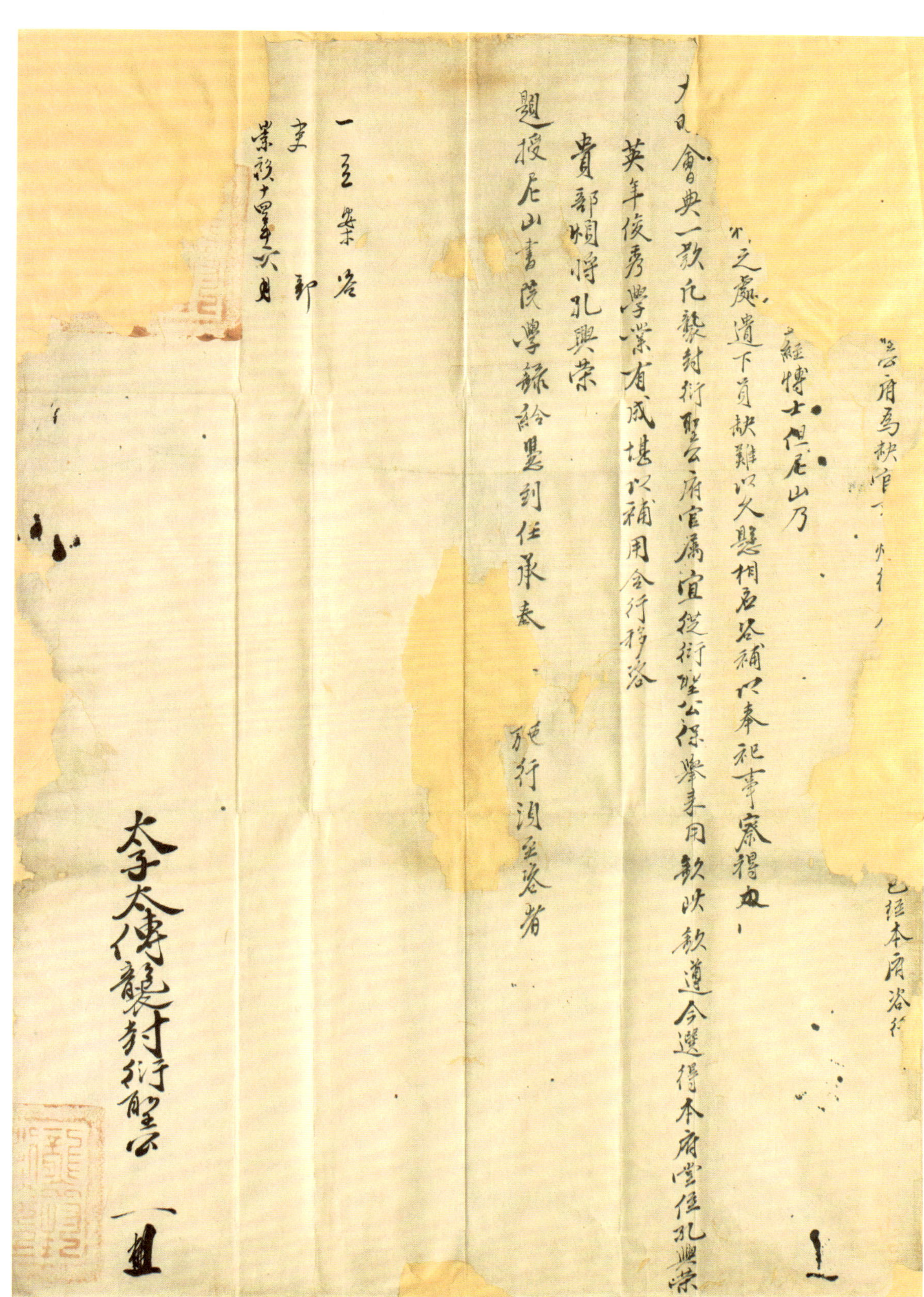
公府爲缺官……

已經本府咨行

經博士但尼山乃

之處遺下員缺難以久懸相應咨補以奉祀事案得此

大明會典一欵孔襲封衍聖公府官屬宜從衍聖公保舉來用欽此欽遵今選得本府堂任孔興榮

英年俊秀學業有成堪以補用合行移咨

貴部煩將孔興榮

題授尼山書院學録給憑到任承奉　施行須至咨者

一呈案咨

吏　部

崇禎十四年六月

太子太傅襲封衍聖公

58.6cm x 77.9cm

衍聖公府爲請將孔興榮題授尼山書院學録事致吏部咨草稿

崇禎十四年五月初六日

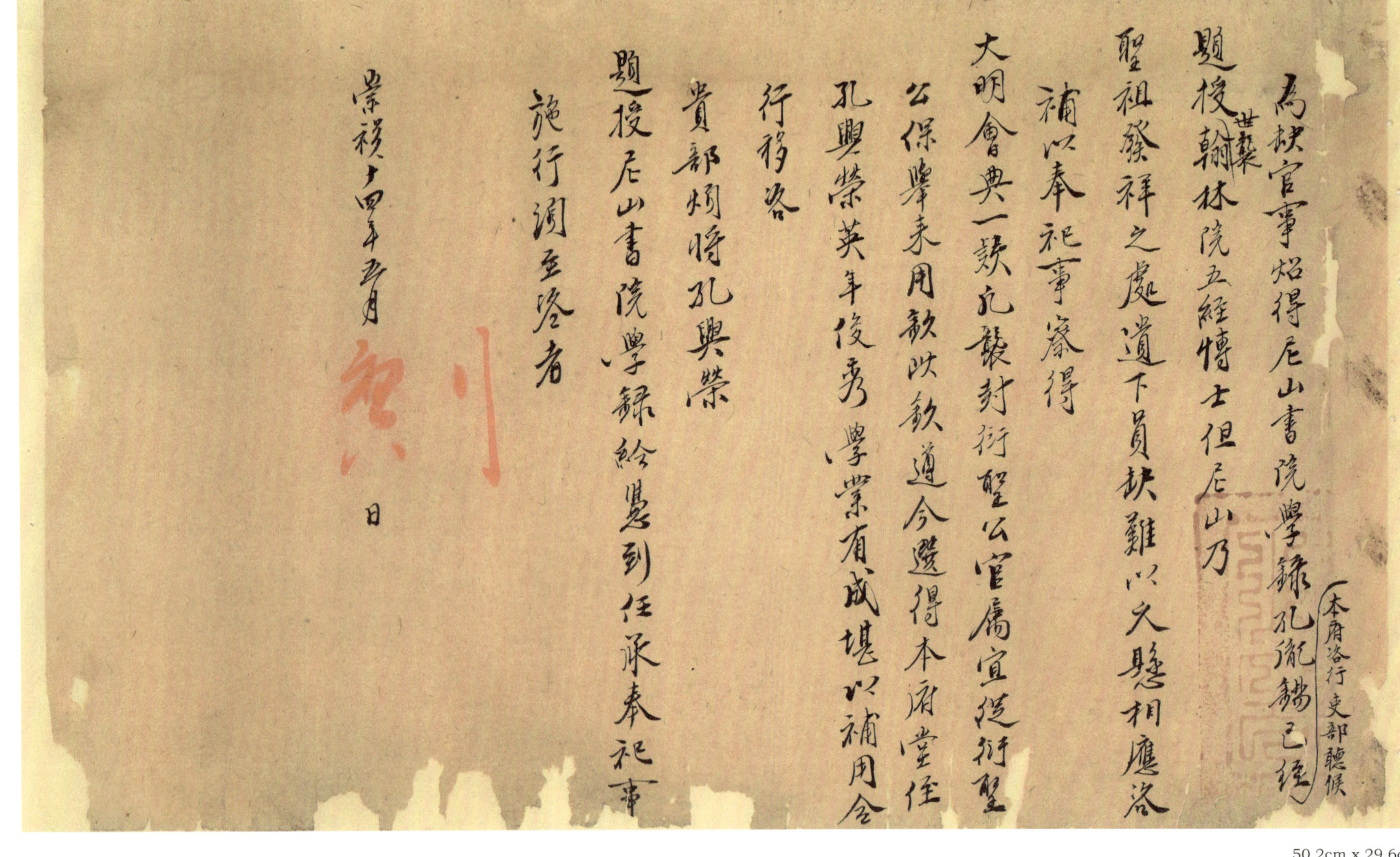

爲缺官事照得尼山書院學録孔衍勳已經

本府咨行吏部聽候

題授世襲翰林院五經博士但尼山乃

聖祖發祥之處遺下員缺難以久懸相應咨

補以奉祀事案得

大明會典一款孔襲封衍聖公官屬宜從衍聖

公保舉來用欽此欽遵今選得本府堂任

孔興榮英年俊秀學業有成堪以補用合

行移咨

貴部煩將孔興榮

題授尼山書院學録給憑到任承奉祀事

施行須至咨者

崇禎十四年五月　日

50.2cm x 29.6cm

考證表

機關代號第　　號

保管單位第　　號

本案卷内共有貳　張已編號之文件。

保管單位缺點的說明。

附註

檔案工作人員的職務（簽名）

公元一九六二年十二月　日

給付銅匠李應春派應鄆城屯徭役丁糧執照

天啓四年

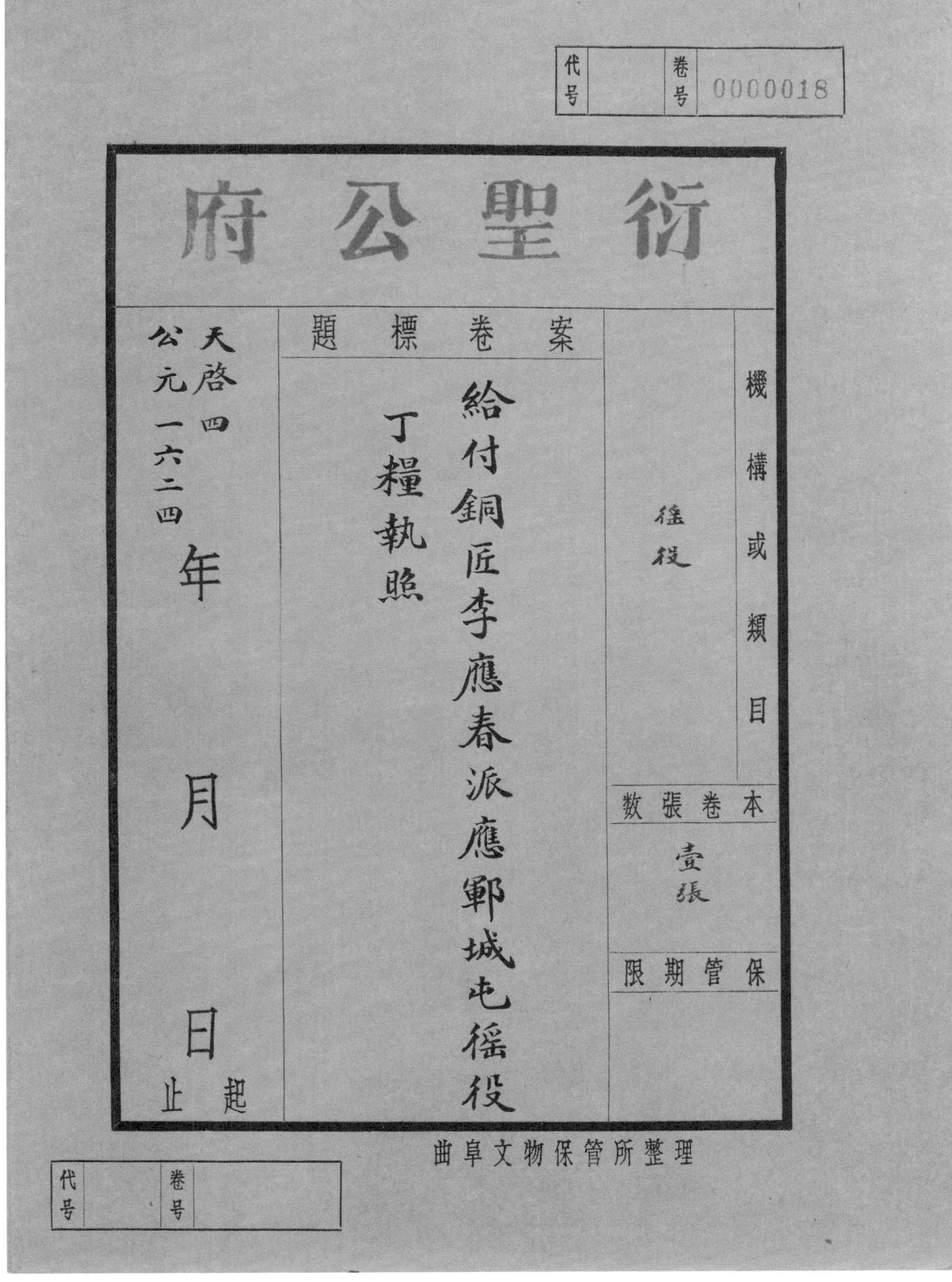
代号　卷号 0000018

衍聖公府

案卷標題：給付銅匠李應春派應鄆城屯徭役丁糧執照

機構或類目：徭役

本卷張數：壹張

保管期限

天啓四 公元一六二四 年 月 日 起 止

曲阜文物保管所整理

代号　卷号

卷內目錄

順序號	作者	內容摘要	文件上的號數	文件上的日期	文件所在的張次	備註
		給付銅匠李應春派應鄆城屯操役丁粮執照		天啟四年五月　日	—	
				年　月　日	—	
				年　月　日	—	
				年　月　日	—	
				年　月　日	—	
				年　月　日	—	
				年　月　日	—	
				年　月　日	—	
				年　月　日	—	
				年　月　日	—	

填寫人

年　月　日

衍聖公府爲派應鄆城屯徭役丁糧事致銅匠李應春票

天啓四年五月十二日

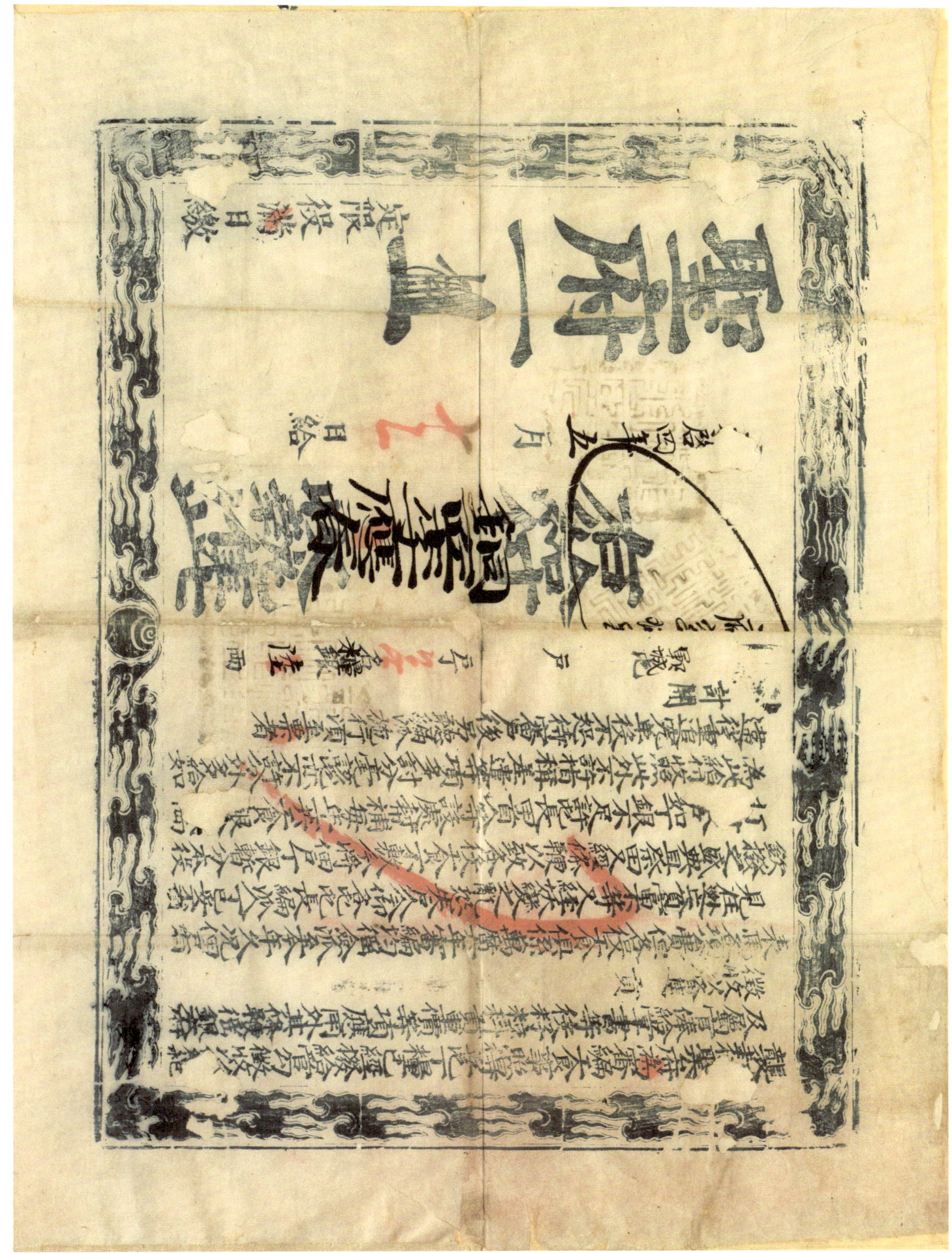

83.4cm x 58.9cm

考證表

機關代號第　　號

保管單位第　　號

本案卷内共有壹張已編號之文件。

保管單位缺點的説明。

附註

檔案工作人員的職務（簽名）

公元一九六二年十二月　　日

尼山户人申訴當地衙棍攀應雜差壯丁擾害情形請給示嚴禁

天啓七年

代号　卷号 0000019

衍聖公府

案卷標題

尼山户人申訴當地衙棍攀應雜差壯丁擾害情形請給示嚴禁

機構或類目：徭役

本卷張数：壹張

保管期限：

天啓七
公元一六二七
年　月　日　起止

曲阜文物保管所整理

代号　卷号

卷内目錄

順序號	作者	内容摘要	文件上的號數	文件上的日期	文件所在的張次	備註
		尼山户人申訴當地衙梡攀應雜差壯丁擾害情形請給示嚴禁		年 月 日	|	
				年 月 日	|	
				年 月 日	|	
				年 月 日	|	
				年 月 日	|	
				年 月 日	|	
				年 月 日	|	
				年 月 日	|	
				年 月 日	|	
				年 月 日	|	

填寫人

年 月 日

巡尼山户人胡景河等爲請給告示豁免里甲、火夫等差事致衍聖公孔胤植啓及批

天啓七年六月十八日

巡尼山户人胡景河等

啓爲叩天討示嚴禁攀害事河等俱係巡山人户住居胡二尭等村晝夜在山巡視不敢怠玩今被該村千百地方人等勾引街棍屢屢攀應雜

差今又妄開報應壯丁煙墩擾害廟户不生叩乞

本府天恩老爺准給告示豁免里甲火夫等差以儆衆奸以安户人不負

朝廷欽撥之典連名頂戴上啓

天啓七年六月　日具　啓　巡尼山人

鄭柱　胡巍　胡科　胡吏　胡景朝　胡景河　胡尭　胡云　胡璹　胡進貴　胡周　胡根才　胡進礼　胡進高　胡要

61.0cm x 79.7cm

考證表

機關代號第　　號

保管單位第　　號

本案卷內共有壹　張已編號之文件。

保管單位缺點的說明。

附註

公元一九六二年十二月　日

檔案工作人員的職務（簽名）

徐、沛、滕、嶧四縣地方衙役妄扳三界灣祭田屯户雜差給批保護

崇禎十一年

代号 卷号 0000020

衍聖公府

案卷標題

徐沛滕嶧四縣地方衙役妄扳三界灣祭田屯户雜差給批保護

崇禎十一年
公元一六三八年 月 日
起 止

機構或類目

徭役

本卷張數

叁張

保管期限

曲阜文物保管所整理

代号 卷号

20

卷内目録

順序號	作者	内容摘要	文件上的號數	文件上的日期	文件所在的張數	備註
一	三界灣户頭張九皋	懇懇給批以免擾害		崇禎十一年 月 日	—	
二	衍聖公府	據三界灣户頭張九皋呈徐沛各县衙役妄扳雜差等情合行給批赴县豁免		崇禎十一年十一月 日	—	
三	衍聖公府	給三界灣屯户張九皋等十三户批底稿前事		崇禎十一年十一月 日	—	
				年 月 日	—	
				年 月 日	—	
				年 月 日	—	
				年 月 日	—	
				年 月 日	—	
				年 月 日	—	

填寫人　　年　月　日

衍聖公府爲懇恩給批以免擾害以便供辦等事文卷卷面

崇禎十一年十一月二十六日

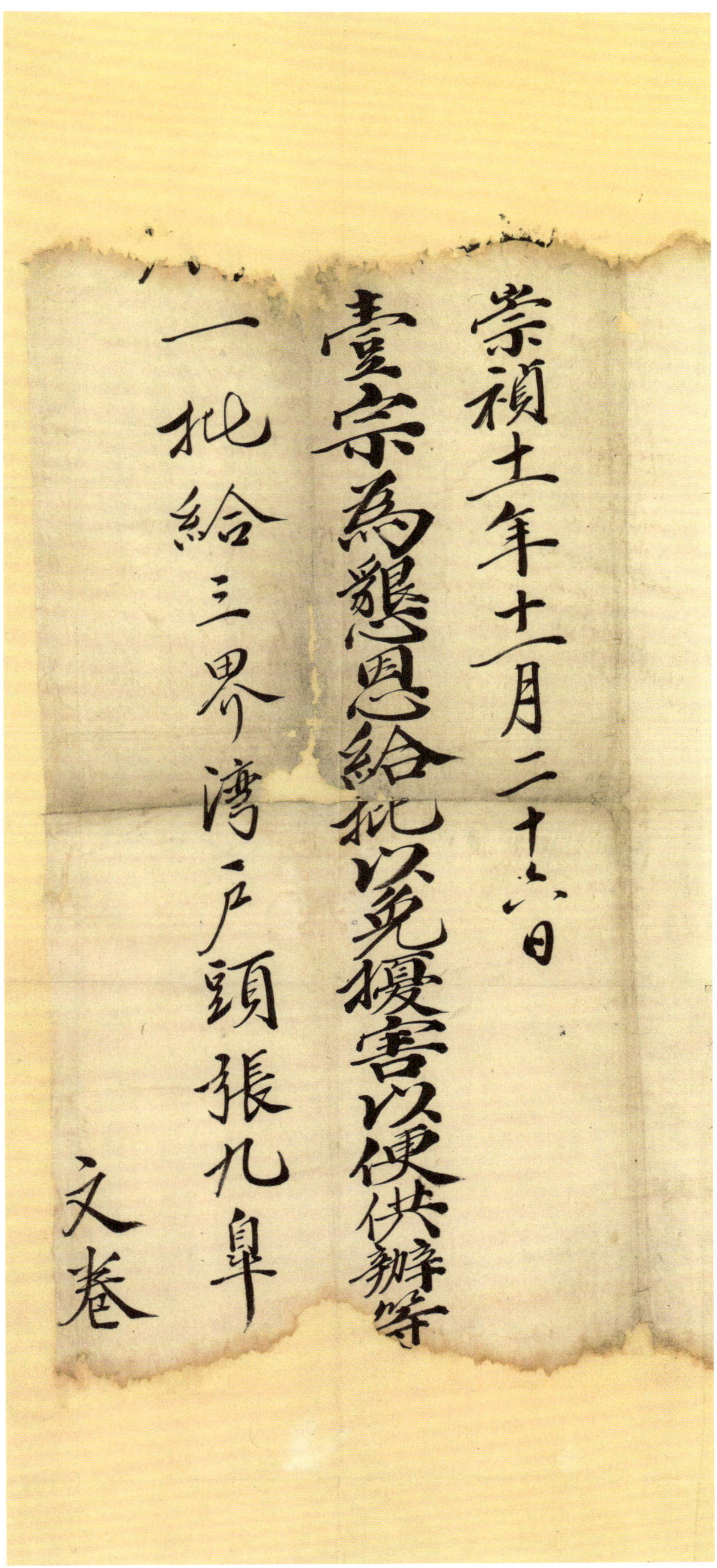

崇禎十一年十一月二十六日

壹宗爲懇恩給批以免擾害以便供辦等

一批給三界灣一戶頭張九臯

文卷

36.9cm x 80.2cm

衍聖公府爲祭田例免雜差事致三界灣屯户户頭張九臯等批定稿

[崇禎十一年十一月]

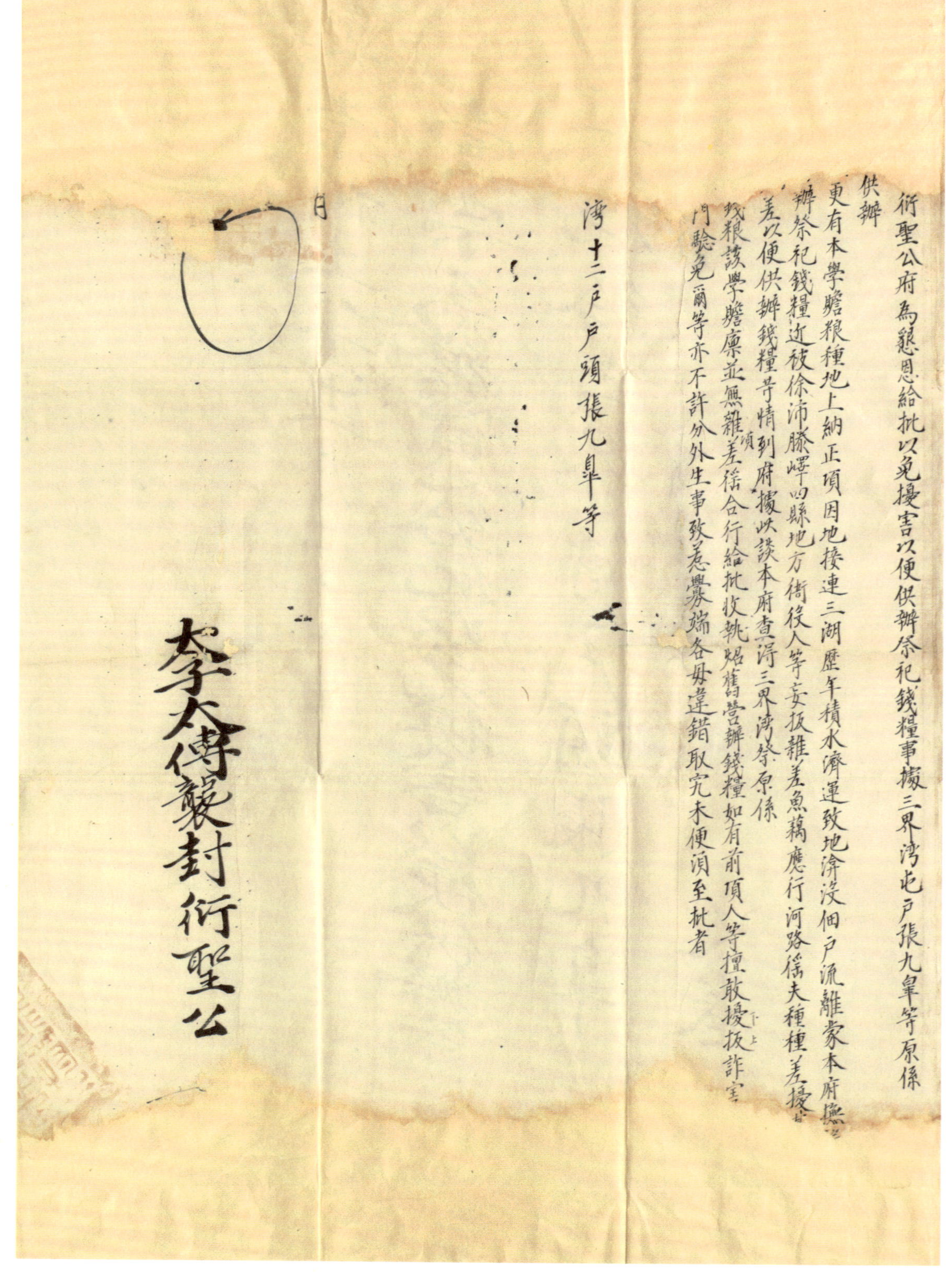

衍聖公府爲懇恩給批以免擾害以便供辦祭祀錢糧事據三界湾屯户張九臯等原係

供辦

更有本學贍粮種地上納正項因地接連三湖歷年積水濟運致地渰沒佃户流離蒙本府撫

辦祭祀錢糧近被徐沛滕嶧四縣地方衙役人等妄扳雜差魚藕應行河路徭夫種種差擾

差以便供辦錢糧等情到府據此該本府查得三界湾等原係

錢粮該學贍廩並無雜項差徭合行給批收執照舊營辦錢糧如有前項人等擅敢擾扳詐害

門驗免爾等亦不許分外生事致惹釁端各毋違錯取究未便須至批者

湾十二户户頭張九臯等

月

太子太傅襲封衍聖公

58.6cm x 79.6cm

衍聖公府爲祭田例免雜差事致三界灣屯户户頭張九皋等批草稿

［崇禎十一年］十一月二十六日

49.9cm x 30.2cm

考證表

機關代號第　　號

保管單位第　　號

本案卷内共有叁張已編號之文件。

保管單位缺點的説明。

附註

檔案工作人員的職務（簽名）

公元一九六二年十二月　　日

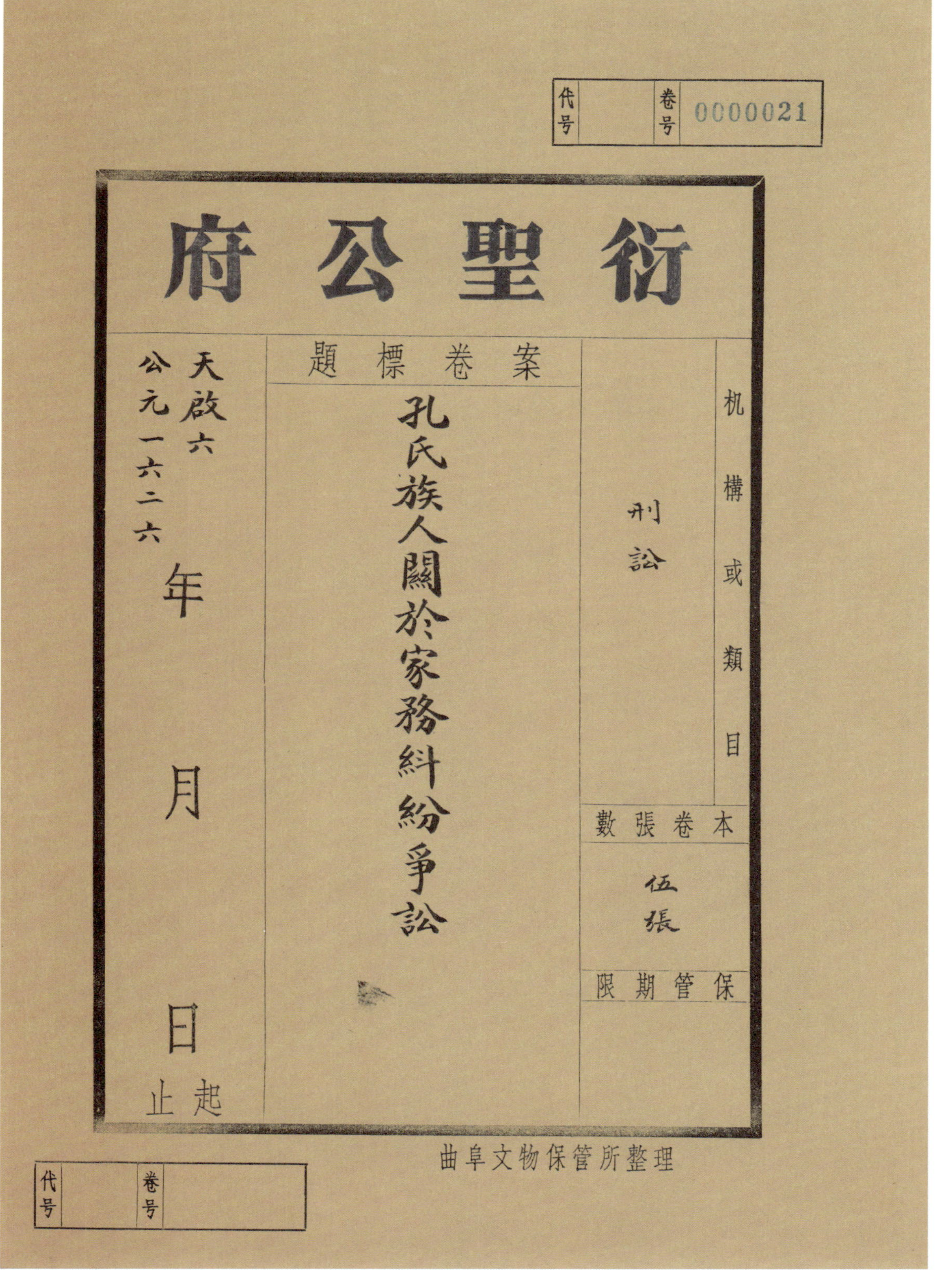
代号
卷号 0000021

衍聖公府

案卷標題

孔氏族人關於家務糾紛爭訟

天啟六
公元一六二六
年 月 日
起 止

機構或類目
刑訟

本卷張數
伍張

保管期限

曲阜文物保管所整理

代号
卷号

卷內目錄

顺序号	作者	内容摘要	文件上的号数	文件上的日期	文件所在的张数	备註
一	孔聞永狀告孔貞利	為前以騙詐漏丁今又造謠誣謗懇乞追究以正家法		天啓六年四月十三日	—	
二	衍聖公府	為舉事戶頭戶舉狀呈異姓吞殺		天啓六年后六月日	—	
三	孔弘仁告黄良狀	為異姓吞產未遂竟至行兇		天啓六年月日	—	
四	洙泗学録管理林廟舉事呈	為奉批訊明黄良等確有假藉喪葬賣地自肥事實		天啟六年后六月日	—	
五	東忠社戶頭戶举呈	為外戚把持孔氏財產赴县誣告懇乞俯賜主張行文到县明正是非		天啟六年后六月日	—	
				年月日	—	
				年月日	—	
				年月日	—	
				年月日	—	

填寫人　　年　月　日

坊郭社孔聞永爲孔貞利誣言唱謗鄰里乞嚴究以正家範事致衍聖公孔胤植告狀

天啓六年四月十三日

告狀人孔聞永年五十五歲係坊郭社爲妄造謊言事永去年呈貞利騙詐漏丁等情俱實恭永比時愚迷被群族賺哄和息衆口一詞希
圖遮免伊罪不意伊倖苟免得意唱勝又造誣言稱説
老爺有示令永生不入廟死不葬林子不容考唱謗鄰里孔貞時証入况原無此示似此平空枉造啣屈何伸况永前呈科歛漏丁逐件是
實乞
天嚴行併究追譜驗証革剪鯨惡以正家範庶良善剖明得安爲此上告

被告　孔貞利

干証　孔貞時 証謊言　孔貞玨 証謊言　孔聞配 係漏丁

天啓六年四月　十三

日告狀人孔聞永

大圖詳見附録023頁

54.3cm x 80.9cm

衍聖公府爲异姓吞殺事文卷卷面

天啓六年閏六月初□日

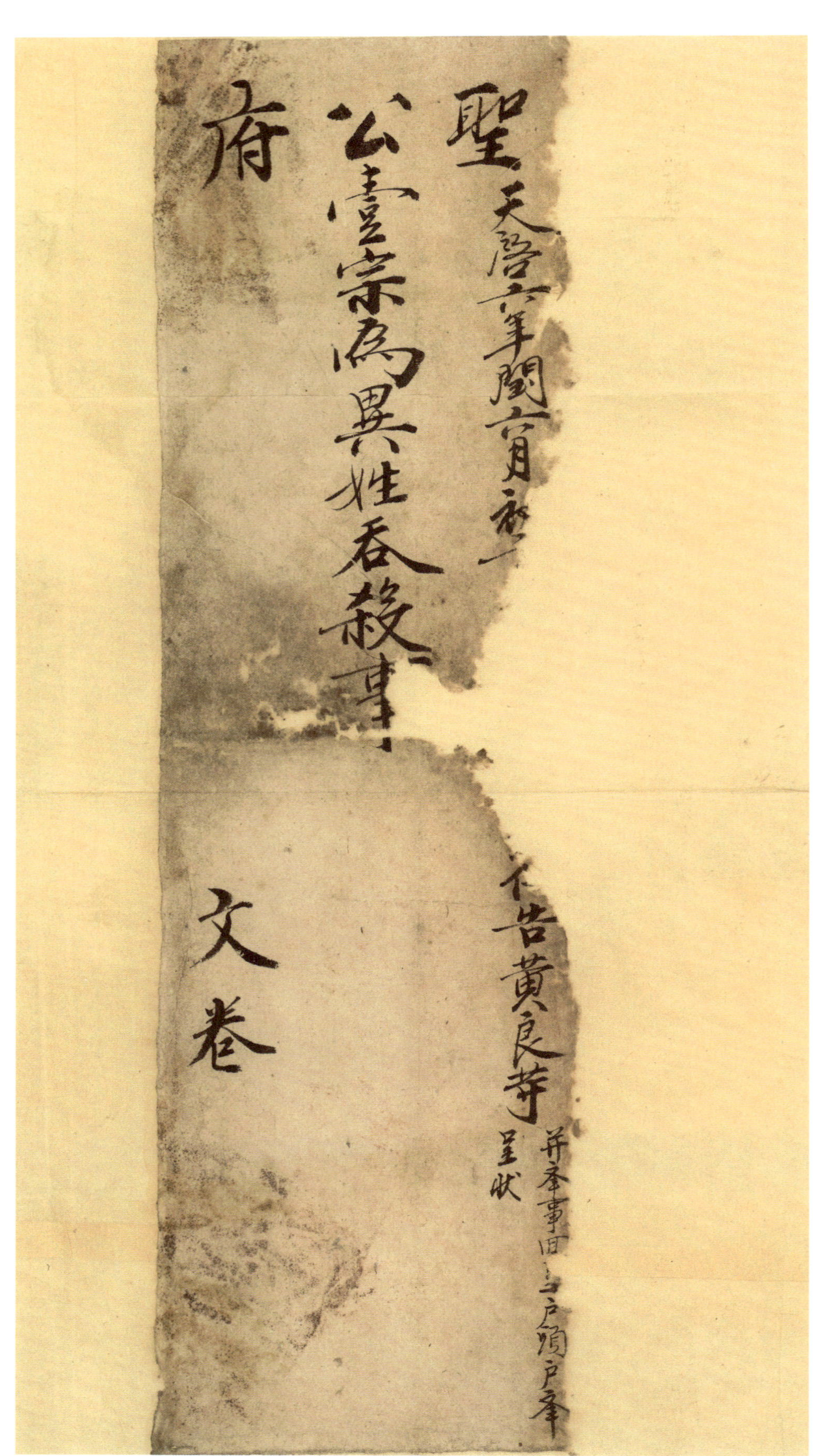
聖　天啓六年閏六月初一
公臺宗爲異姓吞殺事
府
下告黄良等
呈狀
并奉事田□户頭户牽
文卷

36.9cm x 66.3cm

東忠社孔弘仁爲黄良等异姓吞產行凶乞准剖斷事致衍聖公孔胤植告狀及批

［天啓六年］

26.4cm x 82.0cm

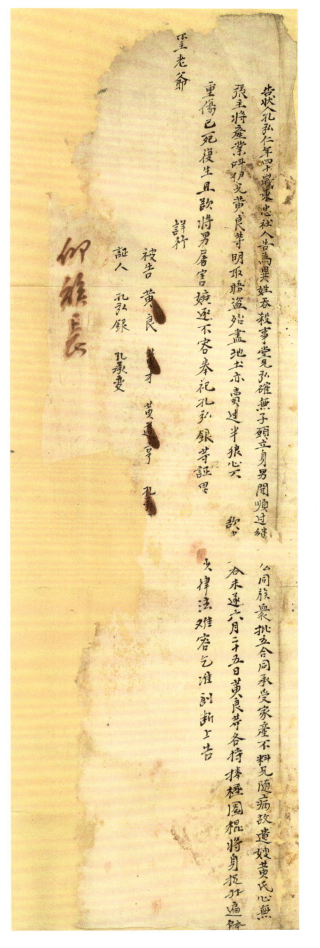

洙泗書院學録、管理林廟舉事孔弘顒爲訊明孔弘仁狀告黃良一案緣由事致衍聖公孔胤植呈

天啓六年閏六月十二日

洙泗書院世職學録管理林廟舉事孔弘顒
呈爲異姓吞殺事切照本月初二日蒙
宗主
批據孔弘仁告前事本府遂拘一干人証研審據衆招稱孔弘確見已疾篤無後遂立堂弟孔弘仁子聞 爲嗣當日病故聞頎幼小無知一凡事務盡聽確妻黃氏掌管原地八十餘畝不合聽信伊
兄黃良等陸續賣地四十餘畝獲銀一百八十餘兩指衣衾棺木爲名陰設騙局良素遊食他方不務 理以確屍爲奇貨以孔門爲利藪倘地一盡賣葬何期仁遂亦賣地三畝以爲擲壙紙扎
之資意在速葬又於六月二十五日因顧工人孔承相輙起訛言激怒黃氏唱令黃良兄弟等遷怒弘仁 毆打仁遂具告勘得黃良等明恃枝籍難以拘審黃氏豺狼加以兩兄佐之如虎生翼欲
食殆盡況弘確生前積德偕行潛心業儒身後速當歸土以安其魄黃氏如欲守節亦當聽其自便至於 遺地土黃氏弘仁不得擅賣就結既出合無票仰全戶頭戶舉速行殯葬毋延未敢擅專批乞
裁奪施行理合具呈須至呈者
右
呈
天啓六年閏六月 日具
呈洙泗書院學録管理林廟舉事孔弘顒

准如行
十二

大圖詳見附録024頁

52.0cm x 82.7cm

東忠社户頭孔承忠、户舉孔承宗爲黄良霸産誣控乞行文縣府以明是非事致衍聖公孔胤植呈及批

天啓六年閏六月十二日

大圖詳見附録 025 頁

58.6cm x 81.3cm

孔子博物館藏

考證表

機關代號第　　號

保管單位第　　號

本案卷内共有伍張已編號之文件。

保管單位缺點的説明。

附註

公元一九六二年十二月　日

檔案工作人員的職務（簽名）

處罰户舉孔貞春受賄擅允族人棺柩入林埋葬經過

崇禎四年

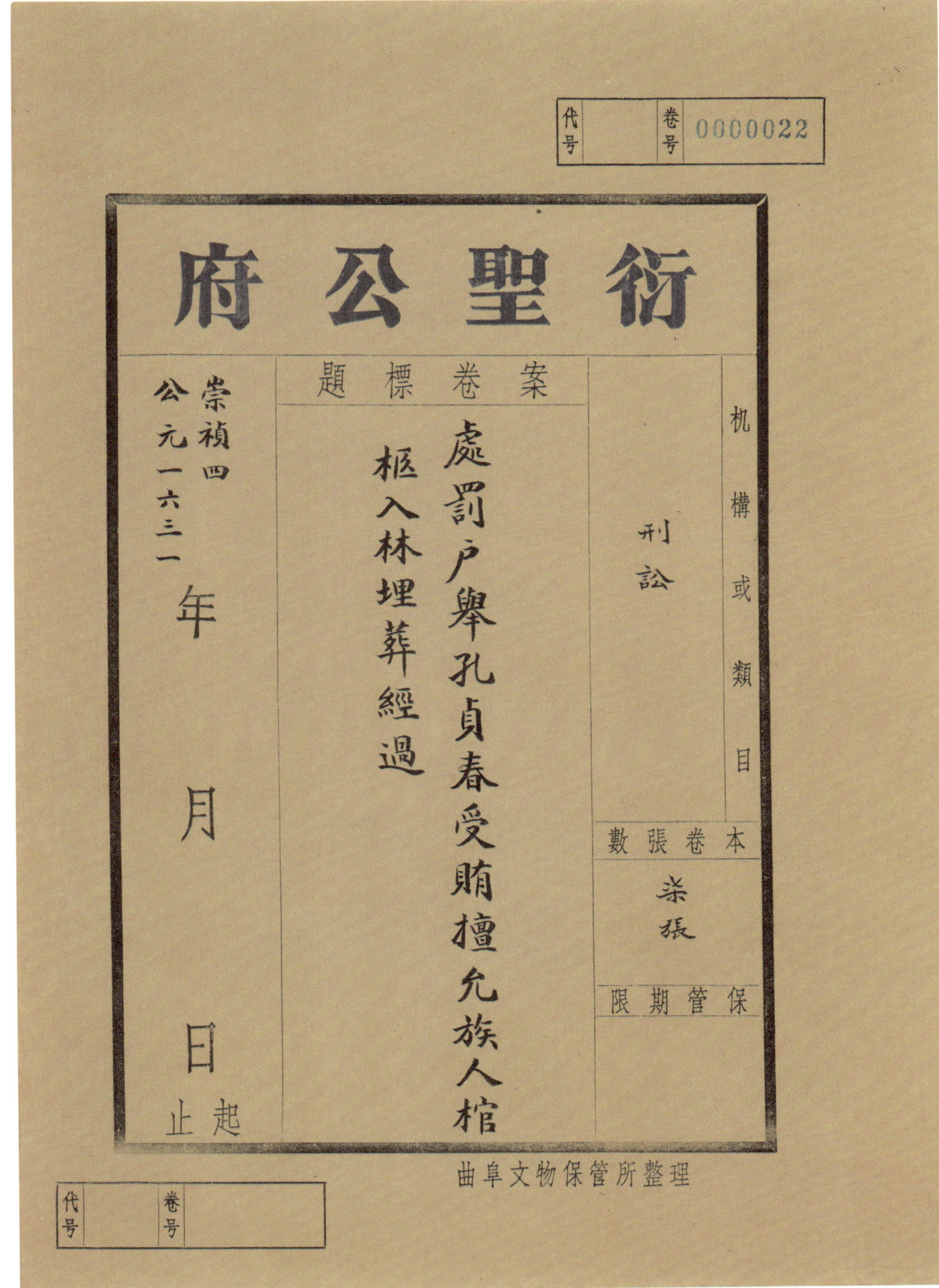
代号 卷号 0000022

衍聖公府

案卷標題

處罰户舉孔貞春受賄擅允族人棺柩入林埋葬經過

機構或類目

刑訟

崇禎四年 公元一六三一

年 月 日 起 止

本卷張數 柒張

保管期限

曲阜文物保管所整理

代号 卷号

22

卷內目錄

填寫人　　年　月　日

順序号	作者	内容摘要	文件上的号数	文件上的日期	文件所在的张数	备註
一	衍聖公府	為林頭田明稟請究辦坊郭社户舉受賄强埋喪葬经府處理追贓處罰		崇禎四年十月十二日	—	
二	林頭田明稟	為乞究坊郭社户举强埋喪葬毆打林頭		崇禎四年十月十二日	—	
三	孔庭族長	為票仰林頭勿阻喪葬		崇禎四年十月　日	—	
四	衍聖公府	為處罰户举孔貞春受賄貫法票仰举事遵票辦理		崇禎四年十月十二日	—	
五	林廟舉事呈	為遵票督責孔貞春完修林墻並追出贓銀七錢一併呈繳		崇禎四年十一月初十日	—	
六	匿名帖	為處罰户举孔貞春有為抱不平者出帖以屑私憤		年　月　日	—	
七	衍聖公府	為票行家長举事亟查匿名粘帖之人務要挨出以憑恭處		辛未年十月二十六日	—	
				年　月　日	—	
				年　月　日	—	

卷内目録

順序號	作者	内容摘要	文件上的號數	文件上的日期	文件所在的張次	備註
		處罰户舉孔貞春受賄擅允族人棺柩入林埋葬經過		崇禎四年十月日	—	
				年月日	—	
				年月日	—	
				年月日	—	
				年月日	—	
				年月日	—	
				年月日	—	
				年月日	—	
				年月日	—	

填寫人　　　　年　月　日

衍聖公府爲乞究强埋喪葬事文卷卷面

崇禎四年十月十二日

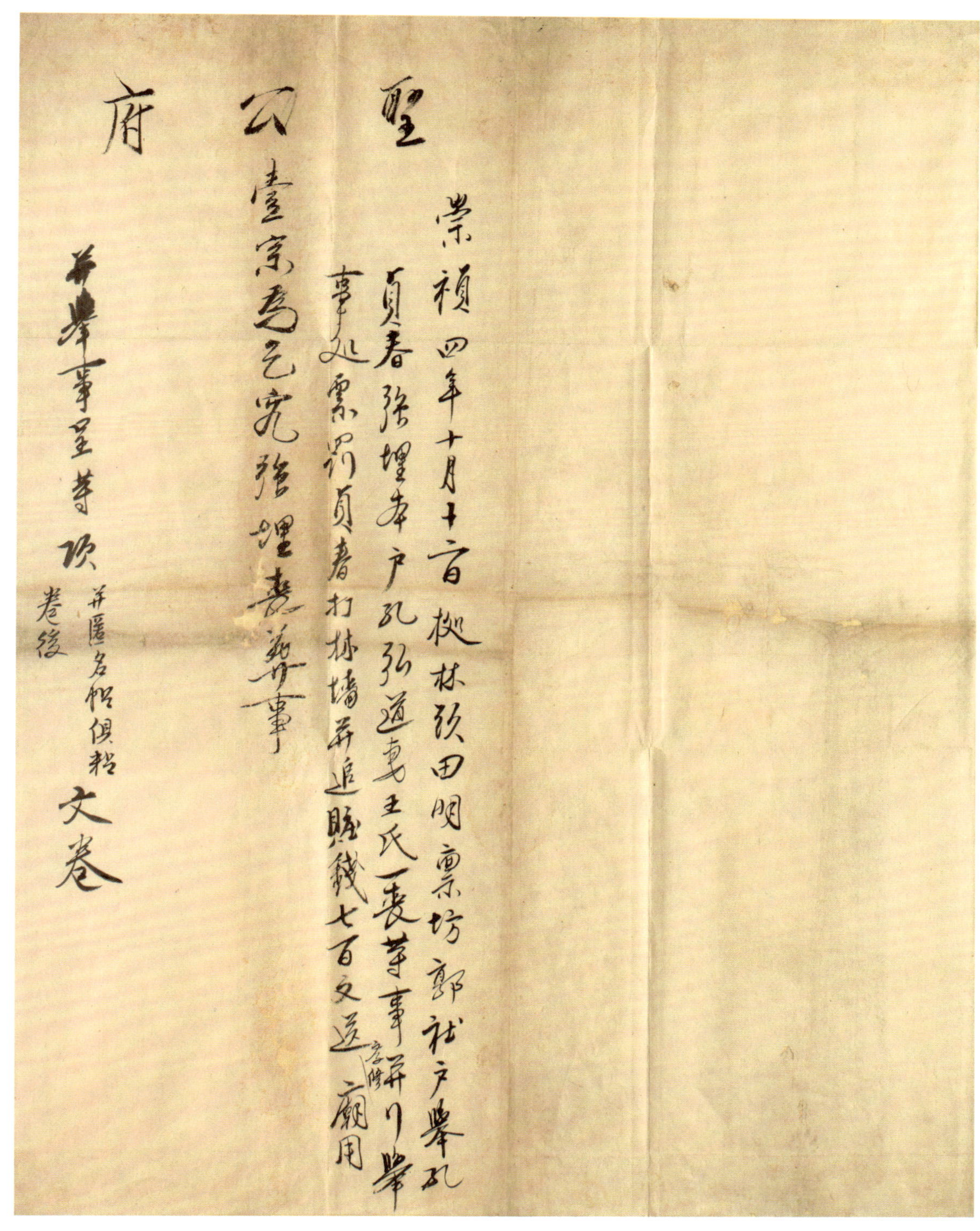

崇禎四年十月十二日據林頭田明禀坊郭社戶舉孔
貞春強埋本戶孔弘道妻王氏喪葬事并門舉
事處票罰貞春打林墻并追賍錢七百文送（交修）廟用

聖

公

臺宗爲乞究強埋喪葬事

府

并舉事呈等項 并匿名帖俱粘卷後

文卷

63.3cm x 78.7cm

林頭田明等爲孔貞春無結强埋事致衍聖公孔胤植啓及批

崇禎四年十月十二日

73.5cm x 33.4cm

家庭［族長］爲勿阻喪葬事致林役田明票

［崇禎四年］十月初十日

家庭爲喪葬事據坊郭社户須孔文兑户

舉孔貞春結稱本户孔文道妻王氏一喪

十月十二日入林埋葬執結已呈送

宗主米行批出仰巡林人役驗票放行不許

攔阻以待結出另行給繳間票

日巡林人田明

定限　日繳

十月

票

23.2cm x 34.2cm

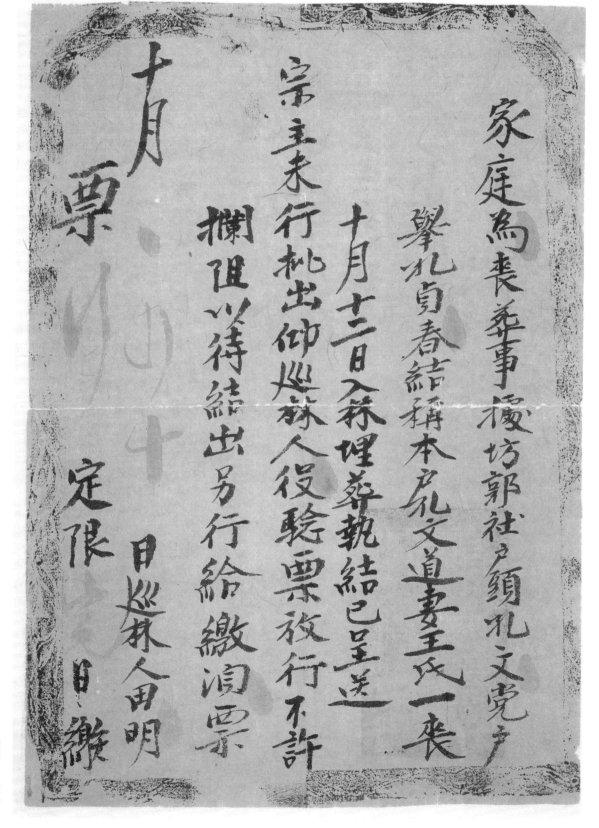

衍聖公府爲處罰坊郭社户舉孔貞春受賄賣法事致家庭舉事孔弘顒票

崇禎四年十月十二日

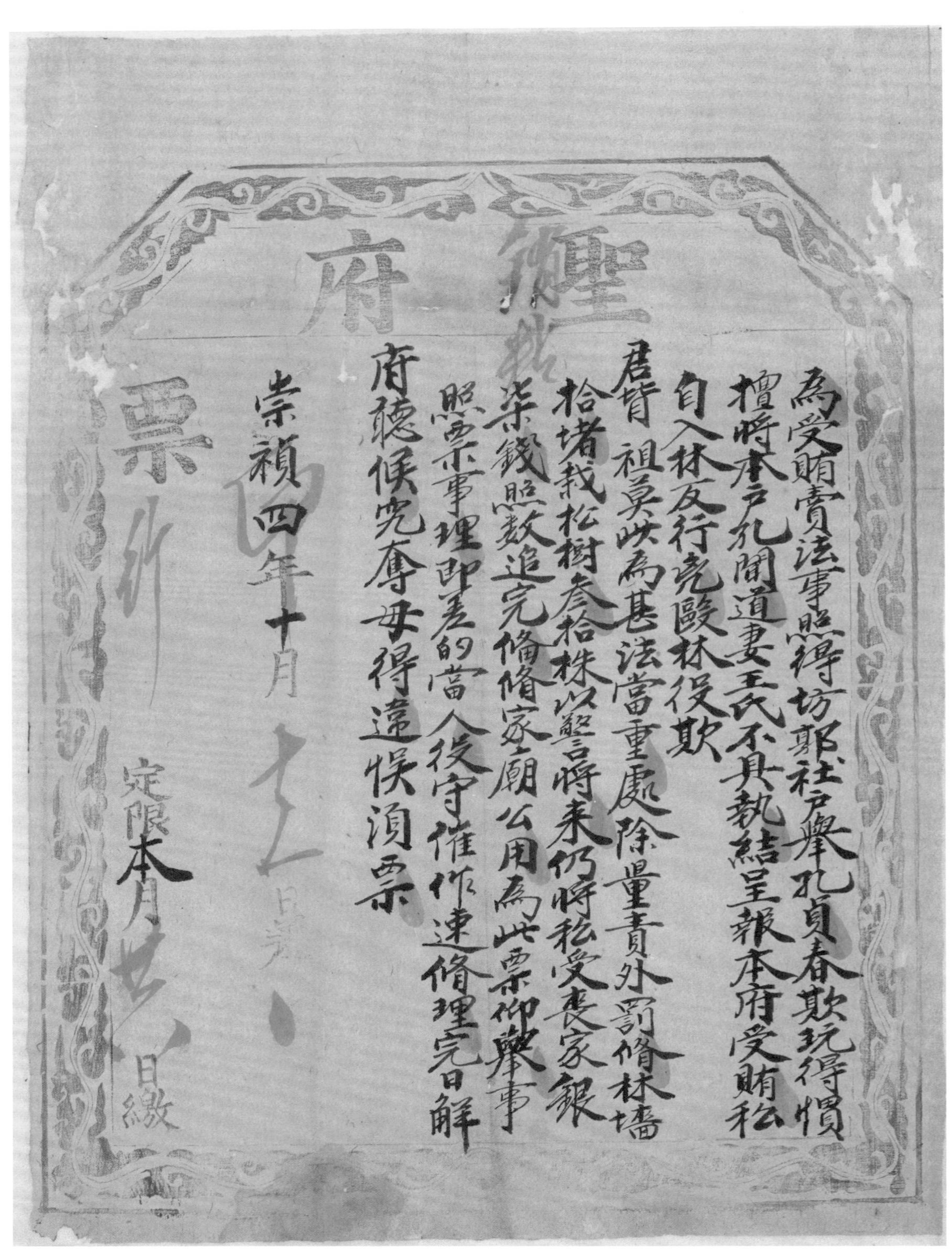

衍聖府

為受賄賣法事照得坊郭社户舉孔貞春欺玩得慣擅將本户孔聞道妻王氏不具執結呈報本府受賄私自入林反行毆林役欺

君背祖莫此為甚法當重處除量責外罰脩林墻拾堵栽松樹叁拾株以警將來仍將私受喪家銀柒錢照數追完脩脩家廟公用為此票仰舉事照票事理即差的當人役守催作速脩理完日解

府聽候究奪毋得違悮須票

崇禎四年十月十二日

票 行

定限本月廿八日繳

36.0cm x 48.5cm

洙泗書院學録攝家庭舉事孔弘顯爲遵票督責孔貞春修林墻栽松柏并追出贜銀一并呈繳事致衍聖公孔胤植呈及批

崇禎四年十一月初十日

職學録攝家庭舉事孔弘顯
爲遵法事。本年拾月拾貳日蒙
票前事，照得坊郭社戶舉孔貞春欺玩得慣，擅將本戶孔聞道妻王氏不具訃結呈報，本府受賄，私自入林，支行免厥林役，欺
天，此爲甚，法當重處。除量責外，罰修林墻陸堵，栽松栢叁拾株，以警將來。仍將私受袁家銀柒錢照數追完，備侑家廟公用。爲此票仰舉事照票事理，即差的當人役守催作速修理，完日解
究奪，毋得違慢。未庭蒙此，遵依遂差伴當，即將欺玩得慣戶舉孔貞春奉
聖府罰到林墻陸堵，急催打完，外追贜銀錢柒百文，止於栢樹叁拾株，已蒙
聖府寬恩量免。今將前件孔貞春贜銀錢柒百文解上，理合回報。須至呈者。

計開
林墻陸堵脩完
計解
孔貞春贜銀錢柒百文

右　　　　　　　　具

崇禎肆年拾壹月　　日具

呈洙泗書院世職學録攝家庭舉事孔弘顯

照擬行

初十

大圖詳見附録026頁　59.8cm x 81.9cm

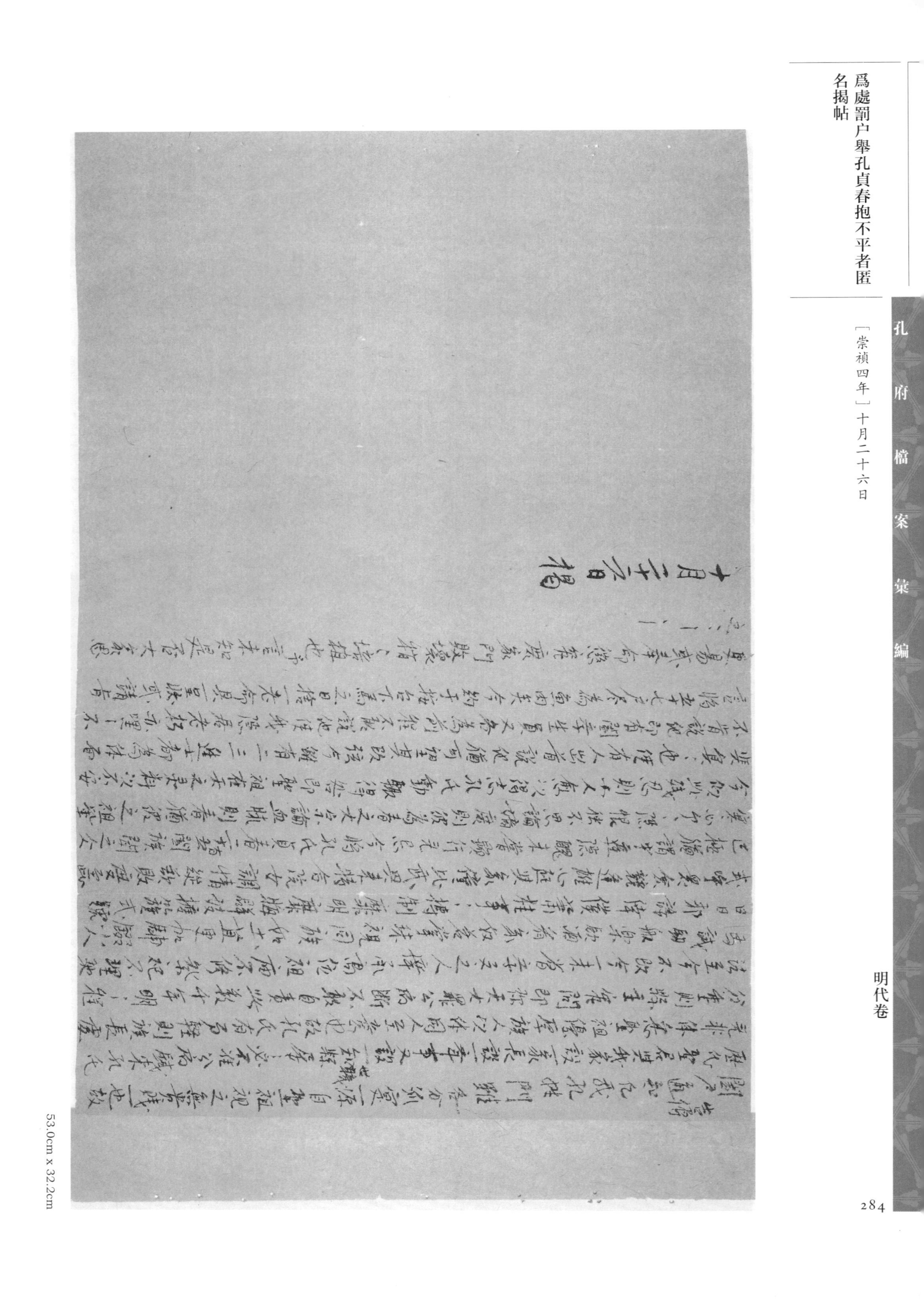

爲處罰户舉孔貞春抱不平者匿名揭帖

［崇禎四年］十月二十六日

53.0cm x 32.2cm

衍聖公府爲嚴查匿名粘帖之人事致族長、舉事票稿

［崇禎四年］十月二十六日

50.0cm x 30.1cm

考證表

機關代號第　　號

保管單位第　　號

本案卷内共有　条　張已編號之文件。

保管單位缺點的説明。

附註

檔案工作人員的職務（簽名）

公元一九六二年十二月　日

代号 卷号 0000023

衍聖公府

案卷標題

魚台縣訊結孔氏族人孔聞鑽殺兄姦嫂一案招册

崇禎十一 公元一六三八 年 月 日 起 止

機構或類目：刑訟

本卷張數：伍張 册壹本

保管期限

曲阜文物保管所整理

代号 卷号

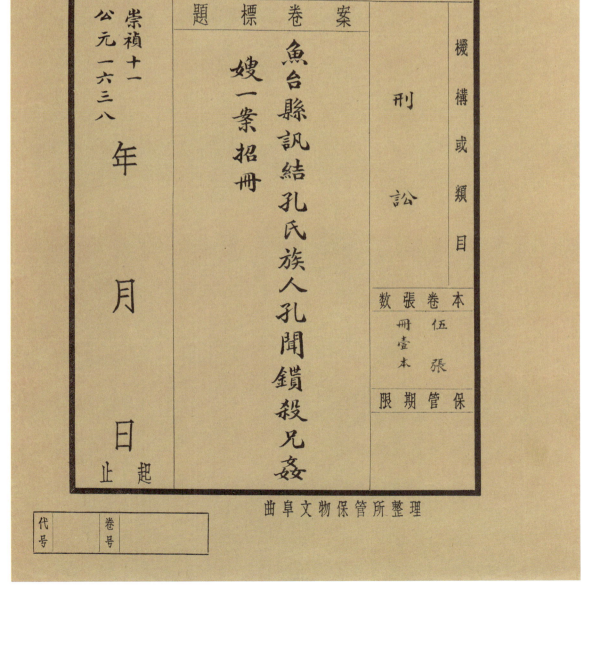

卷内目錄

顺序号	作者	内容摘要	文件上的号数	文件上的日期	文件所在的张数	备註
一	衍聖公府	劄付魚台縣爲孔聞鑽殺死人命		崇禎十一年十一月二十五日	—	
二	魚台縣	爲孔聞鑽殺兄姦嫂經縣訊明前後情由及帮兇人等分别定罪詳冊		崇禎十一年四月十九日	—	
三	鉅野縣	爲申報孔聞鑽殺人案		崇禎十一年十月二十五日	—	
四	衍聖公府	爲劄付魚台縣將孔聞鑽原案造具清冊來府		崇禎十一年十月　日	—	
五	衍聖公府	劄付魚台縣底稿由同上		崇禎十一年十月　日	—	
六	衍聖公府	與魚台縣書由同上		崇禎十一年十月二十五日	—	
				年　月　日	—	
				年　月　日	—	
				年　月　日	—	

填寫人　　年　月　日

衍聖公府爲殺死人命事文卷卷面

崇禎十一年十月二十五日

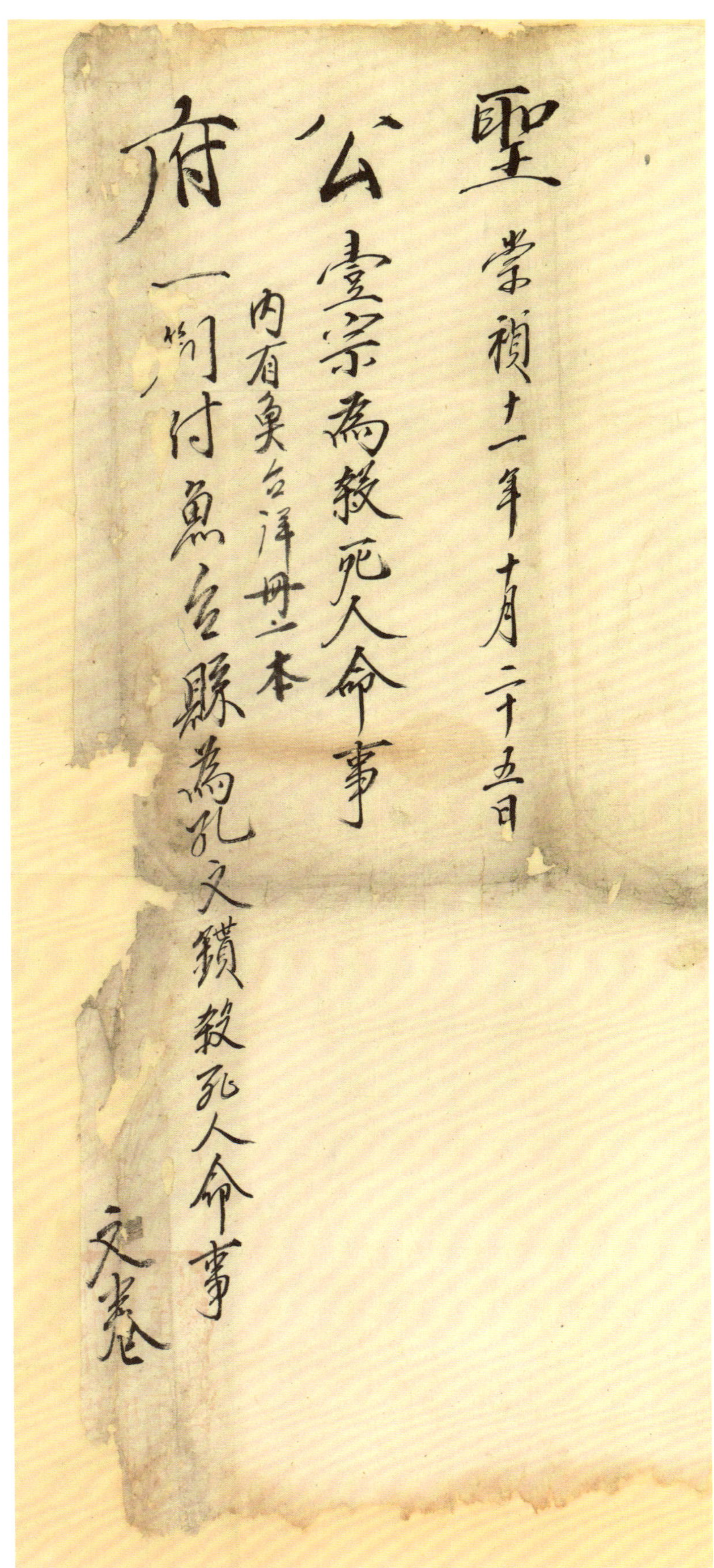

31.0cm x 66.0cm

魚台縣知縣李士才訊結孔聞鑽殺兄奸嫂一案招册

崇禎十一年四月十九日

20.8cm x 29.6cm

魚台縣知縣李士才訊結孔聞鑽殺兄奸嫂一案招册

崇禎十一年四月十九日

20.8cm x 29.6cm

崇禎十一年四月十九日

兗州府魚臺縣爲殺死人命事今將問過犯人孔聞鑽等招

繇理合開具須至册者

壹原發

鹿家村百長牌頭

呈爲殺死人命事本月拾捌日夜不知何方賣藥人

被讐人所害將頭割下殺死路傍地内四不居隣日

夕方知不敢隱匿理合具呈須至呈者

併遺下區担席簍藥包身帶銅錢壹百柒拾文

崇禎拾年拾月 貳拾叁 日具 呈 人 鹿食蕙 鹿三九

20.8cm x 29.6cm

告狀人張氏年拾捌歲爲欺嫂殺兄事氏夫孔聞學

被殺地方呈縣有氏夫堂弟孔聞鑽窺氏幼姿欺撓

縣法將氏强領賍銀捲衣領氏南陽求姦不遂又領

鄒縣持刀嚇姦致氏無柰懼殺允從楊名海證幸蒙

拿回不惟氏見天日姦嫂殺兄律法難逃乞准究罪

庶倫理得明殺兄有歸上告

本縣　詳行

原告張　氏

被告孔聞鑽

20.8cm x 29.6cm

崇禎十一年四月十九日

干證楊明海

崇禎拾壹年貳月　貳拾壹　日告　狀　人張氏

壹問得

壹名孔聞鑽年貳拾肆歲兖州府曲阜縣人狀招聞鑽素不守分指稱孔氏專壹在外打詐平民向未事發久在魚臺縣南陽鎮恃蠻私充斛行崇禎拾年間與先未被聞鑽陰謀殺死堂兄孔聞學住居該縣城北假借賣藥爲名朝夕同在壹處聞鑽等各不合時常往豐魚金鄉等縣下集遊食撞憨逢人嚇詐孔聞學

20.8cm x 29.6cm

每每分肥貪得不均以致聞鑚懷忿在心比聞鑚常往孔聞學家宿歇素窺伊在官妻張氏少有姿色久蓄淫心未遂思得隻身不敢動手謀害又不合約同先被聞鑚坑騙驢頭勒令跟隨令到官臨清州人驢夫張士俊與不到官李宗士商說你貳人幫我將孔聞學殺死我們指着死屍賺幾兩銀子分與你們用又對士俊說我另外與你些買驢你好回家等語士俊等不合輕信允從相隨得便行事至崇禎拾年拾月拾捌日孔聞學赶石豆集出舖賣藥在官揚名

20.8cm x 29.6cm

魚台縣知縣李士才訊結孔聞鑽殺兄奸嫂一案招冊

崇禎十一年四月十九日

海與孔聞學同庄居住亦往本集賣豬孔聞鑽張士
俊李宗士亦在本集閒閙專意窺探孔聞學動静見
得聞學酒醉回家聞鑽與張士俊李宗士各不合先
伏鹿家窪漫坡等至黄昏時候孔聞學到彼聞鑽即
喝令張士俊李宗士舉手執已起獲木棍壹根狠照
孔聞學打倒聞鑽用起獲貯庫屠刀將孔聞學頭顱
砍下肆不居隣無人知覺只有揚名海突至道傍月
光下見有血屍驚喊聞鑽詐言我們只管走路不要
管閒帳名海心上雖疑亦不合畏懼不敢言喘随散

20.8cm x 29.6cm

訖俱楊名海張士俊親口吐招證至貳拾貳日審釋
百長牌頭鹿食惠等具呈地主鹿三元具稟本縣隨
差陰陽生周一桂查明屍傍遺下篇簍藥包壹担并
屍身帶銅錢壹百柒拾文回報到縣責令暫埋看守
壹面躧緝兇犯當有張氏見夫陽夜不回又聞殺人
消息并藥蔞等語赴縣認屍該卑縣隨將張氏孔聞
學住處主家不在官楊三祥等并齊集鹿家村附近
庄隣于貳拾伍日親詣城隍廟誓神回縣查究聞鑽
鑽硬胆衣巾徑入縣堂聲言我兄被賊殺死何不根

20.8cm x 29.6cm

寃強賊又寃家嫂張氏長揖惡言堅執稟領張氏本
縣見得嫂少艾而叔輕狂事情曖昧遂迎機伺察信
其携去密差捕役改粧尾後踪跡聞鑽竟領張氏到
于原住楊家將伊家伙器物變銀貳兩哄說回到曲
阜與我哥報讐又慮楊名海發覺遂挾伊同張士俊
等跟隨護送張氏行到南陽楊名海方回張氏面質
證晚間聞鑽便欲嚇姦張氏不從比因居民稠密聞
鑽畏怯尚不敢強次日行至鄒縣地名楚庄寺晚間
持刀向張氏嚇說你丈夫已死你壹身無主何不依

20.8cm x 29.6cm

我你若不從我即時殺死等語張氏只得依允行姦叁次張氏哭着說殺人賊想是你看上了我把我男子殺害你如今又把我姦了天理難容聞鑽回說你與我做了小罷如今縣不的你了你丈夫是我殺了我壹面承當本婦活口證聞鑽又將張氏帶到曲阜本家囤住放肆行姦聞鑽又欲詐財復捏乞寃人命等情赴林廟舉事家庭族長兩處將無干殷實審釋鄉民毛倫等拾數餘家呈准添去人名不等連行肆闞自率差役壹面投下闞文壹面竟至城北合義石

20.8cm x 29.6cm

崇禎十一年四月十九日

豆貳集拴鎖居民横肆行詐將毛倫并審釋楊泮等
鎖囤伍柒日不等索詐毛倫銀貳兩伊男毛鳳儀錢
叁百楊泮銀叁錢趙言銀壹兩伍錢陳賓銀叁兩楊
名海錢柒百又索酒飯銀肆錢强赶鹿一全驢壹頭
順帶綿被壹床布衣貳件又鐵鍋壹口賣錢壹百貳
拾文楊一疇銀肆錢各本人活口證聞鑽索詐閻張
氏不在官叔張念元尋到曲阜在孔府家長處具告
差人赶至合義集捉拿聞鑽回家潛避張氏歸回本
家將殺兄姦嫂等情毛倫陳賓趙言等各將詐害等

20.8cm x 29.6cm

情具告到縣因真賊未獲不忍干連無辜壹面回文

孔府家庭舉事仍將殺人等項緣繇申報合干

上司外續蒙

巡撫都老爺顔　詳批孔聞學不得其死據詳伊妻

張氏有艷色而無憐容已屬怪事至孔聞鑽與聞學

爲伯仲行則張氏非兄嫂即弟婦也乃該縣誓神寃

審不繇片言抗禮携去此衣冠中禽獸矣該縣尚不

執而問之坐聽狂士倨侮咫尺何在豈

聖門可容此干名犯義之輩耶仰速提聞鑽與張氏出

20.8cm x 29.6cm

崇禎十一年四月十九日

訊明白務得確情另詳奪繳又蒙

巡按察院老爺洪　詳批此異事也若果有此豈參尺所能容兗西道嚴查報又蒙

本道老爺王　詳批人命重大定須有抵但要盡公研審不得波累無辜仰縣仍速簡招解又蒙

濟寧道老爺孫　詳批該縣重念人命而必誓神密緝究鬼庶幾無夜號也其歲冠慱帶之孔聞鑽何藐玩可異仰候

院司示行又蒙

20.8cm x 29.6cm

本府詳批據詳賣藥之人殺死荒村即有妻張氏認屍領埋及拘審間何故孔聞鑽直入公庭携婦而去情實可疑人命重情速緝嚴結使冤得伸仰候

院道詳示行又蒙

太子太傅襲封衍聖公府詳批據詳孔聞學被殺此異事也

朝廷自有法度

聖祖自有憲章該縣即行提孔聞鑽張氏等務得確情招

報仍候

20.8cm x 29.6cm

魚台縣知縣李士才訊結孔聞鑽殺兄奸嫂一案招冊

崇禎十一年四月十九日

撫按詳示繳本縣遵依先將張氏拘提到縣本婦遂將
聞鑽先謀殺後強姦緣繇供吐在案聞鑽迯遁不出
嚴行差人緝拿到縣本縣仍帶赴城隍廟內禱神細
訊揚名海不刑自招吐稱何故帶累好人小的見孔
聞鑽并跟他的人張士俊李宗士殺死孔聞學是實
我後到躲避無門本縣看係真正謀殺人命未經簡
驗不便成招將屍移于廟外帶領吏件張三讓眼同
壹干犯證除無故脫落不開外仰面張氏報年叁拾
貳歲身長肆尺陸寸背闊壹尺貳寸偏左青傷長壹

20.8cm x 29.6cm

寸貳分偏右紅傷長壹寸闊各伍分顖門紅傷長壹
寸貳分闊伍分額顱紅傷長壹寸闊肆分左額角青
傷長闊各壹寸兩太陽穴俱紅傷左長壹寸闊伍分
右長壹寸叁分闊捌分兩腮胦俱紅傷左長壹寸闊
伍分右長壹寸貳分闊陸分鼻梁青傷長壹寸闊肆
分人中紅傷長捌分闊肆分上下牙齒頷頦俱刀砍
骨碎難量分寸咽喉刀斷難量分寸食氣顙刀斷難
量分寸兩血盆骨俱紅傷左長壹寸貳分闊陸分右
長壹寸闊伍分左肩甲紅傷長壹寸貳分闊伍分右

20.8cm x 29.6cm

崇禎十一年四月十九日

胎膊紅傷長壹寸伍分闊捌分胷膛紅傷長壹寸貳

分闊伍分心坎紅傷長壹寸闊伍分兩肋俱紅傷左

長壹寸貳分闊陸分右長壹寸叁分闊捌分兩膀俱

紅傷左長壹寸伍分闊壹寸右長壹寸貳分闊捌分

兩腿俱紅傷左長壹寸貳分右長壹寸闊各捌分右

膝紅傷長捌分闊肆分右臁肕紅傷長壹寸闊肆分

腦後紅傷長壹寸貳分闊陸分項頸刀斷難量分寸

左臂膊青傷長壹寸貳分闊陸分右臂膊紅傷長壹

寸闊伍分脊膂紅傷長壹寸貳分闊陸分腰眼青傷

20.8cm x 29.6cm

長捌分闊肆分两腿俱紅傷左長壹寸伍分闊壹寸
右長壹寸貳分闊伍分簡畢彘令地方領埋外取具
仵作甘結在卷當塲對衆逐壹研審前情明白看得
孔聞鑽禽獸心而狗彘行素爲孔氏所不齒惟恃撻
憨鏃詼爲生計耳竊覩嫂氏丰姿輙起淫心搆黨立
刃堂兄身首異處此法不容于死者也至于易地挾
姦因彘引詼攄張氏之口供明海之面質士俊之指
實可謂兇而狡矣寸磔尚有餘辜駢斬不枉張士俊
以執鞭豎子協從加功絞抵亦非失入然主使則在

20.8cm x 29.6cm

聞鑽與謀則同宗士而制梃者又不獨壹士俊也觀
聞鑽始則劫奪士俊之驢繼則窩其行險追隨卒陷
死于法抑何慘而忍焉楊名海懦不能鳴枉實允愜
取問罪犯
貳名張士俊年貳拾貳歲楊名海年叁拾歲各招同
壹名張氏年拾捌歲供同
壹議得孔聞鑽張士俊楊名海各所犯孔聞鑽合依謀殺
人造意者律斬張士俊依從而加功者律絞俱秋後
處決楊名海依不應得為而為之事理重者律杖捌

20.8cm x 29.6cm

拾楊名海有
大誥減等杖柒拾孔聞鑽張士俊係重刑牢固監候會審詳决
楊名海係民審稍有力照例納工價銀贖罪完日與
供明張氏省放寧家合候解詳允日施行
壹照出除死罪免紙外張氏告紙銀貳錢楊名海民紙銀
壹錢工價銀壹兩叁錢伍分候詳允追完貯庫已死
孔聞學身屍叁簡明白責令屍妻領埋通取實收領
狀繳報孔聞鑽既經議斬贓銀免追孔聞鑽屠刀張
士俊木棍貯庫備照孔聞學身帶錢壹百柒拾文給

20.8cm x 29.6cm

張氏食用訖餘無再照

計開

依謀殺人造意者律斬罪壹名

孔聞鑽

依從而加功者律絞罪壹名

張士俊

依不應事重律減等杖柒拾稍有力壹名

楊名海紙罪銀壹兩肆錢伍分

告人壹口

20.8cm x 29.6cm

張氏告紙銀貳錢

照提脱逃兇犯壹名

李宗士

右

具

20.8cm x 29.6cm

崇禎十一年四月十九日

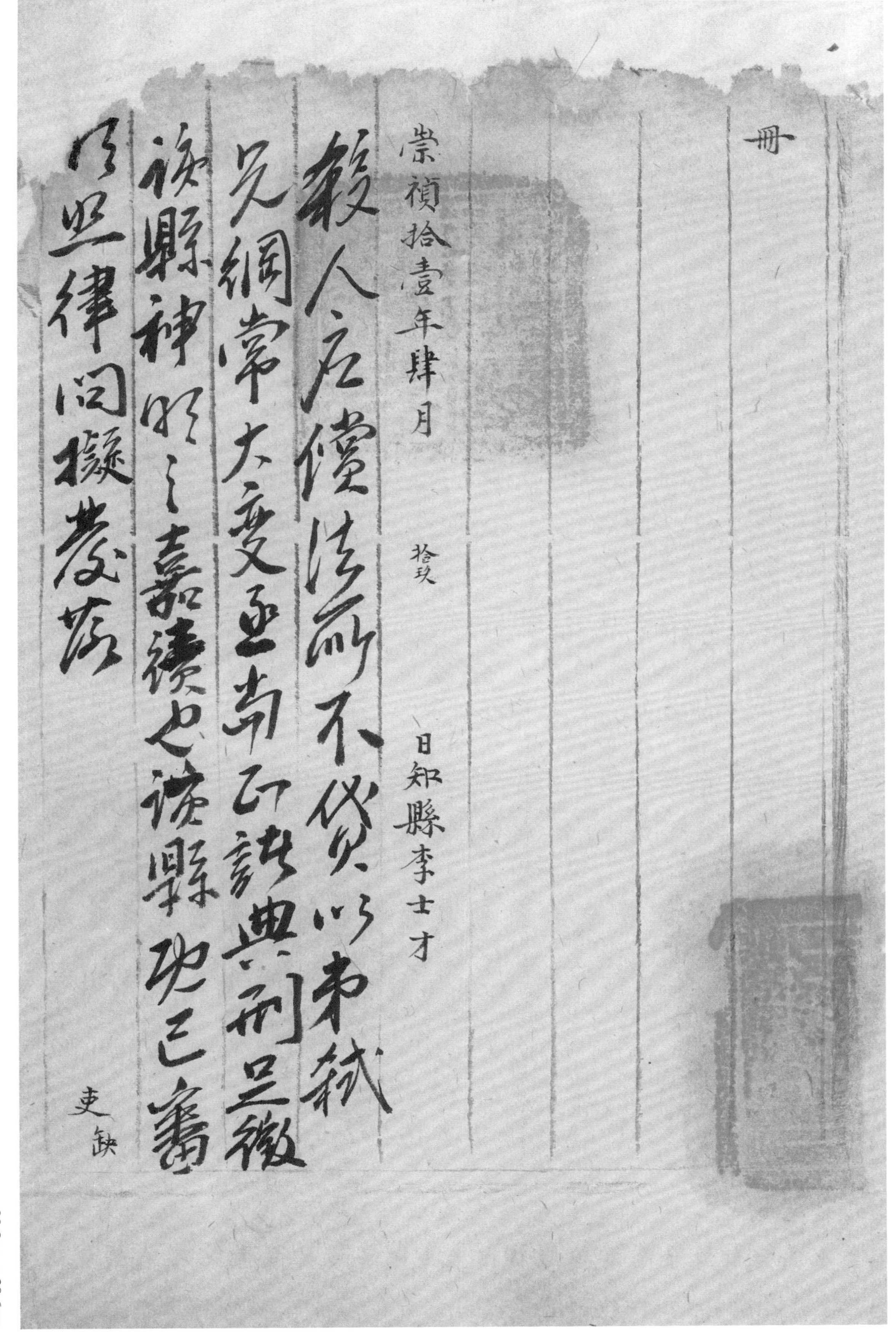

册

崇禎拾壹年肆月　拾玖　日知縣李士才

殺人應償法所不貸以弟弑
兄綱常大變至此正誅典刑足徵
該縣神明之嘉績也該縣既已審
仰照律問擬發落

吏缺

20.8cm x 29.6cm

魚台縣知縣李士才訊結孔聞鑽殺兄奸嫂一案招冊

崇禎十一年四月十九日

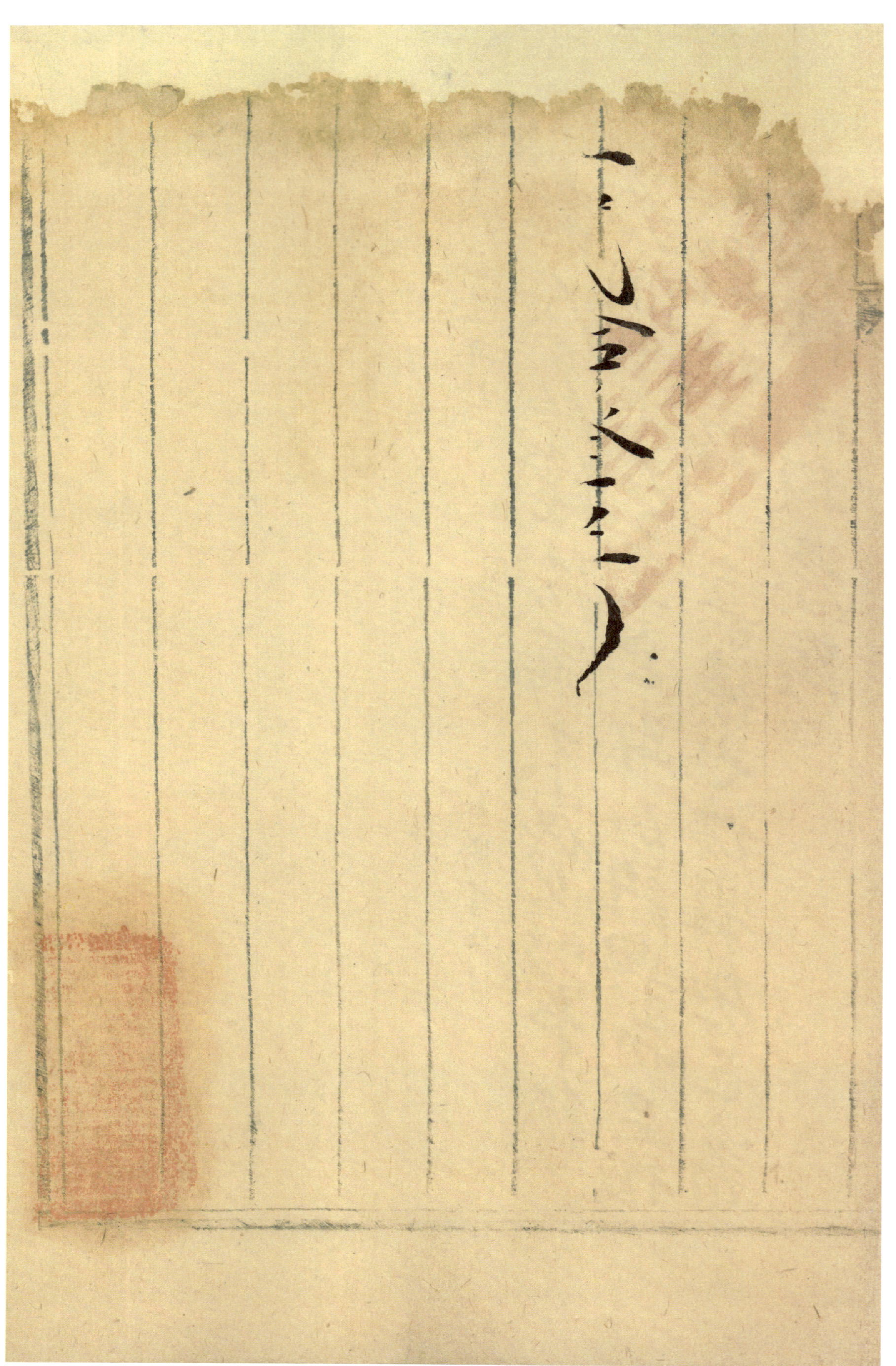

20.8cm x 29.6cm

魚台縣知縣李士才訊結孔聞鑽殺兄奸嫂一案招册

崇禎十一年四月十九日

20.8cm x 29.6cm

魚台縣知縣李士才訊結孔聞鑽殺兄奸嫂一案招册

崇禎十一年四月十九日

20.8cm x 29.6cm

巨野縣知縣童可選爲孔聞鑽抄詞焚毀事致衍聖公孔胤植申

[崇禎十一]年十月二十五日

濟寧州鉅野縣爲毆死人命事蒙
犯人孔聞鑽等抄詞緣縣前事蒙批到縣又准魚臺縣關送原蒙
亦同前事蒙此遵將送到
不意偶緣祝融不仁燈花爆落焚毀見今魚臺縣復關原詳存案扼腕無策合無具文備請
呈寫原詳仍申
行令鉅野關送魚臺庶免兩縣人文往返之苦亦全同舟之誼擬合申請爲此理合具申伏乞
須至申者
申
衍聖公
年拾月貳拾伍日知縣童可選
命事

大圖詳見附録027頁

58.7cm x 82.8cm

衍聖公府爲請將孔聞鑽原案清寫來府事致魚台縣劄付定稿

崇禎十一年十月二十六日

太子太傅襲封衍聖公府爲殺死人命事據鉅野縣申稱本府駁勘犯人孔聞鑽等抄詞緣繇
批到縣又准魚臺縣關送原蒙聖府批詳壹道亦同前事蒙此遵將送到聖府批祥
不意偶緣祝融不仁燈花爆落焚毀見今魚臺縣復關原祥存案挖腕無策合無具文
聖府批令魚臺重寫原詳仍申聖府照前批語行令鉅野関送魚臺庶免兩縣人文
之苦亦全同舟之雅等因到府據申爲照該本府看得孔聞鑽抄詞一案已經問擬
兩院詳允而本府亦照批發落豈期鉅野縣失於收藏一旦遭諸祝融竟然煨燼無存
貴縣移文鉅野縣関回原文存案而鉅野既不能已毀復存又不能將無作有而兩
無矛盾之角矣既經該縣申請擬合移文
貴縣乞將孔聞鑽原案清寫前來以便本府批發該縣轉行
貴縣存案實以全仕途之雅而免往返之勞矣須至劄付者

一立案劄付

魚臺縣

崇禎十一年十月

太子太傅襲封衍聖公

65.3cm x 81.6cm

衍聖公府爲請將孔聞鑽原案清寫來府事致魚台縣劄付草稿

崇禎十一年十月二十五日

39.4cm x 27.9cm

衍聖公孔胤植爲乞命记室將孔聞鑽原案清寫來府事致魚台縣函稿

［崇禎十一年］十月二十五日

與魚臺縣書
昨
台臺觴臨而偬偬未及細領
大教拜別以來殊廑神馳茲啓者孔聞鑽批
閘鉅野
童老先生存之宅內竟誤遭於燈爆所毀而
台臺必欲此卷存案渠既不能已毀復存得無又不能
而
台臺俯念寅袍之雅乞命記室復清一詳與
奉來存案不惟寅誼和衷而亦全彼此一時
再謹此草
瀆萬望
俯俞臨楮可勝懸仰
十月　二十五　日　寓過

32.1cm x 28.1cm

考證表

機關代號第　號

保管單位第　號

本案卷內共有伍冊壹本　張已編號之文件。

保管單位缺點的説明。

附註

檔案工作人員的職務（簽名）

公元一九六二年十二月　日

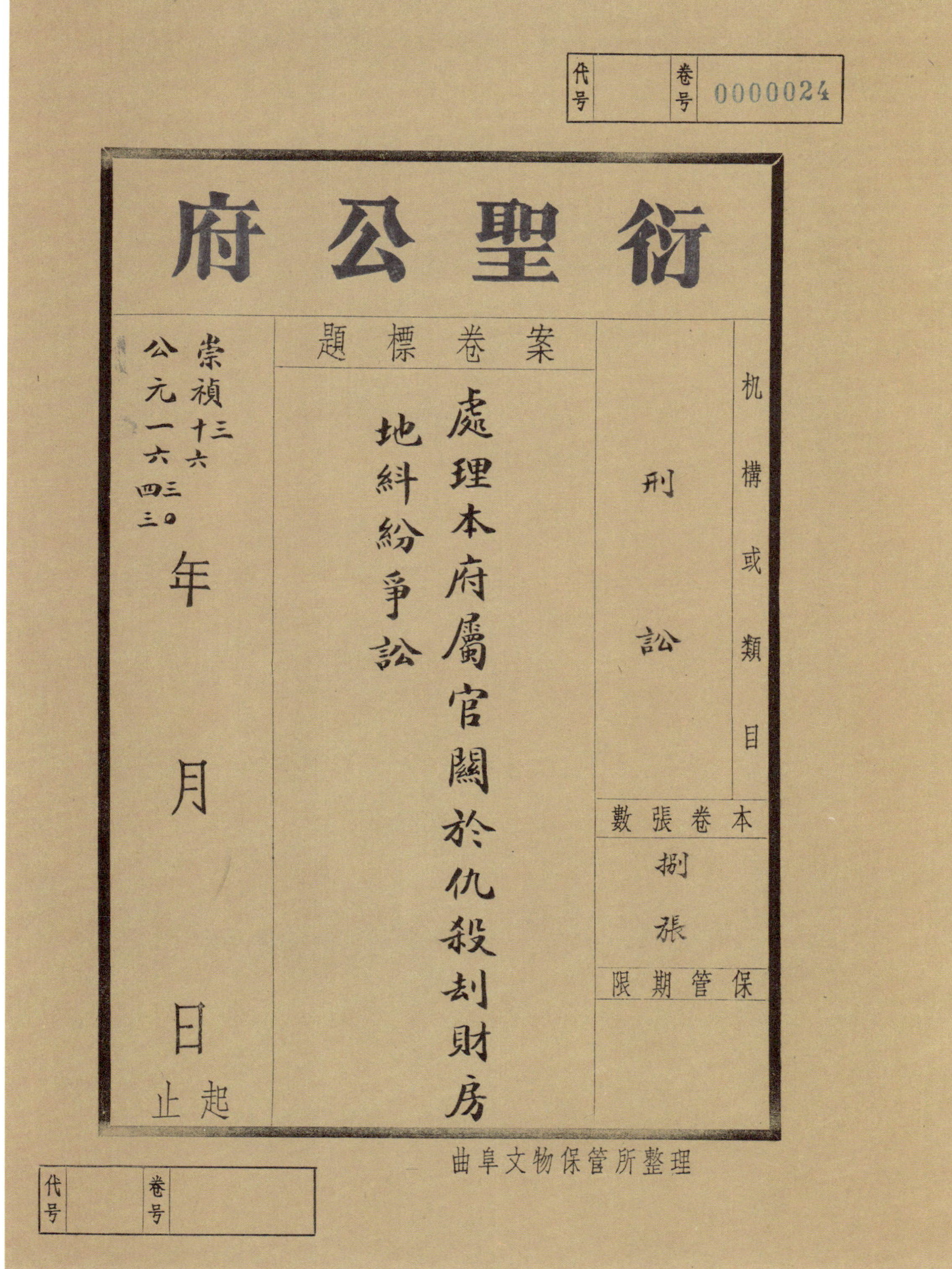
代号
卷号 0000024

衍聖公府

機構或類目
刑訟

案卷標題
處理本府屬官關於仇殺劫財房地糾紛爭訟

崇禎十三
　　十六
公元一六四〇
　　　　三
年　月　日 起止

本卷張數
捌張

保管期限

曲阜文物保管所整理

代号
卷号

卷內目錄

顺序号	作者	内容摘要	文件上的号数	文件上的日期	文件所在的张数	备註
一	衍聖公府	為烏横欺殺又為和息		崇禎三年六月初一日	—	
二	樂舞生趙敏學啟	為告馮加會强奪己賣宅地請求明斷		崇禎三年五月二十七日	—	
三	岳守仁啟	為趙敏學與馮加會因小忿搆訟經和處人等調停兩願和息請求免究		崇禎三年六月初七日	—	
四	衍聖公府	為剪判抵命手本行河防府		崇禎十五年五月日	—	
五	衍聖公府	為據情行文河防府希将李耀龍如何賄囑官府打死孔貞憲原由詳覆以憑移文撫院		崇禎十五年五月日	—	
六	衍聖公府	行河防府手本由同上		崇禎十五年五月初一日	—	
七	衍聖公府	為强盜正法餘党作祟殺人刦財姦淫使女行文道院嚴行究辦		崇禎十六年九月日	—	
八	衍聖公府	為仇殺人命放火刦財伙謀劣生牛燦若時先劄付單縣儒學嚴懲劣生聽候本府移文學道除名究處		崇禎十六年九月日	—	
				年月日	—	

填寫人　　年　月　日

衍聖公府爲梟横欺殺又爲和息事文卷卷面

崇禎三年六月初七日

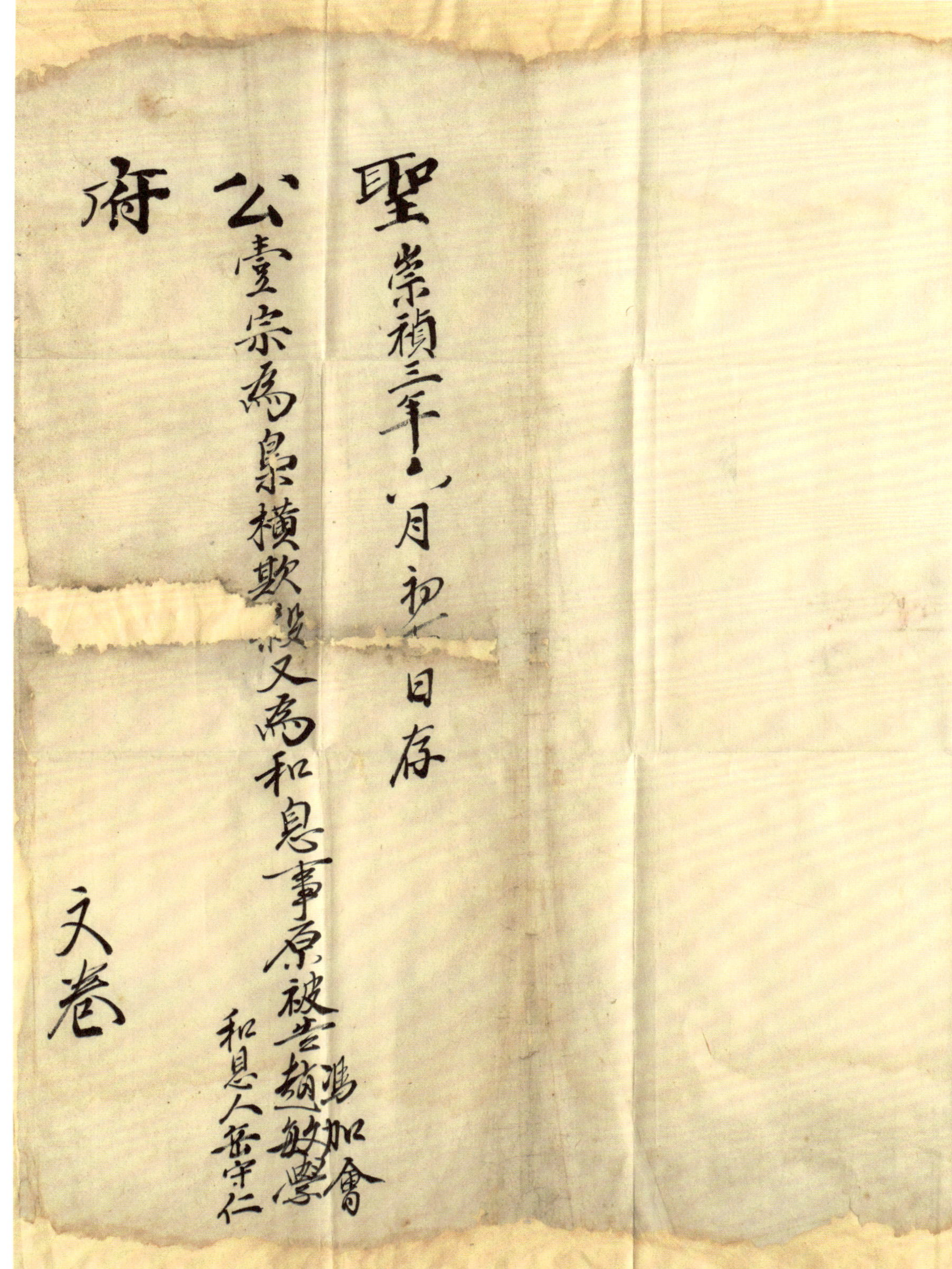
聖
崇禎三年六月初七日存
公
壹宗爲梟横欺殺又爲和息事原被告趙敏學 馮加會
和息人岳守仁
府
文卷

56.4cm x 75.4cm

樂舞生頭趙敏學爲馮加會强奪已賣宅地事致衍聖公孔胤植啓

崇禎三年五月二十七日

趙敏學年六十歲係樂舞生頭啟爲豪横欺殺事憑中秦盈等用價十二兩買到馮加會宅一所坡地十畝伊今强奪此

般作害難去庄農俱係樂舞欺法難容伊奪宅地 些打點泗水人奸良善不生叩天作主判明除害免遭欺奪

爲上啟

詳行

被啟人馮加會

干証秦盈 岳守仁 李從京

崇禎三年五月 日啟

狀 人趙敏學

57.3cm x 79.0cm

岳守仁等爲趙敏學、馮加會互訟願息懇乞免究事致衍聖公孔胤植啓

［崇禎］三年六月初七日

大圖詳見附録028頁

58.6cm x 75.9cm

衍聖公府爲剪叛抵命事文卷卷面

崇禎十五年五月

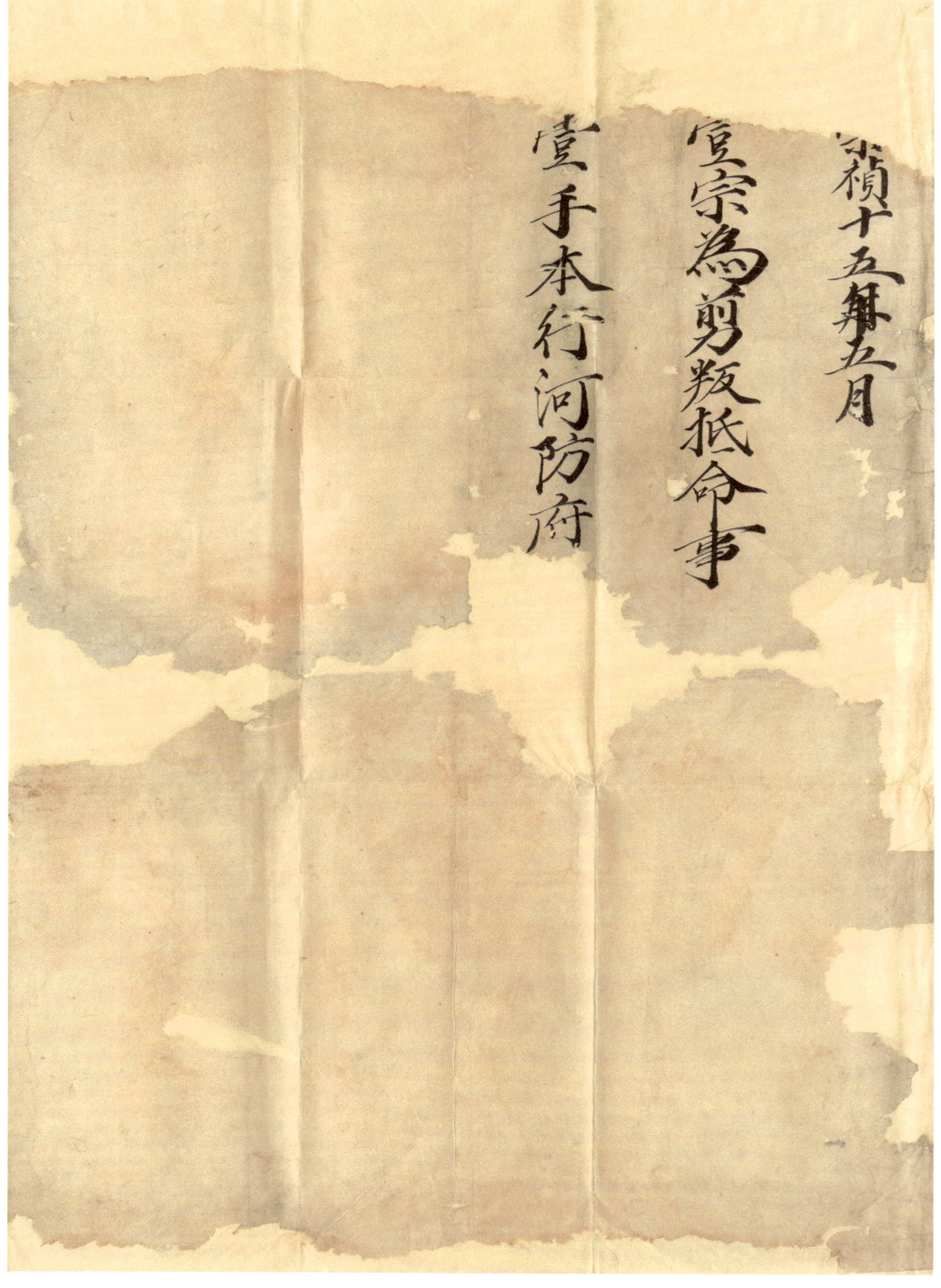
禎十五年五月
堂宗為剪叛抵命事
堂手本行河防府

58.3cm x 79.2cm

衍聖公府爲將李躍龍賄官打死孔貞憲始末詳復事致河防府手本定稿

［崇禎十五］年五月［初］二日

襲封衍聖公府爲剪叛抵命事據生員孔貞憲妻李氏呈前事[illegible]孔貞憲被叛首李躍龍等呑霸憲產具本奏
欽問轉批刑館提審已經二載未結不期惡叛李躍龍等心懷不良於[illegible]日率領羽黨王位等一百餘人捉夫貞憲抬至伊家吊拷凌虐賄囑
銀四百兩添差送至河防府受銀壹千兩將夫打折左腿剜去右眼加刑身死閣[illegible]等誣切思殺夫大變人命關天懇乞行察庶無冤死等情到府據
此府察得孔貞憲係 至聖苗裔流寓曹縣與李躍龍等因產構訟已非一日故貞憲叩
撫院究察均係 欽犯事尚未結躍龍何物乃起狠心賄賂官府致死 聖裔相應參處以肅法紀但貞憲屍骸尚在河防府衙門暴露合行
備錄以便 撫按究處具
衍手本前去 貴府煩將孔貞憲屍骸着令該管員役看守仍察李躍龍用賄打死始末希文回示以憑移文
至手本者

本

年五月

太子太傅襲封衍聖公

57.3cm x 78.7cm

衍聖公府爲將李躍龍賄官打死孔貞憲始末詳復事致河防府手本草稿及爲察收孔貞憲所遺莊産以便供祀事告示稿

崇禎十五年五月初一日

92.4cm x 29.2cm

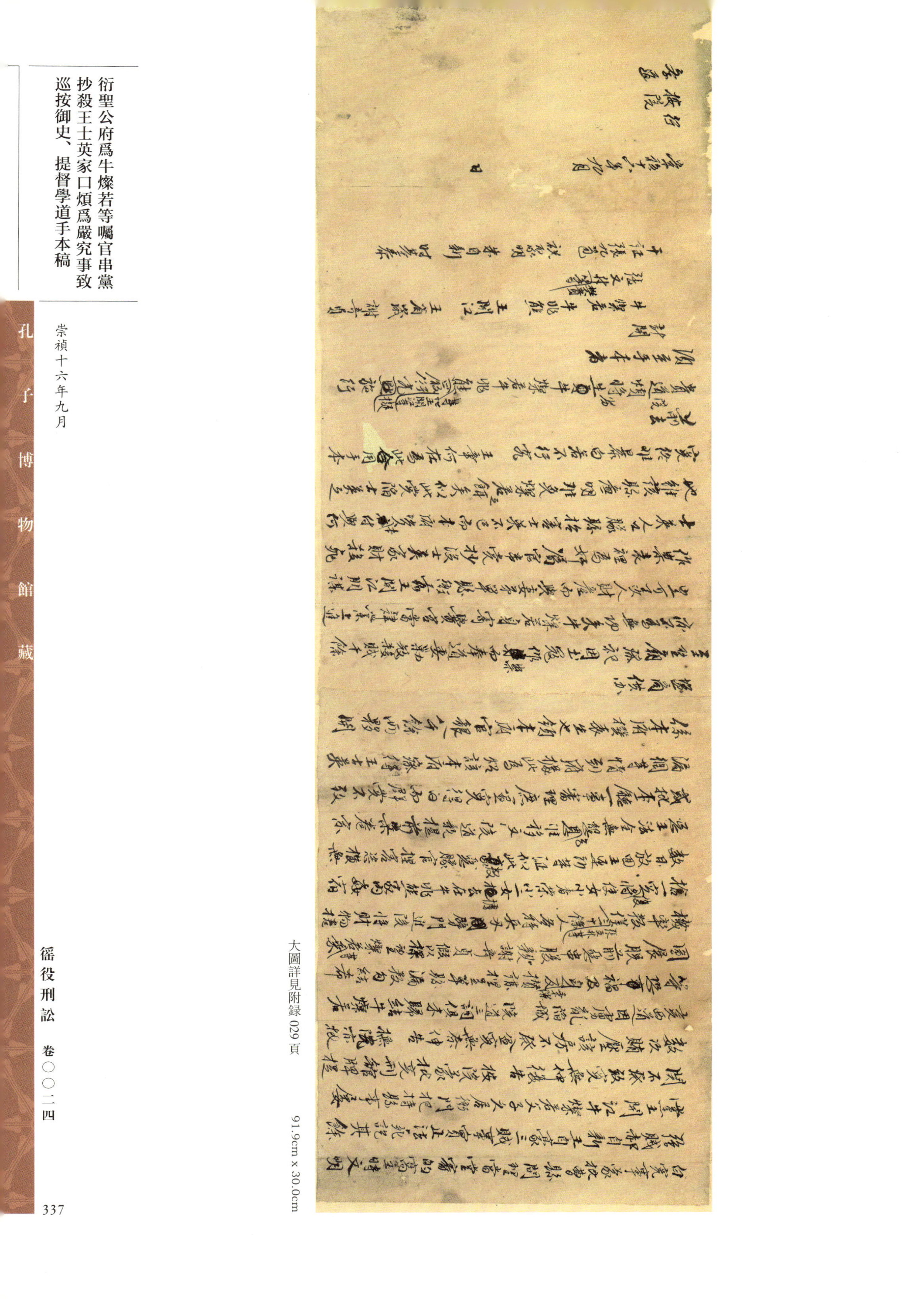

衍聖公府爲牛燦若等囑官串黨抄殺王士英家口煩爲嚴究事致巡按御史、提督學道手本稿

崇禎十六年九月

大圖詳見附録029頁

91.9cm x 30.0cm

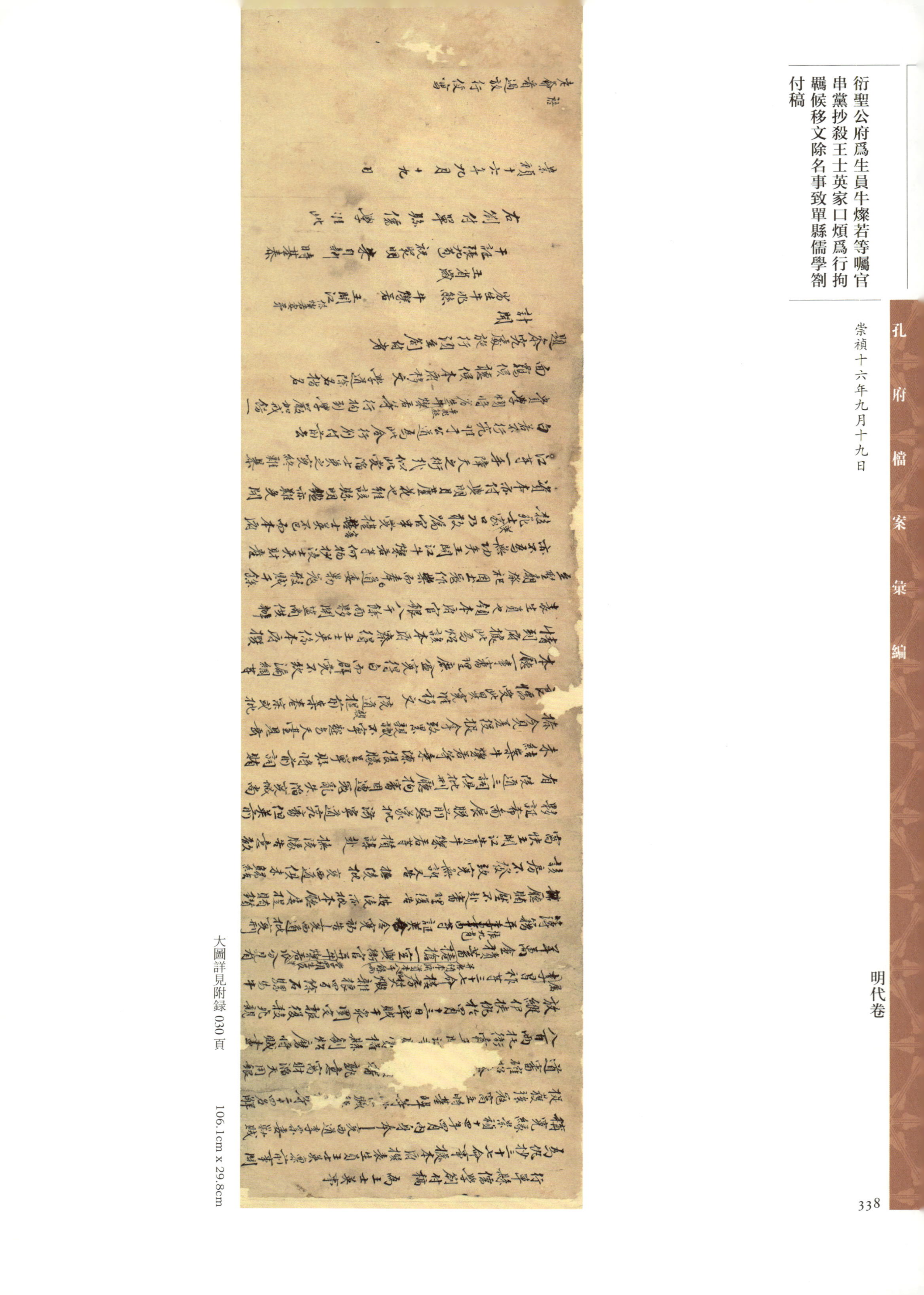

衍聖公府爲生員牛燦若等囑官串黨抄殺王士英家口煩爲行拘羈候移文除名事致單縣儒學劄付稿

崇禎十六年九月十九日

大圖詳見附録 030 頁

106.1cm x 29.8cm

考證表

機關代號第　　號

保管單位第　　號

本案卷内共有　捌　張已編號之文件。

保管單位缺點的説明。

附註

檔案工作人員的職務（簽名）

公元一九六二年十二月　日

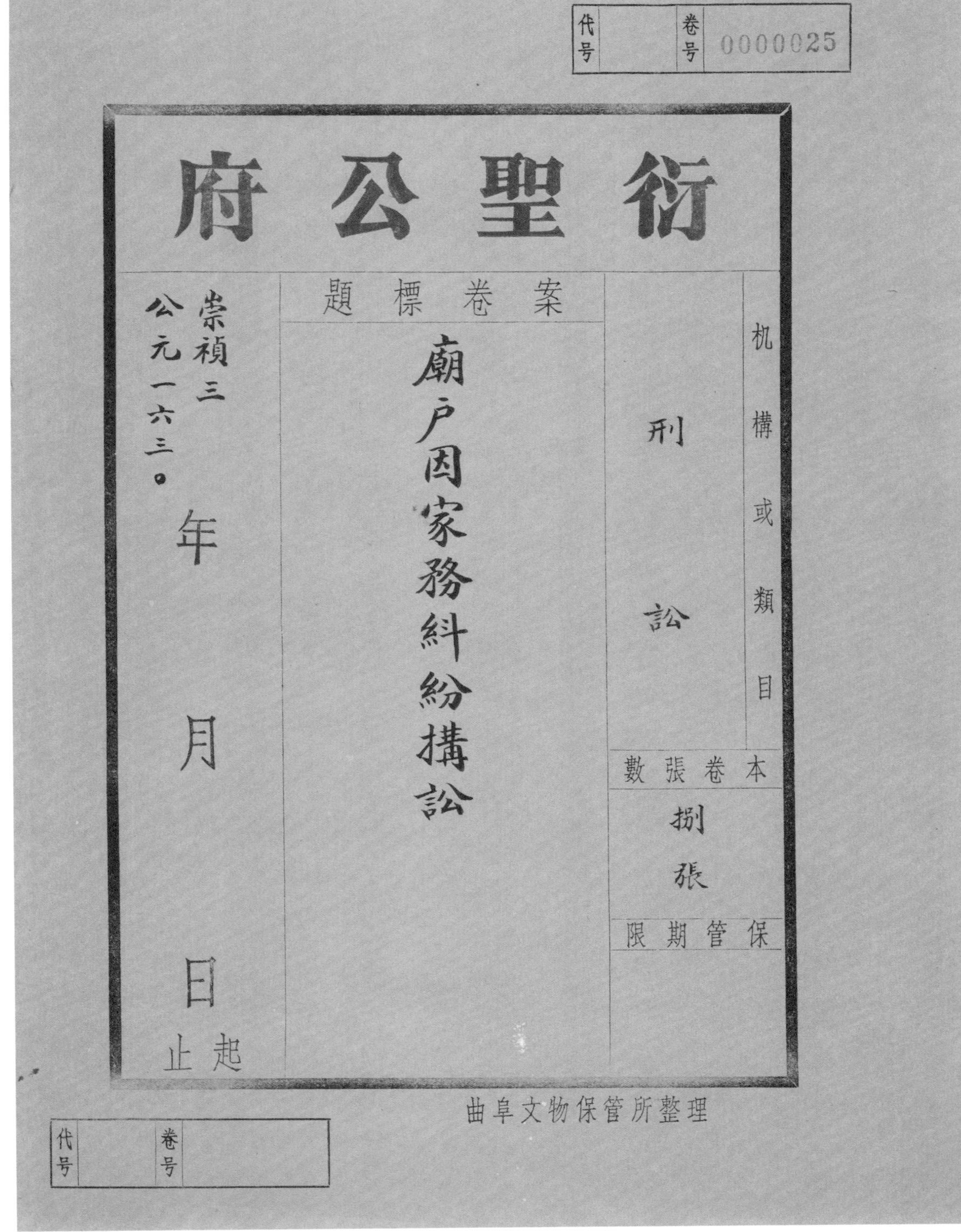
代号　　卷号 0000025

衍聖公府

案卷標題：廟户因家務糾紛構訟

崇禎三年　公元一六三〇　年　月　日　起止

機構或類目：刑訟

本卷張數：捌張

保管期限：

曲阜文物保管所整理

代号　　卷号

卷內目錄

順序号	作者	內容摘要	文件上的号数	文件上的日期	文件所在的張数	备註
一	衍聖公府	為滅倫抄殺興訟後又為鄉民和處罷訟		崇禎三年八月十五日	｜	
二	廟户陳大任狀	為廼弟陳大授兇酒惡淫毆傷兄嫂懇請法辦		崇禎三年八月初七日	｜	
三	陳大任	狀告陳大授罪惡六條詳單		崇禎三年八月初七日	｜	
四	衍聖公府	為票拘陳大授到案聽審		崇禎三年八月初八日	｜	
五	陳大授手本	訐開陳大任劣跡四條		崇禎三年八月初九日	｜	
六	陳大授訴狀	為滅弟抄殺潑嫂暴横毆傷弟婦懇乞作主		崇禎三年八月初九日	｜	
七	衍聖公府	為票拘陳大任到案聽審		崇禎三年八月十一日	｜	
八	鄉里孔弘盛和處狀	為陳大任與陳大授兄弟爭訟經鄉里和處兩願罷訟乞恩免究		崇禎三年八月十五日	｜	
				年月日	｜	

填寫人　　年　月　日

衍聖公府爲陳大任與陳大授互告事文卷卷面

崇禎三年八月十五日

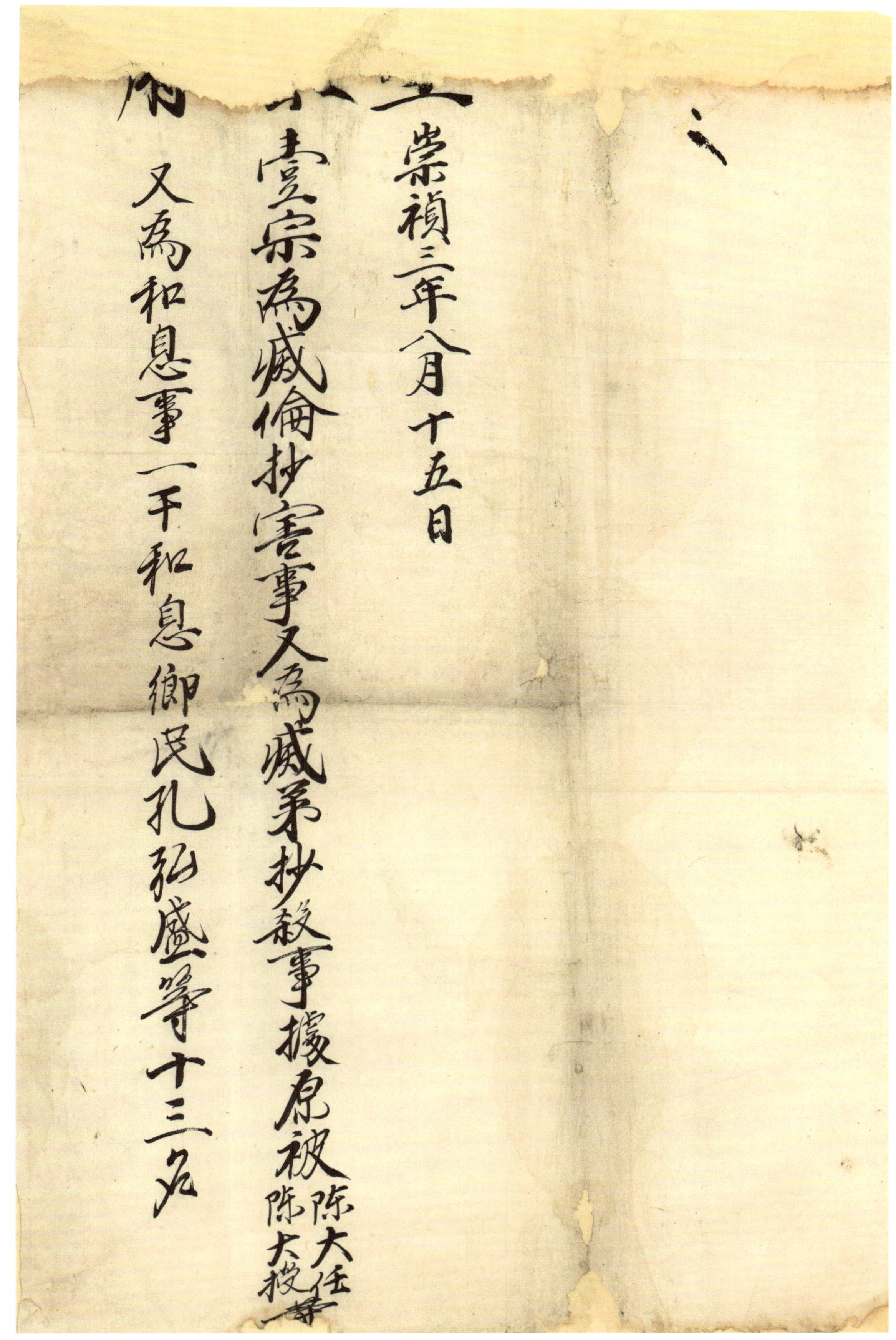

崇禎三年八月十五日

壹宗為滅倫抄害事又為滅弟抄殺事據原被陳大任陳大授等

又為和息事一干和息鄉民孔弘盛等十三名

46.9cm x 72.4cm

廟户陳大任爲陳大授叠淫慣盜毆傷兄嫂事致衍聖公孔胤植啓狀及批（附陳大授罪惡詳單）

崇禎三年八月初七日

啓狀人陳大任年五十五歲係廟户籍爲滅倫扒害事徵惡逆弟陳大授叠淫慣盜兇暴異常一方大害約所惡冊併被害孀婦孔氏

可査本月初六伊恃酒無禁平空將任女五姐採打任妻李氏痛遭兇毆遍身重傷二命僅刻任開理言復將任採打衣服網帽扯碎

找祖喝罵百般一夜不休隣佑曹一登等証尤此淫盜異惡行同禽獸毆罵兄嫂天倫大變乞植急剪闔掌叩告

詳行

被告 陳大授

干証 孔氏 曹一登 孔弘慎 鄉約惡冊

崇禎三年八月　　日啓　　狀　　人陳大任

58.1cm x 73.7cm

廟户陳大任爲陳大授叠淫慣盜毆傷兄嫂事致衍聖公孔胤植啓狀及批（附陳大授罪惡詳單）

崇禎三年八月初七日

單

准

計開惡人陳大授淫盜事于后

一件淫姦侄婦孔氏不遂本人証

一件姦污侄女大妞盜擄河南趙沖斗証

一件打母孔氏綁約惡蹟証

一件偷盜孔巷中樹三科

一件偷心盜糧食漏網

一件漏報人丁七丁 陳仰善 陳大江 陳大海 陳得力 陳小十 陳宗文男二丁

初七

八月 日

77.0cm x 32.5cm

衍聖公府爲拘陳大授到案聽審事致卞文票

崇禎三年八月初八日

聖府

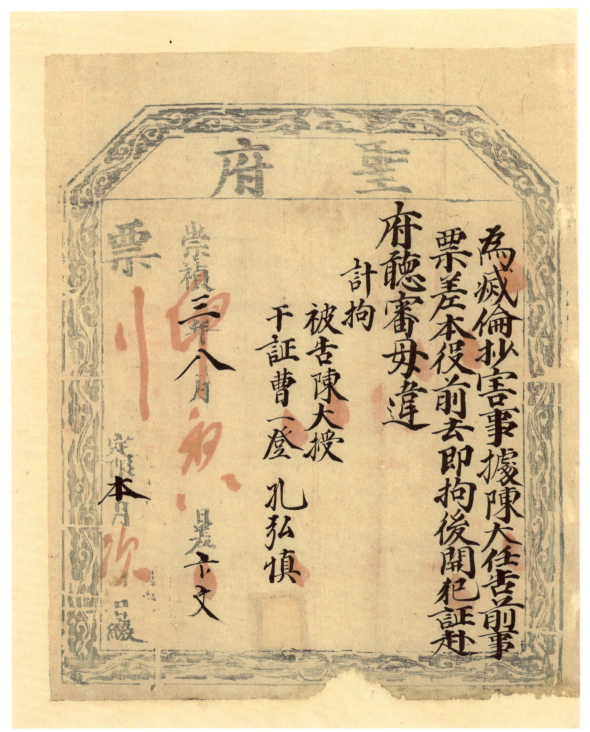

爲滅倫抄害事據陳大任告前事票差本役前去即拘後開犯証赴

府聽審毋違

計拘

被告陳大授

干証曹一登 孔弘慎

票

崇禎三年八月初八日

本

差卞文

39.4cm x 50.8cm

陳大受爲叙明陳大任劣迹事致衍聖公啓

［崇禎三年］八月初九日

啟

小的陳大受手本

計開一兄陳大任鄉宦子侯

一件恐詐房課三百七十兩

三位老爺歸天不行交官收入私囊放帳圖水買馬

一件戍姦

一件縱子十行

一件城邑三衍害官任肥家

一件侵吞牛驢二頭

干證陳大綱

陳大順

陳大志

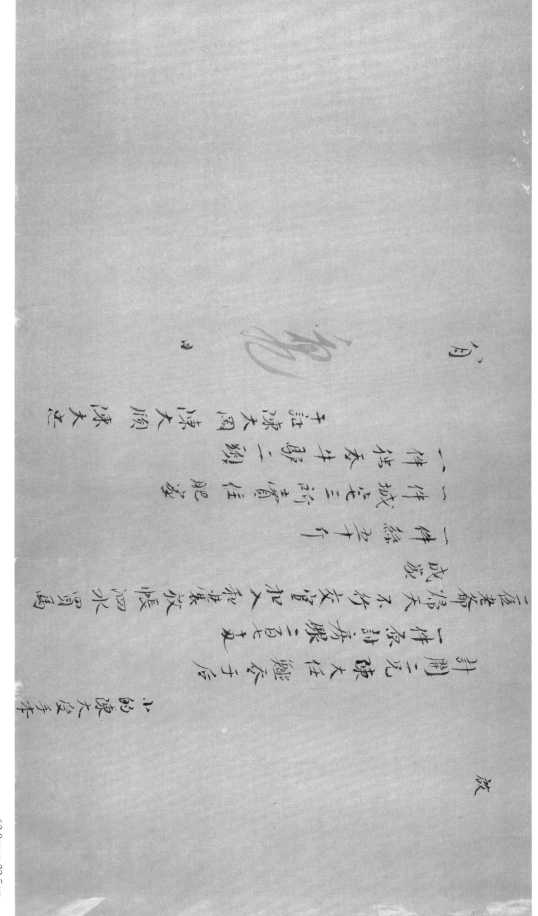

62.0cm x 32.5cm

陳大受爲陳大任滅弟抄殺事致衍聖公孔胤植訴狀及批

崇禎三年八月初九日

訴狀人陳大受，年四十歲，係本府家人，訴爲贓弟抄殺事。二兄陳大任淤妻李氏，暴橫無禁，上下共知，縱畜貪手，每諭不服。
本月初六日，男婦數口挺受痛打，妻救拉家，仍赶後揪下，取昏死，衣服扯碎，幸虧陳大顧等証。倚兄贓弟，同胞無情，
抄沒反害，是非顛倒，乞洞作主，除惡救命，上訴。

詳行

被訴人 陳大任 李氏

干証 陳大顧 陳大忠

禎三年八月 日訴 狀 人陳大受

58.1cm x 71.7cm

衍聖公府爲拘陳大任等到案聽審事致下文票

崇禎三年八月十一日

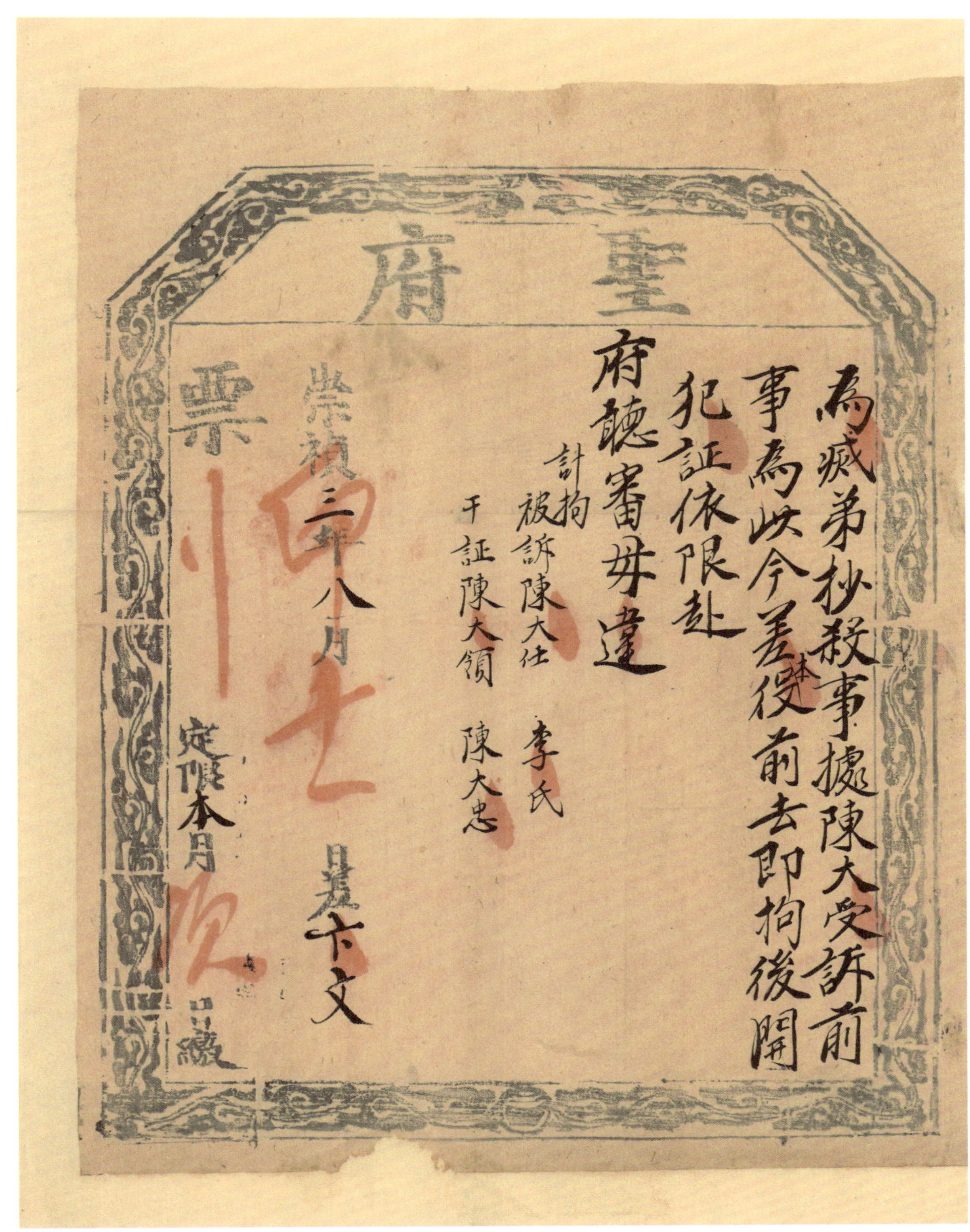
聖府

爲滅弟抄殺事據陳大受訴前事爲此今差役林前去即拘後開犯証依限赴府聽審毋違

計拘

被訴 陳大任 李氏

干証 陳大領 陳大忠

崇禎三年八月十一日

日下文

票

定限本月 日繳

39.8cm x 51.0cm

孔弘盛等爲陳大任兄弟和息事致衍聖公孔胤植［稟］及批

［崇禎三］年八月十五日

息和息事切照陳大任與陳大受俱係户人因兄弟小忿各啟狀准遵候審理鄉親

受同抱恐傷兄弟恩愛有孔弘盛等講息二家情願不敢擅専乞恩

寛行

准和息

陳大恵
陳大頌
陳大剛
張雷
翟思愛
生員陳應祥
李堯氏
民曹一登
林震聲
孔弘盛
孔弘强
孔弘慎

八月

日一干鄉

57.4cm x 75.4cm

考證表

機關代號第　　號

保管單位第　　號

本案卷内共有　捌張已編號之文件。

保管單位缺點的説明。

附註

公元一九六二年十二月　日

檔案工作人員的職務（簽名）

曲阜縣申復關於孔廟户人荀應榮等盜掘先聖公側室墓棺一案鞫訊判罪情形

崇禎四年

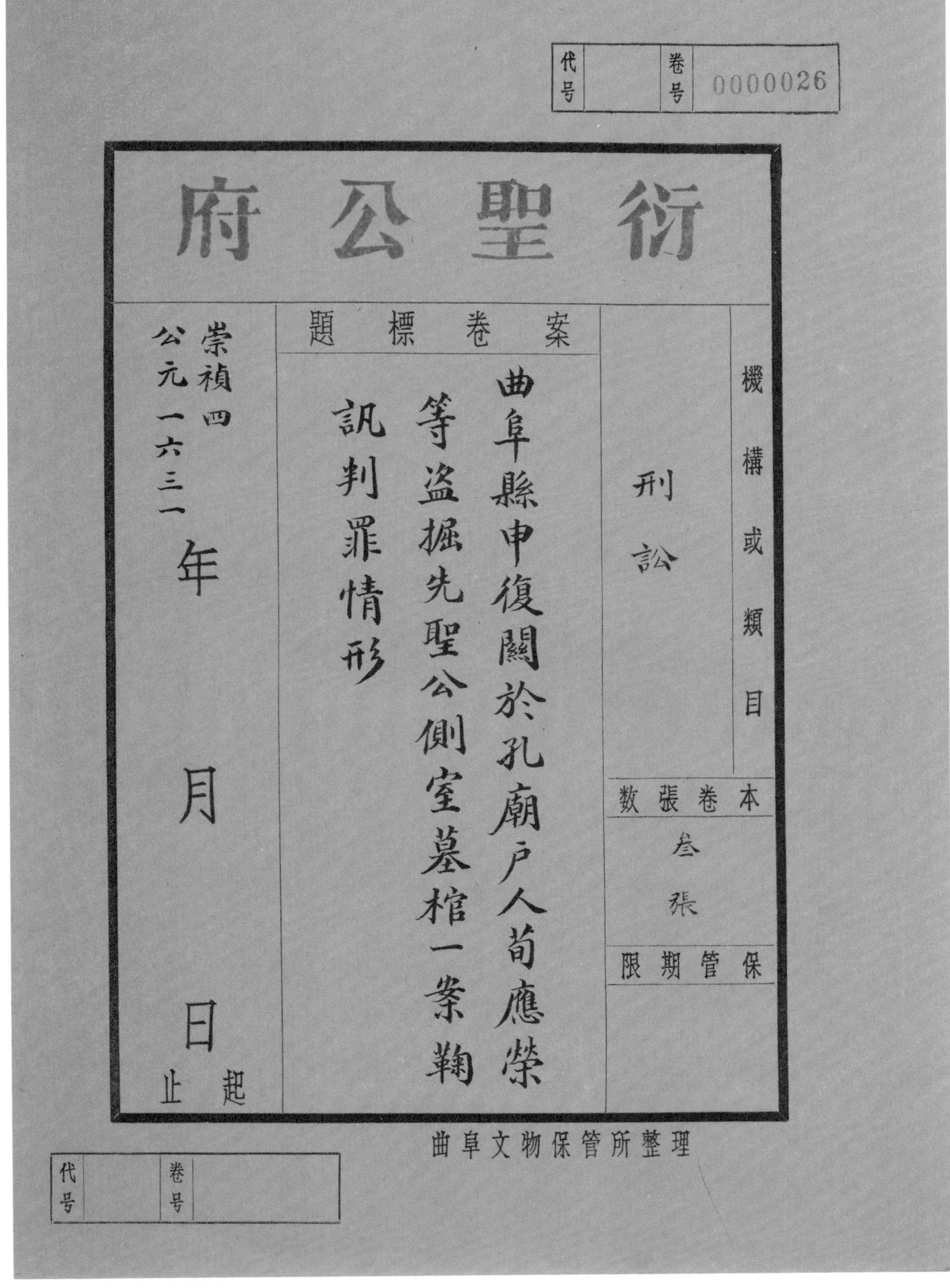
代号 卷号 0000026

衍聖公府

案卷標題：曲阜縣申復關於孔廟户人荀應榮等盜掘先聖公側室墓棺一案鞫訊判罪情形

崇禎四年 公元一六三一年 月 日 起 止

機構或類目：刑訟

本卷張数：叁張

保管期限

曲阜文物保管所整理

代号 卷号

卷内目錄

顺序号	作者	内容摘要	文件上的号数	文件上的日期	文件所在的张数	备註
一	衍聖公府	為賊犯荀守榮等盜墓發棺劄付曲阜縣從重問罪		崇禎四年七月十一日	—	
二	曲阜縣	為遵令審訊賊犯荀應榮等六名前後犯罪事實並分别定罪情形具實申報		崇禎四年七月初十日	—	
三	衍聖公府	為據曲阜縣申報擬定賊犯荀應榮等罪名輕于律例請照劄付提出例條治罪		崇禎四年七月 日	—	
				年 月 日	—	
				年 月 日	—	
				年 月 日	—	
				年 月 日	—	
				年 月 日	—	
				年 月 日	—	

填寫人　　年　月　日

衍聖公府爲荀守榮等盜墓開棺事文卷卷面

崇禎四年七月十一日

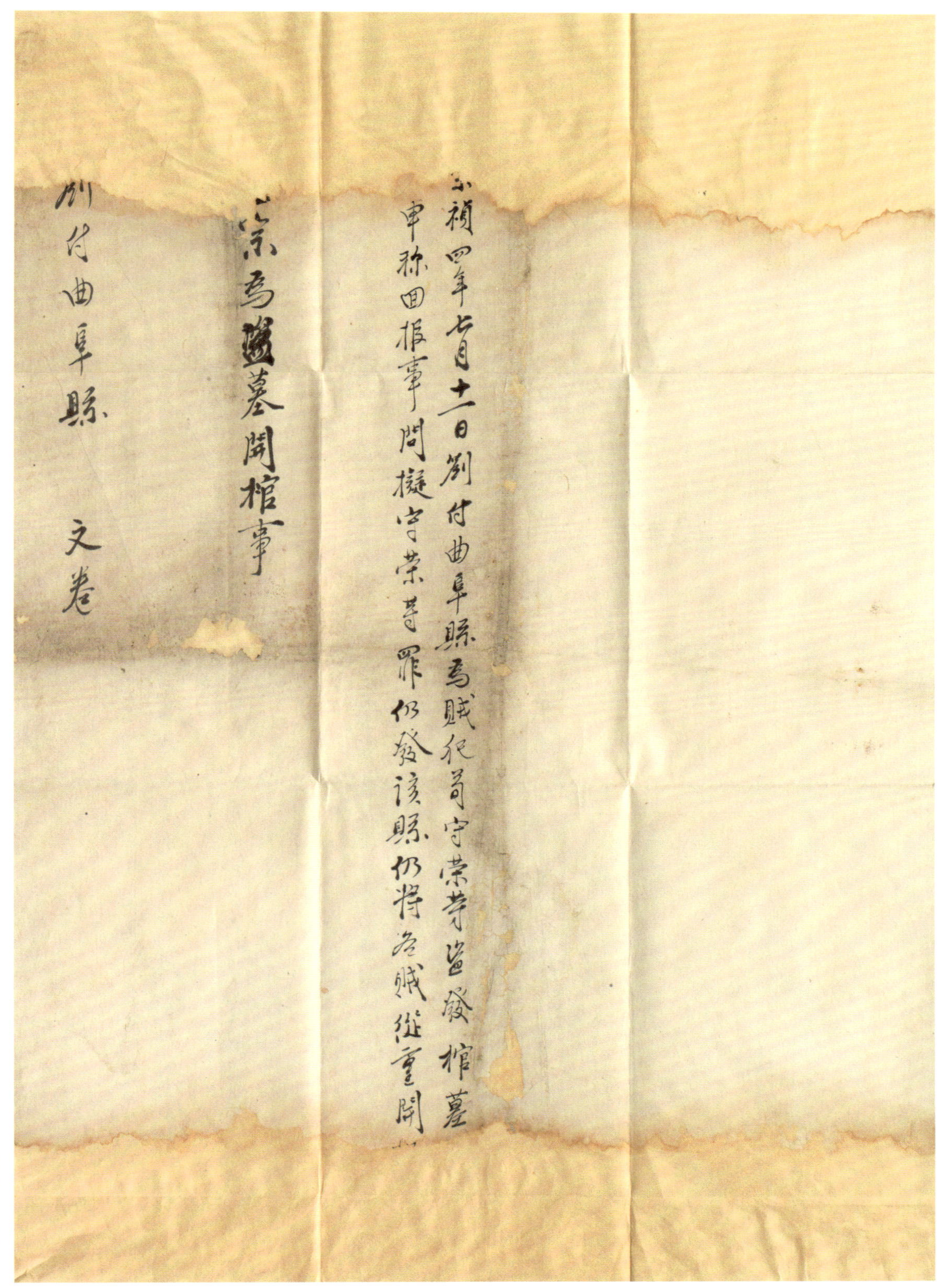

崇禎四年七月十一日劄付曲阜縣爲賊犯荀守榮等盜發棺墓

事稱田根事問擬守榮等罪仍發該縣仍將各賊從重問[illegible]

崇爲盜墓開棺事

劄付曲阜縣　文卷

58.2cm x 78.3cm

曲阜縣世職知縣孔弘毅爲訊結荀應榮等盜墓發棺事致衍聖公府申

〔崇禎四年〕七月初十日

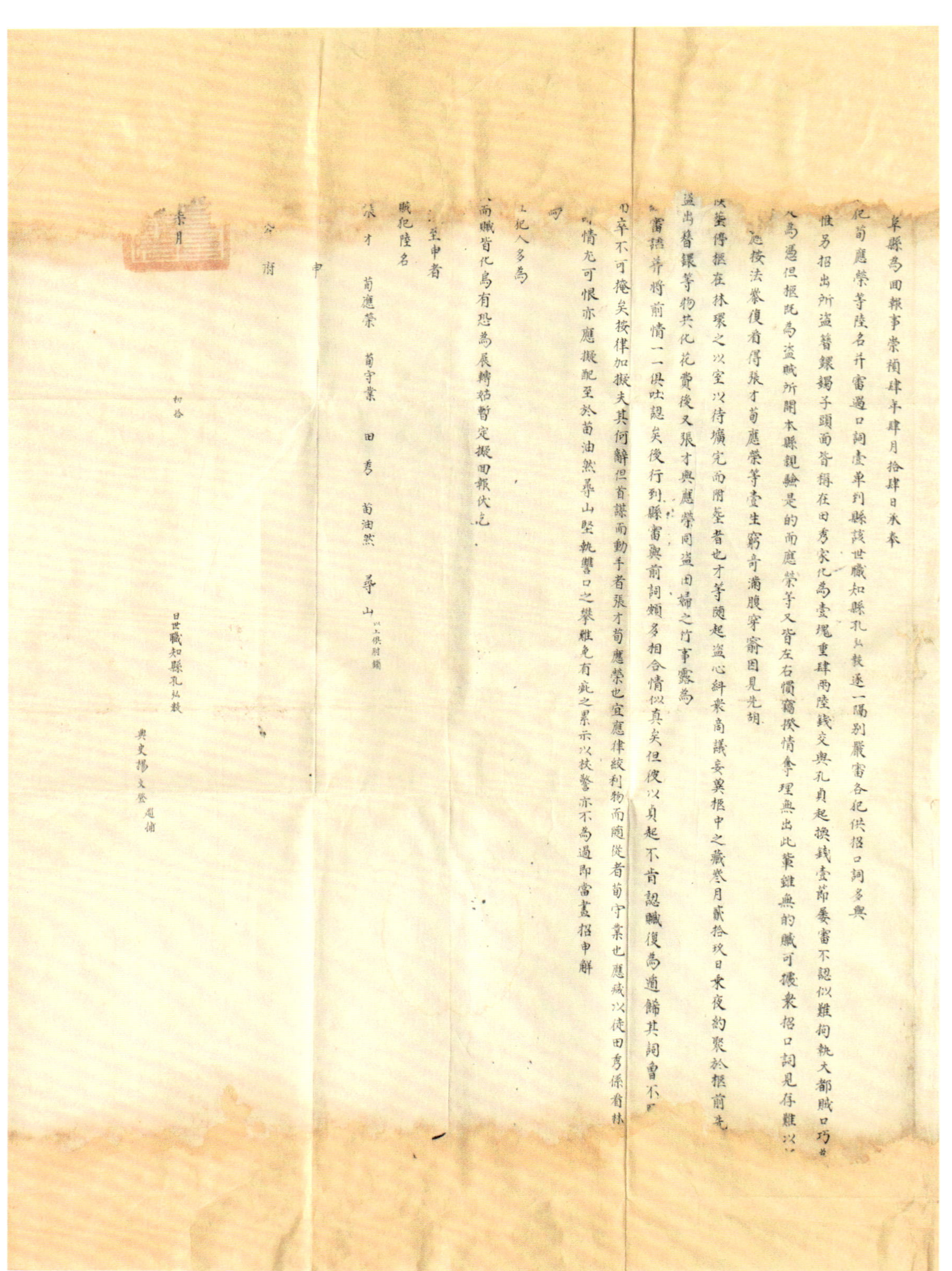
阜縣爲回報事崇禎肆年肆月拾肆日承奉
犯荀應榮等陸名并審過口詞壹單到縣該世職知縣孔弘毅逐一隔别嚴審各犯供招口詞多與
惟另招出所盜簪鐶鐲子頭面皆稱在田秀家化爲壹塊重肆兩陸錢交與孔貞起换錢壹節奏審不認似難拘執大都賊口巧
爲憑但枢既爲盜賊所開本縣親驗是的而應榮等又皆左右慣竊揆情參理無出此輩雖無的贓可據衆招口詞見存難以
應按法參復看得張才荀應榮等壹生窮奇滿腹穿窬因見先胡
氏塟傳枢在林環之以室以待壙完而附塟者也才等随起盜心糾衆商議妄冀枢中之藏參月貳拾玖日乘夜約聚於枢前先
盜出簪鐶等物共化花費後又張才與應榮同盜田婦之竹事露爲
審語并將前情一一俱吐認矣後行到縣審與前詞頗多相合情似真矣但彼以貞起不肯認贓復爲遁飾其詞曾不
卒不可掩矣按律加擬夫其何辭但首謀而動手者張才荀應榮也宜應律絞利物而隨從者荀守業也應絞以徒田秀係看林
情尤可恨亦應擬配至於荀油然尋山堅執讐口之攀雖免有疵之累示以扶警亦不爲過即當畫招申解
呵
犯人多爲
而贓皆化烏有恐爲展轉姑暫定擬回報伏乞
至申者
贓犯陸名
張才 荀應榮 荀守業 田秀 荀油然 尋山 以上俱附鎖
申
公 府
崇[illegible]月 初拾 日世職知縣孔弘毅
典史楊文登 廵捕

大圖詳見附録031頁

61.4cm x 80.0cm

衍聖公府爲請照律令擬定荀應榮等罪名事致曲阜縣劄付稿

[崇禎]四年七月[十一]日

開棺事據曲阜縣申後先該本府送發盜掘賊犯荀應榮等六名并審過口詞一单本
招口詞多與府審相同但彼以貞廷不肯認贓復爲遁飾其詞曾不思發冢開棺實跡昭
據吳等因擬律加擬張才荀存榮律絞荀守業田秀徒配荀沛然尋山杖做各招情
定罪律理之平適利於法愚民無知今荀應榮等一案本縣分別首從問擬可爲盡法
二枢 先聖公側室也荀應榮等本府戶人也開棺見屍者絞凡人論耳若卑幼發尊長
見屍者斬又奴婢顧工人棄毀家長死屍者斬即髡髮告傷者亦不赦等 明律昭然
物爲掽也今荀守業田秀同謀共盜荀沛然尋山林常住人非琴堂好生之德首從差別
思欽嚴爲懲禁謹遵 律令而申言之爲此劄付該縣照劄事理仍將荀應榮等
狠奴黠盜不致漏網則盜息民安本府林廟深有幸矣須至劄付者

一 劄付曲阜縣 准此

太子太傅襲封衍聖公

劄 付

曲阜縣

崇禎四年七月 日

管開棺事

孔子博物館藏

60.5cm x 80.4cm

考證表

機關代號第　　號

保管單位第　　號

本案卷内共有叁　張已編號之文件。

保管單位缺點的説明。

附註

公元一九六二年十二月　日

檔案工作人員的職務（簽名）

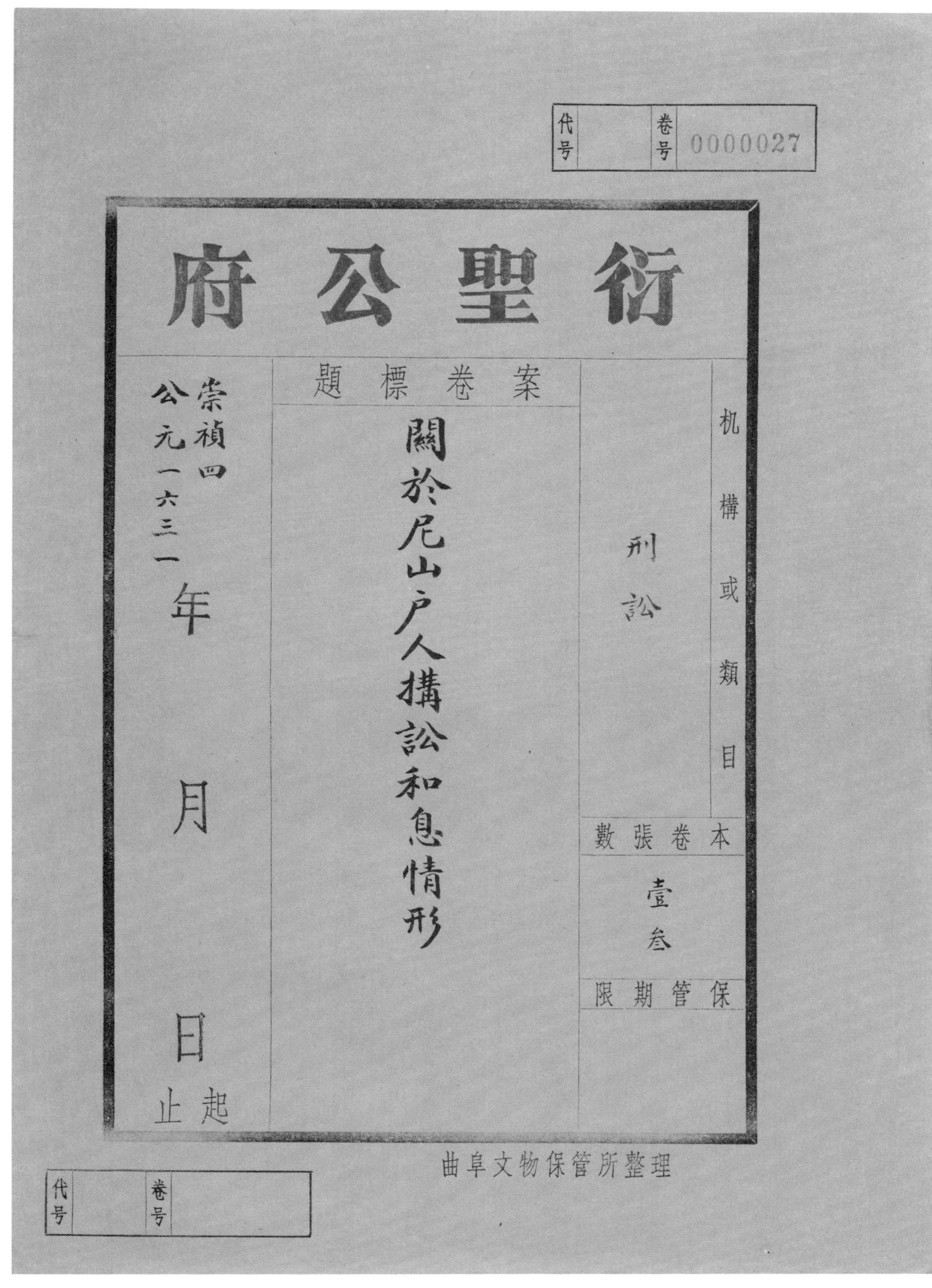

代号 卷号 0000027

衍聖公府

案卷標題

關於尼山户人構訟和息情形

崇禎四
公元一六三一
年 月 日 起 止

机構或類目

刑訟

本卷張數

壹叁

保管期限

曲阜文物保管所整理

代号 卷号

顺序号	作者	内容摘要	文件上的号数	文件上的日期	文件所在的张数	备注
一	衍聖公府	為勾引告害急剪勾殺群虎抄殺逆天殺命搆訟經孔弘欽和息立案		崇禎四年五月二十三日	—	
二	張大河狀	為曹尚義勾引尚有智同謀陷害伏望作主		崇禎四年四月十六日	—	
三	張彥義狀	由同上		崇禎四年四月十六日	—	
四	張彥義	列舉曹尚義劣跡六條詳單		崇禎四年四月十七日	—	
五	劉登相張大河狀	為防止惡党捏詞誣告先稟來府伏乞詳察		崇禎四年四月　日	—	
六	張大河手本	列舉張應龍罪惡九條詳單		崇禎四年四月二十二日	—	
七	張大河手本	列舉尚有智罪惡十五條詳單		崇禎四年四月二十三日	—	
八	孔弘欽保狀	為張應龍曹尚義自蒙責禁願改前非請求保釋		崇禎四年四月二十八日	—	
九	張應龍曹尚義供結	為與張大河搆訟一案經鄉親處和永無反口		崇禎四年四月二十九日	—	

卷內目錄　塡寫人　年　月　日

卷內目錄

順序号	作者	內容摘要	文件上的号数	文件上的日期	文件所在的張数	备註
十	巡山户人張朝京啟	為張應龍兇悪不改辱罵父母滅倫辱祖乞准究懲		崇禎四年四月　日	|	
十一	尼山户人張應龍狀	張應兆挾仇抄殺率衆行兇乞准急究		崇禎四年五月十五日	|	
十二	尼山户人張大河狀	為張應龍悪習不改聚衆行兇打傷多人懇乞急究		崇禎四年五月十五日	|	
十三	孔尚益孔弘欽和狀	為張大河與張應龍爭訟一案經府拘審茲有鄉隣和處兩願息訟伏乞恩准寛宥		崇禎四年五月二十八日	|	
				年　月　日	|	
				年　月　日	|	
				年　月　日	|	
				年　月　日	|	
				年　月　日	|	

填寫人　　年　月　日

衍聖公府爲尼山户人張大河與張應龍、曹尚義構訟案文卷卷面

崇禎四年五月二十二日

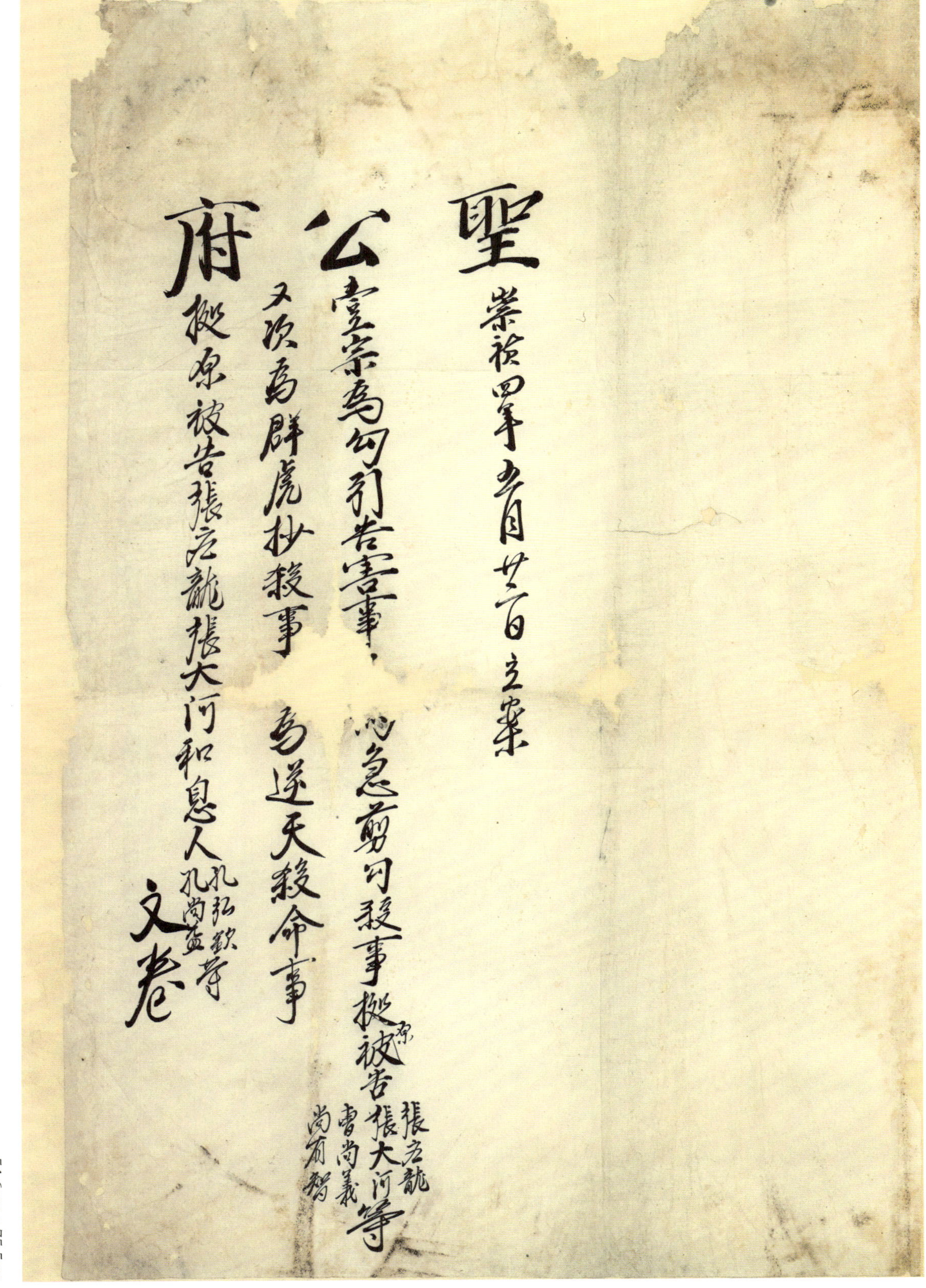

聖
崇禎四年五月廿二日立案

公
壹宗爲勾引告害事。心急剪刁殺事擬原被告張大河等
張応龍
曹尚義
尚有智

又次爲群虎抄殺事　爲逆天殺命事

府
擬原被告張応龍張大河和息人孔弘歡
孔尚盈等

文卷

54.6cm x 75.5cm

尼山户人張大河等爲曹尚義勾引尚有智同謀陷害事致衍聖公孔胤植啓狀及批

崇禎四年四月十六日

啟狀人張大河等各年甲不肯俱尼山户人啟爲勾引告害事卻鄒縣光棍曹尚義勾引山後棍手尚有智伙時理論義稱日後有事一面承當串謀有智上司告害河等受害扭義未見被虎張應龍劫去伊家后門逃走今又同謀一股挾恨前兩刼閣提鎖拿衆家老幼不得安生伏望本府老爺作主救命户人得安其生上啟

本府老爺 詳行

被啟人曹尚義 張應龍 尚有智

見証人張洪道 張大湖

崇禎四年四月 日啟

狀 人張大河 刘思皱 刘登相

52.1cm x 78.4cm

鄒縣張彥義等爲曹尚義勾引尚有智等同謀詐害事致衍聖公孔胤植啓狀及批

崇禎四年四月十七日

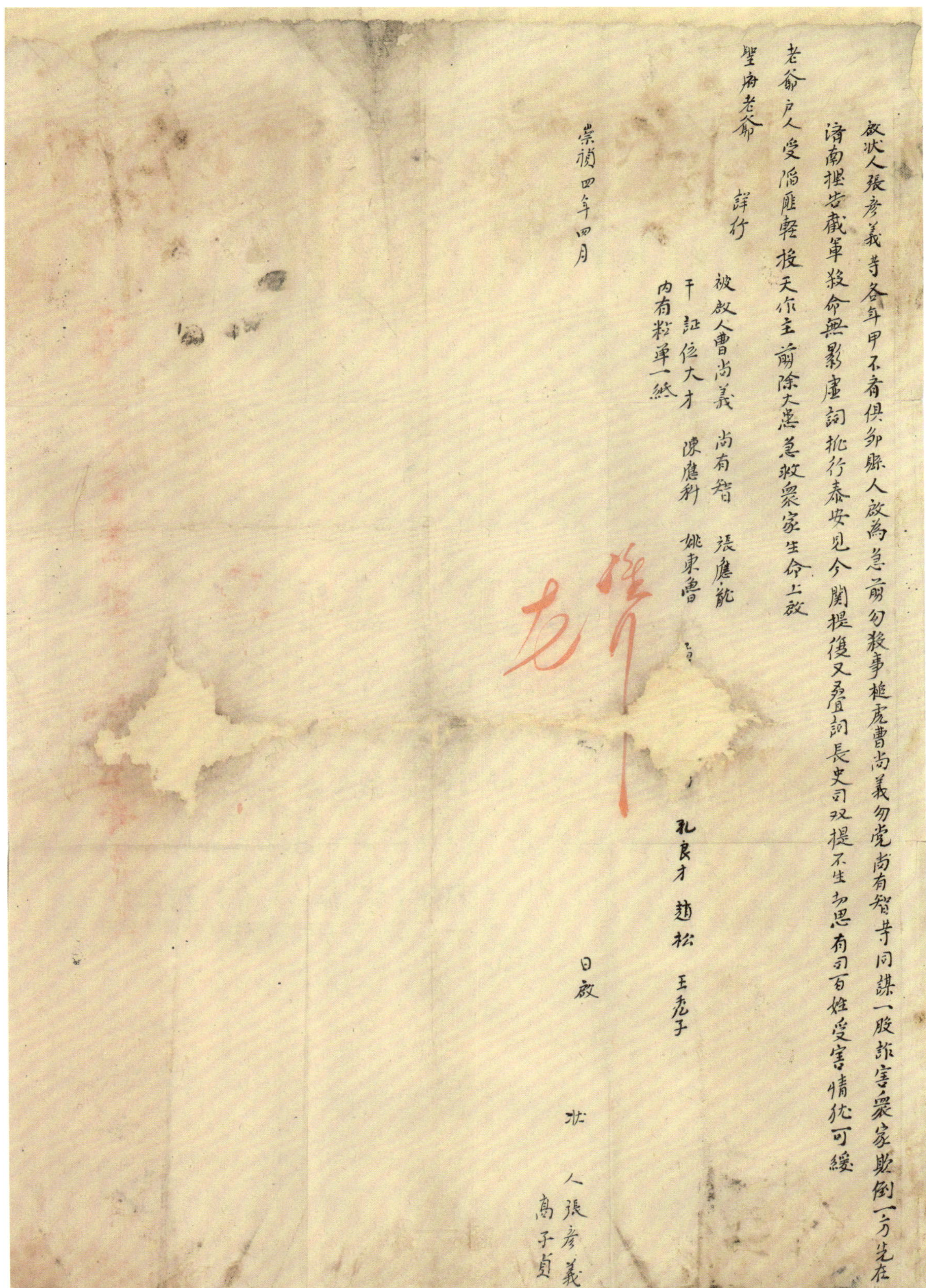

啓狀人張彥義等各年甲不甘俱鄒縣人啓爲急前勿救事起虎曹尚義勾黨尚有智等同謀一股詐害衆家欺倒一方先在
濟南撫院截單殺命無影虛詞批行泰安見今關提復又叠詞長史司双提不生加思有司百姓受害情犹可緩
老爺戶人受陷匪輕投天作主前除大患急救衆家生命上啓
聖廟老爺　詳行
被啓人曹尚義　尚有智　張應龍
干証位大才　陳應科　姚東魯　孔良才　趙松　王九子
內有粘單一紙
崇禎四年四月　日啓　狀人張彥義　高子貞

56.1cm x 80.1cm

張彥義訴曹尚義等過端訐帖

［崇禎四年］四月十七日

訐帖

訐開摠虎過端于后

一件曹尚義指告狀爲生打詐伍大才銀二兩本人証

一件曹尚義指稱官山打詐趙松酒食銀五兩五錢[illegible]証

一件曹尚義指佔官宅詐孔良才銀三兩麥三石本人証

一件曹尚義詐伍河銀一兩五錢本人証

一件曹尚義詐孟詳曾銀一兩二錢本人証

一件曹尚義詐兩家姚東魯陳應科每人銀十兩

被敗人曹尚義同謀 張應龍

尚有智

月 日

63.7cm x 33.3cm

尼山户人劉登相、張大河等爲防止惡黨捏詞誣告預陳免害事致衍聖公孔胤植啓狀

崇禎四年四月

啓狀人刘登相
張大河各年甲不等俱尼山户人啓爲案俱防害事刁惡張應龍慣告瞎状欺害良弱與身有仇捏詞誣害辛家

本府老爺天恩作主垂怜無能准理案俱力伊告过三次恐後匈党改名換姓告治辯遲乞預准陳以安生命上啓

本府老爺 詳行

被啓人張應龍 曹尚義 尚有智

崇禎四年四月 日啓 狀 人刘登相
張大河
張義
高向禎

53.1cm x 79.6cm

訐帖

崇禎四年四月廿二

張大河手本

訐開張應龍過惡于后

一件辱罵上天惡難明言 徐管家 郭管家 張大法証

一件強姦顏大化妻本人証

一件事重難陳張大法証

一件在山坡野強拉張夏妻本人証 張朝科見巡丟

一件霸占張大庫妻王氏係龍孀母 活口証

一件姦占邵有才妻任氏身死含冤本人証

一件打死宋樂建後陵生本人証

一件打詐張大化艮二兩五分本人証

一件平空打傷王教民妻本人証

四月 日

48.8cm x 33.5cm

張大河訴曹尚義、尚有智過惡訐帖

崇禎四年四月二十二日

63.5cm x 33.2cm

孔弘欽等爲張應龍、曹尚義自蒙責禁願改前非請求保釋事致衍聖公孔胤植保狀及批

崇禎四年四月二十八日

連名保狀人孔弘欽等各年甲不肯爲保舉無虞以安户人事切照張應龍曹尚義蒙審責禁毫不敢怨素行向上别不妄爲欽等保出痛悛前愆户人日後有人告治應龍尚義一面承當用爲安静連名保出庶户人家家安生而兩家永感德教連名保狀是實

本府老爺 詳行

計保犯人二名張應龍 曹尚義

准保見在着尚義等受安生業

廿八

崇禎四年四月 日連名保狀人 張朝礼 孔文茂 孔弘欽 尚孟易 刘教 曹尚仁

56.6cm x 80.1cm

張應龍、曹尚義爲與張大河構訟一案經鄉親處和永無反口事所具供結及批

崇禎四年四月二十九日

立供字人張應龍曹尚義，各年甲不齊，因爲張大河風爐構訟，蒙准祁審。今有鄉親孔弘歆等與處和息，各願慰從，大河從後又口強立字跡。如有上司各州縣有詞，即係匆訴。一面承當，從後無據，立此供字爲照。

本府老爺 詳行

崇禎四年四月 日立 供 字 人 張應龍 曹尚義

和 息 人 孔弘歆 張朝升 蘇和書 尚孟易

原告 張大河 劉登相 張彥義

計開
本府狀曹尚義當堂
泰安州狀張應龍當堂

准（朱批）

55.9cm x 79.7cm

巡山户人張朝京爲張應隆凶惡不改辱罵父母滅倫辱祖乞准究懲事致衍聖公孔胤植啓

［崇禎四年］四月

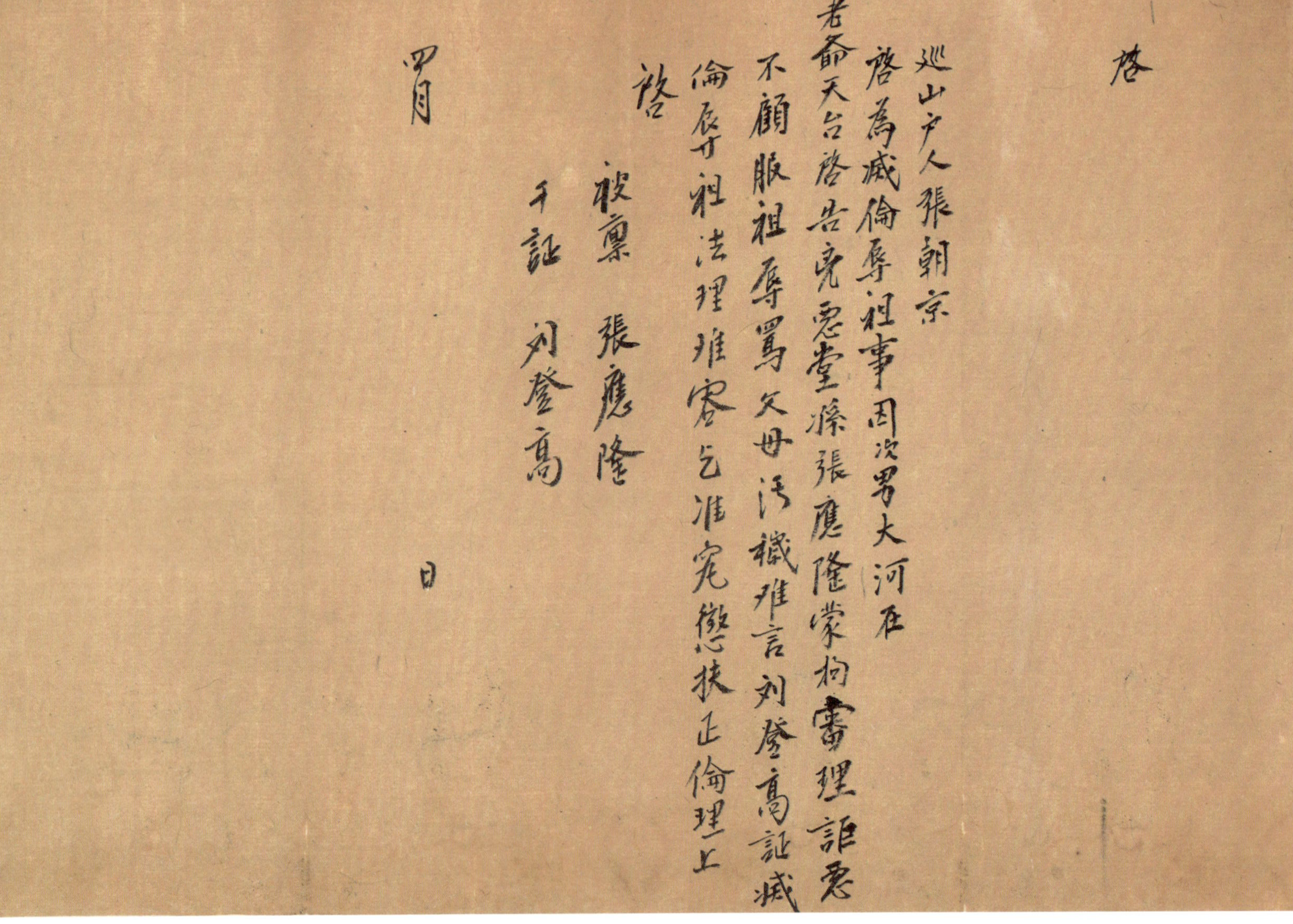

啓

巡山户人張朝京

啓爲滅倫辱祖事。因次男大河在

老爺天台啓告，究惡堂孫張應隆蒙拘審理，詎惡

不顧服祖，辱罵父母，污穢難言，劉登高証，滅

倫辱祖，法理難容，乞准究懲，扶正倫理。上

啓

被稟　張應隆

干証　劉登高

四月　　日

47.2cm x 31.4cm

尼山户人張應龍爲張應兆叔侄率衆行凶乞准急究事致衍聖公孔胤植啓狀

崇禎四年五月十五日

啟狀人張應龍年三十五歲尼山户人 啟爲群虎扑殺事本月十三日凶惡張應兆叔侄結交棍手喬麻子二十余人各持銅圈巴棍夜

碎進院乱行兇野灶𪚥打毁龍與弟應仲俱被打傷伯母趙氏頭被刀劈母王氏右膊被折張大交并証群虎乱世扑殺滅門乞

准急勦赦命正法上啟

本府老爺 詳行

被啟人張應兆 張大河 張大海 喬麻子 人

干証張大交 孔貢鸞

崇禎四年五月 日

50.9cm x 80.9cm

尼山户人張大河爲張應龍惡習不改聚衆行凶打伤多人懇乞急究事致衍聖公孔胤植啓狀及批

崇禎四年五月十五日

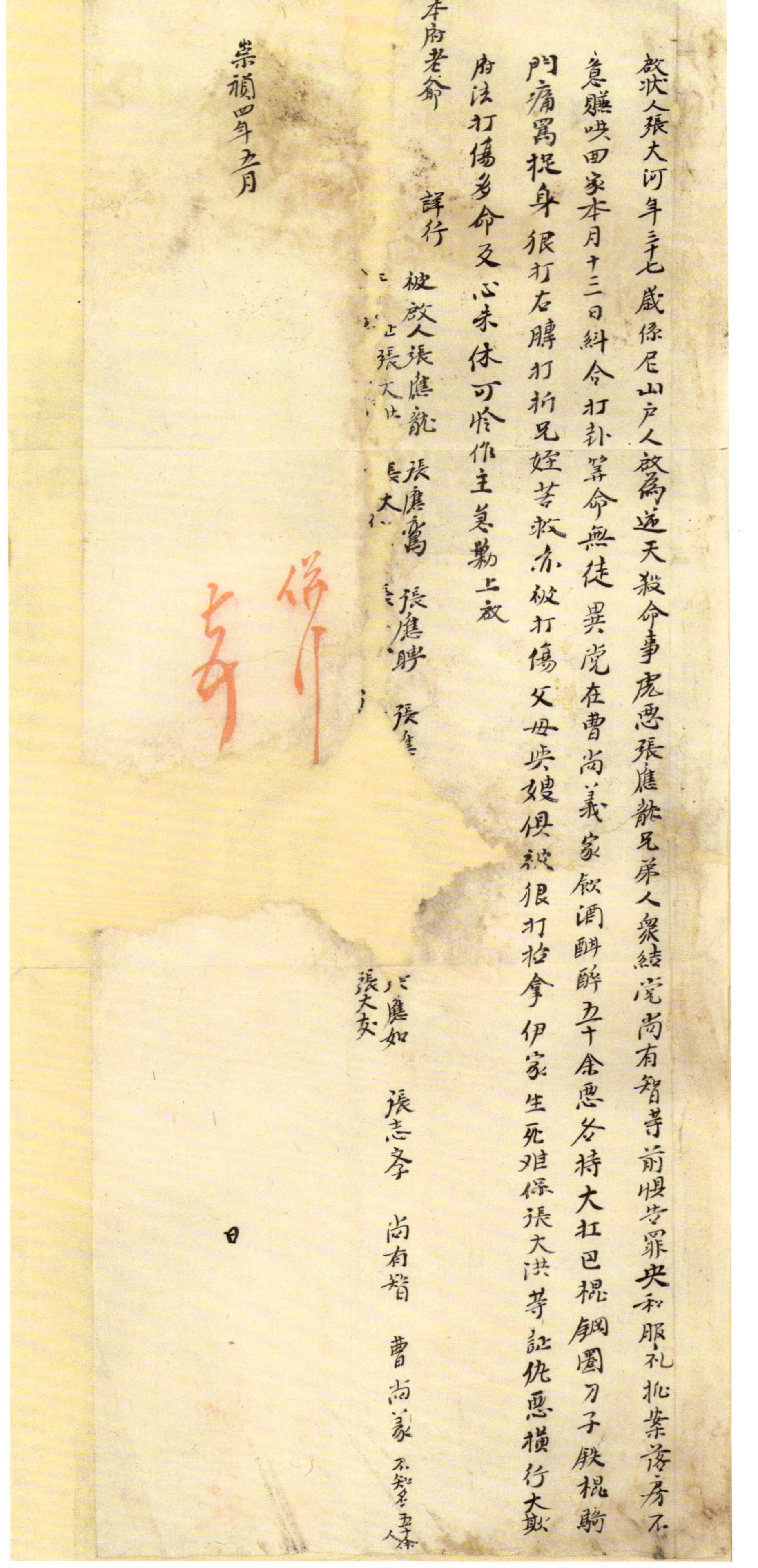

啟狀人張大河年三十七歲係尼山户人啟爲逆天殺命事虎惡張應龍兄弟人衆結黨尚有智等前惧告罪央和服礼批案落房不息聽唤四家本月十三日糾合打卦算命無徒異黨在曹尚義家飲酒酣醉五十余惡各持大杖巴棍鋼圈刀子鉄棍騎門痛罵捉身狠打右膊打折兄姪苦救亦被打傷父母共嫂俱被狠打拾拿伊家生死难保張大洪等証仇惡横行大欺府法打傷多命又心未休可怜作主急勦上啟

本府老爺　詳行

被啟人張應龍　張應鳳　張應聘　張應［illegible］

張應如　張志學　尚有智　曹尚義　不知名五十余人

崇禎四年五月　日

36.0cm x 80.7cm

曲阜縣孔尚益等爲張大河與張應龍争訟和息事致衍聖公孔胤植啓狀及批

崇禎四年五月二十□日

具和息狀人生員孔尚益、御僕孔弘欽等，各年甲不齊，俱本縣人，為懇恩准息事。有張大河與張應隆原因小忿相争，先后具啟
天台，蒙准拘審。欽等叨居隣里，不忍坐視，與伊釋息，各願止訟。伏乞
仁慈老爺俯准寬宥，共感洪恩。上啟
聖府老爺
詳行

崇禎四年五月　　日和息　　狀

李明如
李科
李永科
馮邦周
李東諫
王尚樂
尚孟一
孔尚益
孔弘欽
張應登
陳元吉
李琳榮
尚志孝
韓邦書
張朝科

51.1cm x 80.4cm

考證表

機關代號第　　號

保管單位第　　號

本案卷內共有壹叁張已編號之文件。

保管單位缺點的説明。

附註

檔案工作人員的職務（簽名）

公元一九六二年十二月　日

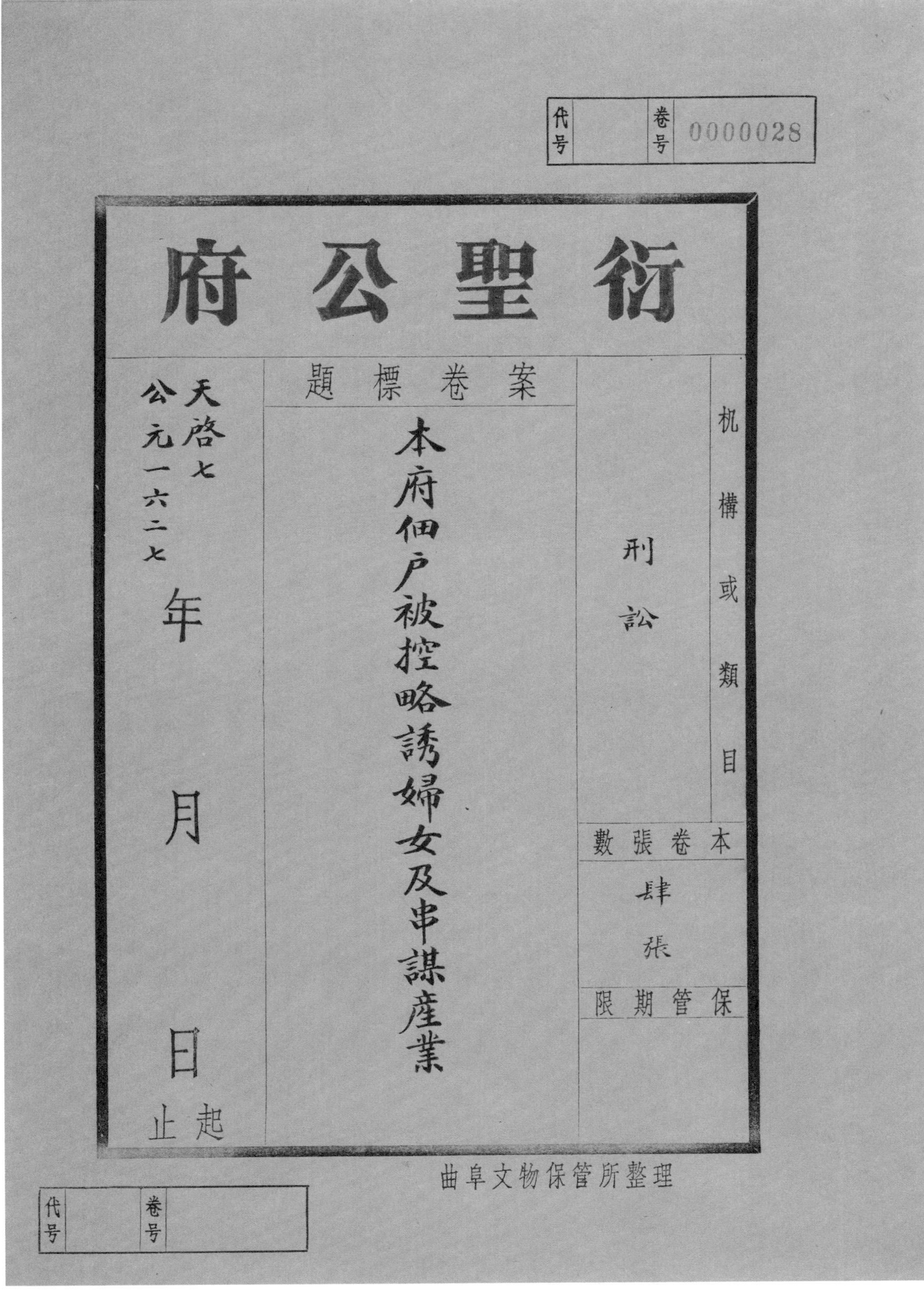
代号
卷号 0000028
衍聖公府
案卷標題
本府佃户被控略誘婦女及串謀產業
天啓七年
公元一六二七
年 月 日 起 止
機構或類目
刑訟
本卷張數
肆張
保管期限
曲阜文物保管所整理
代号
卷号

卷内目録　　填寫人　　年　月　日

顺序号	作者	内容摘要	文件上的号数	文件上的日期	文件所在的张数	备註
一	衍聖公府	為佃户朱懷元妻陳氏被娘門羅留劄付徐州行提歸家		天啟七年九月初七日	一	
二	衍聖公府	劄付徐州底稿由同上		天啟七年九月初日	一	
三	衍聖公府	為鉅野佃户王教告呂講卷		天啟七年七月十七日	一	
四	鉅野佃户王教狀	為呂講與徐方正通同作弊欺瞞官府有証有據伏乞提案追究		天啟七年七月十七日	一	
				年月日	一	
				年月日	一	
				年月日	一	
				年月日	一	
				年月日	一	

衍聖公府爲佃户朱懷元妻陳氏被奸惡霸留請予審明完聚事致徐州直隸州劄付定稿

天啓七年九月初七日

66.2cm x 82.8cm

衍聖公府爲佃户朱懷元妻陳氏被奸惡霸留請予審明完聚事致徐州直隸州劄付草稿

天啓七年九月

懷元趁食徐州遷[illegible]
姐今經年半被奸惡陳有智倚恃[illegible]在家一
孤兒幼孀婦哭吝天吝不得生息乞急赦提取陳[illegible]回家夫[illegible]
圖兩得二者安生等因到府擬此照得朱才實係欽賜本府户人為此[illegible]
付本州當該官吏查照劄内事理將陳文彥陳氏小五姐[illegible]劉良
審明當堂交付去役與朱懷元將帶回家夫妻完聚永諧百年
完仍具由申繳施行須至劄付者

一 云 案

一 劄付直隸徐州

天啓七年九月　　日

28.0cm x 35.6cm

衍聖公府爲逆天饕殺事文卷卷面

天啓七年七月十七日

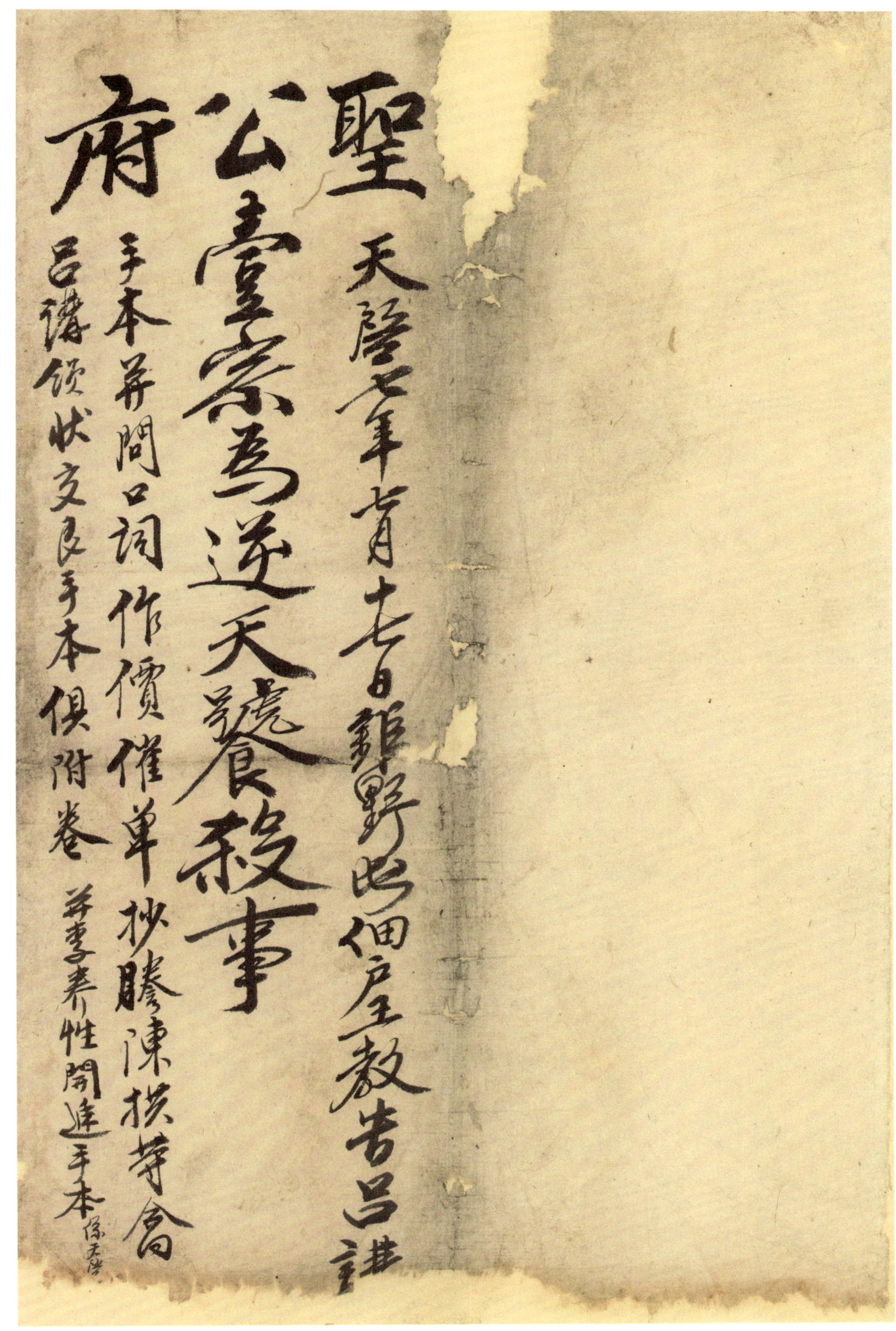

聖
天啓七年七月十七日鄒縣地佃戶教告呂謙詞
公臺案爲逆天饕殺事
府
手本并問口詞作價催單抄謄陳撰等會
呂謙領狀交良手本俱附卷
并李春性開逢手本
係天啓

40.4cm x 61.3cm

巨野屯佃户王教爲吕講等串通瞞官過産事致衍聖公孔胤植狀及批

［天啓七年七月］十七日

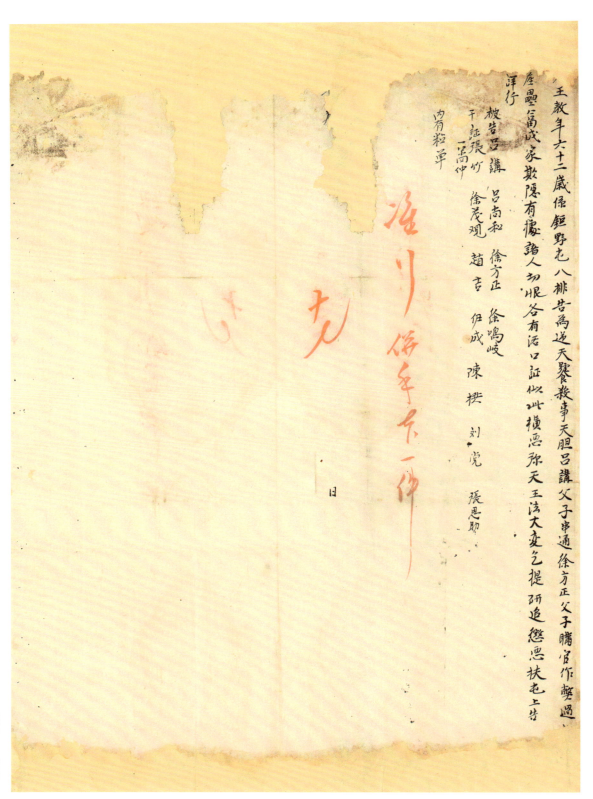

王教年六十二歲係鉅野屯八排告爲逆天饕救事天胆吕講父子串通徐方正父子瞞官作弊過

産蠱畜成家欺隱有據諸人切恨各有活口証似此横惡弥天王法大变乞提研追懲惡扶屯上告

洋行

被告吕講　吕尚和　徐方正　徐鳴岐

干証張竹　徐茂观　趙吉　伊成　陳挡　刘党　張思助

一呂尚仲

内有粒单

准行　十九

係本一件

日

57.3cm x 76.5cm

考證表

機關代號第　　號
保管單位第　　號
本案卷内共有　八張已編號之文件。
保管單位缺點的説明。

附註

檔案工作人員的職務（簽名）

公元一九六二年十二月　日

代号 卷号 0000029

衍聖公府

案卷標題

平陽屯佃户與土豪互控欺隱祭田地畝

崇禎三 公元一六三〇。 年 月 日 起止

机構或類目 刑訟

本卷張數 陸張

保管期限

曲阜文物保管所整理

代号 卷号

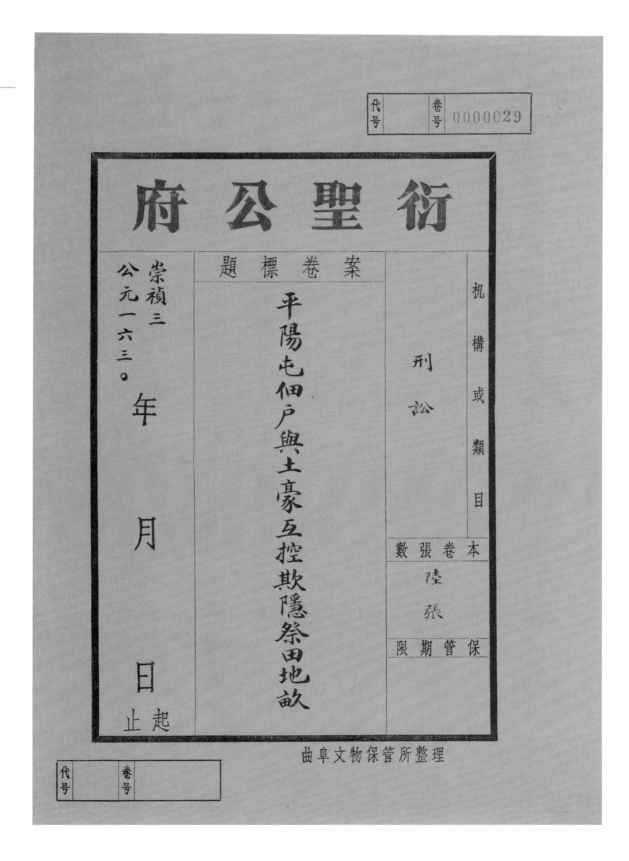

卷内目録

顺序号	作者	内容摘要	文件上的号数	文件上的日期	文件所在的张数	备註
一	衍聖公府	為玩法欺隐挾仇捏誣卷		崇禎三年七月日	—	
二	平陽屯佃户胡九德状	為土豪胡來臣不納粮租善言勸説反遭毆打伏乞准予提究		崇禎三年五月二十五日	—	
三	胡九德副状	計胡來臣隱瞞祭田十三畝五分		崇禎三年五月二十五日	—	
四	曹州居民胡來臣状	為辯明捏誣本人並無祭田胡九德挾仇誣告伏乞詳察		崇禎三年六月二十日	—	
五	胡来臣啟	為豪佃曹杏盜賣祭田置買民庄恳乞嚴治以儆奸玩		崇禎三年七月日	—	
六	平陽屯佃户曹杏啟	為胡來臣隱瞞祭田被杏証明因挾仇誣告查胡來臣尚有與何鄉官换地九畝再恳複究		崇禎三年七月初一日	—	
				年月日	—	
				年月日	—	
				年月日	—	

塡寫人　　年　月　日

衍聖公府爲玩法欺隱仇捏誣害事文卷卷面

崇禎三年七月初□日

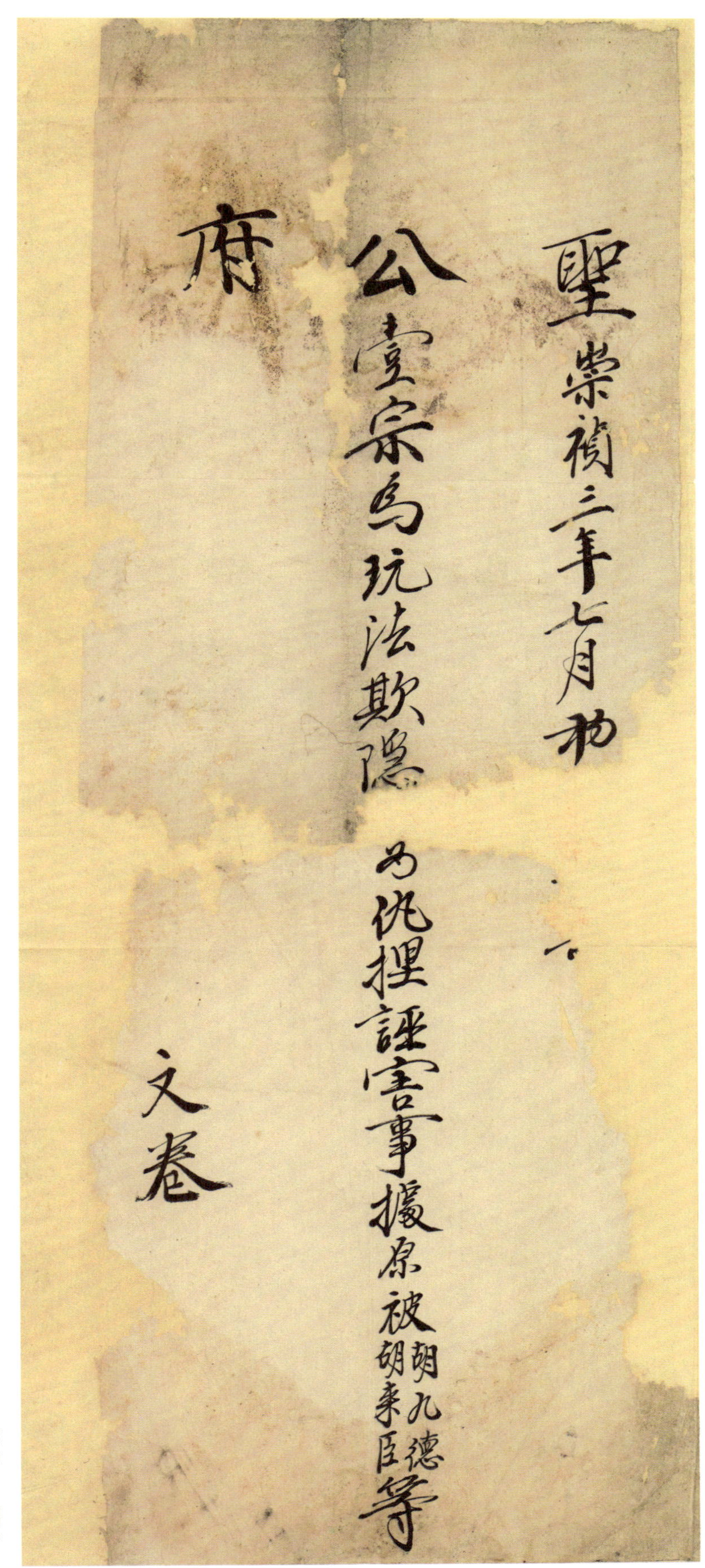

聖　崇禎三年七月初　日

公　臺宗爲玩法欺隱　爲仇捏誣害事據原被胡九德、胡來臣等

府　文卷

33.7cm x 77.1cm

平陽屯佃户胡九德爲胡來臣等不納租糧事致衍聖公孔胤植告狀及批

崇禎三年五月二十五日

告狀人胡九德，年四十[illegible]歲，係平陽屯毛庄户，告[illegible]惡事：土豪胡來臣[illegible]二人，抗年不糧不租，身係堂佐，恐[illegible]逆，累苦口勸說，反触怒

採打，胡三懷證。似此豪惡藐法欺隱，律難[illegible]。乞准提究，庶隱占知截地糧有

天上告

懇乞

被告 胡來臣 胡來成 胡三變

干證 胡三懷

原業 曹幸

本府老爺位下詳狀施行

崇禎三年五月　日

告狀人 胡九德

准提問

行

大圖詳見附録 032 頁

54.6cm x 78.9cm

平陽屯佃户胡九德爲胡來臣欺隱祭田事致衍聖公孔胤植啓

崇禎三年五月二十五日

啓

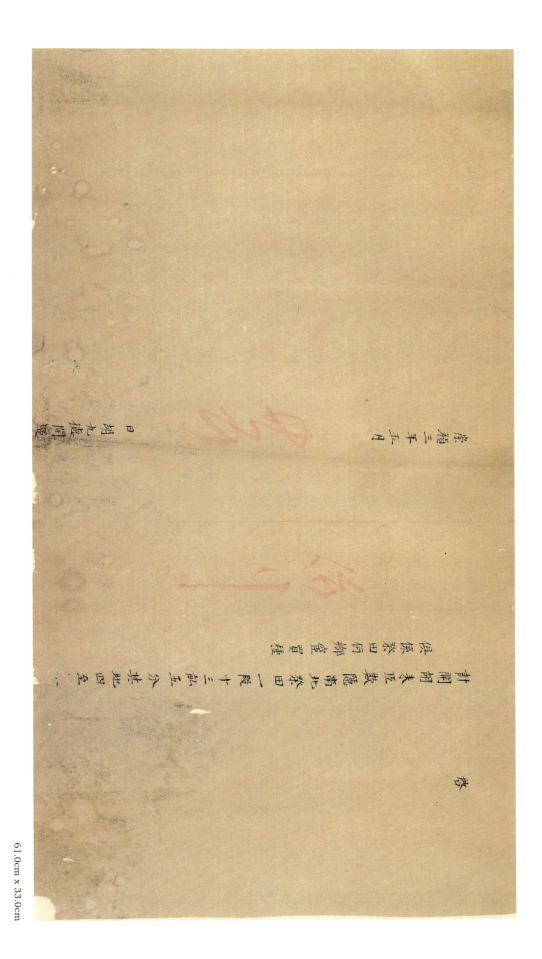

計開胡來臣欺隱南北祭田一段十三畝五分其地四至、、

俱係祭田何鄉宦買種

崇禎三年五月　日胡九德開呈

61.0cm x 33.0cm

啓狀人胡來臣年八十歲曹州民啓爲仇捏誣害事堂弟胡應第故絶遺產不下五六百金伊惡侄胡三讓等一晷鯨吞因身告爭成仇無由致害今平空造意朦朧具告誣身欺隱祭田況身所種俱是民地毫無祭田地畝胡養浩等証虛詞誑上挾仇殺叔律理兩違且我

聖爺仁明神見四海昭彰鋤強斡弱八方共見乞電前情剖冤上啓

聖府老爺

詳行

被啓　胡三讓　胡九德　胡九思　胡文聚

証人　胡養浩

崇禎三年六月　日

52.6cm x 80.2cm

曹州胡來臣爲曹杏盜賣祭田事致衍聖公孔胤植啓及批

［崇禎三年］七月

孔子博物館藏

91.0cm x 33.3cm

平陽屯佃户曹幸爲胡來臣、胡三變隱地換地挾仇誣咬再懇覆究事致衍聖公孔胤植啓及批

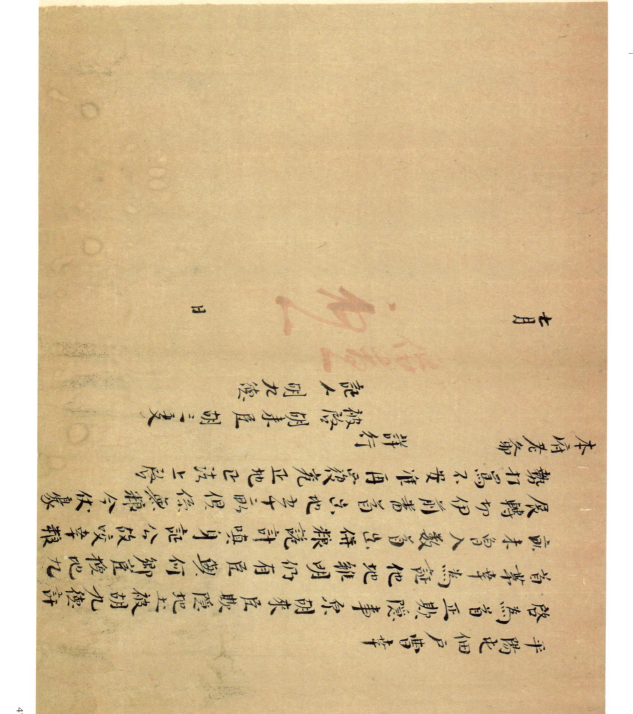

〔崇禎三年〕七月初一日

47.0cm x 33.0cm

考證表

機關代號第　　號

保管單位第　　號

本案卷内共有陸　張已編號之文件。

保管單位缺點的説明。

附註

檔案工作人員的職務（簽名）

公元一九六二年十二月　日

巨野屯長控告户丁郭禮等抗差抗糧

萬曆十一年

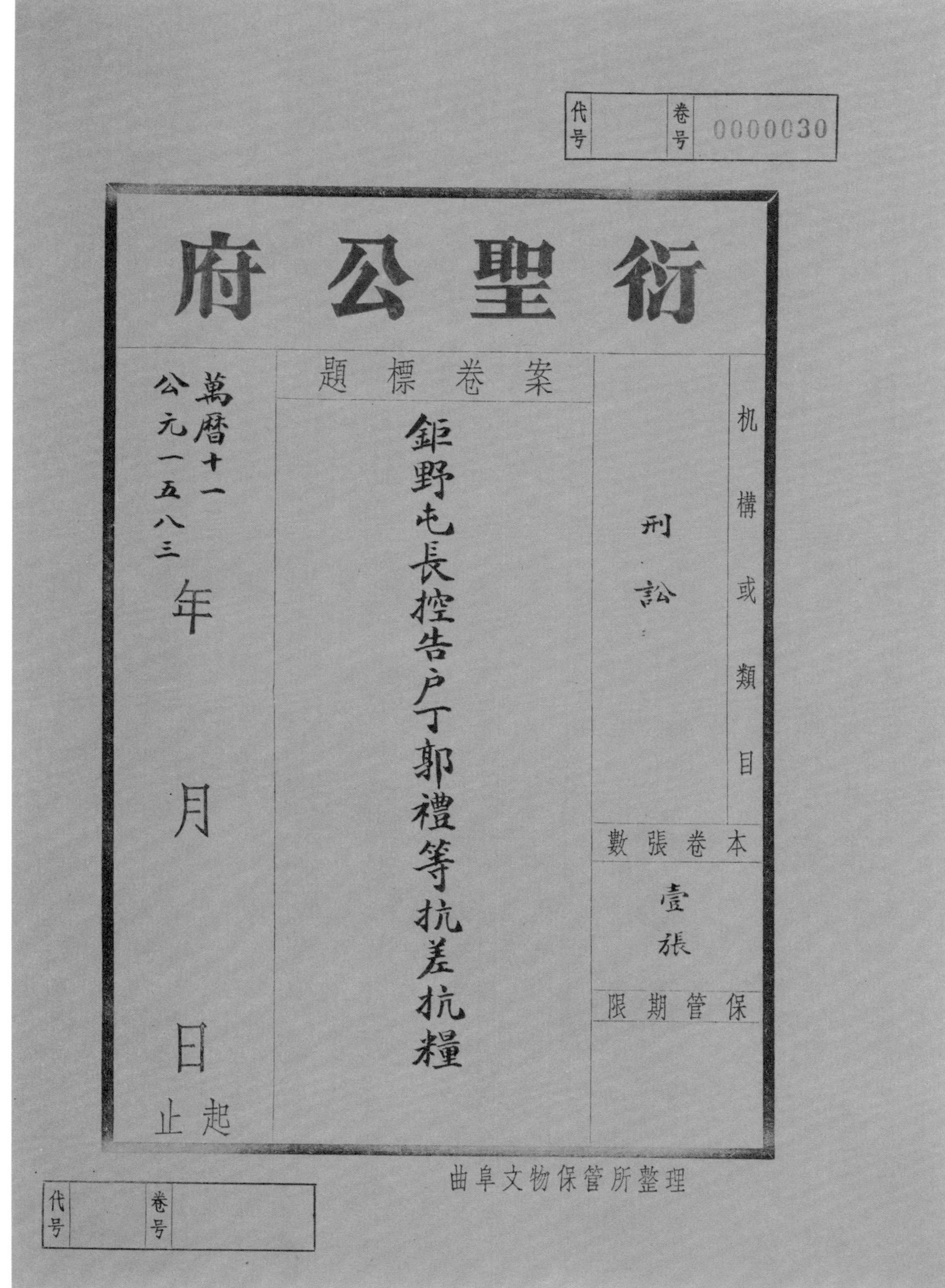

代号　卷号 0000030

衍聖公府

案卷標題

鉅野屯長控告户丁郭禮等抗差抗糧

萬曆十一　公元一五八三　年　月　日　起止

机構或類目：刑訟

本卷張數：壹張

保管期限

曲阜文物保管所整理

代号　卷号

卷内目錄

順序號	作者	内容摘要	文件上的號數	文件上的日期	文件所在的張次	備註
		鉅野屯長控告戶丁郭禮等抗差抗糧		萬曆十一年 月 日	|	
				年 月 日	|	
				年 月 日	|	
				年 月 日	|	
				年 月 日	|	
				年 月 日	|	
				年 月 日	|	
				年 月 日	|	
				年 月 日	|	
				年 月 日	|	

填寫人　　年　月　日

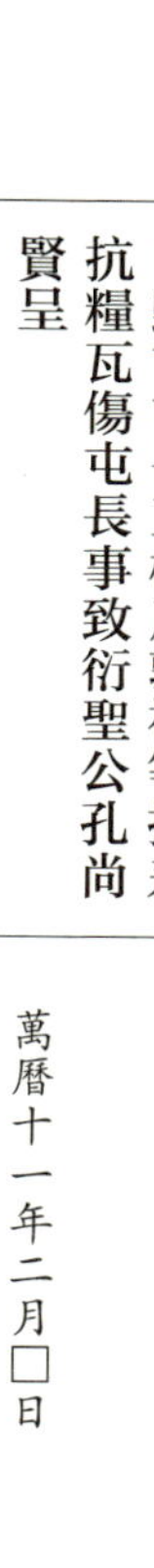
巨野屯屯長王梅爲郭禮等抗差抗糧瓦傷屯長事致衍聖公孔尚賢呈

萬曆十一年二月□日

鉅野屯屯長王梅

呈爲巨惡慣蠹不服拘呼打傷事欽蒙鈞旨到屯差官化着落梅催奸頑郭禮等大二名久此不曾應當梅差人本月十四日拘呼一便不理梅仍同原差官

在劉三家賭博同原差叫領十余人研架等伊知覺跳墻飽走回家閉門不出梅等到伊門首不期伊上房撤瓦將梅頭額砍破等到在地斷要報亘稱說五六年不納錢糧以與見[illegible]

府老爺爺

素恨要行告理免拴准呈告行該道方可禁治潑惡庶使錢粮有歸以警合屯户了居一爲此投天上呈

詳呈施行

一呈去人　郭禮　郭聰　郭禄　周府　宣将

萬曆十一年二月　日具

呈

36.7cm x 76.8cm

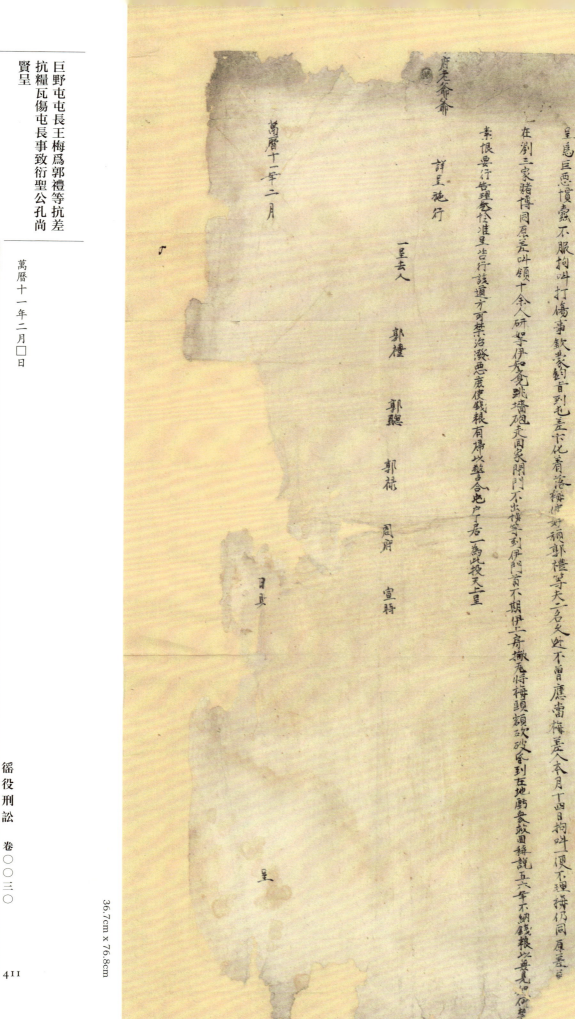

考證表

機關代號第　　號

保管單位第　　號

本案卷內共有壹張已編號之文件。

保管單位缺點的説明。

附註

檔案工作人員的職務（簽名）

公元一九六二年十二月　日

代号　卷号 0000031

衍聖公府

案卷標題

處理鉅野屯佃户互控漏報地畝

机構或類目：刑訟

本卷張數：柒張

保管期限：

崇禎三　公元一六三〇　年　月　日　起止

曲阜文物保管所整理

代号　卷号

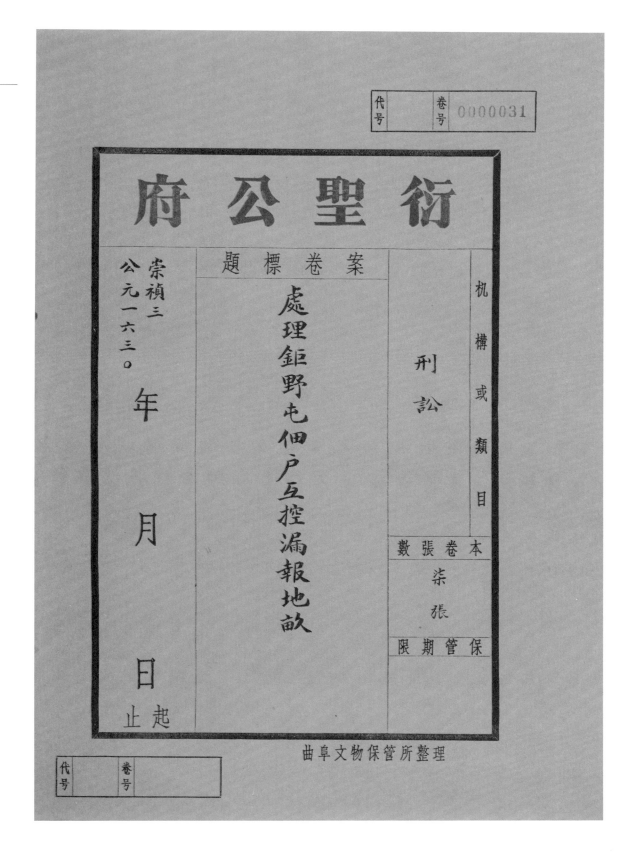

卷内目錄

順序号	作者	内容摘要	文件上的号数	文件上的日期	文件所在的張数	备註
一	鉅野屯佃户李春方啟	為教徒陶君恩隱瞞逆産乞准查究		崇禎三年三月十五日	—	
二	屯民陶君恩啟	為老奸李春方揑詞誣害懇乞行提鄰佑甲首審理虛實		崇禎三年四月初一日	—	
三	衍聖公府	為票拘陶君恩到案聽審		崇禎三年三月十五日	—	
四	衍聖公府	為佃户劉光海告劉光起欺隱叛産又為和息		崇禎三年八月 日	—	
五	鉅野屯佃户劉光海啟	為劉光起欺隱叛産私種自肥乞准提究		崇禎三年五月十六日	—	
六	劉光海呈	叛逆劉木遺下叛産十二段地畝清單		崇禎三年五月十六日	—	
七	劉光海 劉光起啟	為伯叔兄弟因嫌起訟經鄉親和處兩願罷訟劉光起認地八畝懇乞准予和息		崇禎三年七月二十日	—	
				年 月 日	—	
				年 月 日	—	

填寫人　　年　月　日

巨野廠住人李春方爲教民陶君恩漏報叛産事致衍聖公孔胤植啓及批

［崇禎三］年三月十五日

[illegible]春方年五十三歲鉅野廠官庄住人啓為漏報叛地事切有曹州叛民陶君恩等舉家入教逆回本家叛產人心隱漏叛產一頃五十畝房屋二十間雜樹三百余株不價不明乞准究查具實許告上啓

詳行

被啓人 陶君恩 陶君榮 陶金 陶銀

□年三月 日

59.0cm x 75.4cm

曹州陶君恩爲李春方妄捏誣害事致衍聖公孔胤植啓狀

〔崇禎三〕年四月初一日

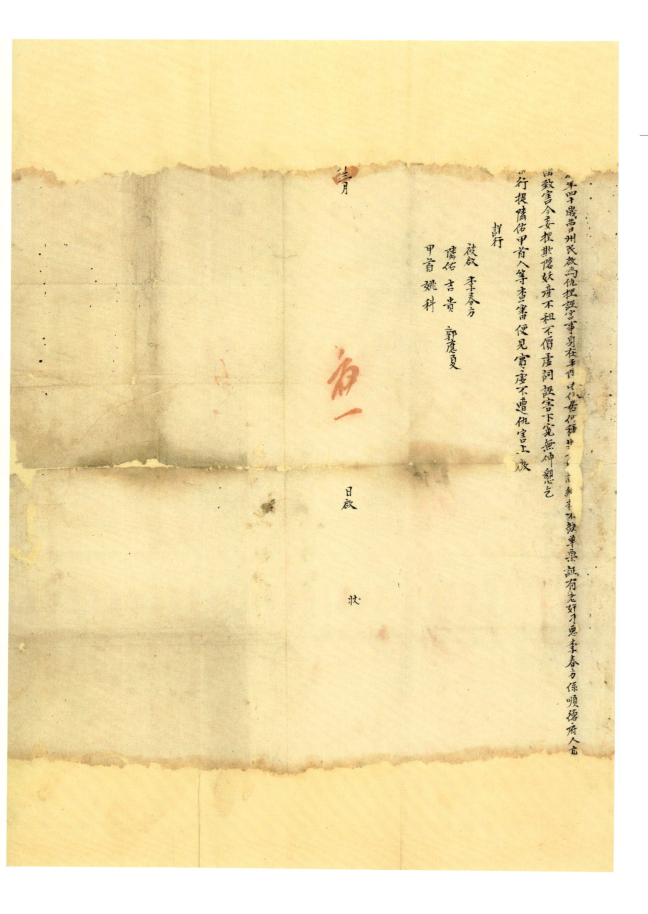

衍聖公府爲拘陶君恩等到案聽審事致差役票

崇禎三年三月十五日

36.7cm x 45.4cm

衍聖公府爲劉光海告劉光起欺隱叛産案文卷卷面

崇禎三年八月□日

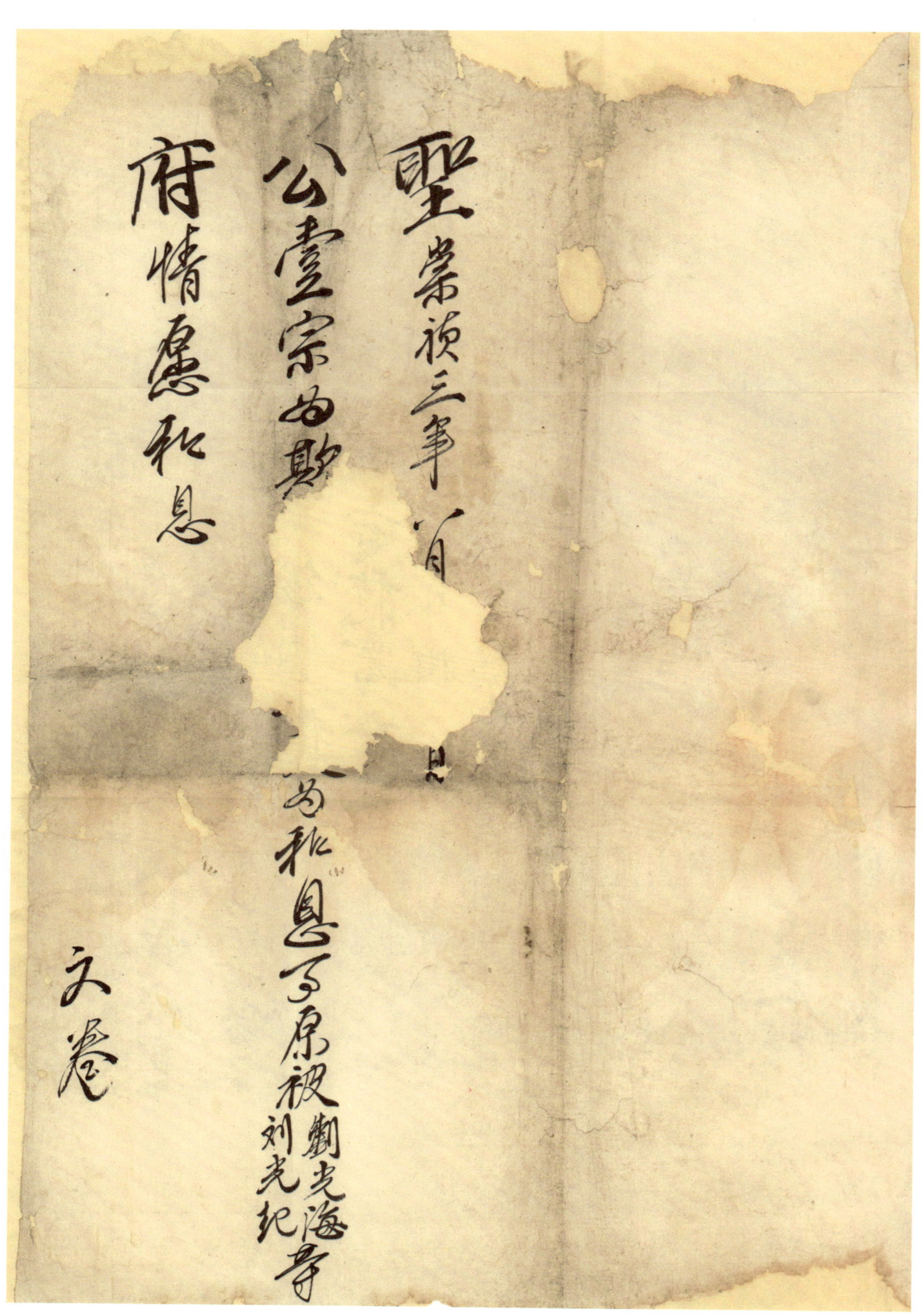

54.2cm x 76.2cm

巨野屯户人劉光海爲劉光起等欺隱叛産事致衍聖公孔胤植啓狀及批（附地畝詳單）

崇禎三年五月十六日

啟狀人刘光海年三十二歲鉅野屯四排甲户人啟為欺隱叛産事天胆刘光起刘光輝欺隱叛産二十余畝俱有四至條陂証白種肥家不粮
不租欺隱影射情理難容為此公奉乞准提究叛産有帰上啟
爺
詳行
被啟人刘光起　刘光輝　刘京
干証　邉李　王思孝

崇禎三年五月　　日

56.9cm x 79.1cm

巨野屯户人劉光海爲劉光起等欺隱叛産事致衍聖公孔胤植啓狀及批（附地畝詳單）

崇禎三年五月十六日

77.4cm x 33.1cm

巨野屯佃户劉光海、劉光啓爲鄉親講和情願罷訟懇乞恩准事致衍聖公孔胤植啓及批

［崇禎］三年七月二十日

58.7cm x 78.0cm

考證表

機關代號第　　號

保管單位第　　號

本案卷内共有　柒張已編號之文件。

保管單位缺點的説明。

附註

檔案工作人員的職務（簽名）

公元一九六二年十二月　日

巨野廠小甲聯名控告曾受招安土寇魏同交糾衆劫搶祀田麥禾殺害人命

崇禎十五年

代号 卷号 0000032

衍聖公府

案卷標題

鉅野廠小甲聯名控告曾受招安土冦魏同交糾衆刼搶祀田麥禾殺害人命

崇禎十五 公元一六四二 年 月 日 起 止

機構或類目：刑訟

本卷張數：壹卷

保管期限：

曲阜文物保管所整理

代号 卷号

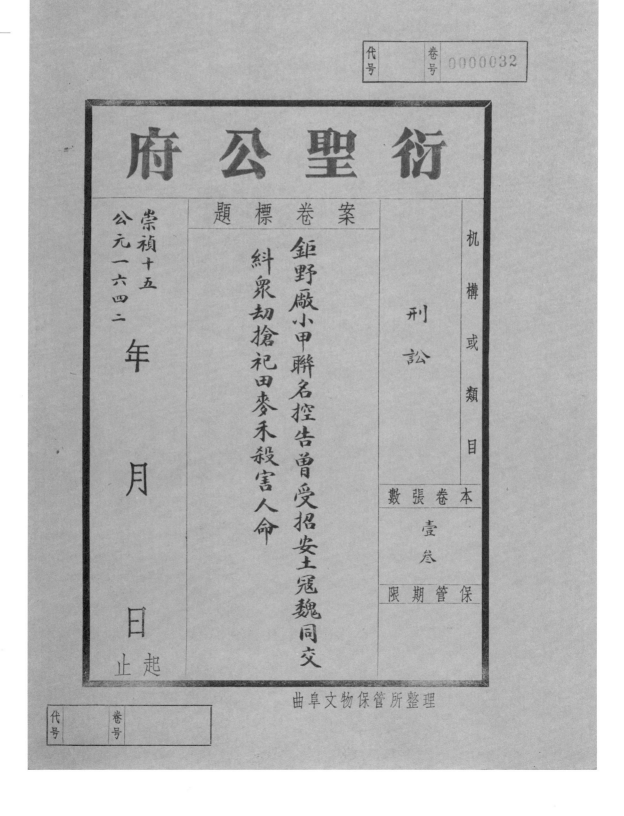

卷内目錄

顺序号	作者	内容摘要	文件上的号数	文件上的日期	文件所在的张数	备注
一	衍聖公府	為羣叛刦搶殺死二命分别移文撫院兖西道總河部院按院		崇禎十五年六月十六日	—	
二	衍聖公府	為羣叛刦搶殺死二命咨請撫院嚴行速勦		崇禎十五年六月十六日	—	
三	衍聖公府	行部院咨稿 由同上		崇禎十五年六月十四日	—	
四	衍聖公府	賊犯二十四人名單		年月日	—	
五	衍聖公府	為希部院速将魏同交等嚴拿親審		年月日	—	
六	衍聖公府	劉希言報的賊犯五名单		年月日	—	
七	鉅野廠小甲楊一元啟	為賊首魏同交糾党五百餘人搶割祀田麥禾佃户李希森張九桂二人被殺		年月日	—	
八	鉅野廠佃户陳討才狀	為巨冦魏同心率領群冦三百餘人搶刦為業打死佃户三人懇乞速剿以安民生		崇禎十五年五月二十六日	—	
九	百户扈岩申	為賊首魏新宇不服招安統領群冦任意刦奪殺掠人民乞准移文兖西道嚴拿正法庶清民害		崇禎十五年五月二十四日	—	

塡寫人　　年　月　日

順序号	作者	内容摘要	文件上的号数	文件上的日期	文件所在的張数	备註
十	鉅野厰管事胡一貫啟	為賊首魏同交已蒙咨院尚有伊二子稱為太子請將後開人等一併咨院		崇禎十五年六月初九日	—	
十一	衍聖公府	為再咨山東巡撫以拿獲賊犯于成乾等而要犯魏同交並未拿到請速嚴緝正法		崇禎十六年八月二十九日	—	
十二	鉅野厰小甲楊一元啟	為賊犯就擒蒙撫院批轉刑廳審理但長期擱置不免有漏網之虞請再移文軍門速判		崇禎十五年閏十一月初十日	—	
十三	衍聖公府	為劫殺案前經移文撫院轉行兖西道批兖刑館拘審數月未經審結請道親提嚴審		崇禎十五年閏十一月 日	—	
				年 月 日	—	
				年 月 日	—	
				年 月 日	—	
				年 月 日	—	
				年 月 日	—	

卷內目錄　填寫人　年　月　日

衍聖公府爲群叛劫搶殺死二命事文卷卷面

崇禎十五年六月十六日

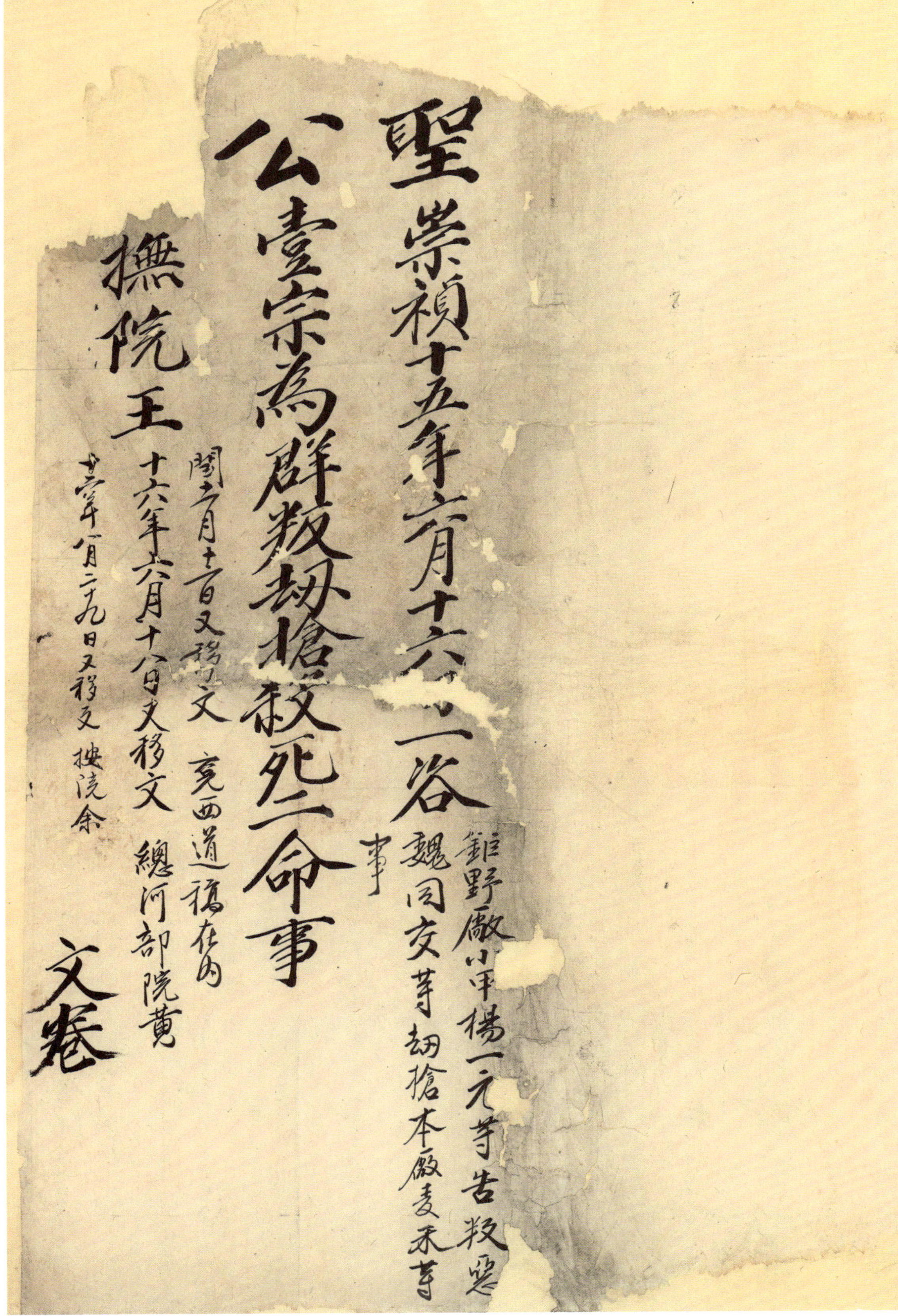
聖 崇禎十五年六月十六日 咨

鉅野廠小甲楊一元等告救惡魏同交等劫搶本廠麥禾等事

公 壹宗爲群叛劫搶殺死二命事

閏六月十三日又移文 兗西道稿在内

十六年六月十八日又移文 總河部院黃

十六年七月二十九日又移文 撫院余

撫院王

文卷

53.3cm x 77.6cm

衍聖公府爲魏同交等聚衆搶割祭田麥禾殺傷人命事致山東巡撫王永吉咨定稿

〔崇禎十五〕年六月〔十六〕日

府爲群叛劫搶殺死二命事據鉅野廠小甲楊一元稟前事内開稱有賊首魏同㪉綽號李發觀廠中麥禾

人各持鐮鎗兵器乱行搶割元等聞知率領佃地人户李希森往看被賊衆將森併張九桂殺死其餘盡被砍

移文究剪庶群叛不致滋蔓而人命有歸等情到府據此爲照該本府察得鉅野廠係

佃户承種以備蒸嘗魏同文原係土豼既受招安當洗心迁善努

以繼前孽可矣胡何知過不改搶掠爲心先將濟寧衛所百户扈岩氏藉陳討才等馬騾牛驢財物捲搶仍殺死軍人命各

詞申訴而今又害及本府佃户搶其麥殺死人真跳梁之渠魁也若不究剪恐效李青山之故事矣相應會咨以靜

氛爲此合咨

院煩將魏同㪉等嚴行速勒拖行須至咨者

計開叛惡

魏同文併伊子二人呼爲李 管三 于成乾 牛參 石小衆 戴進 馬魁初 馮心所 于化龍 聶景鰲 馬岱 王九京

王九成 趙孟科 李文昌

干証郜顯福 李如龍 郭安邦 劉希言 刘元陽 夏士荻 樊根吾 晁三寀 扈 岩 陳討才等

咨

院 王

十六 月

太子太傅襲封衍聖公

56.8cm x 76.7cm

衍聖公府爲魏同交等聚衆搶割祭田麥禾殺傷人命事致山東巡撫王永吉咨草稿

崇禎十五年六月十四日

56.5cm x 25.6cm

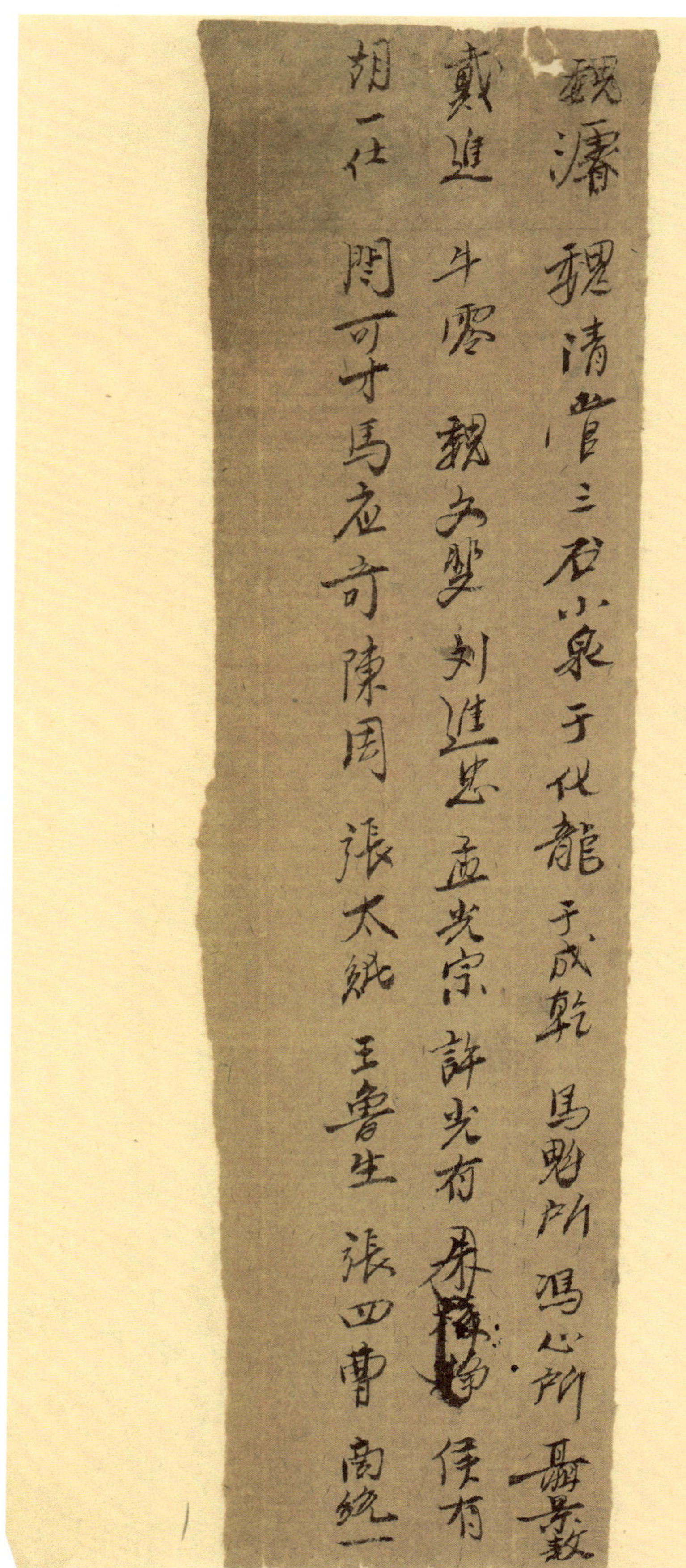
魏濬 魏清堂 三石 小泉 于化龍 于成乾 馬魁所 馮心所 聶景教
戴進 牛零 魏文學 劉進忠 孟光宗 許光有 侯有
胡一仕 閆可才 馬應奇 陳周 張太統 王魯生 張四曹 尚統一

18.9cm x 34.3cm

衍聖公府爲將魏同交等嚴拿事致部院咨稿

〔崇禎十五年〕

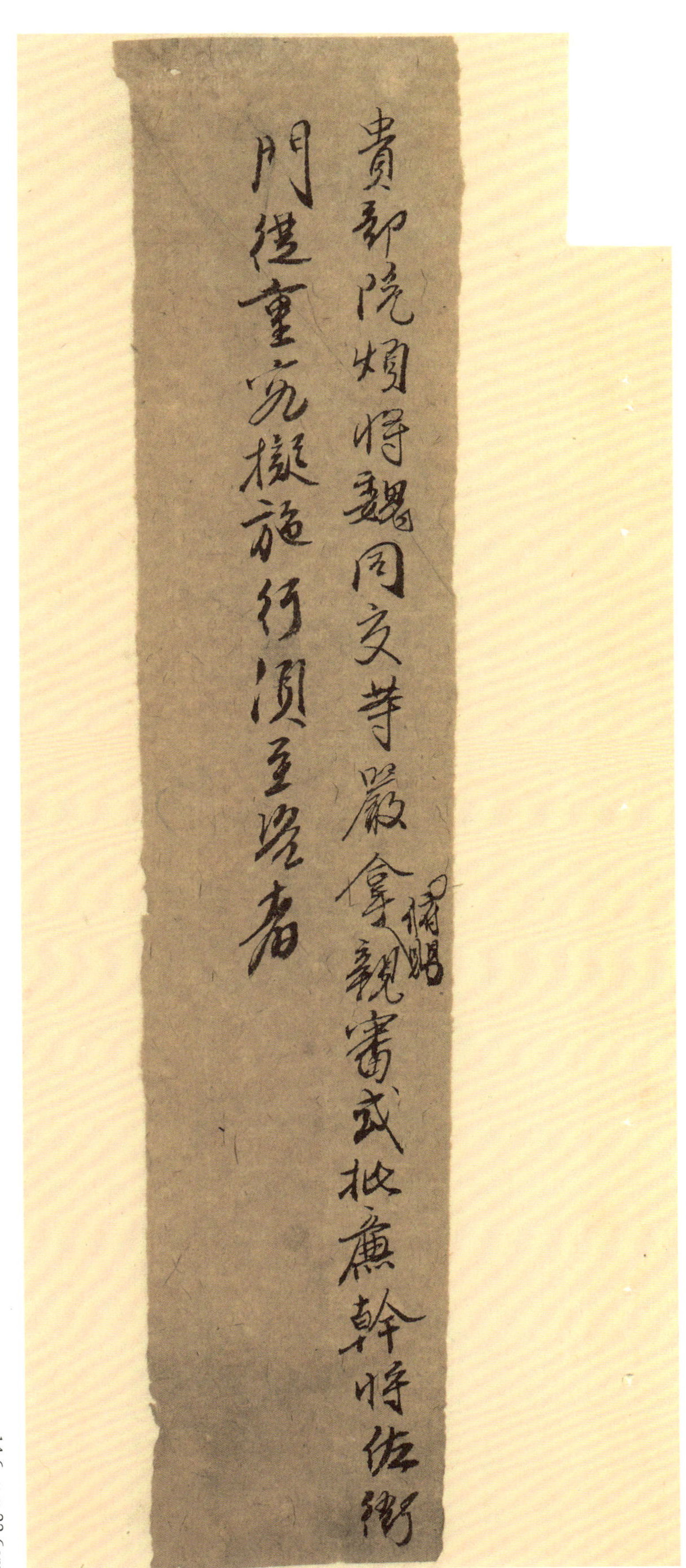

貴部院煩將魏同交等嚴拿親審或批廳幹將佐衙

門從重究擬施行須至咨者

14.6cm x 33.6cm

魏同交一案干證劉希言所報賊犯名單

［崇禎十五年］

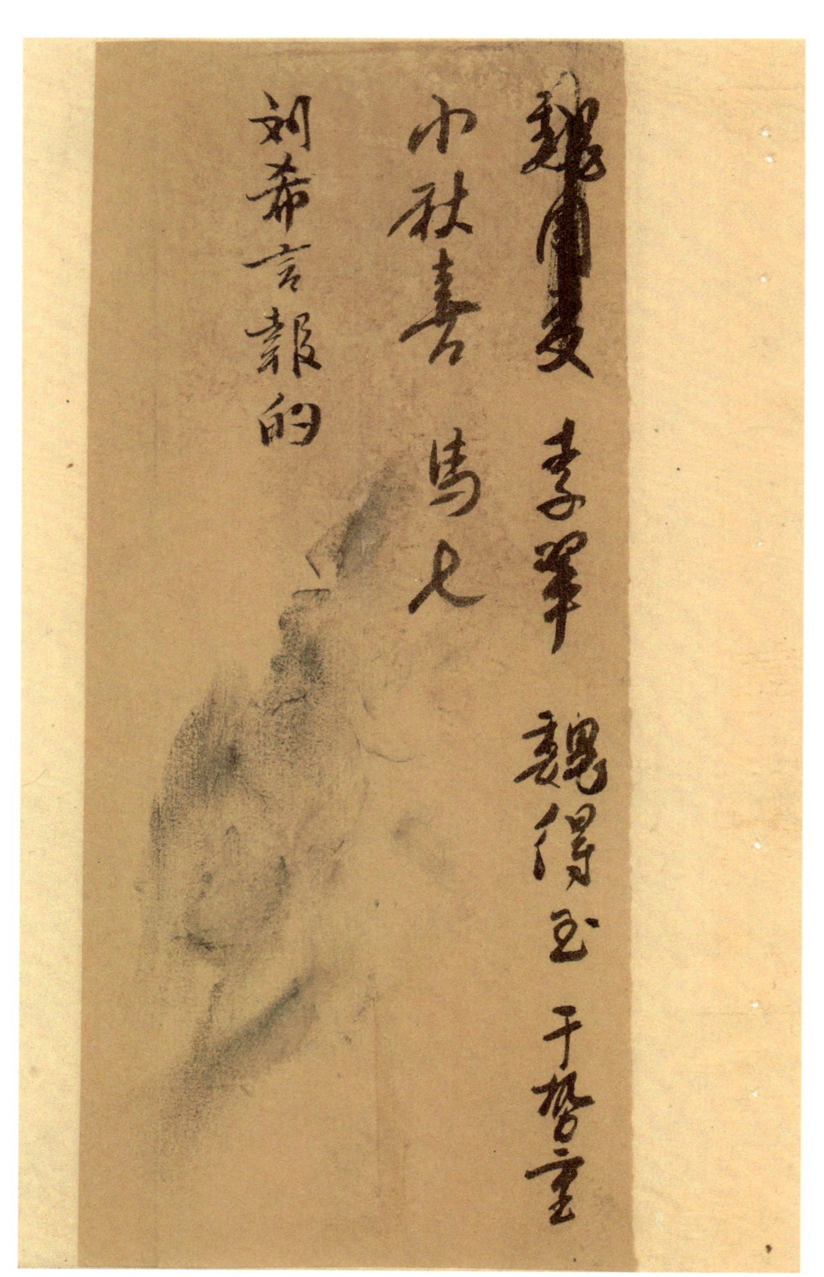

魏同交　李翠　魏得玉　于登奎

小秋喜　馬七

刘希言報的

17.8cm x 28.3cm

巨野廠小甲楊一元等爲魏同交糾黨搶麥殺死二命事致衍聖公孔胤植告狀及批

[崇禎十五年四月]初七日

告各年甲不齊俱係鉅野廠小甲
殺死二命事有賊首魏同交綽號李密覗廠中麥禾成熟糾黨五百餘人各持鐮釤兵器亂行搶割元等聞知率領佃地人戶李希森等往看被賊衆將森併張九桂
餘盡被砍傷命在旦夕懇乞
詳救庶後廠中貧佃得安哀
被告人魏同交　不知名四百餘人

准行撫院
視

日告連名狀人鉅野廠小甲楊一元
陳家才
張九桂
李希森　仝叩頭

大圖詳見附録033頁

55.2cm x 76.7cm

陳計才等爲魏同心等率衆搶殺懇乞借兵剿洗事致衍聖公孔胤植告狀及批

崇禎十五年五月二十六日

告狀人陳計才等告爲急救萬民事切才等各年甲籍貫不同住居鄆鉅二地方因避亂逃居蒙院道招安復業承種已業有巨匪魏同心綽號李實長子

李世民父子七人率領三百餘人日逐搶洗良民爲業身等赴告本縣不能洗勦各院道老爺因無暇不准告赴才等無門可陳伊竟將老爺種地人户打

死三人餘人見在盤踞懇乞

老爺天恩軫念萬民急借兵勦洗庶救種地人户得生

崇禎十伍年五月

[illegible]

被告魏同心父子七人餘不知名

呂成業 丁鳴何 張秀

梁居鄉 趙加良 王家臣

王國祥 于明德 王連城

梁喬 江中 陳守才

官志祥 梁德平 徐德

告狀人 陳計才 王可順 楊道九

賀攀桂 王成 扈斗山

陳齊心 張俊 小二見

官志化 李才 江水

梁國賢 李萬民 江海

大圖詳見附録034頁

53.1cm x 72.9cm

濟寧衛左所百户扈岩爲魏新宇不服招安入屯搶殺懇乞借兵速剿事致衍聖公孔胤植申及批

崇禎十五年五月二十四日

濟寧衛左所掌印百户扈岩，爲不服招安仍肆猖獗事。切卑職本也生落鄆城地方，於鵓鴿埸相搭捌里，因去歲大亂，軍民俱不獲生。幸蒙
院道招安軍民復業種地應差，不意有賊首魏新宇管號李濬長男李世民父子七虎統領叁百餘人，不服招安，於貳月貳拾伍日領衆入屯，將卑職
牛柒隻、驢陸頭盡行搶去。卑職具申總河，蒙批本道行牌鉅野提人，本縣命卑職男生員扈鳩俊眼同親拘，幸而拿獲，伊竟恃財串通衙役楊通等私令保出，
復於拾肆日將
老爺塢中種地人等一槩知洗，仍拿去貳叁拾人，俱死叁人，餘不知下落，地方可當証。又將卑職大馬肆疋、牛驢九隻一同掠去，殺死軍舍朴海山等二名，焚燒房
屋七十餘間，掠去四庄人牛驢不知其數，陳四等一百五十二家可証，家家含冤，有司不能責治，苦民欲訴無門，懇乞
老爺爲力借兵剿洗，或呈西道嚴拿正法，庶清一方之大害，人人萬世感恩，卑職亦得獲生矣。理合具申，須至申者。咨詳施行。

右　　申

太子太傅襲封衍聖公孔

崇禎拾伍年伍月

貳拾肆

日具申百户扈岩

准

濟寧道

大圖詳見附録035頁　60.7cm x 65.9cm

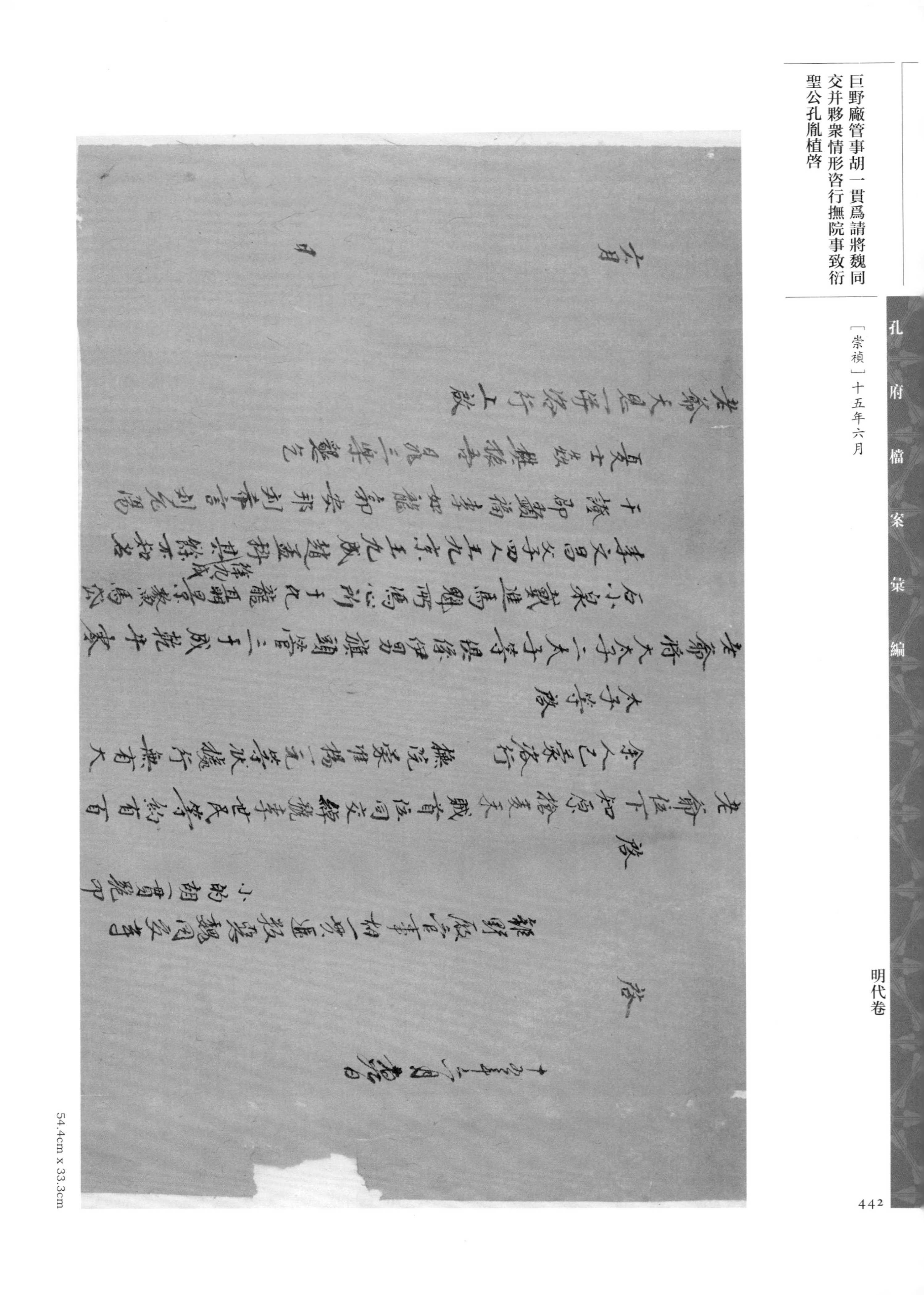

巨野廠管事胡一貫爲請將魏同交并夥衆情形咨行撫院事致衍聖公孔胤植啓

〔崇禎〕十五年六月

54.4cm x 33.3cm

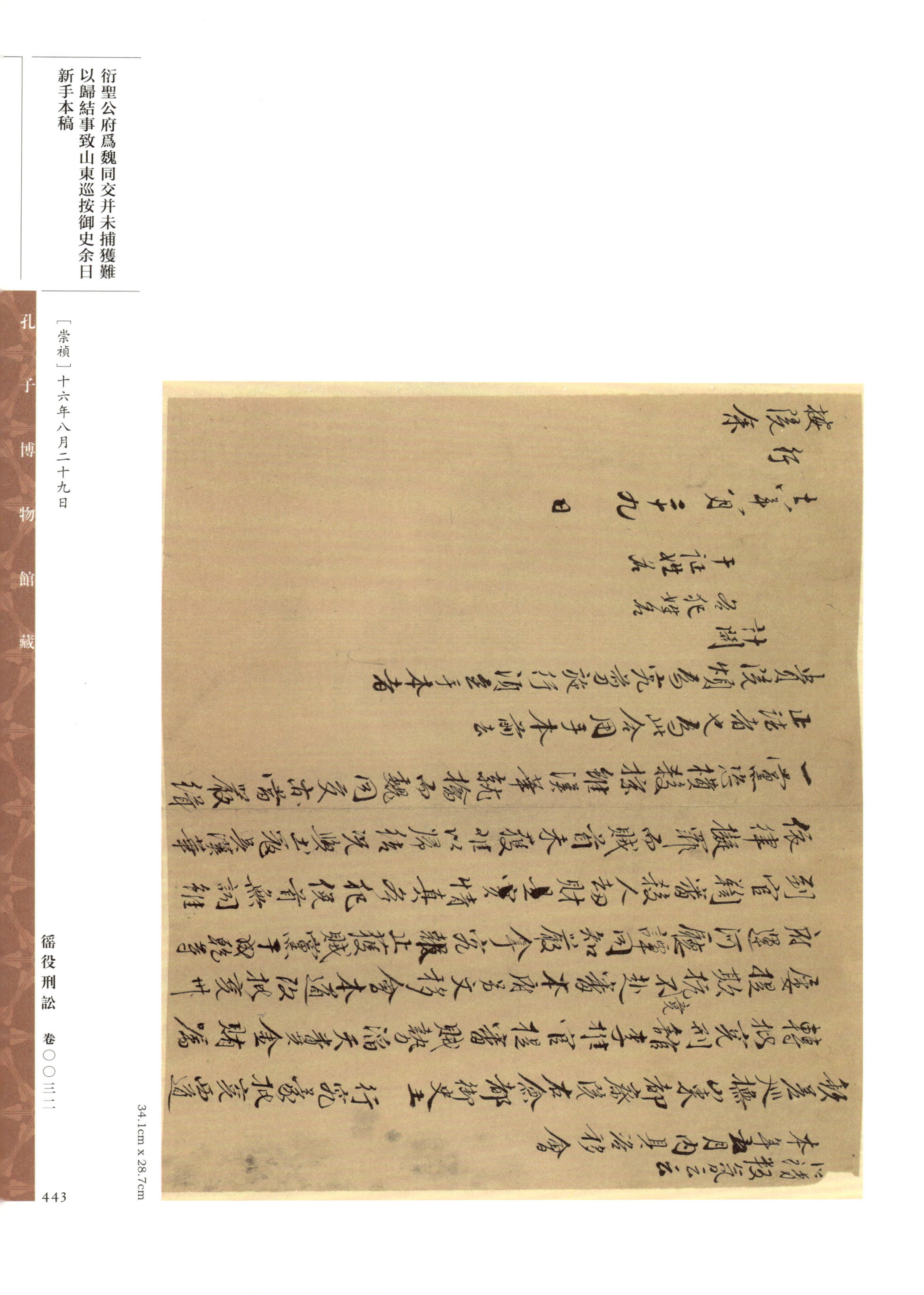

衍聖公府爲魏同交并未捕獲難以歸結事致山東巡按御史余日新手本稿

［崇禎］十六年八月二十九日

34.1cm x 28.7cm

巨野廠小甲楊一元等爲魏同交等焚劫官廠懇再移文進勦事致衍聖公孔胤植啓及批

崇禎十五年閏十一月初十日

78.0cm x 33.0cm

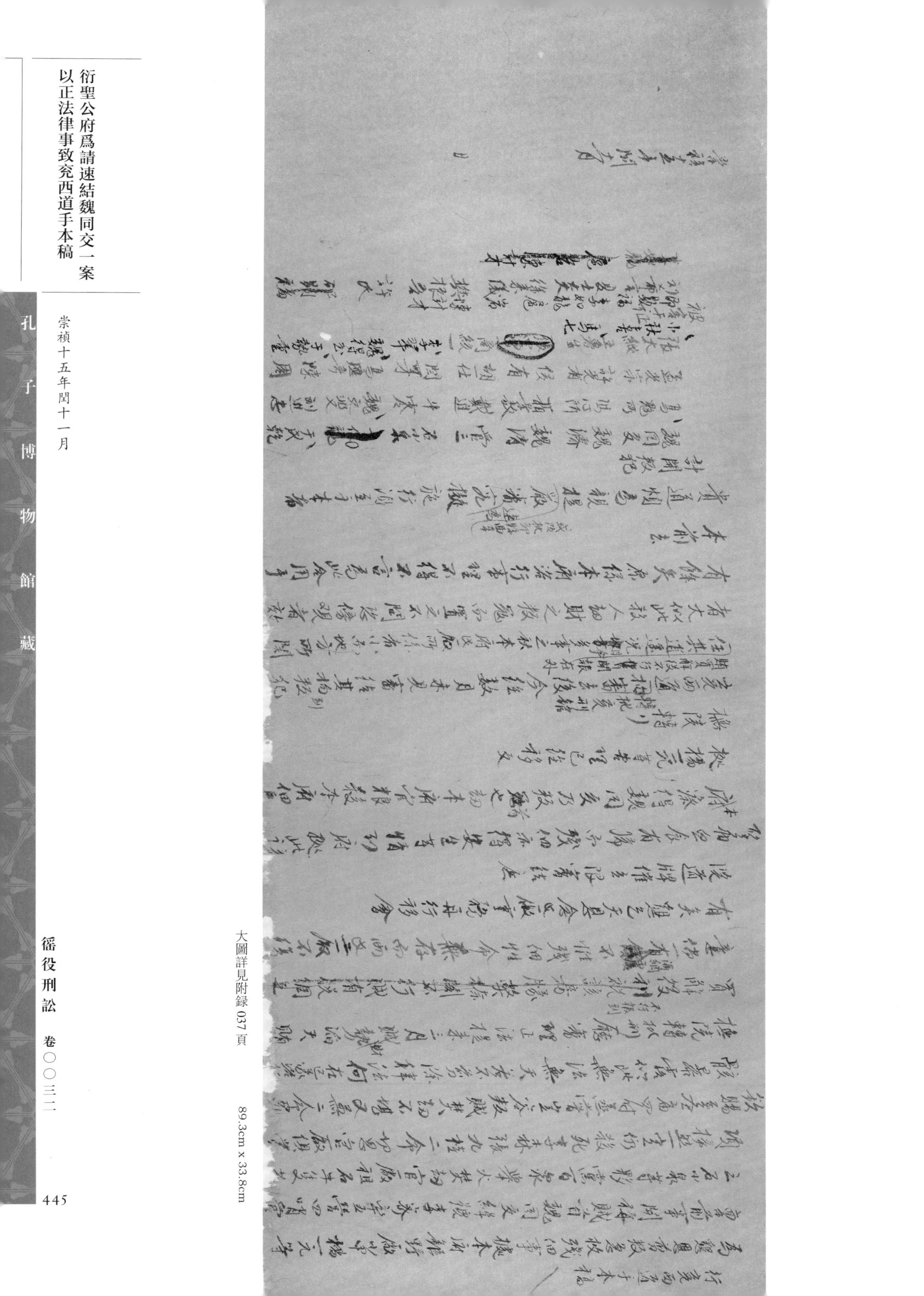

衍聖公府爲請速結魏同交一案以正法律事致兗西道手本稿

崇禎十五年閏十一月

大圖詳見附録037頁

89.3cm x 33.8cm

考證表

機關代號第　　號

保管單位第　　號

本案卷內共有壹卷　張已編號之文件。

保管單位缺點的說明。

附註

檔案工作人員的職務（簽名）

公元一九六二年十二月　　日

天啓七年

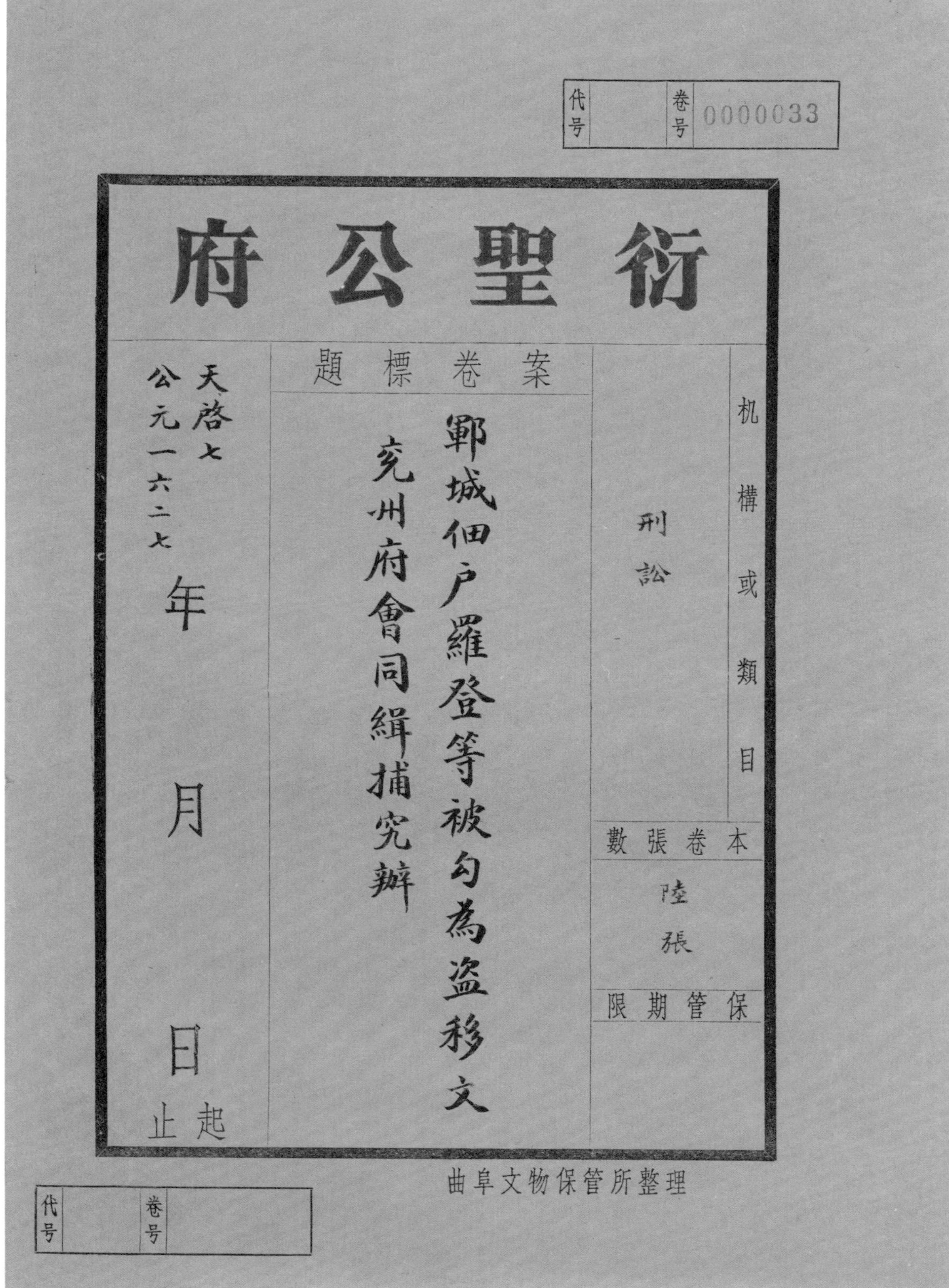

代号 卷号 0000033

衍聖公府

案卷標題

鄆城佃户羅登等被勾爲盜移文
兖州府會同緝捕究辦

天啓七 公元一六二七 年 月 日 起止

機構或類目 刑訟

本卷張數 陸張

保管期限

曲阜文物保管所整理

代号 卷号

卷内目錄

顺序号	作者	内容摘要	文件上的号数	文件上的日期	文件所在的张数	备注
一	衍聖公府	行兖州府會公捕賊盜		天啟七年九月二十日	—	
二	衍聖公府	為佃戶被勾為盜行文兖州府轉行鄆城縣派差會拿究辨		天啟七年九月二十日	—	
三	衍聖公府	手本兖州府底稿 由同上		天啟七年九月十九日	—	
四	衍聖公府	為佃戶被勾為劄付鄆城縣多差的當人役會同嚴拿		天啟七年九月二十二日	—	
五	衍聖公府	劄付鄆城縣底稿 由同上		天啟七年九月二十二日	—	
六	衍聖公府	為緝捕盜賊批仰伴當前去鄆城嚴緝搏捉經過地方不准恃豪窩藏		天啟七年九月十九日	—	
				年 月 日	—	
				年 月 日	—	
				年 月 日	—	

填寫人 年 月 日

衍聖公府爲會同兗州府公捕賊盜事文卷卷面

天啓七年九月二十日

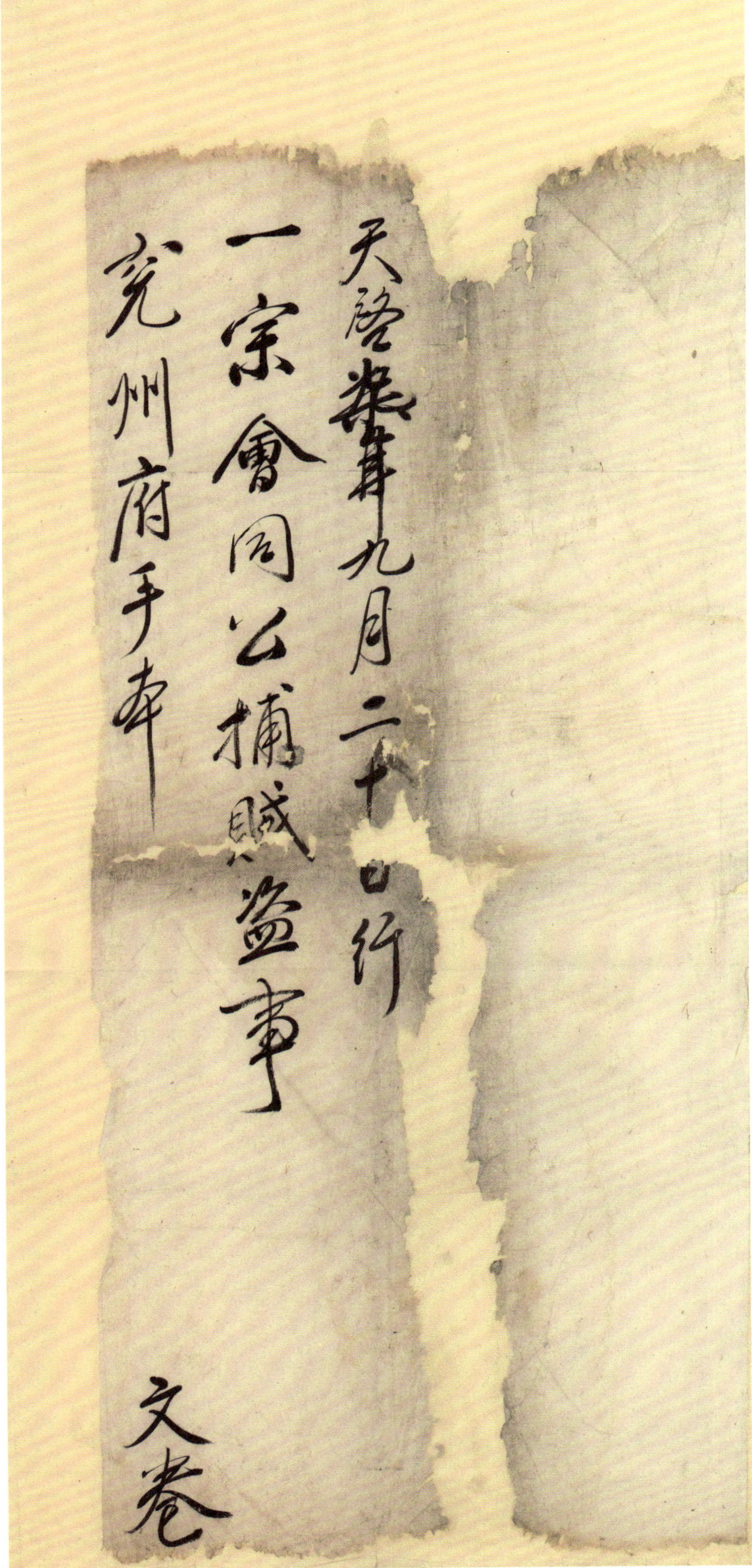
天啓柒年九月二十日行
一宗會同公捕賊盜事
兗州府手本
文卷

36.9cm x 79.2cm

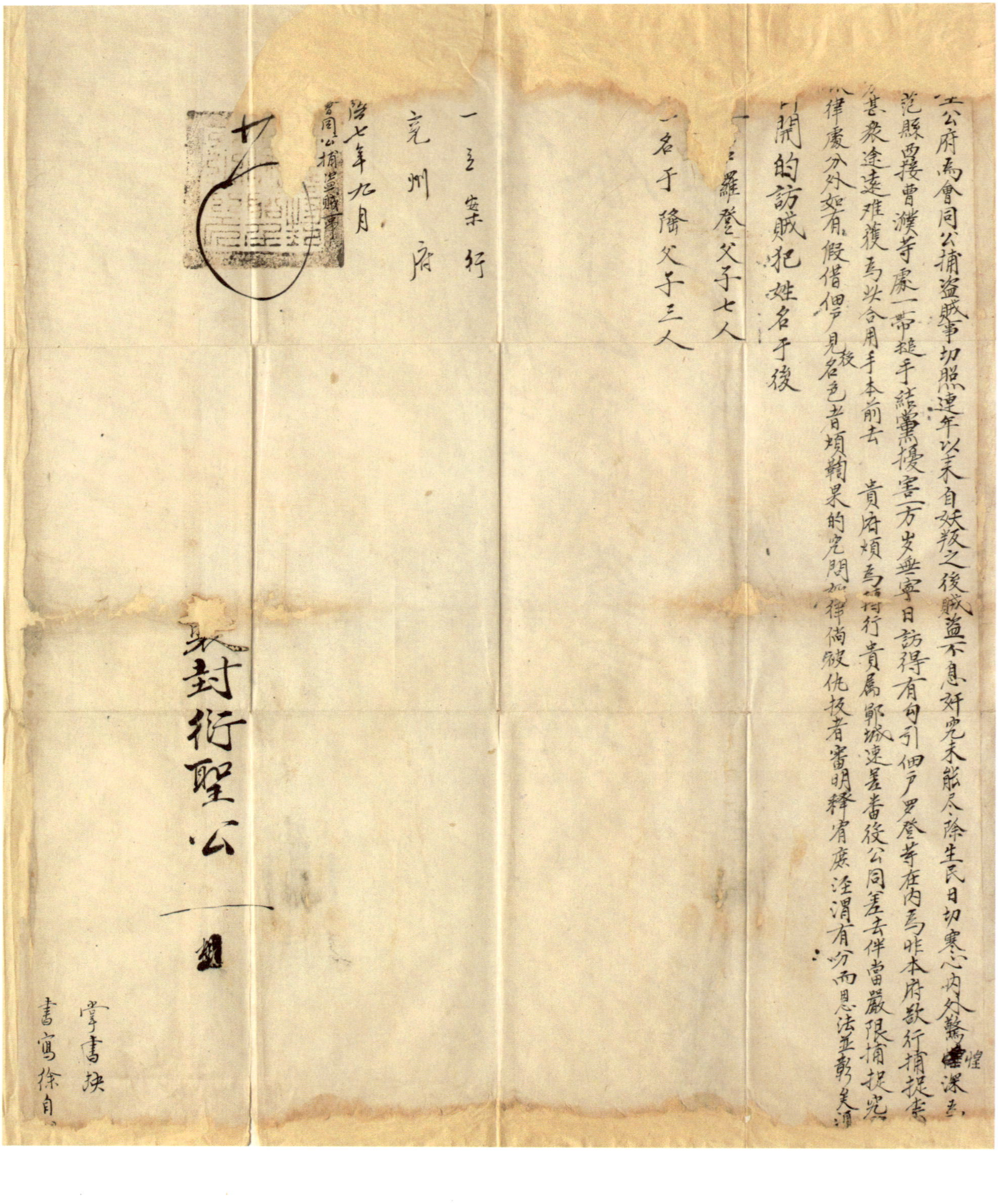

衍聖公府爲會同公捕盜賊事致兗州府手本定稿

天啓七年九月二十日

衍聖公府爲會同公捕盜賊事致兗州府手本草稿

天啓七年九月十九日

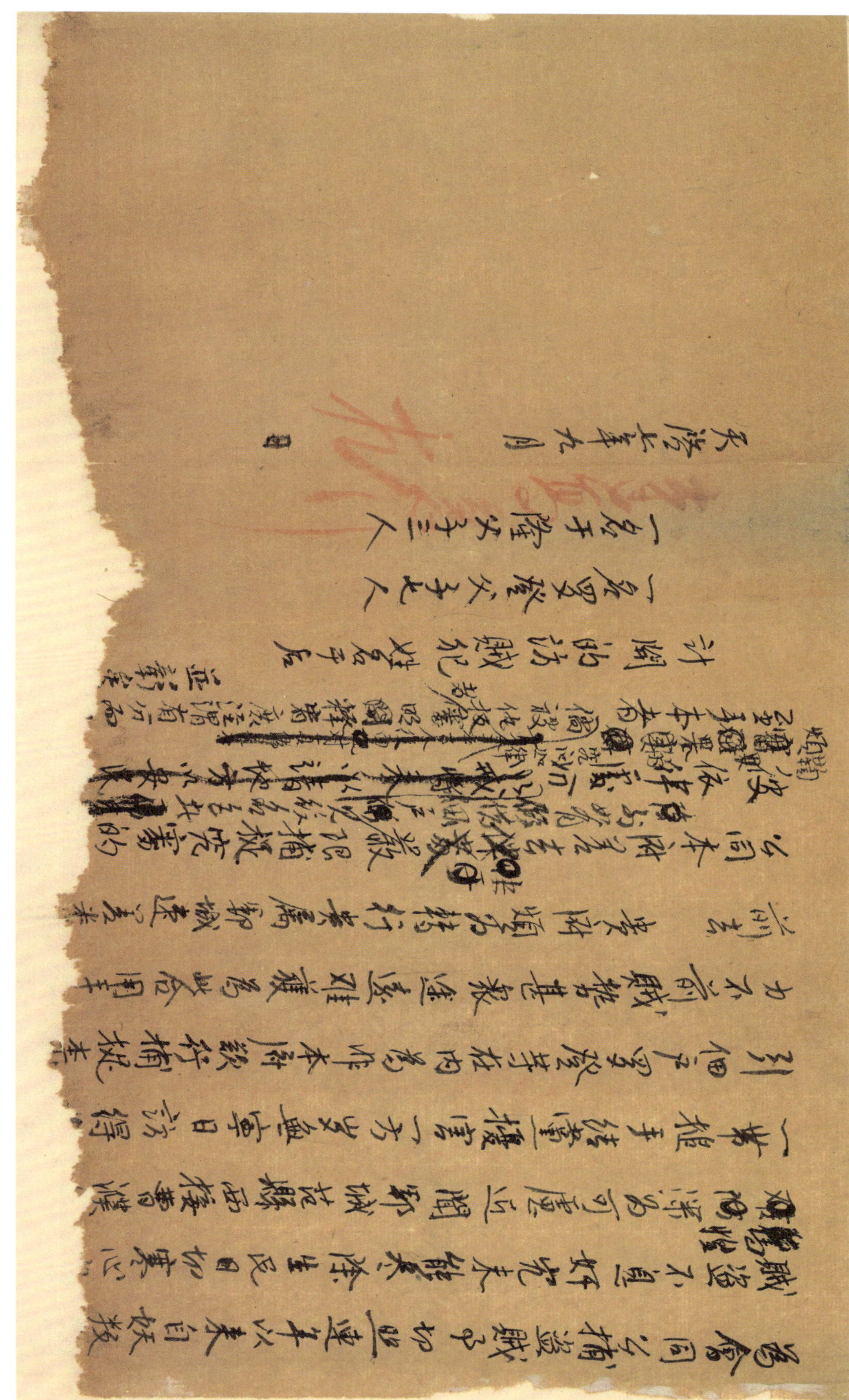

54.3cm x 32.1cm

衍聖公府爲會同公捕盜賊事致鄆城縣劄付定稿

天啓七年九月[二十]二日

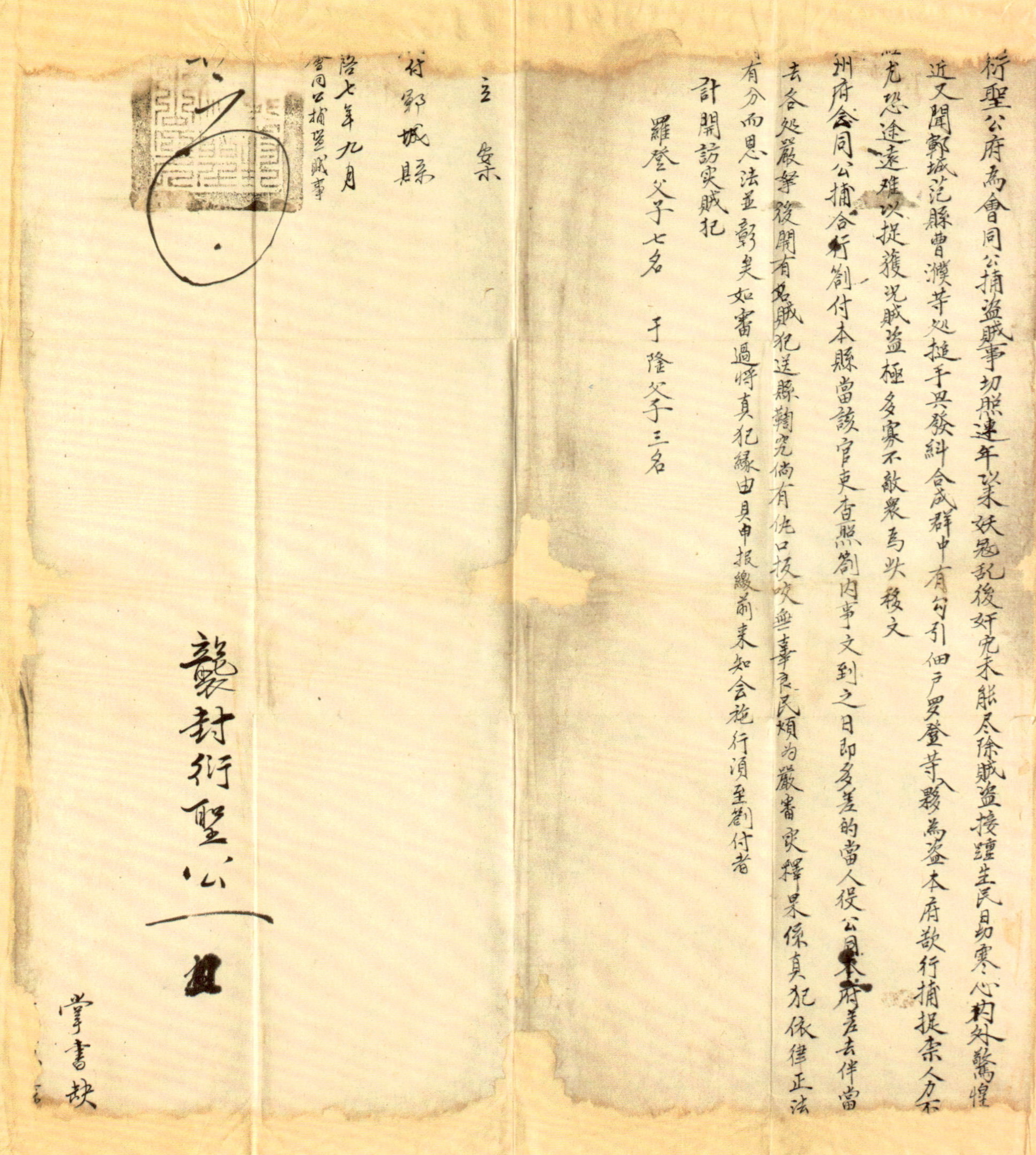
衍聖公府爲會同公捕盜賊事切照連年以來妖寇亂後奸宄未能盡除賊盜接踵生民日切寒心内外驚惶
近又聞鄆城范縣曹濮等處趫手興發糾合成群中有勾引佃戶羅登等入夥爲盜本府欽行捕捉柰人力不
尤恐途遠難以捉獲况賊盜極多寡不敵衆爲此發文
州府会同公捕合行劄付本縣當該官吏查照劄内事文到之日即多差的當人役公同本府差去伴當
去各處嚴拏務期有名賊犯送縣鞫究倘有仇口扳咬無辜良民須爲嚴審究釋果係真犯依律正法
有分而思法並彰矣如審過將真犯緣由具申報繳前來知会施行須至劄付者
計開訪實賊犯
羅登父子七名　于隆父子三名

右　劄　付鄆城縣

啓七年九月
會同公捕盜賊事

襲封衍聖公

掌書缺

衍聖公府爲會同公捕盜賊事致鄆城縣劄付草稿

天啓七年九月

50.5cm x 36.3cm

衍聖公府爲緝捕盜賊事致伴當批稿

天啓七年九月十九日

爲緝捕盜賊事。今差伴當　等前去鄆城等處緝捕，後開賊犯罗登等，如遇州縣城池鎮店鄉庵觀寺院酒肆等処，徃行嚴拿，鎖靠前赴該究問。敢有勢豪窩藏占恡不發者，許去役指此赴所在衙門陳禀，係差番快押解前來，依律罪決不輕。恕去役不得別生事端，致惹衆咎，究不便。須至批者。

計開捉拿賊犯于后：

罗登父子七名

于隆父子三名

一批差伴當　收執准此

天啓七年九月　　日

行

發號　　月

39.5cm x 30.6cm

考證表

機關代號第　　號

保管單位第　　號

本案卷内共有陸　張已編號之文件。

保管單位缺點的説明。

附註

檔案工作人員的職務（簽名）

公元一九六二年十二月　日

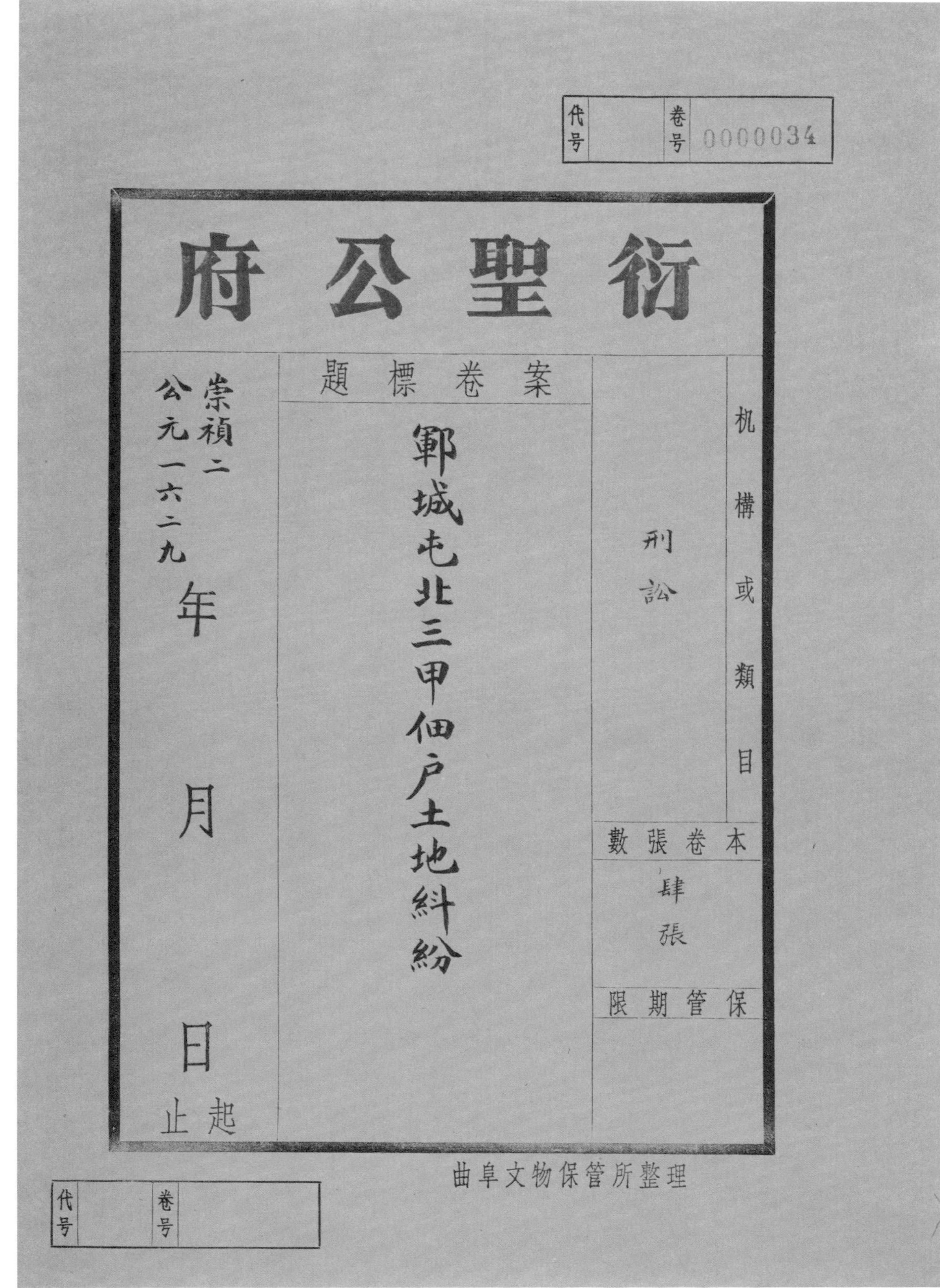

代号　卷号 0000034

衍聖公府

案卷標題

鄆城屯北三甲佃户土地糾紛

崇禎二年
公元一六二九

年　月　日
起
止

机構或類目
刑訟

本卷張數
肆張

保管期限

曲阜文物保管所整理

代号　卷号

卷内目録

順序号	作者	内容摘要	文件上的号数	文件上的日期	文件所在的張数	备註
一	衍聖公府	為豪暰地土朋謀改約		崇禎二年七月二十三日	—	
二	鄆城屯佃户楊思孟啟	為陳尚州朋謀改約盜賣當地恳乞拘究		崇禎二年五月十五日	—	
三	衍聖公府	為票拘陳尚州等到案聽審		崇禎二年五月十五日	—	
四	佃户楊思孟狀	為與陳尚州地畝糾葛經人處和甘願息訟恳乞免究		崇禎二年五月二十一日	—	
				年月日	—	
				年月日	—	
				年月日	—	
				年月日	—	
				年月日	—	

填寫人　　年　月　日

衍聖公府爲豪噬地土朋謀改約事文卷卷面

［崇禎］二年七月二十三日

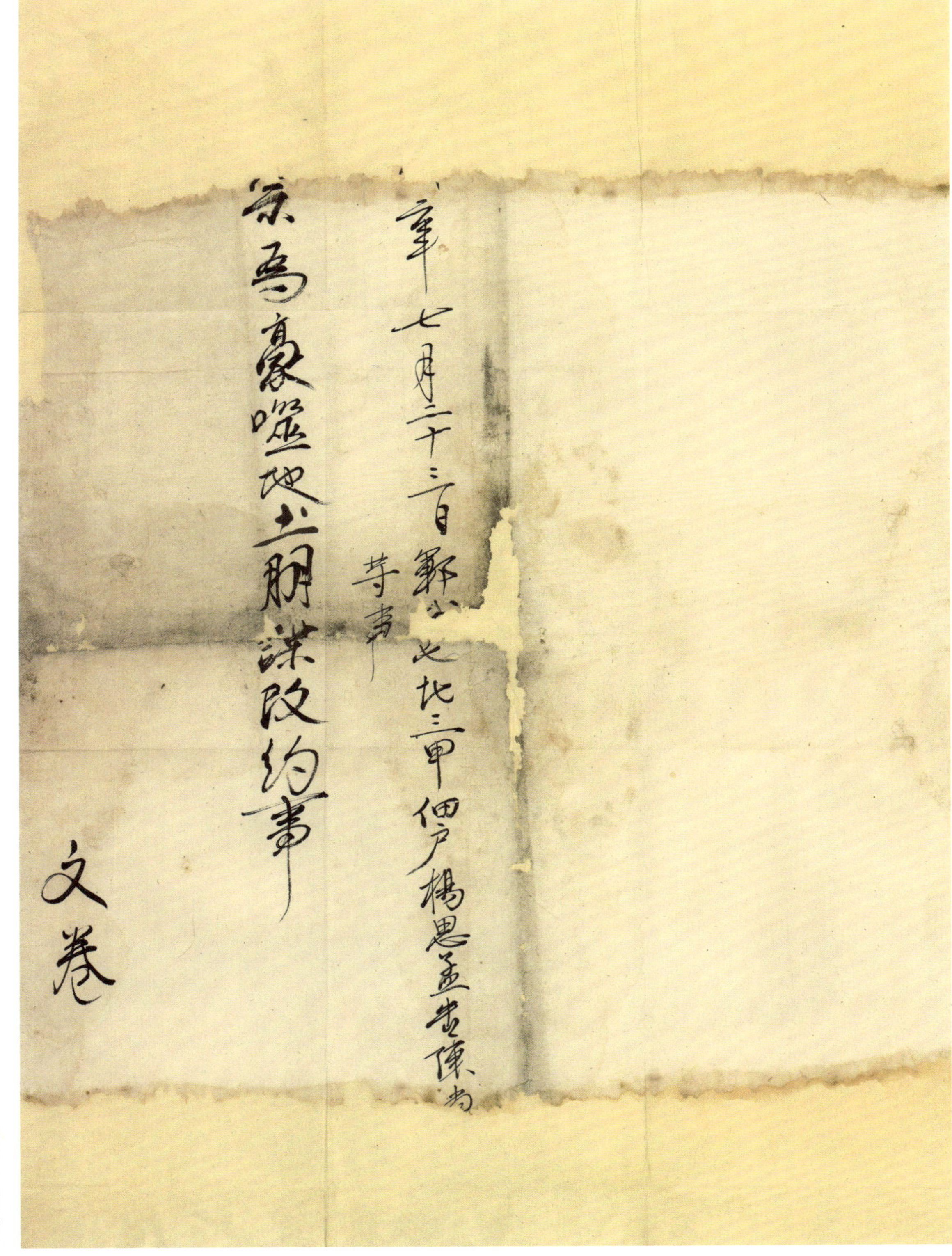
年七月二十三日鄆北三甲佃户楊思孟告陳爲

等事

宗爲豪噬地土朋謀改約事

文卷

59.0cm x 76.7cm

鄆城屯北三甲佃户楊思孟爲陳尚州兄弟朋謀改約盜賣當地懇乞拘究事致衍聖公孔胤植啓狀及批

〔崇禎二年五月〕十五日

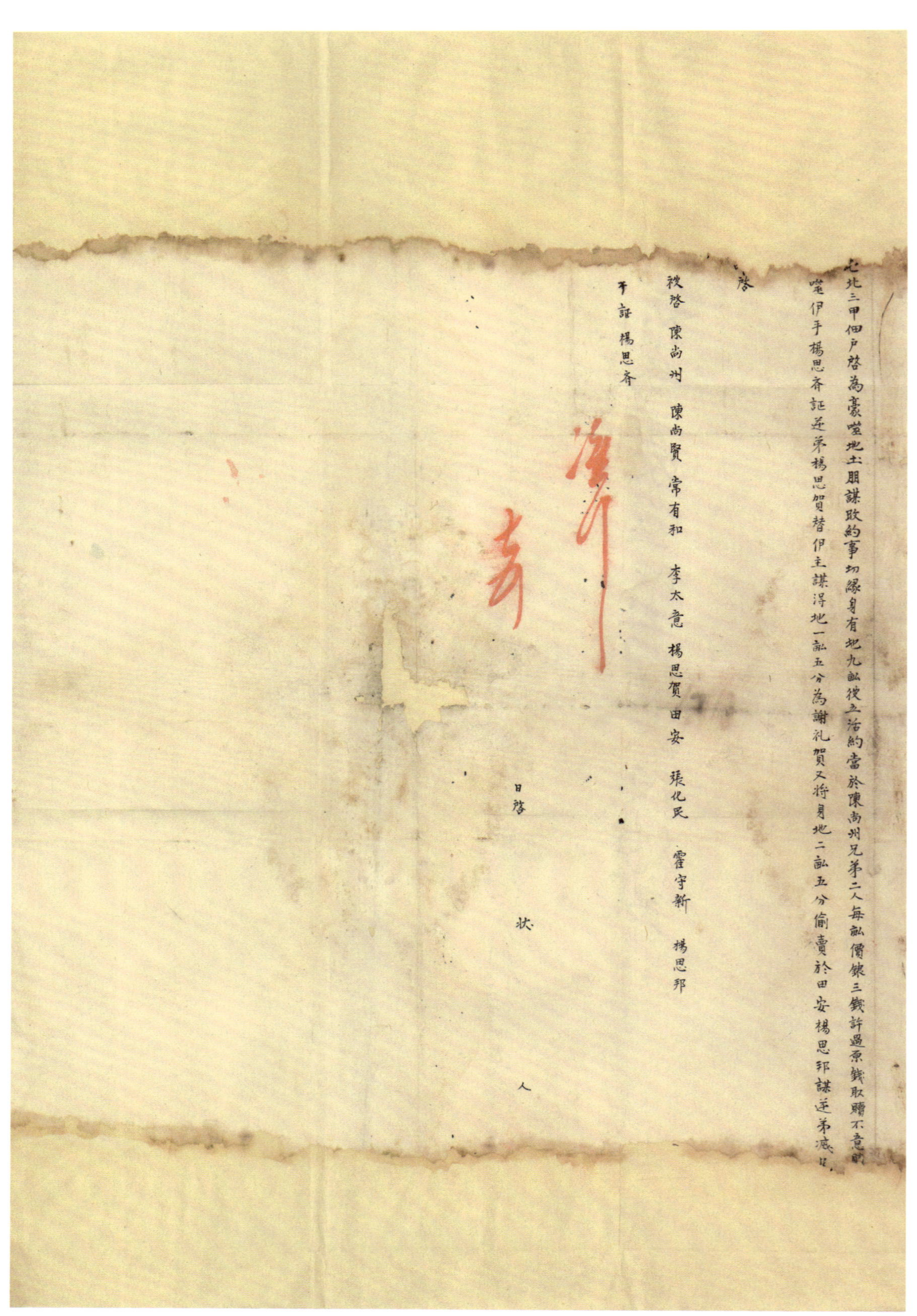

屯北三甲佃户啓爲豪㘸地土朋謀改約事切縁身有地九畝徒立活約當於陳尚州兄弟二人每畝價銀三錢許過原錢取贖不意郎

㘸伊手楊思斉誆逆弟楊思賀替伊主謀得地一畝五分爲謝礼賀又將身地二畝五分偷賣於田安楊思邦謀逆弟滅

啓

被啓　陳尚州　陳尚賢　常有和　李太意　楊思賀　田安　張化民　霍守新　楊思邦

干證　楊思斉

日啓

狀　　人

大圖詳見附録039頁

56.5cm x 80.2cm

衍聖公府爲拘陳尚州等到案聽審事致李蛟、霍省票

崇禎二年五月十五日

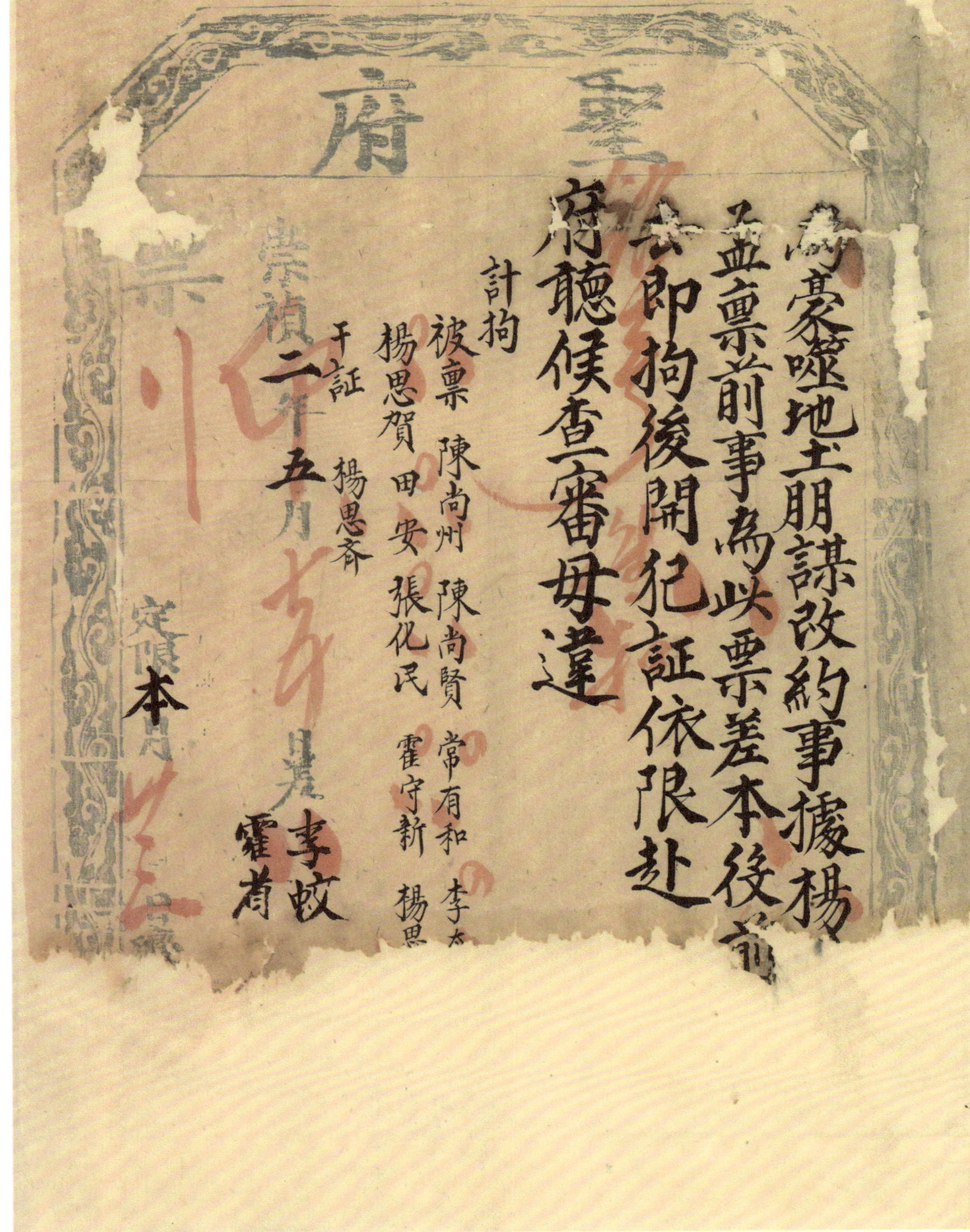

聖府

爲豪嗟地土朋謀改約事據楊[illegible]並票前事爲此票差本役前[illegible]去即拘後開犯証依限赴

府聽候查審毋違

計拘

被稟 陳尚州 陳尚賢 常有和 李[illegible]

楊思賀 田安 張化民 霍守新 楊思[illegible]

干証 楊思齊

崇禎二年五月 日 差 李蛟 霍省

定限本月 日

37.7cm x 51.6cm

［鄆城屯北三甲佃户楊思孟等］爲情願息訟事致衍聖公孔胤植狀

［崇禎二年五月］二十一日

齊告為懇恩寬宥事孟因地土具告

府聽審間今有鄉親郝孟成等與孟衆家講和情願息詞懇乞天恩憐准上告

日告 和息 狀

大圖詳見附録040頁

57.7cm x 79.7cm

考證表

機關代號第　　號

保管單位第　　號

本案卷内共有肆　張已編號之文件。

保管單位缺點的說明。

附註

檔案工作人員的職務（簽名）

公元一九六二年十二月　日

范縣窩豪盧珍倚藉太監勢力侵吞祭田聚衆打死鄆城屯佃户咨行山東撫院法辦

崇禎十年

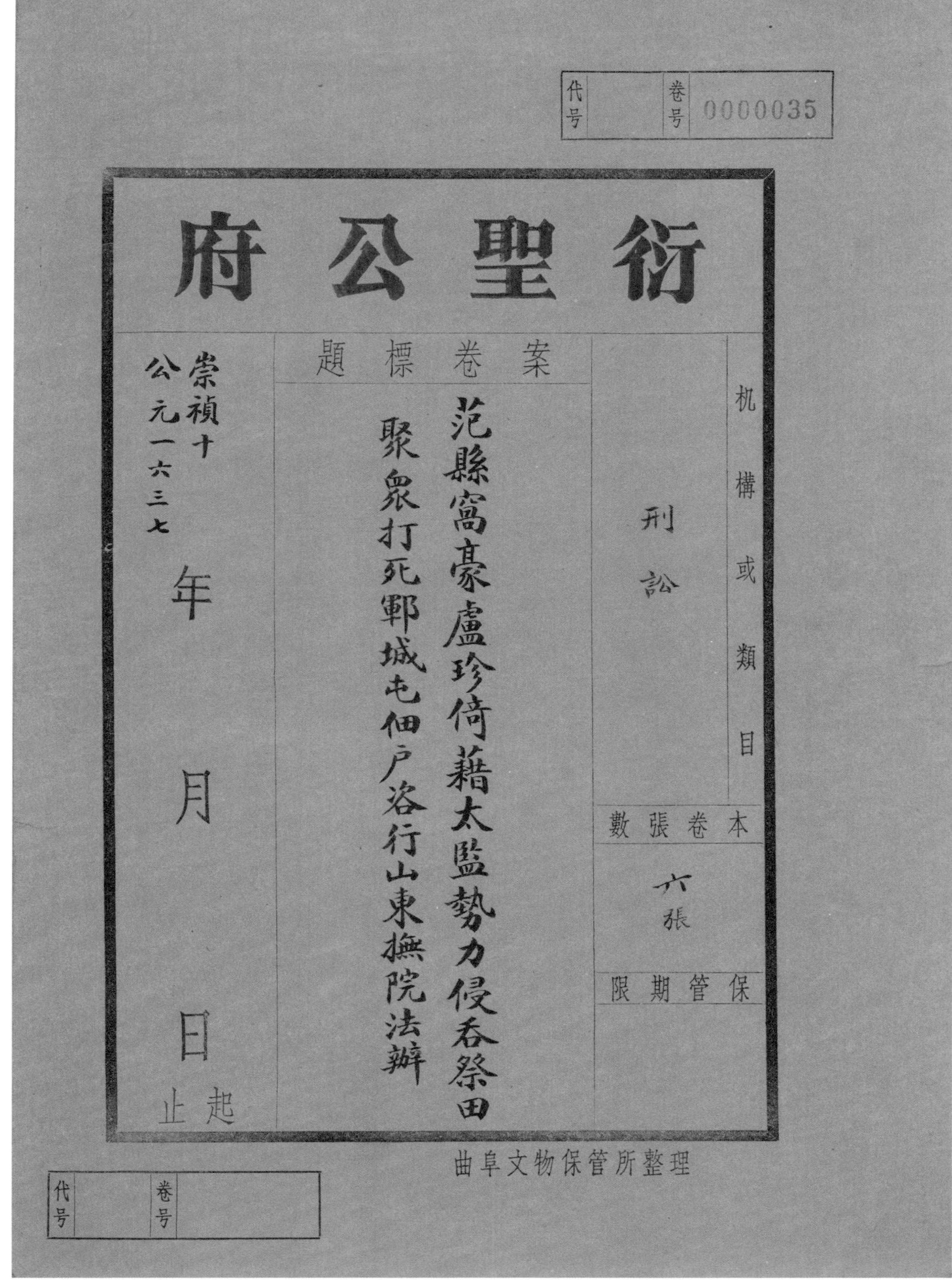
代号 卷号 0000035

衍聖公府

案卷標題

范縣窩豪盧珍倚藉太監勢力侵吞祭田聚衆打死鄆城屯佃户咨行山東撫院法辦

崇禎十 公元一六三七 年 月 日 起 止

機構或類目 刑訟

本卷張數 六張

保管期限

曲阜文物保管所整理

代号 卷号

順序号	作者	内容摘要	文件上的号数	文件上的日期	文件所在的張数	备註
一	衍聖公府	為奸豪吞没祭田打死人命分别咨行撫院按院		崇禎十年五月日	—	
二	衍聖公府	為豪民盧珍等倚藉太監勢力吞没祭田打死人命咨行山東巡撫依律究擬		崇禎十年五月二十八日	—	
三	衍聖公府	手本行山東巡按監察御史由同上		崇禎十年五月二十八日	—	
四	衍聖公府	為捉獲人命兇犯長途起解行劄西城闗外坊會請該司選差弓手遞解回籍柢案		崇禎十年五月日	—	
五	衍聖公府	劄付西城兵馬司 由同上		崇禎十年五月日	—	
				年月日	—	
				年月日	—	
				年月日	—	
				年月日	—	

卷内目錄　填寫人　年　月　日

衍聖公府爲奸豪吞没祭田打死人命等事文卷卷面

崇禎十年五月

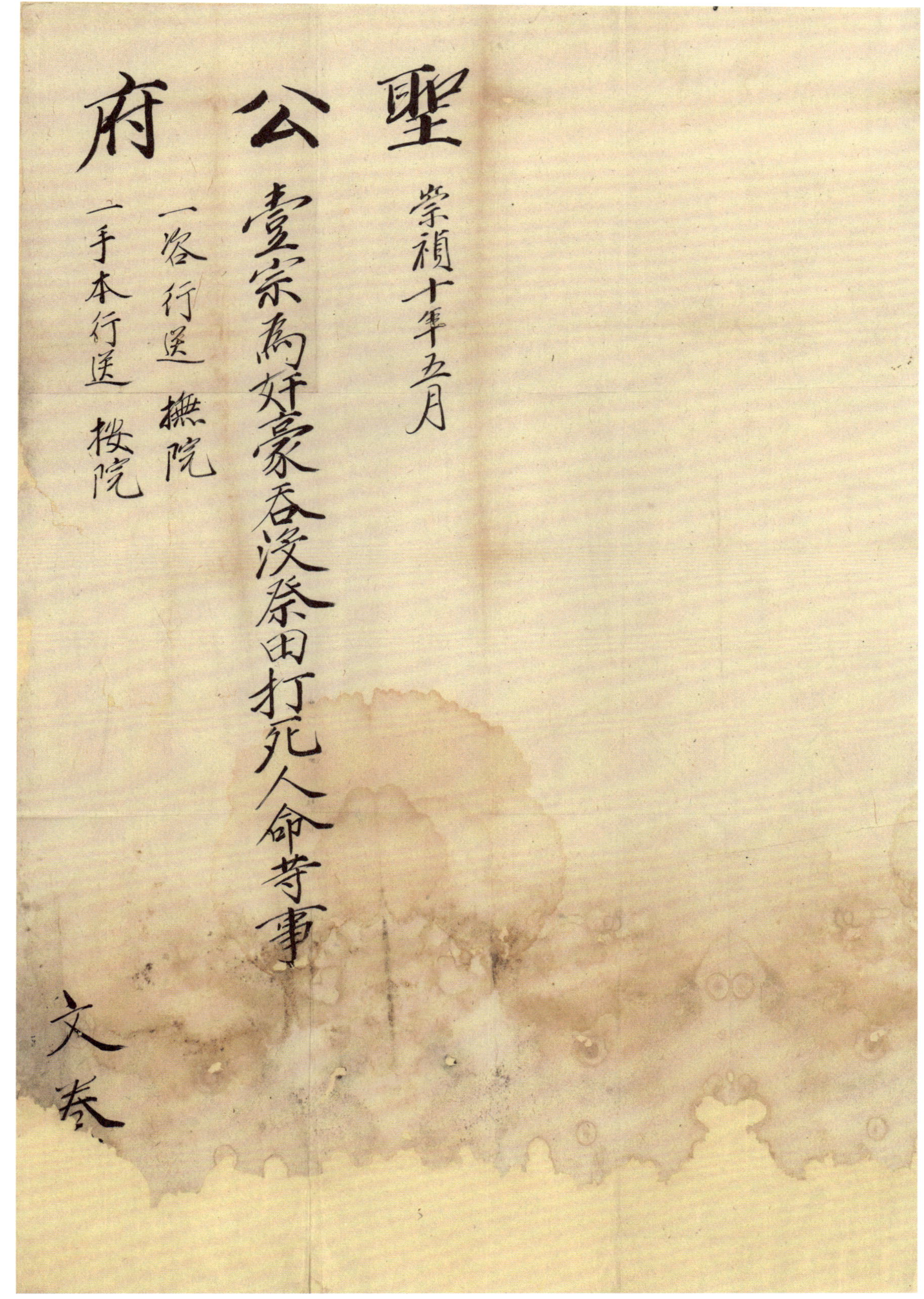
聖
崇禎十年五月
公
壹宗爲奸豪吞没祭田打死人命等事
府
一咨行送 撫院
一手本行送 按院
文卷

57.5cm x 78.0cm

衍聖公府爲奸豪吞没祭田率衆打死人命乞驗屍擬罪事致山東巡撫顏繼祖咨定稿、巡按山東監察御史洪啓遵手本定稿

崇禎十年五月二十八日

太子太傅襲封衍聖公府爲奸豪吞沒祭田率衆打死人命事照得　至聖廟祭田原係

國朝欽撥向因管勾官缺無人掌理以致奸民侵吞失額太半崇禎玖年捌月內范縣生員盧光霽盧慎行業地與祭田相隣情願

趙王駿立約賣與本府受價明白本人可證豈期神奸盧珍等恐清丈地土則侵種之祭田無遁攢謀定計將前地投獻艾太監假稱

王庄率領虎棍王實等貳百餘人圍庄抄搶捉鎖陳支父子并小甲衣爾盈佃戶王佐等非刑吊打將支登時打死見今屍骸暴露遠近

聞切思　聖廟祭田臨隸鄆城范縣雖今日之續置乃爲祭田之切隣不得不爲公買至於　德府籽粒地則陽穀縣徵糧種界下

治各別況買籽粒地有王動白等賣籽粒地者有盧珍父子在也文約有據中證皆存何得指鹿爲馬數白爲黃且太監又係有司所支

何罪活活打死人命豈可草菅三尺藐若鴻毛伏乞

貴臺批行兼明驗屍擬罪將投獻造端之盧珍盧光斗等依律究擬而本府之祭田於夫　德府籽粒地自有種畔可憑也俾涇渭不別葛

藤自斷投獻之詭計宜杜而勢虐之兇焰得息矣爲此合咨

貴院煩爲查照施行希文回照須至咨者

計開

被吞人寶　盧光斗　盧登　陳次舉　李明吾　展得盛　楊爾知　楊顯吾　張繼孝　許書　王弘　吳宗舜　劉隆　樊西泉　閆德所　藏善　王祥明　王尊　張爾玉　秦忠

盧哥教　李春太　晉文舉　楊九春　趙九河　不知名者百餘人

干證王爵　趙玉駿　盧公卓　盧光霽　盧公秀　盧慎行　李思忠　盧光寅　王封　趙九舉　楊介

一　右　　咨

案

欽差巡撫山東提督軍務兼理營田都察院右僉都御史顏

一手本行送

巡按山東監察御史洪

崇禎拾年伍月　廿八　日

太子太傅襲封衍聖公

掌書高[?]恂　書寫徐自[?]　[?]

大圖詳見附録041頁　85.5cm x 108.6cm

衍聖公府爲奸豪吞没祭田率衆打死人命乞驗屍擬罪事咨及手本草稿（附艾太監率虎棍名單）

崇禎十年五月十六日

66.3cm x 31.2cm

衍聖公府爲奸豪吞没祭田率衆打死人命乞驗屍擬罪事咨及手本草稿（附艾太監率虎棍名單）

崇禎十年五月十六日

計開艾太監率虎棍名數

王實 盧珍 盧光斗 陳次峯 侍書辦 李明吾 湯長官 展得盛 快手

楊知事 楊盈吾 張槐亭 陽谷人 許書 人

王松 壽張人 吳宗舜 刘隆 樊西泉

藏善 王祥明 王奪 張不玉 秦廿

盧章 盧可教 李春太 魯文 九春

趙九河 盧公卓 西鄰 盧夔光 公東鄰 王 李思 封 東鄰

屏鋼 趙九峯 地方楊木 不知名下餘人

千誑王爵 趙玉駿 盧光霄 盧光

盧盈寅 盧光

28.0cm x 31.3cm

衍聖公府爲選差弓手押解凶犯事致西關外坊劄付稿

崇禎十年五月

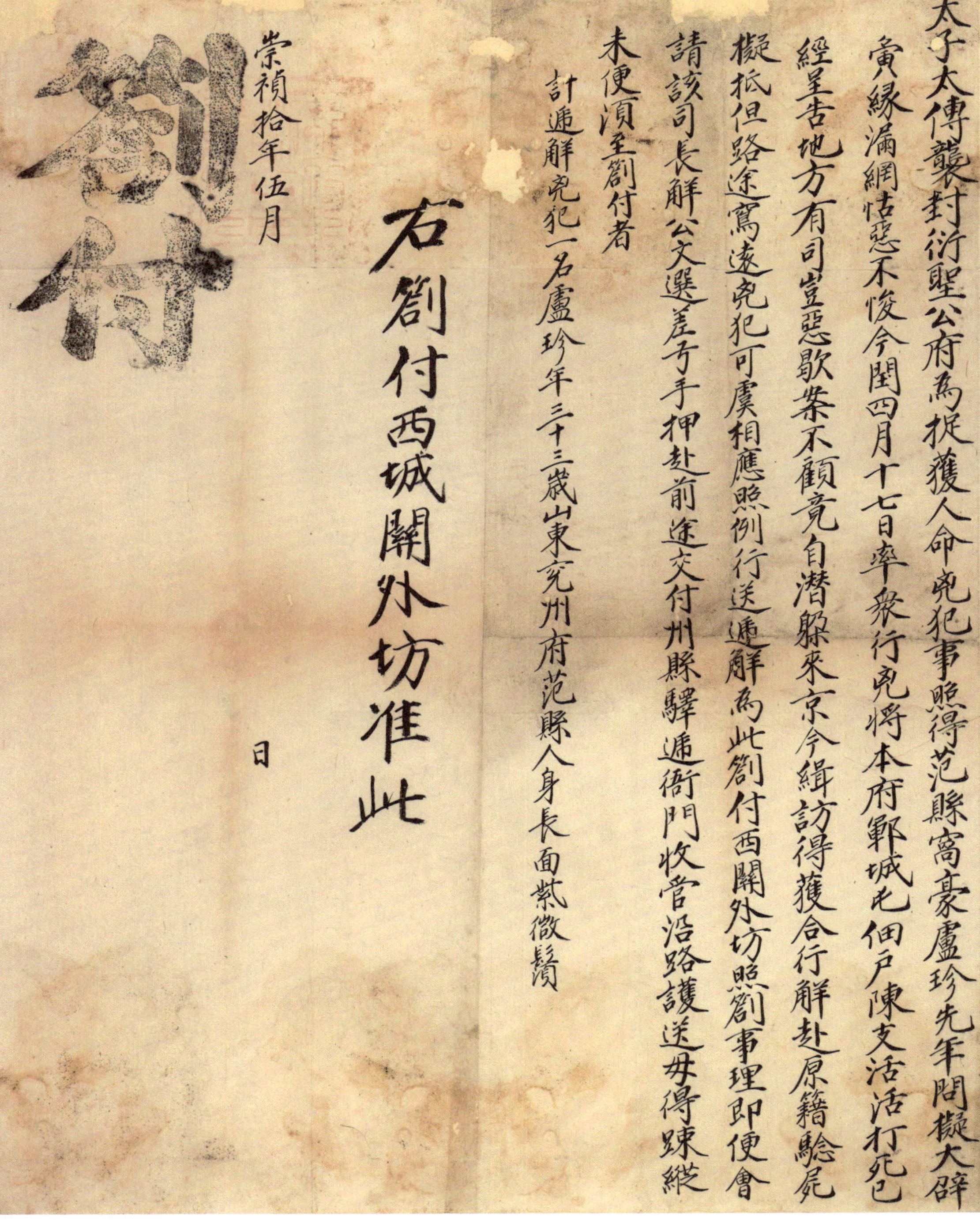

太子太傅襲封衍聖公府為捉獲人命兇犯事照得范縣寓豪盧珍先年問擬大辟
夤緣漏網怙惡不悛今閏四月十七日率衆行兇將本府鄆城屯佃戶陳支活活打死已
經呈告地方有司豈惡歇案不顧竟自潛躲來京今緝訪得獲合行解赴原籍驗屍
擬抵但路途窵遠兇犯可虞相應照例行送遞解為此劄付西關外坊照劄事理即便會
請該司長解公文選差弓手押赴前途交付州縣驛遞衙門收管沿路護送毋得疎縱
未便須至劄付者
計遞解兇犯一名盧珍年三十三歲山東兗州府范縣人身長面紫微鬚

右劄付西城關外坊准此

崇禎拾年伍月　　日

劄付

56.5cm x 75.5cm

衍聖公府爲選差弓手押解凶犯事致西城兵馬司劄付稿

崇禎十年五月

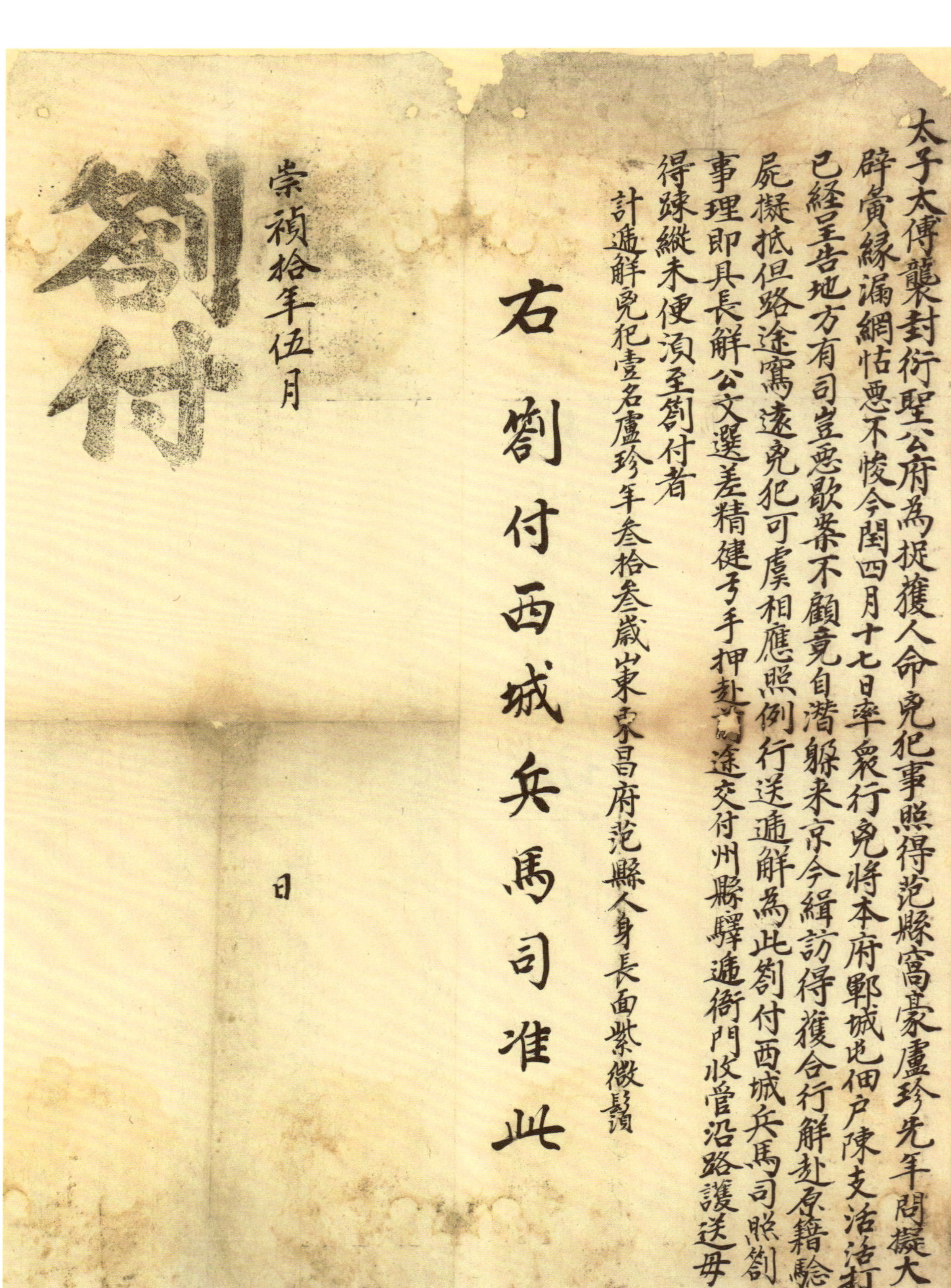

太子太傅襲封衍聖公府為捉獲人命兇犯事照得范縣富豪盧珍先年問擬大
辟負緣漏網怙悪不悛今閏四月十七日率衆行兇將本府鄆城屯佃戶陳支活活打
已經呈告地方有司豈悪歇案不顧竟自潛躲來京今緝訪得獲合行解赴原籍驗
屍擬抵但路途窵遠兇犯可虞相應照例行送遞解為此劄付西城兵馬司照劄
事理即具長解公文選差精健弓手押赴前途交付州縣驛遞衙門收管沿路護送毋
得疎縱未便須至劄付者
計遞解兇犯壹名盧珍年叁拾叁歲山東東昌府范縣人身長面紫微鬚

右劄付西城兵馬司准此

崇禎拾年伍月　日

劄付

56.9cm x 76.0cm

考证表

机关代号第　　号

保管单位第　　号

本案卷内共有六　张已编号之文件。

保管单位缺点的說明。

附註

公元一九六二年十二月　日

档案工作人员的职务（签名）

代号 | 卷号 0000036

衍聖公府

案卷標題

處理獨山屯佃户控訴劫財害命及房地糾紛各案

機構或類目：刑訟

本卷張数：壹柒

保管期限

起止：崇禎十一十四年 年 月 日
公元一六三八—一六四一

曲阜文物保管所整理

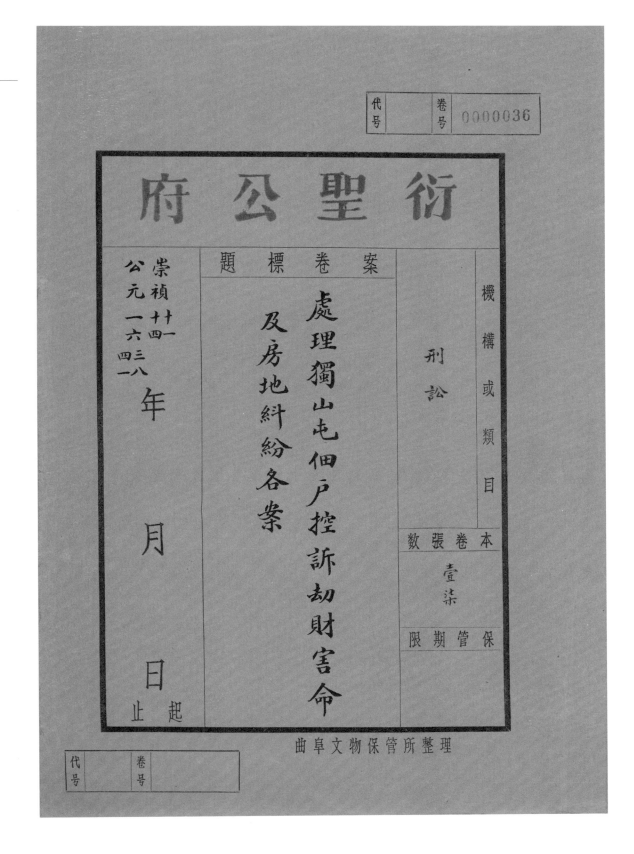

代号 | 卷号

卷内目錄　　填寫人　　年　月　日

顺序号	作者	内容摘要	文件上的号数	文件上的日期	文件所在的张数	备註
一	魚臺縣	為申復歷陳小從蓮墜井溺死情形早經斷結完案申乞註銷		崇禎十一年四月十七日	—	
二	衍聖公府	為豪奪產業又為奸弊揑害		崇禎十三年五月二十一日	—	
三	魚臺佃户宋奇狀	為張時新不納租粮畏罪逃跑平空揑誣懇乞明斷		崇禎十三年四月十九日	—	
四	魚台佃户李氏狀	為宋奇等仗勢欺孀强賃樓房掘地盜銀懇乞追究		崇禎十三年四月十九日	—	
五	魚台佃户李氏狀	為原住府基瓦房三十三間因無力納租願將原房退還府中另行佃住		崇禎十三年四月二十日	—	
六	魚台佃户李氏狀	為土豪宋奇等霸拆官宅氏子張時新赴縣首告被伊毆傷不見踪跡乞准拿究		崇禎十三年四月十六日	—	
七	伴當門以謙啟	為奉票傳拘宋敬等到案聽審因恃惡抗傳扯碎原差衣帽搶去租銀乞准加差拘拿		崇禎十三年四月十六日	—	
八	衍聖公府	為魚台佃户地畝糾葛硃批		崇禎十三年四月初五日	—	
九	魚台佃户張時新啟	為豪霸宋奇串通張松私立假約謀霸户產强去磚瓦木料勢如抄殺乞准追究		崇禎十三年四月初五日	—	

顺序号	作者	内容摘要	文件上的号数	文件上的日期	文件所在的张数	备注
十	魚台佃户張時新退約	為連遭黄水房屋倒塌現将存房屋三十八間退還聖府伏乞准予收回		崇禎三年五月二十一日	—	
十一	魚台佃户張文華啟	為佃住官房被水冲倒木料磚石被李應分宋敬盗去有柏玉作証乞准查究		崇禎三年六月十六日	—	
十二	魚台居民宋奇啟	為張時新張文華兄弟挾仇誣告奇弟宋敬盗取官房木料乞明察分斷		崇禎三年七月十五日	—	
十三	魚台佃户張文華狀	為所住官房被水冲倒木料磚石有被佃户李應分侵吞有被衆人竊取最后被宋敬盗拿一空乞明察究辦		崇禎三年七月初一日	—	
十四	張陽庄戶頭李加禎啟	為挾仇捏誣影吉影証叩懇電察免遭誣陷		崇禎三年七月初七日	—	
十五	衍聖公府行魚台縣	為據獨山屯佃户趙秉位告王天爵等殺死趙秉忠等		崇禎十四年十一月十八日	—	
十六	衍聖公府	為據魚台佃户趙秉位告稱有梟横王天爵乘亂搶刦綑縛屯官趙秉忠殺死三命刼掠一空劄付魚台縣嚴拿王天爵等依法究辦		崇禎十四年十一月十九日	—	
十七	衍聖公府	劄付魚台縣底稿 由同上		崇禎十四年十一月十九日	—	
				年 月 日		

卷内目録 填寫人 年 月 日

魚台縣爲張從吾頂名誣告已經官斷請予注銷事致衍聖公府申

崇禎十一年四月十七日

兗州府魚臺縣爲打死男命事蒙

聖府信票據屯戶張成嵩告前事等因蒙此卷查崇禎拾壹年肆月初壹日據本縣民張成嵩告爲乞冤男命事狀稱身男小張妮與楊翟寰做年限女婿被伊將男打傷淹死井內情詞

告縣隨據儒學生員楊閣春即楊翟寰呈爲淹死幼僕事呈稱生有僕僮小從蓮年拾壹歲不幸于本年叁月貳拾柒日汲水失脚墜井溺死市井耳目難掩並無別故霄空塞遣從未見面無干

人張從吾冒認爲親自稱

孔府佃戶率領义慣撞懇惡少貳拾餘人工門辱罵赶打勢同拉據隨喊地方李文華等救證情極叩冤各等情到縣據此當得張成嵩之男小從蓮自幼賣于楊生員家爲義男豢養

有年因汲水失足撈救不及死于井市人所耳而目之者公論昭然子矜無罪但張成嵩痛子夭亡情誠可憫斷銀壹兩伍錢以爲埋葬之資兩造當堂輸服成嵩收銀領埋取有地方鄉約遵

依領狀在卷其行兇之張從吾既稱

聖府佃戶已從寬姑免究矣今蒙

聖府票拘該本縣看得張從吾頂名誣告爲打死男命事查原案稱父張成嵩告爲乞冤男命事前後情詞互異始終欺詐逼真且已經官斷案定如山相應申乞

註銷以明是非者也今將前項緣繇擬合申報爲此理合具申伏乞

照驗施行須至申者

右　申

太子太傅襲封衍聖公府

崇禎拾壹年肆月　打死男命事　拾柒日

知縣李士才　主簿楊廷彥 管河　典史陳登霄 巡捕

大圖詳見附録042頁

56.5cm x 78.4cm

衍聖公府爲豪奪産業又爲奸弊捏害事文卷卷面

崇禎三年五月二十一日

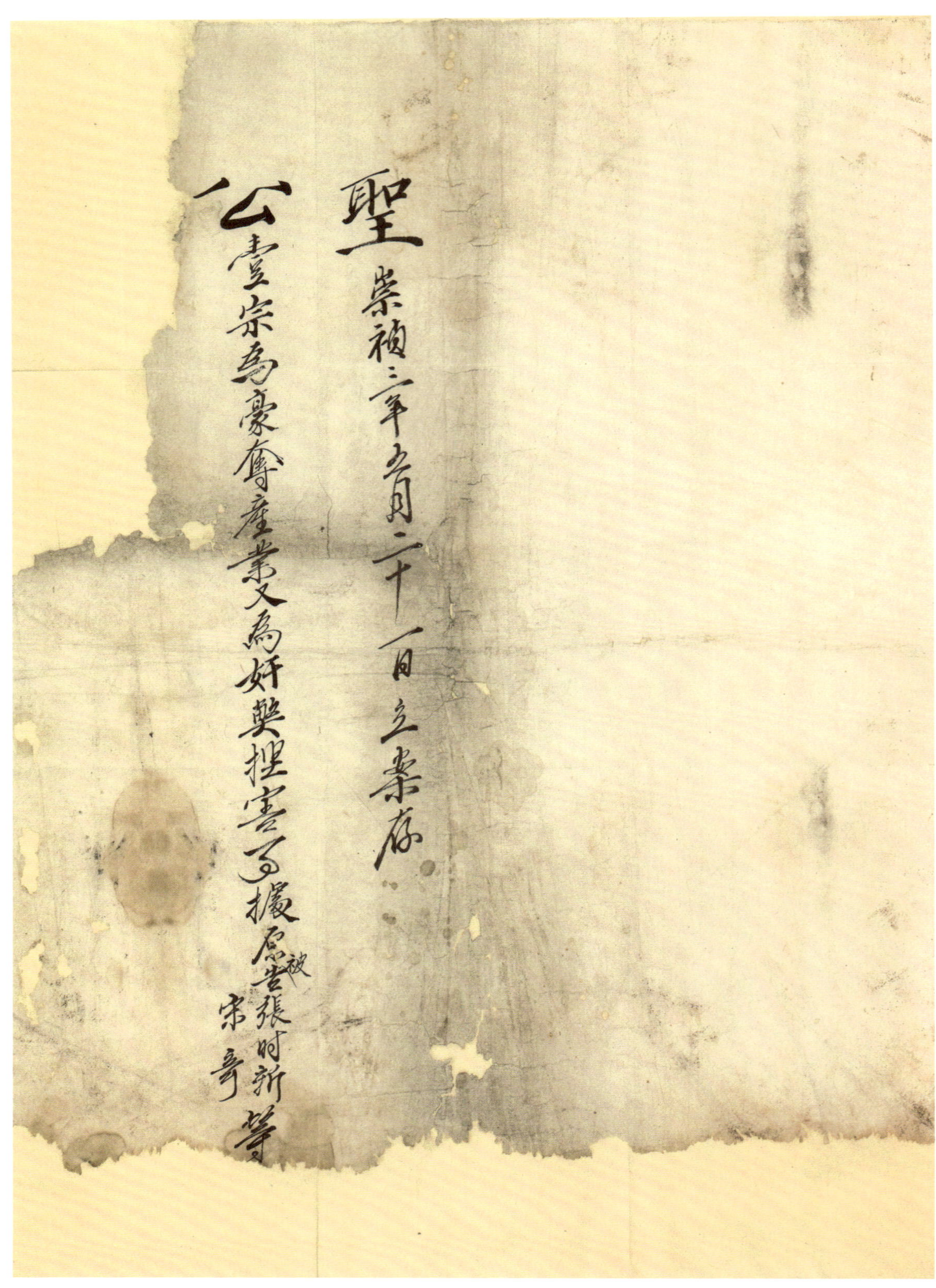
聖

崇禎三年五月二十一日立案存

公

壹宗爲豪奪産業又爲奸弊捏害事據被原告張时新等

宋壽

56.6cm x 75.2cm

魚台縣宋奇爲張時新懼罪捏誣事致衍聖公孔胤植啓狀及批

崇禎三年四月十九日

告狀人宋奇年四十二歲魚臺縣人啟為奸弊捏害事竊惡張時新將宅屋九間賃與鼐高兩家每年價銀二兩二錢照季交完又張汝松等証豈意時新收吞肥家拖欠數年別項錢粮租銀不納潛行逃走蒙差提拿前來伊懼罪責平空捏誣吞運磚瓦抱銀無虛詞將身枉陷况身未從與債雖地宅子妄誣顯然知伊毀壞磚瓦盜賣肥家與奇無干奸弊展轉不辯不明投天電斷

侍分上啟

爺 詳行

被啟人 張時新

干証 張汝松 閻璋

崇禎三年四月 日啟

狀 人宋奇

56.8cm x 76.8cm

魚台縣佃户李氏爲宋琦等掘地盜銀并毆男外逃懇乞追究事致衍聖公孔胤植告狀及批

崇禎三年四月十九日

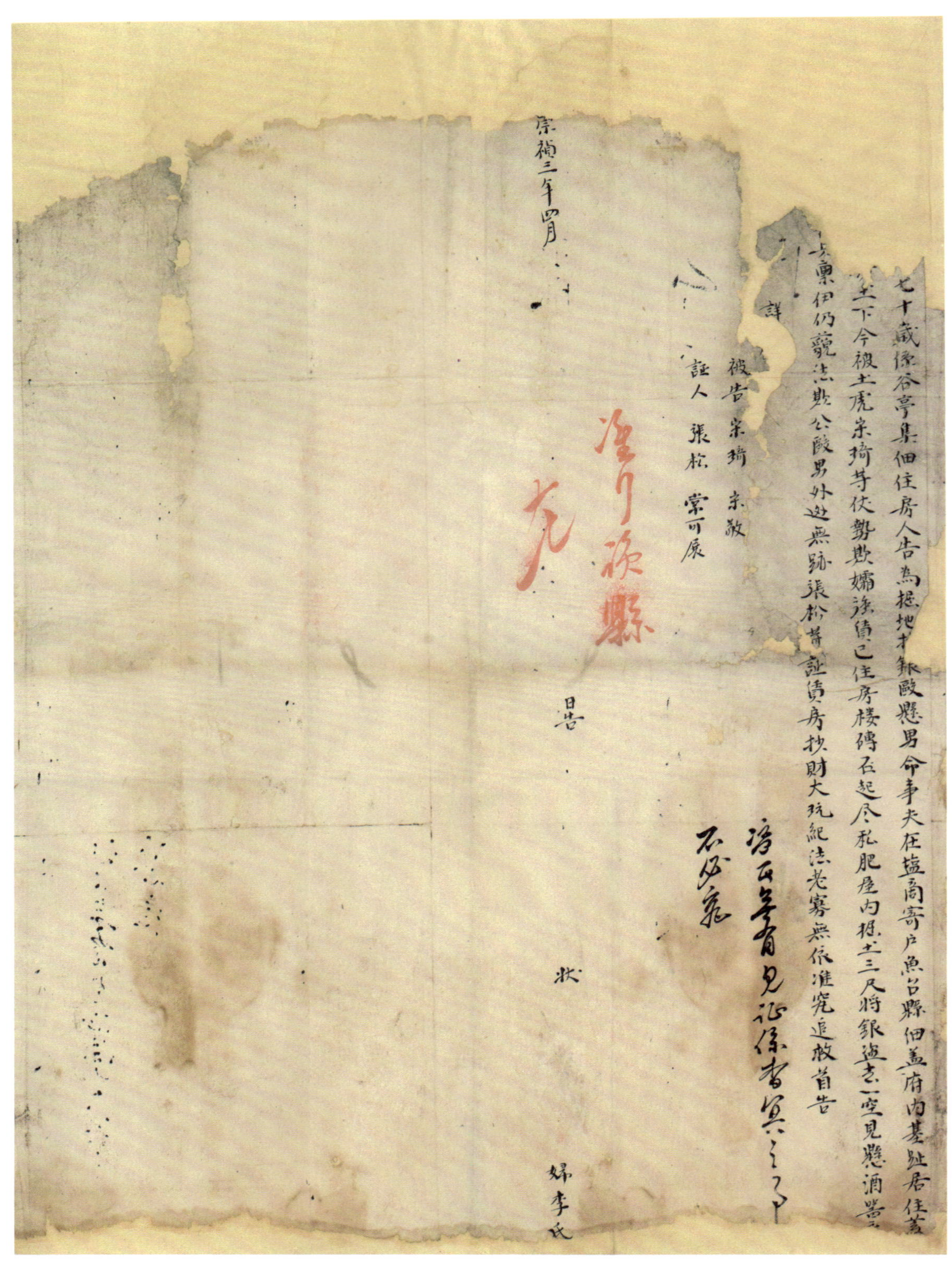

告狀婦李氏，年七十歲，係谷亭集佃住房人，告爲掘地打銀毆懸男命事。夫在鹽商寄户魚台縣佃蓋府内基址居住，蓋土下。今被土虎宋琦等仗勢欺孀，强倩已住房樓磚石起盡，私肥屋内掘土三尺，將銀盜去一空，見懸酒罌。東佃仍寵法欺公，毆男外逃無跡。張松等證倩房抄財大玩紀法，老寡無依，准究追赦，首告。

被告 宋琦 宋敬

證人 張松 宋可康

詳

崇禎三年四月 日告

60.9cm x 79.3cm

魚台縣佃户李氏爲退租宅事所具退狀及批

崇禎三年四月二十日

原告佃住房寡婦李氏今於

與退狀事依奉氏原佃住本府基址宅門今無力納租情愿將原克二第九房三十三間退入府内另行佃住不致虚捏退狀是實

計房坐落魚台縣谷亭集

崇禎三年四月

日具

退狀婦李氏

同男張時新

准退

廿

准退

60.6cm x 78.6cm

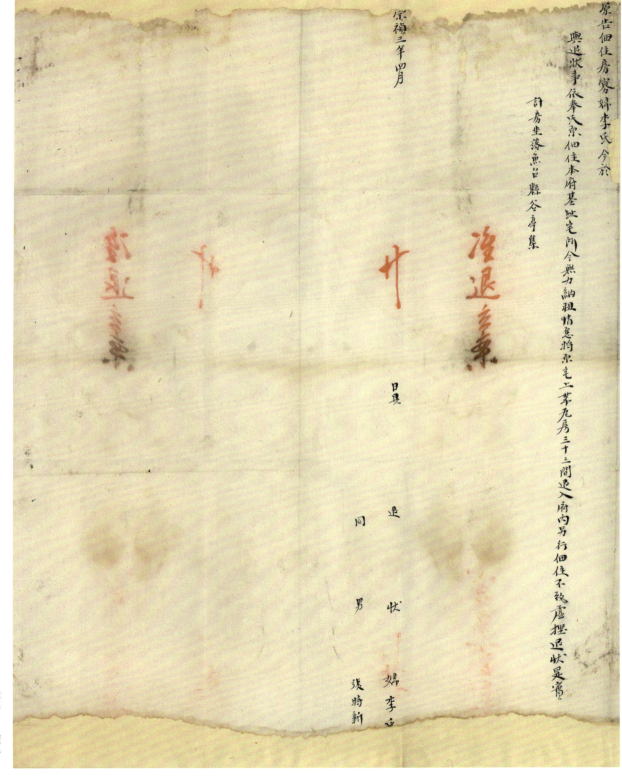

魚台縣佃户李氏爲宋奇等霸拆官宅毆人逃匿事致衍聖公孔胤植禀及批

崇禎三年四月十六日

82.3cm x 34.0cm

伴當門以謙爲宋敬恃勢打搶抗傳事致衍聖公孔胤植稟及批

崇禎三年四月十六日

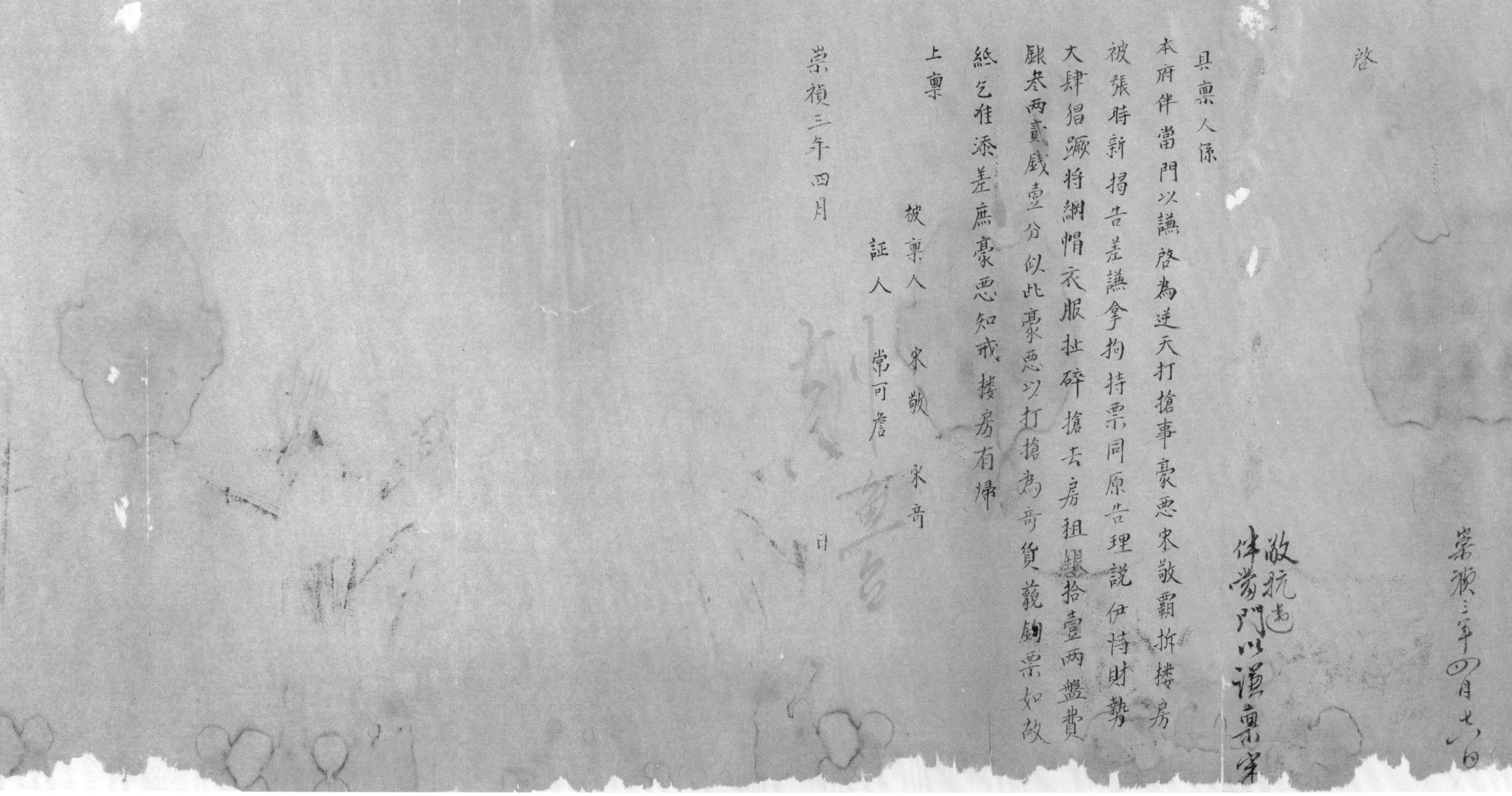

啓

具稟人係

本府伴當門以謙啓爲逆天打搶事豪惡宋敬霸拆樓房

被張時新揭告差謙拿拘持票同原告理說伊恃財勢

大肆猖獗將網帽衣服扯碎搶去房租銀拾壹兩盤費

錢叁兩貳錢壹分似此豪惡以打搶爲奇貨藐餉票如故

紙乞准添差庶豪惡知戒樓房有歸

上稟

被稟人 宋敬 宋奇

証人 常可詹

崇禎三年四月 日

伴當門以謙稟宋敬抗違

崇禎三年四月十六日

67.0cm x 33.0cm

衍聖公孔胤植爲独山屯佃户房基糾葛事批

［崇禎三年］

41.2cm x 33.3cm

認住地基人張時新爲宋奇串黨霸房强劫財物事致衍聖公孔胤植啓

崇禎三年四月初五日

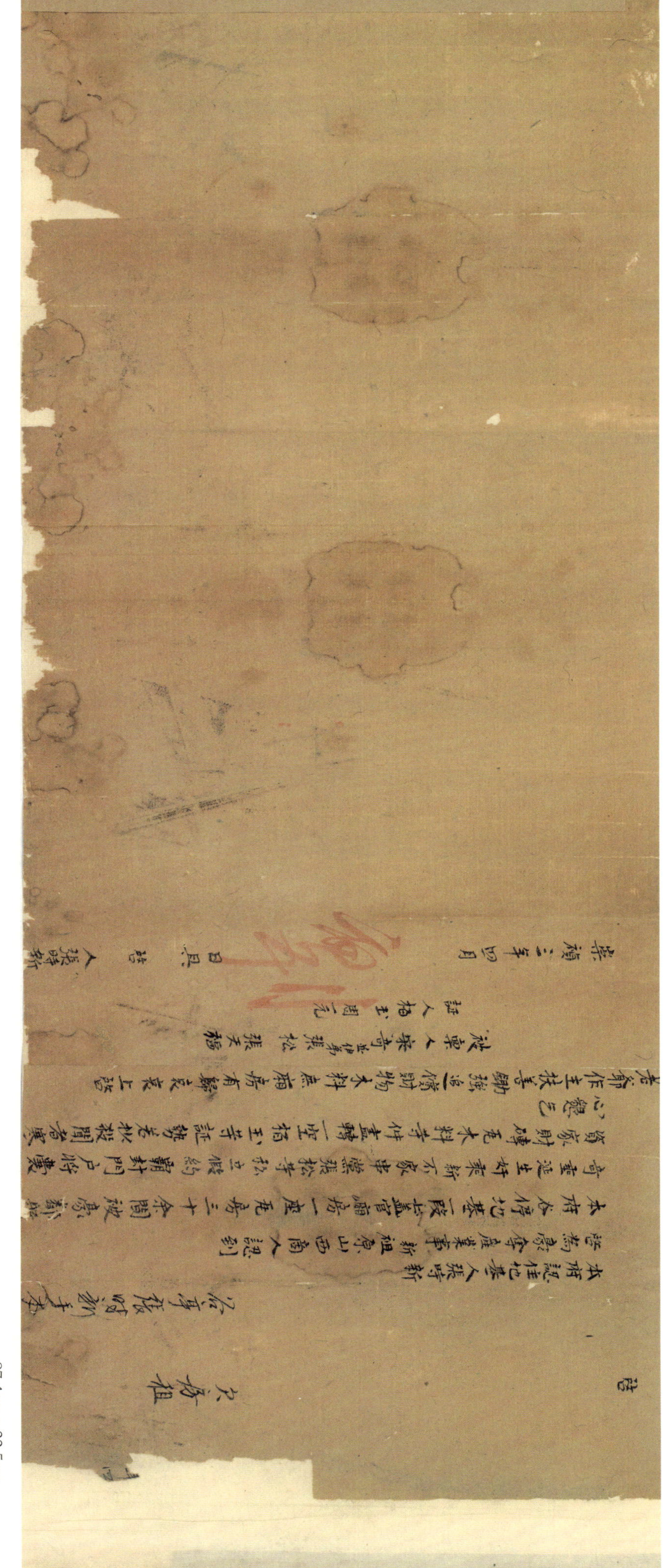

87.4cm x 33.5cm

認住地基人張時新爲生意賠累乞請准退恭進房産事所具退約及批

崇禎三年五月二十一日

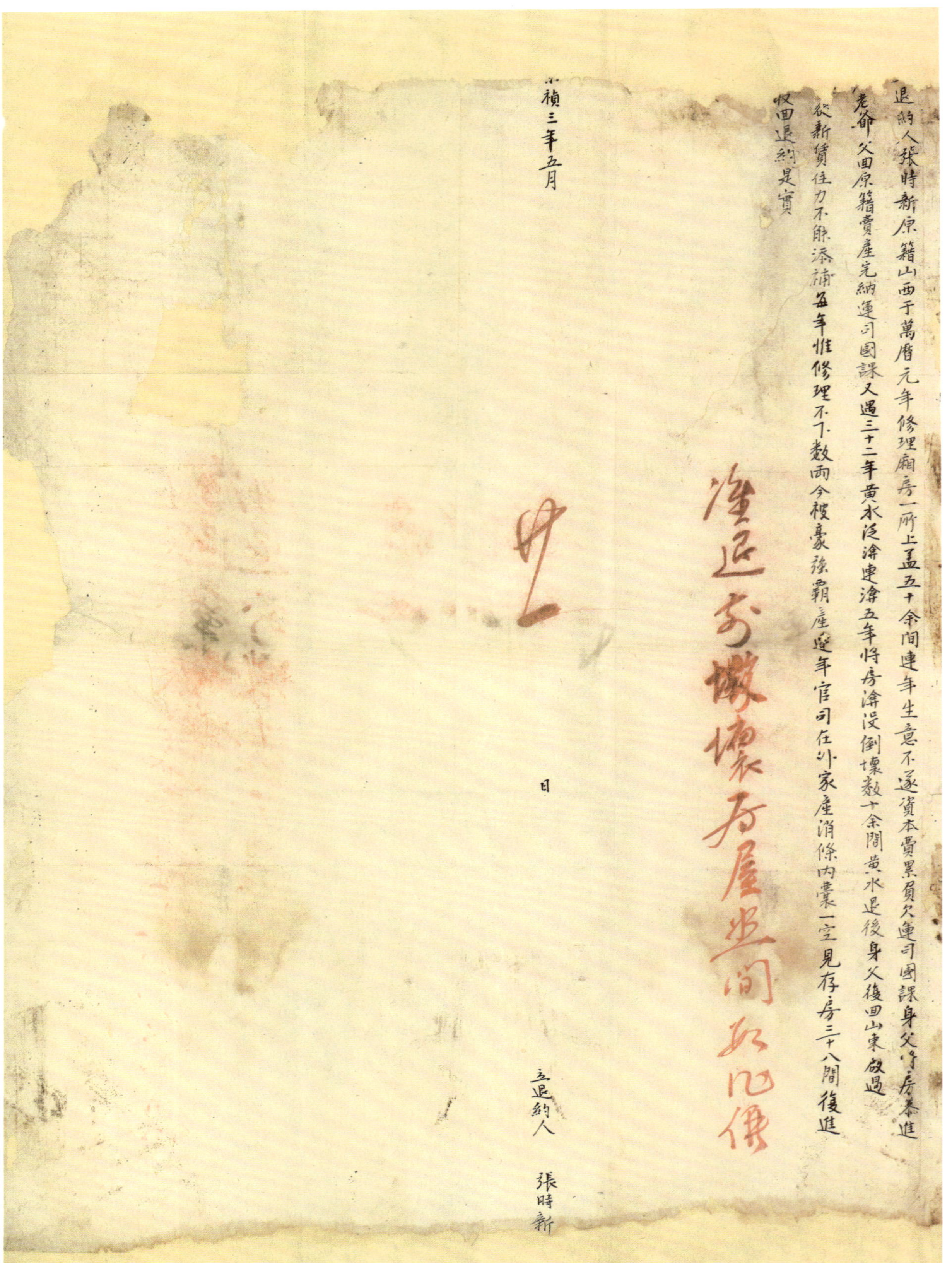

退約人張時新原籍山西于萬曆元年修理廂房一所上蓋五十余間連年生意不遂資本賠累負欠運司國課身父將房恭進
老爺父因原籍賣産完納運司國課又遇三十二年黄水泛渰連渰五年將房渰没倒壞數十余間黄水退後身父復回山東啟過
從新賃住力不能添補每年惟修理不下數兩今被豪強霸産連年官司在外家産消條内囊一空見存房三十八間復進
收回退約是實

崇禎三年五月　　日

立退約人　張時新

張文華爲佃户李應分等搬盗磚石欺祖那害乞准查究事致衍聖公孔胤植告狀及批

崇禎三年六月十六日

60.5cm x 79.6cm

魚台縣宋奇爲張文華兄弟挾仇誣告事致衍聖公孔胤植訴狀及批

崇禎三年七月十五日

訴狀人宋奇年三十六歲魚臺縣民訴爲鳴情乞分事奇于五月内具狀啟張時新拆毁官房等情蒙審明白呂
原卷存証伊恨回家無門報害謀令伊兄張文華狀告户人李虎分滕妄牽弟宋敬在内顯是挾仇同胞兄弟同
誣枉情理不順投天雪鑒無辜滑分上訴
爺
詳行
被訴人張時新 張文華
証人栢玊
崇禎三年七月 日訴狀人宋
弟宋

58.9cm x 78.8cm

佃住房人張文華爲李應分、宋敬侵盜磚木望乞究辦事致衍聖公孔胤植告狀及批

崇禎三年七月初一日

告狀人張文華年六十五歲係谷亭鎮佃住房人告為懇究侵陷不准不生事初因身接房佃住二十余年有先故祖張元查給房數共黄水火房二十余間盡被佃户李應分將木料磚石侵饕李順年首狀証外塌毀十間止存六間形跡盡被衆人竊取余又被宋敬盜拏磚石一空查出有人陷害独累住房人柏玉等証身家已窘难堪殘命惻思無生伏望嫌准超豁筆底神識使免侵漁

詳行

被　李應分　宋敬

証　李順年　柏玉　孫二黑　張元

准

初一

崇禎三年七月　　日告　　狀人張文華

58.9cm x 79.9cm

張陽莊户人李加禎爲懇乞查明李順年等陰謀誣害盜賣官房事致衍聖公孔胤植啓狀及批

崇禎三年七月初七日

人李加禎年二十九歲張陽庄户人見在谷亭居住啓爲朋謀招救事梟毒李順年與禎父子搆訟挾仇在心無由報

黨張文華兄弟攢詞一股彩告影証誣害盜賣官房禎父李應分並無一字飛誣懇叩天電鑒不遭枉陷

以杜後患上啓

詳行

被啓人李順年　張文華　張時新

户長李文光証

禎三年七月　日啓

狀　人　李加禎

59.1cm x 82.5cm

衍聖公府爲殺死三命事行魚台縣文卷卷面

崇禎十四年十一月十八日

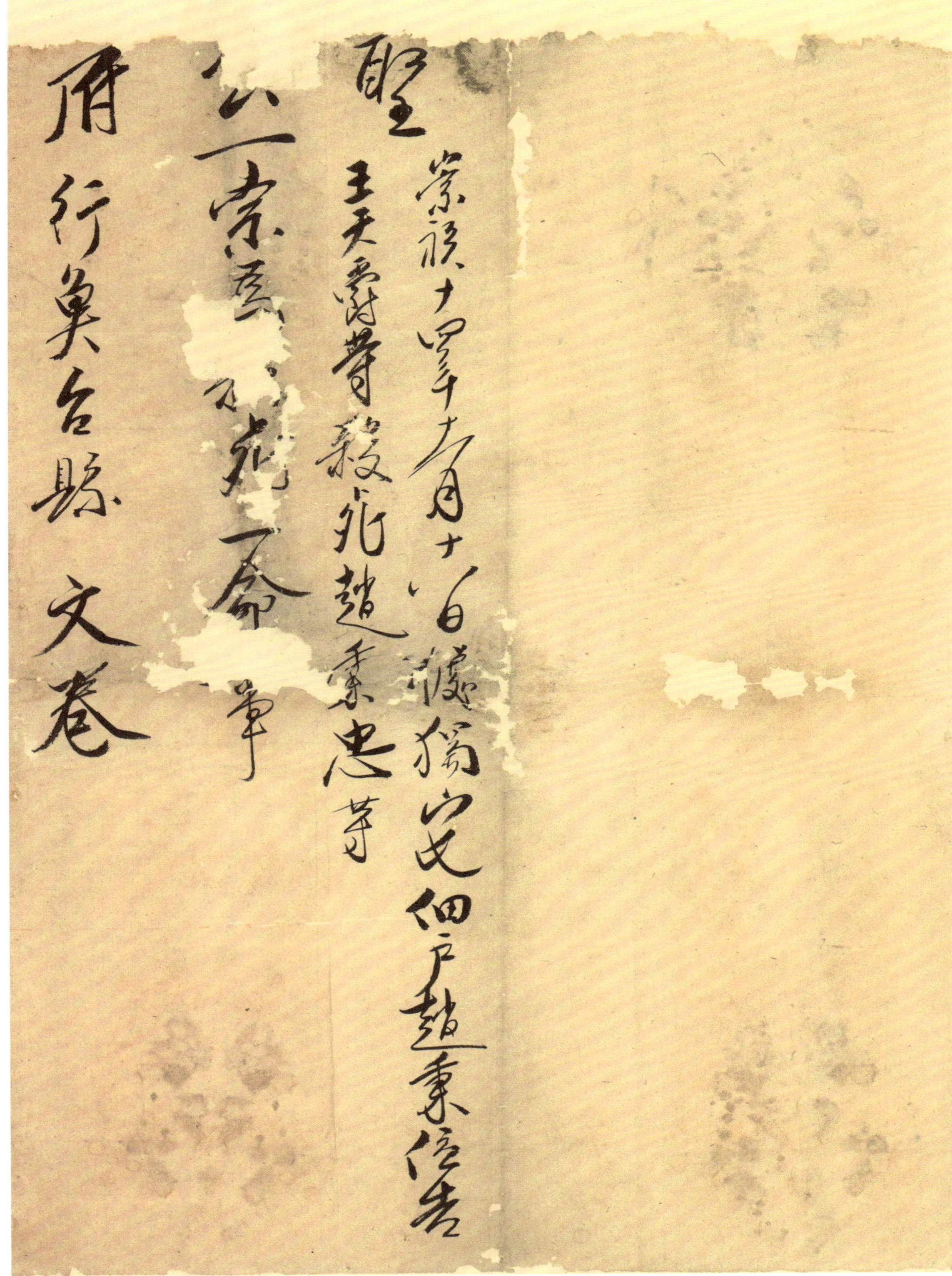

聖公府行魚台縣文卷

崇禎十四年十一月十八日據獨定細戶趙秉信告

王天爵等殺死趙秉忠等

宗系下死三命事

55.5cm x 74.9cm

衍聖公府爲王天爵殺人劫財煩爲究辦事致魚台縣劄付定稿

崇禎十四年十一月〔十九〕日

公傳襲封衍聖公府爲殺死三命事據獨山屯佃户趙秉位告前事開稱梟横王天爵等秉亂率領

餘人突至位家將兄趙秉忠細縛仍將義侄趙三才并僕大趙禹城即時殺死家内銀錢財物搶

如洗勢同抄劫王宣一等証似此梟横殺人財物法律難宥乞准移文魚台縣究屍追償正法等

到府據此爲照該本府察得趙秉忠乃本府獨山屯屯官也何物王天爵等乃敢殺死

命彼特因土寇作亂不及拘訊今既趙秉位訐告前事相應行會察究正法爲此合行劄付

縣煩將王天爵等嚴拿到官依律究擬施行

計開

王天爵　刘孟節　王梅

干証　王宣

案行

台縣

禎十四年十一月

太子太傅襲封衍聖公

一道

57.2cm x 76.7cm

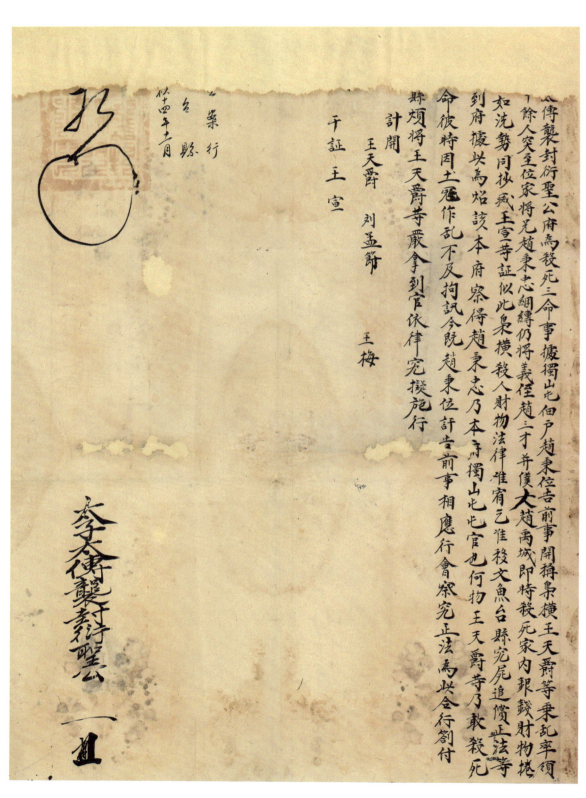

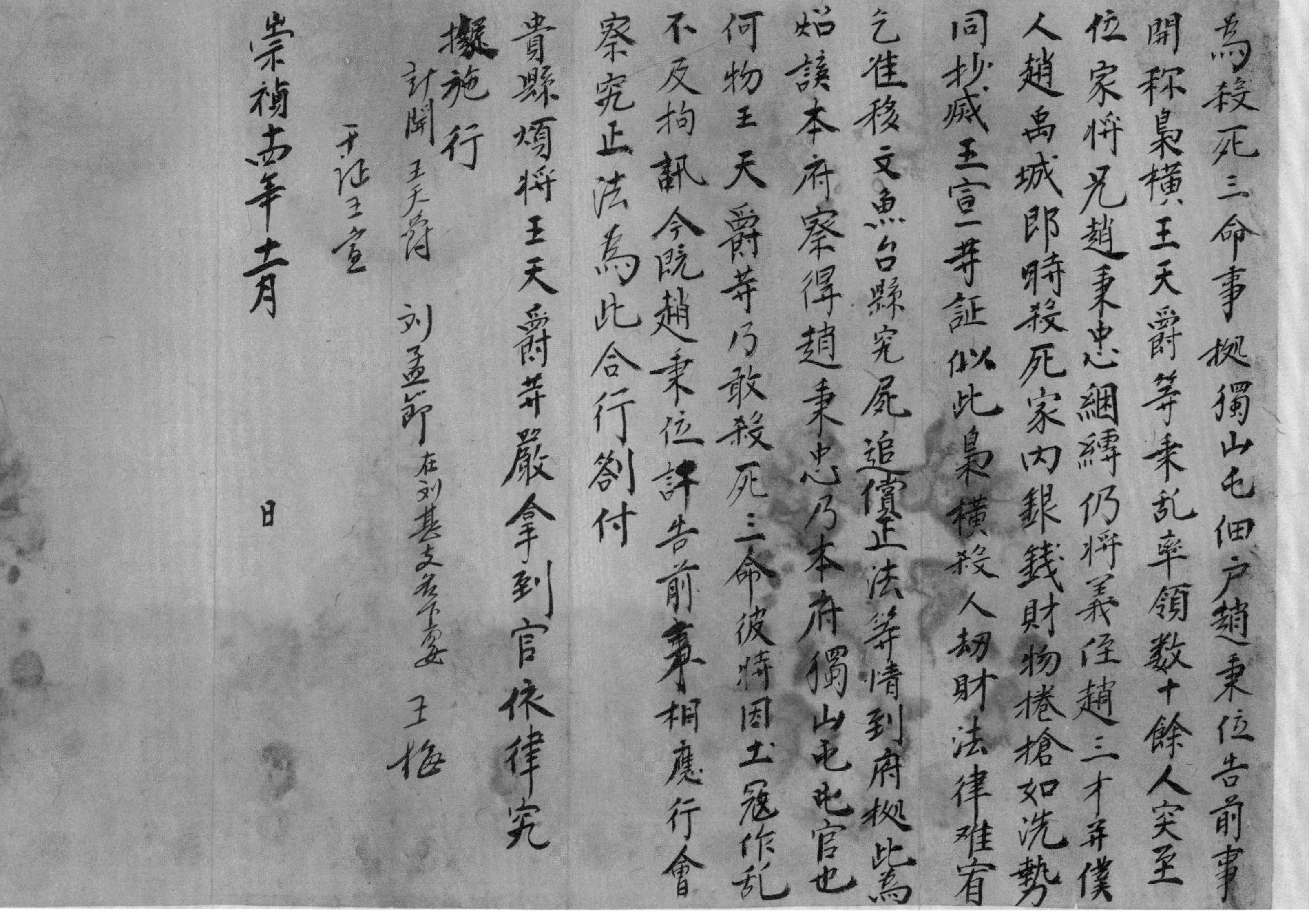

爲殺死三命事據獨山屯佃户趙秉位告前事
開称梟横王天爵等秉乱率領数十餘人突至
位家将兄趙秉忠綑縛仍将義侄趙三才并僕
人趙禹城郎時殺死家内銀錢財物搶如洗勢
同抄戚王宣一并証似此梟横殺人劫財法律难宥
乞准移文魚台縣究屍追償正法等情到府據此爲
照該本府察得趙秉忠乃本府獨山屯屯官也
何物王天爵等乃敢殺死三命彼特困土寇作乱
不及拘訊今既趙秉位訐告前事相應行會
察究正法爲此合行劄付
貴縣煩将王天爵等嚴拿到官依律究
擬施行
計開 王天爵　刘孟節 在刘其文名下　王梅
干証王宣
崇禎十四年十一月　日

47.0cm x 28.2cm

衍聖公府爲王天爵殺人劫財煩爲究辦事致魚台縣劄付草稿

崇禎十四年十一月

考證表

機關代號第　　號

保管單位第　　號

本案卷内共有壹柒張已編號之文件。

保管單位缺點的説明。

附註

檔案工作人員的職務（簽名）

公元一九六二年十二月　日

代号		卷号	0000037

衍聖公府

案卷標題

處理洸河屯佃户互控侵隱地畝

崇禎三年
公元一六三〇

年 月 日 起 止

機構或類目：刑訟

本卷張數：肆張

保管期限：

曲阜文物保管所整理

代号		卷号	

顺序号	作者	内容摘要	文件上的号数	文件上的日期	文件所在的张数	备註
一	洸河屯佃户楊應魁及尹玉等	為買賣地畝双方互控欺隱訛賴情事		崇禎三年四月十六日	—	
二	洸河屯佃户尹玉	控楊應魁買地欺隱俾納空粮受累		崇禎三年三月 日	—	
三	洸河屯佃户楊應魁	控尹玉賣地誣賴混告吞粮肥己		崇禎三年三月十九日	—	
四	衍聖公府	票差處理尹玉楊應魁因地互控尹玉所告無憑罰紙一刀以示薄懲		崇禎三年四月 日	—	
				年 月 日	—	
				年 月 日	—	
				年 月 日	—	
				年 月 日	—	
				年 月 日	—	

卷内目錄

塡寫人

年 月 日

衍聖公府爲侵欺隱地又爲謀唆混告事文卷卷面

崇禎三年四月十六日

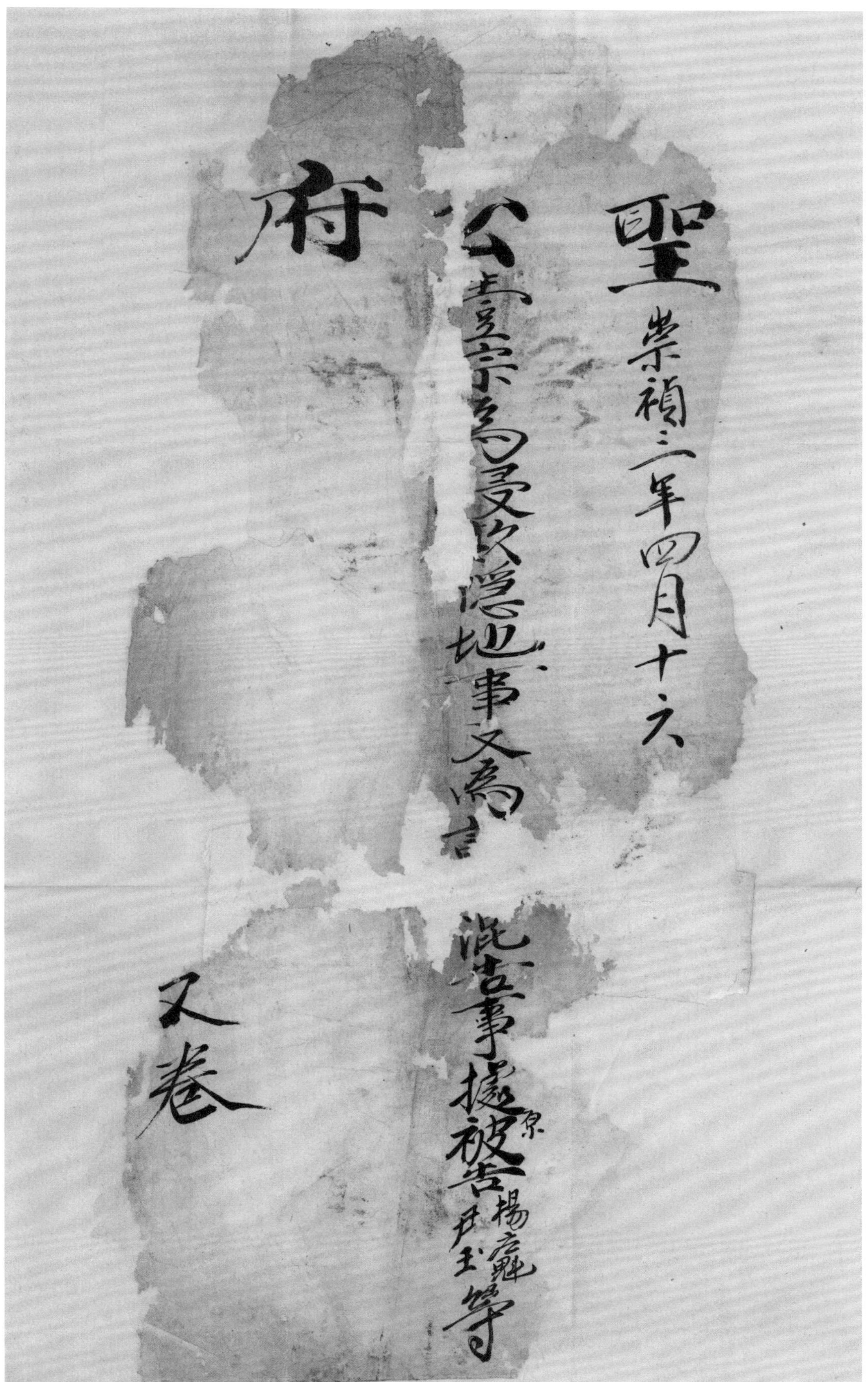
聖 崇禎三年四月十六
公 壹宗爲侵欺隱地事又爲
混告事據被告楊應
尹玉等
府
又卷

53.2cm x 82.1cm

洸河屯佃户尹玉爲楊應魁買地隱糧累身空納事致衍聖公孔胤植啓狀及批

崇禎三年三月十五日

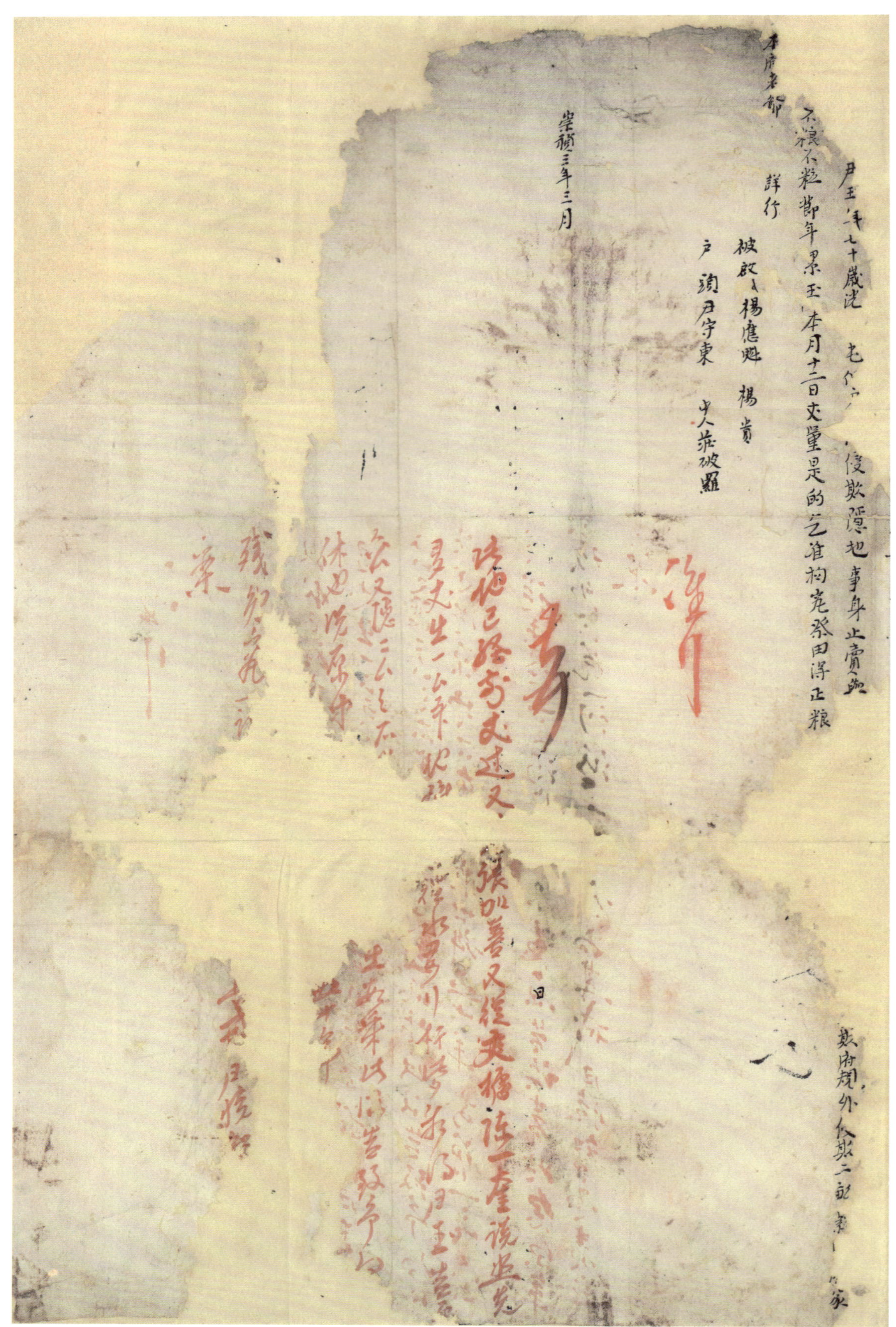

54.8cm x 81.8cm

洮河屯佃户楊應魁爲訴尹玉、尹懷智賣地吞糧誣告欺隱事致衍聖公孔胤植訴狀及批

崇禎三年三月十九日

51.3cm x 77.9cm

衍聖公府爲尹玉誣控楊應魁買地隱糧罰紙一刀以示懲戒事致李舉票

崇禎三年四月初七日

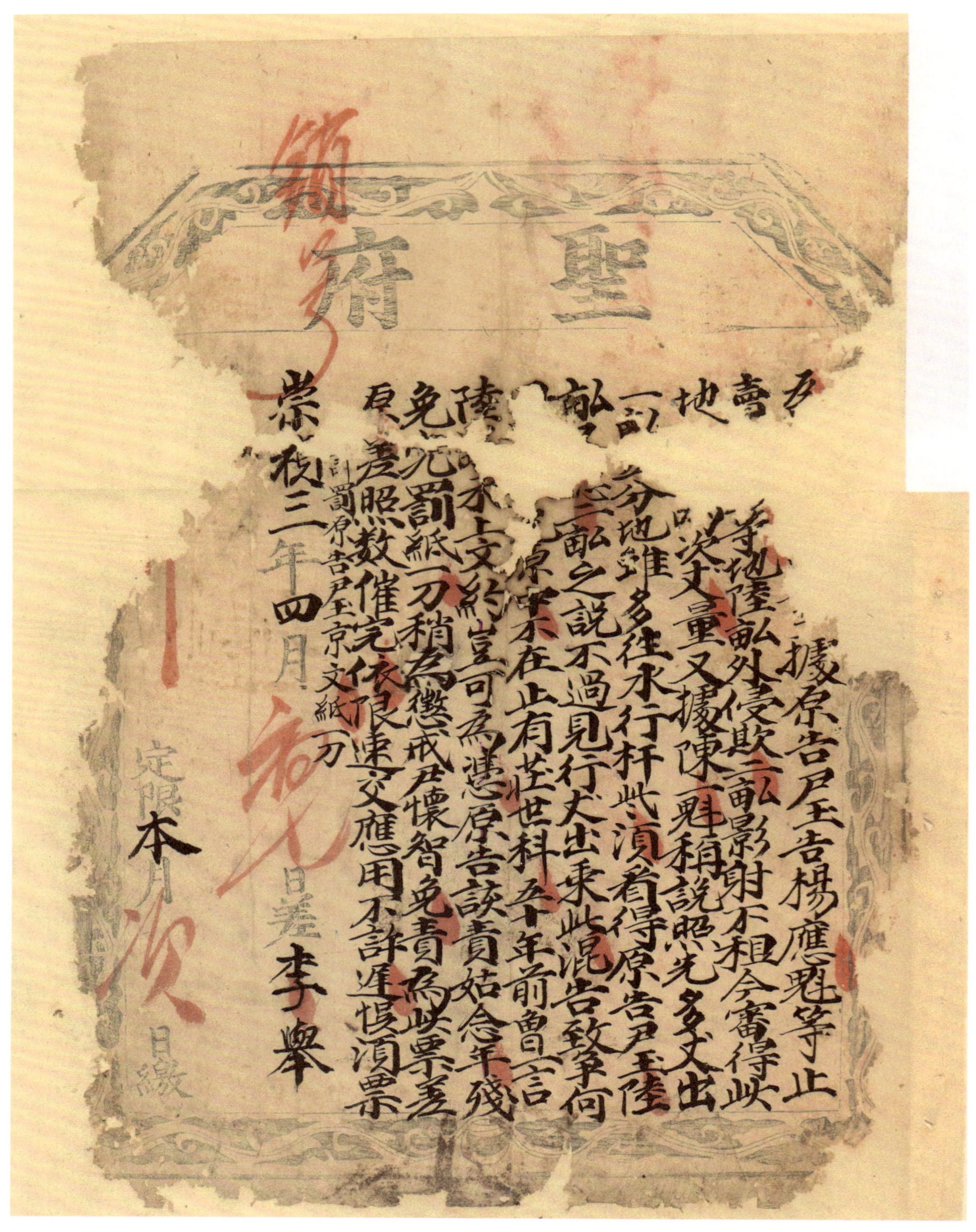

38.6cm x 49.7cm

考證表

機關代號第　　號

保管單位第　　號

本案卷内共有　肆　張已編號之文件。

保管單位缺點的説明。

附註

檔案工作人員的職務（簽名）

公元一九六二年十二月　日

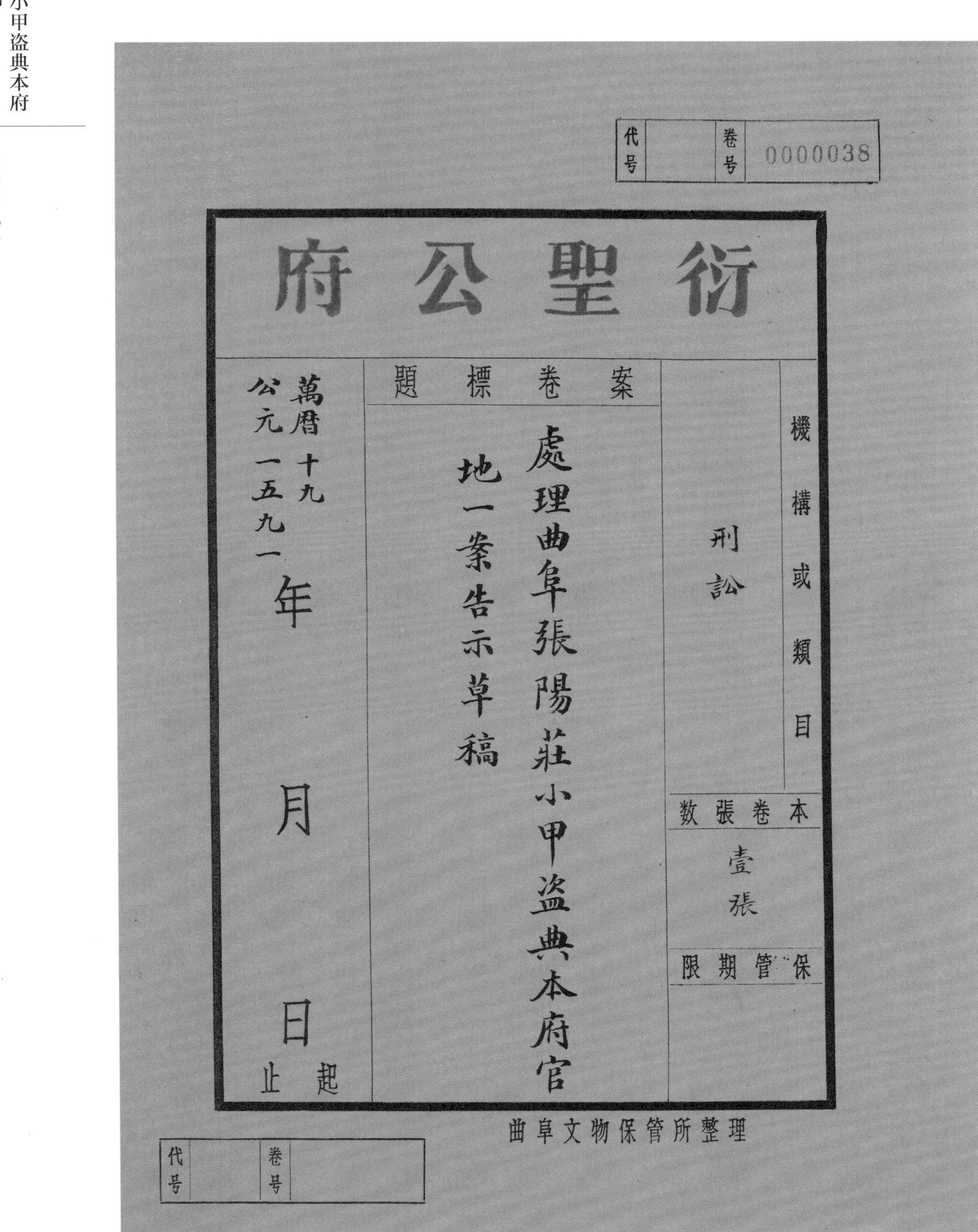
代号 卷号 0000038

衍聖公府

機構或類目：刑訟

案卷標題：處理曲阜張陽莊小甲盜典本府官地一案告示草稿

萬曆十九年（公元一五九一）年 月 日 起 止

本卷張数：壹張

保管期限

曲阜文物保管所整理

代号 卷号

卷内目錄

順序號	作者	内容摘要	文件上的號數	文件上的日期	文件所在的張次	備註
		處理曲阜張羊莊小甲盜典本府官地一案告示草稿		萬曆十九年月日	—	
				年月日	—	
				年月日	—	
				年月日	—	
				年月日	—	
				年月日	—	
				年月日	—	
				年月日	—	
				年月日	—	
				年月日	—	

填寫人

年 月 日

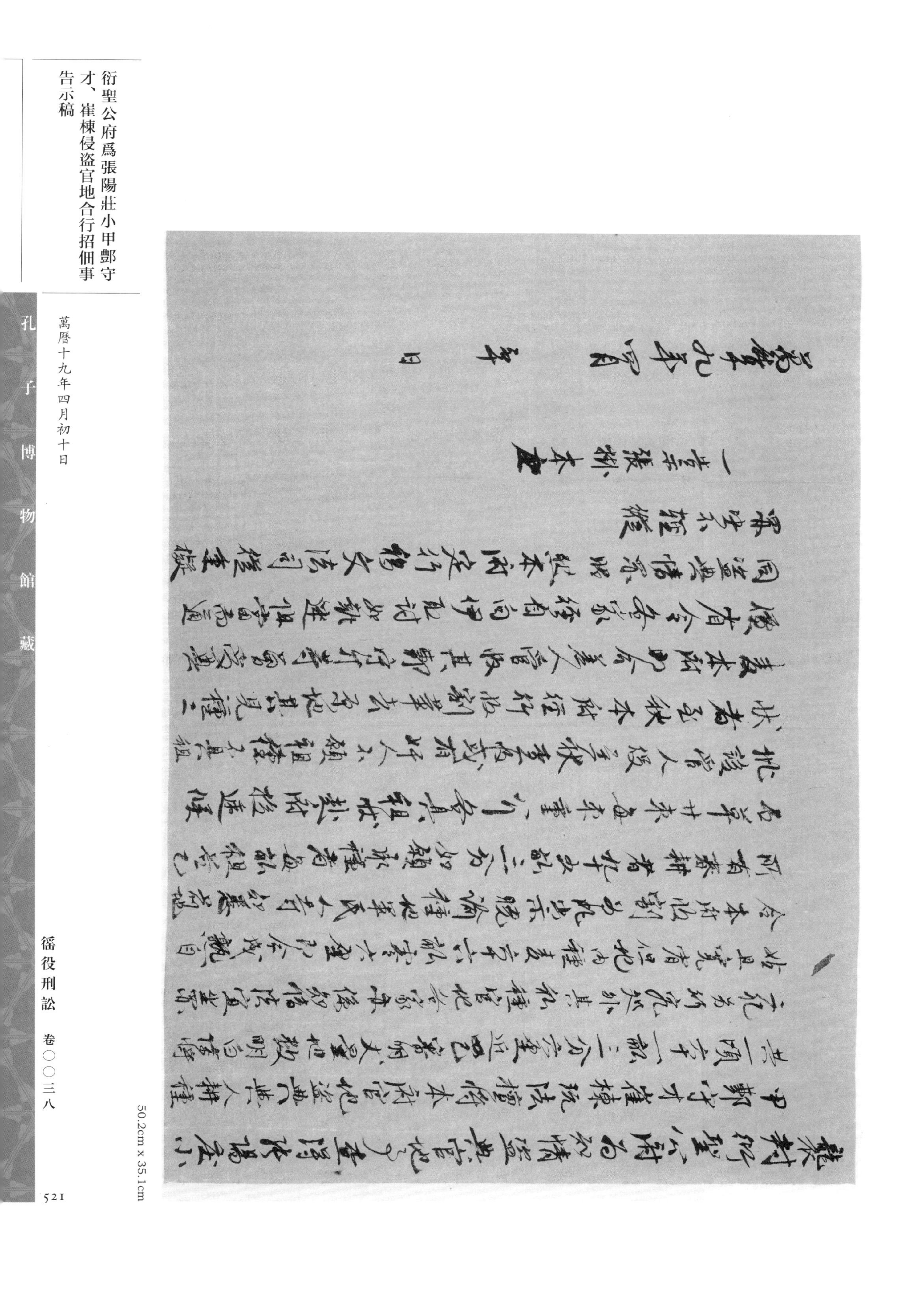

衍聖公府爲張陽莊小甲鄭守才、崔棟侵盜官地合行招佃事告示稿

萬曆十九年四月初十日

50.2cm x 35.1cm

考證表

機關代號第　　　號

保管單位第　　　號

本案卷內共有壹張已編號之文件。

保管單位缺點的説明。

附註

檔案工作人員的職務（簽名）

公元一九六二年十二月　　日

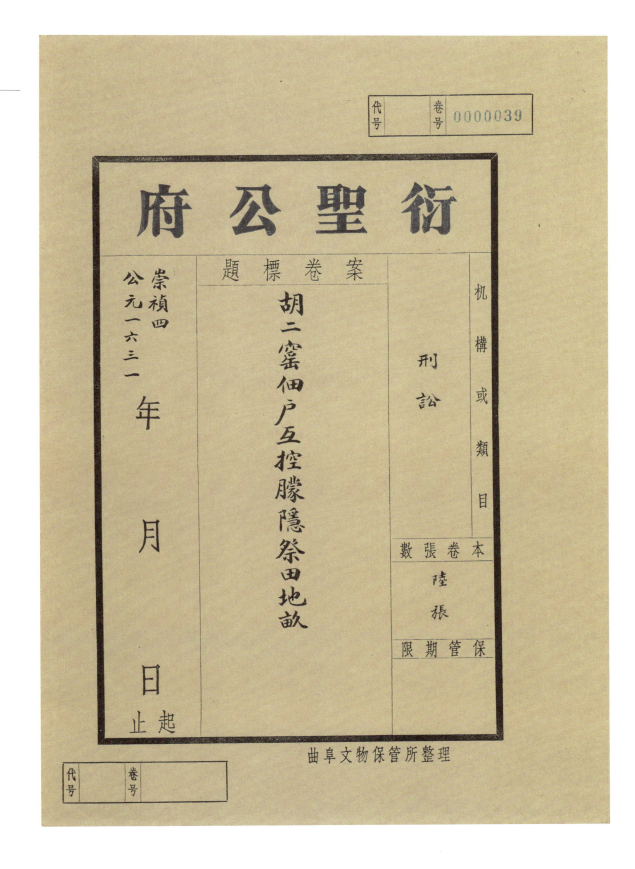

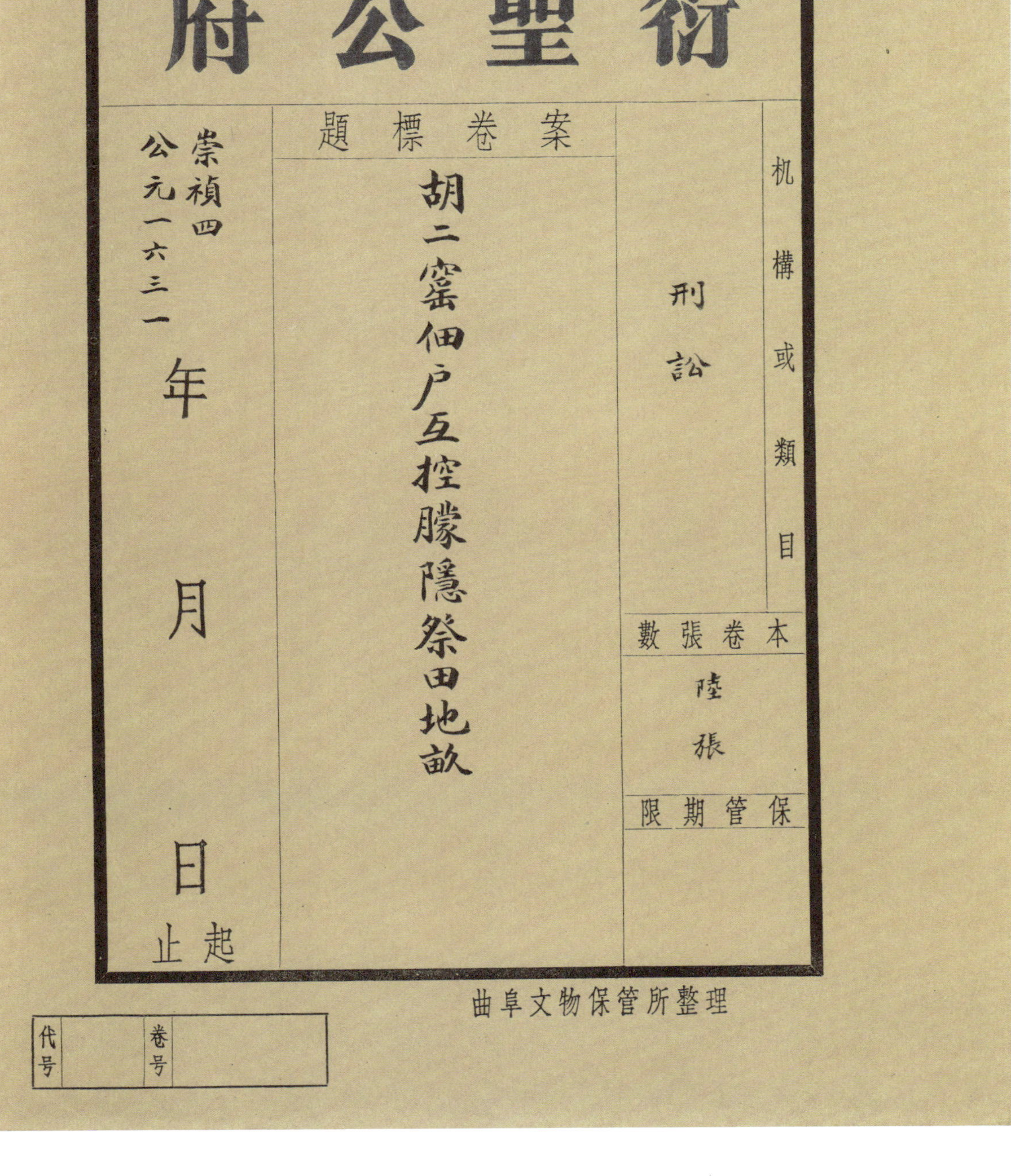
代号　卷号 0000039
衍聖公府
案卷標題
胡二窑佃户互控朦隐祭田地畝
崇禎四
公元一六三一
年　月　日
起止
机構或類目
刑訟
本卷張數
陸張
保管期限
曲阜文物保管所整理
代号　卷号

卷内目録

顺序号	作者	内容摘要	文件上的号数	文件上的日期	文件所在的张数	备注
一	巡山戶頭胡景河	控宋友昇有地二十畝不租請清查收回		崇禎四年三月日	—	
二	巡山戶頭胡景河	控宋友昇罪惡十四件		崇禎四年三月日	—	
三	胡二窑人宋有昇	稟胡景河等捏誣軍地為影射並伊等隱地肥己乞查理		崇禎四年三月日	—	
四	胡二窑住人宋有昇	稟胡景河等朦朧隱地乞行清理計地收租庶杜詭弊		崇禎四年四月日	—	
五	胡二窑宋有昇	稟請官地逐段清丈不致胡景河等欺隱夙弊可除		崇禎四年四月日	—	
六	胡二窑宋有昇	稟胡景河丈地所種王府山坡荒地强拉在內廹算籽粒乞推情寬恕		崇禎四年四月日	—	
				年月日	—	
				年月日	—	
				年月日	—	

填寫人

年月日

巡山户頭胡景河爲宋友昇影射租地乞行清查事致衍聖公孔胤植禀狀（附訐單）

崇禎四年三月十二日

禀狀人胡景河年五十歲係巡山户頭爲影射欺法事有本村惡人宋友昇將
本府租地四十餘畝作爲軍地影射不租上年胡進高啓查入租重責收回一半伊惡咬恨成仇百計將高謀死人所共
知伊在本村廟前罵
老爺一次渠良棠証又在西鄒集罵一次潘桂証今身查出伊地二十畝不租作軍地查軍單無跡况地在
府地居中隔軍地尚遠不銀不租因揭地土成仇本户受惡大害蒿門伸訴乞啓將地土清查收回庶免
人丁遭惡毒手因此上啓
老爺　詳行

被禀人　宋友昇

干証　渠良棠　潘桂

合户受害訐單一紙　約所存惡呈四張

崇禎四年三月　日禀　狀人胡景河

52.2cm x 77.1cm

巡山户頭胡景河爲宋友昇影射租地乞行清查事致衍聖公孔胤植稟狀（附訐單）

崇禎四年三月十二日

66.3cm x 32.8cm

胡二窑住人宋有昇爲胡景合捏誣影射昧租漏丁事致衍聖公孔胤植禀

崇禎四年三月十五日

胡二窑住人宋有昇

禀爲懇恩分寬事。胡景合違禁請客西縣上官自保鄰居栗拿審問實禀。罰灰聞知老爺户人寬恩恕過，因此成讐，今捏誣軍地作爲影設，軍地租糧已納三輩，人人共知，果係府地，户頭可審。即去年自開荒八畝，已蒙免租斷與張管家耕種，並不敢違。伊盜種府地五十餘畝，隱昧租糧，漏丁十餘，打討肥己。似此群惡欺公，便私朦朧害誣，壞法之尤，懇乞天恩老爺電照，並寬均地查理，則仁及草芥，狗命得生。上禀

被禀種地人　胡景合　胡景朝　胡進富　胡变　渠連崇

干証　刘勤　宋梅

崇禎四年三月　日具

禀人宋有昇

准

50.2cm x 68.5cm

宋有昇爲胡景合等朦隱地畝乞行清理事致衍聖公孔胤植稟狀及批

崇禎四年四月初五日

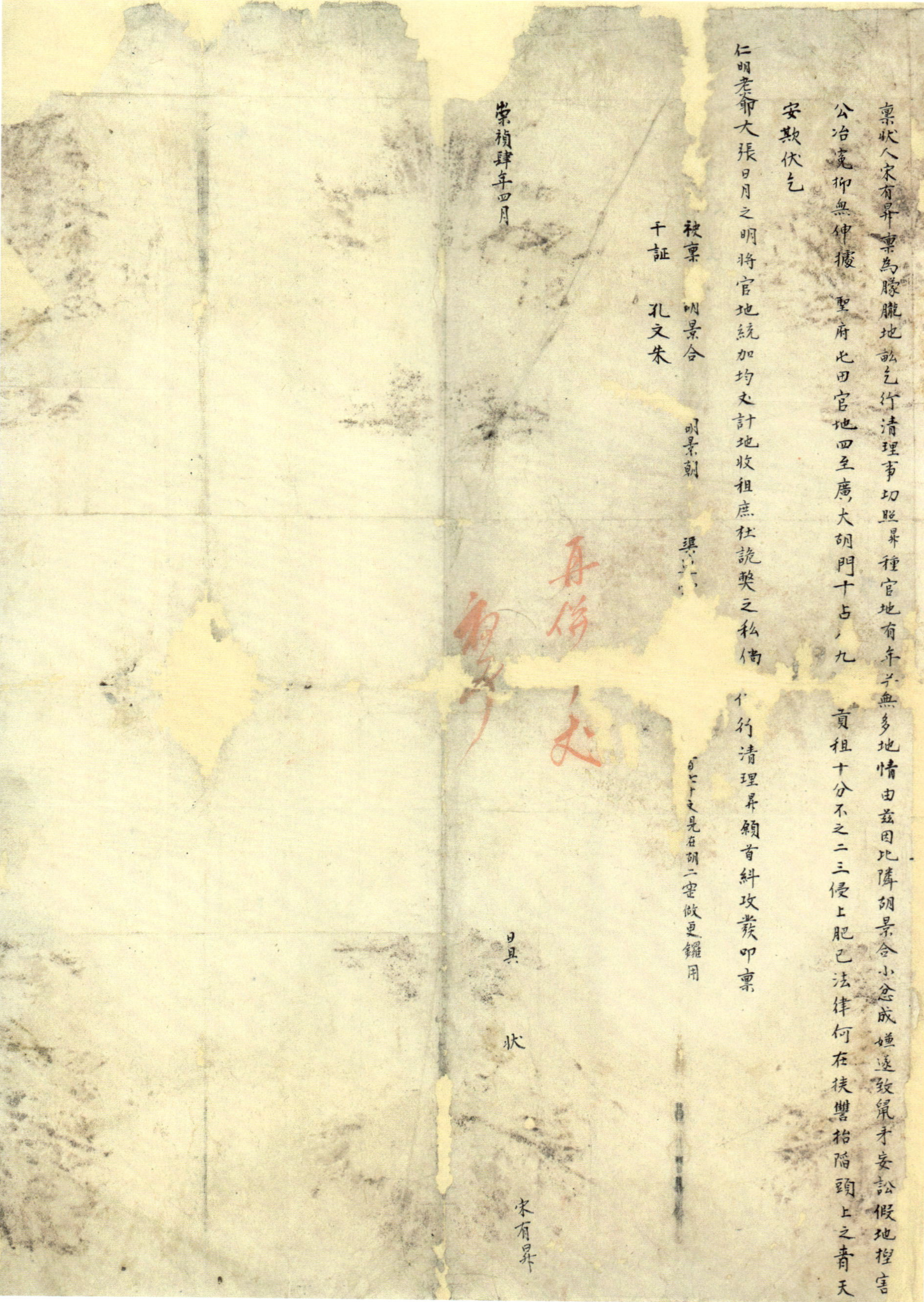

稟狀人宋有昇稟爲朦朧地畝乞行清理事切照昇種官地有年并無多地情由茲因比隣胡景合小忿成嫌遂致鼠牙妄訟假地揑害

公冶寬抑無伸據 聖府屯田官地四至廣大胡門十占八九 貢租十分不之二三侵上肥已法律何在挨豐抬階頭上之青天

安欺伏乞

仁明老爺大張日月之明將官地統加均丈計地收租庶杜詭槧之私備 [illegible]行清理昇頓首斜攻叢叩稟

自七十文見在胡二室做更鑼用

被稟 胡景合 胡景朝 [illegible]

干証 孔文朱

崇禎肆年四月 日具 狀 宋有昇

宋有昇爲首報官地乞行遍丈以除夙弊事致衍聖公孔胤植稟狀及批

崇禎四年四月十六日

稟狀人宋有昇稟為首報官地乞行遍丈以除夙弊以昭公道事切照聖府明二定官地東至石門口西至李家庄南至双山口北
至逸草溝四有界限周圍二十餘里中間百頃有余見今在官納租者十不滿其一二隱昧肥私者十有七八縱有差人均丈祗
添一番科索錢神有靈是非任其顛倒私惠有用官法不行懇乞 天臺實欲清查官地注意嚴究或委門官或委老成
向上晉家再乞 鈞旨批仰小的宋有昇首糾丈量并戶頭 根本各執簿籍逐段丈計事完三同折算揔勒冊籍計地收租
庶官地不致欺隱夙弊亦得革除即小的忠上之苦心有賴

被稟隱地人 胡景合 胡景朝 胡進高

[illegible]

十六

崇禎四年四月 日具 狀 宋有昇

57.9cm x 79.6cm

宋有昇爲山坡荒地不堪承糧事致衍聖公孔胤植稟狀

崇禎四年四月

稟狀人宋有昇稟爲乞辨冤枉事。因與胡景合爭差，已蒙差人丈量地畝[illegible]種有軍[illegible]
一段原係王府有山坡一段，不堪成糧，在昔張管家未收，現在荒蕪，被胡景合兄弟不由差人强拉丈杆，俱均在內，現今俱算耔
粒，粉骨難辨，懇乞
青天老爺洞察，寬推情寬恕，舉家頂戴。上稟
崇禎四年四月　　日具

28.4cm x 69.0cm

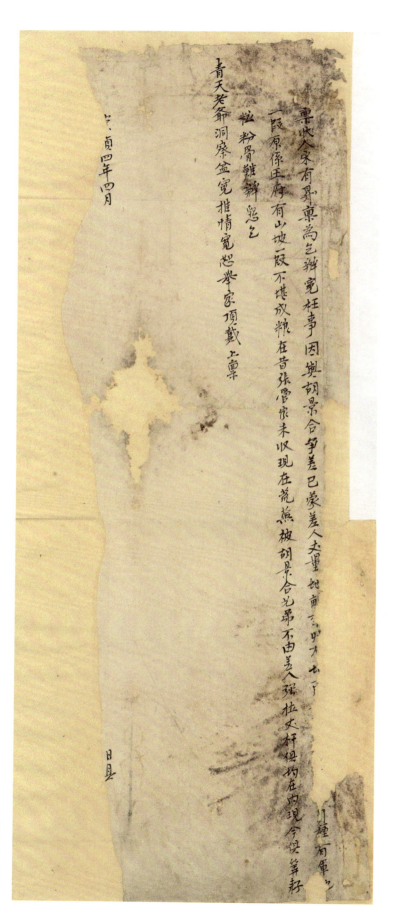

考證表

機關代號第　　號

保管單位第　　號

本案卷内共有陸　張已編號之文件。

保管單位缺點的説明。

附註

檔案工作人員的職務（簽名）

公元一九六二年十二月　日

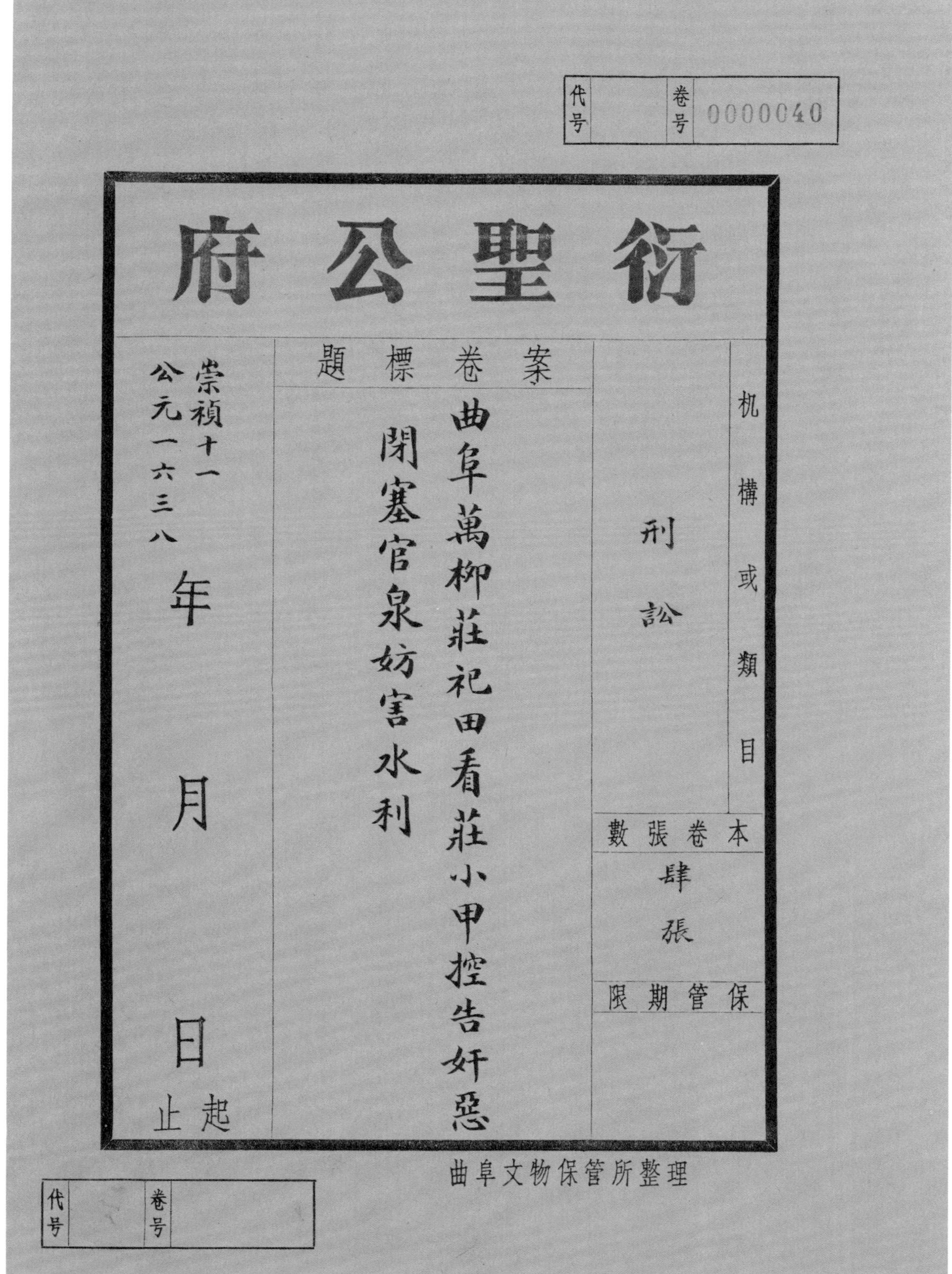
代号 卷号 0000040

衍聖公府

機構或類目：刑訟

案卷標題：曲阜萬柳莊祀田看莊小甲控告奸惡閉塞官泉妨害水利

崇禎十一 公元一六三八 年 月 日 起止

本卷張數：肆張

保管期限

曲阜文物保管所整理

代号 卷号

卷內目錄

顺序号	作者	内容摘要	文件上的号数	文件上的日期	文件所在的张数	备註
一	衍聖公府	行山東撫院及各衙門為神奸宋魯盜伐官樹閉塞官泉等事		崇禎十一年三月十六日	—	
二	衍聖公府	行山東撫院各衙門據看庄小甲呈宋魯伐樹塞泉貽害地方請查處究擬		崇禎十一年三月日	—	
三	衍聖公府	行工部泉閘為奸悪宋魯伐樹塞泉貽害地方請查究底稿		崇禎十一年三月日	—	
四	萬柳莊祀田小甲翟世舉	呈宋魯等伐樹塞泉貽害地方懇請究擬以除奸悪		崇禎十一年三月日	—	
				年月日	—	
				年月日	—	
				年月日	—	
				年月日	—	
				年月日	—	

墳寫人　　年　月　日

衍聖公府爲神奸盜伐官樹閉塞官泉等事文卷卷面

崇禎十一年三月十六日

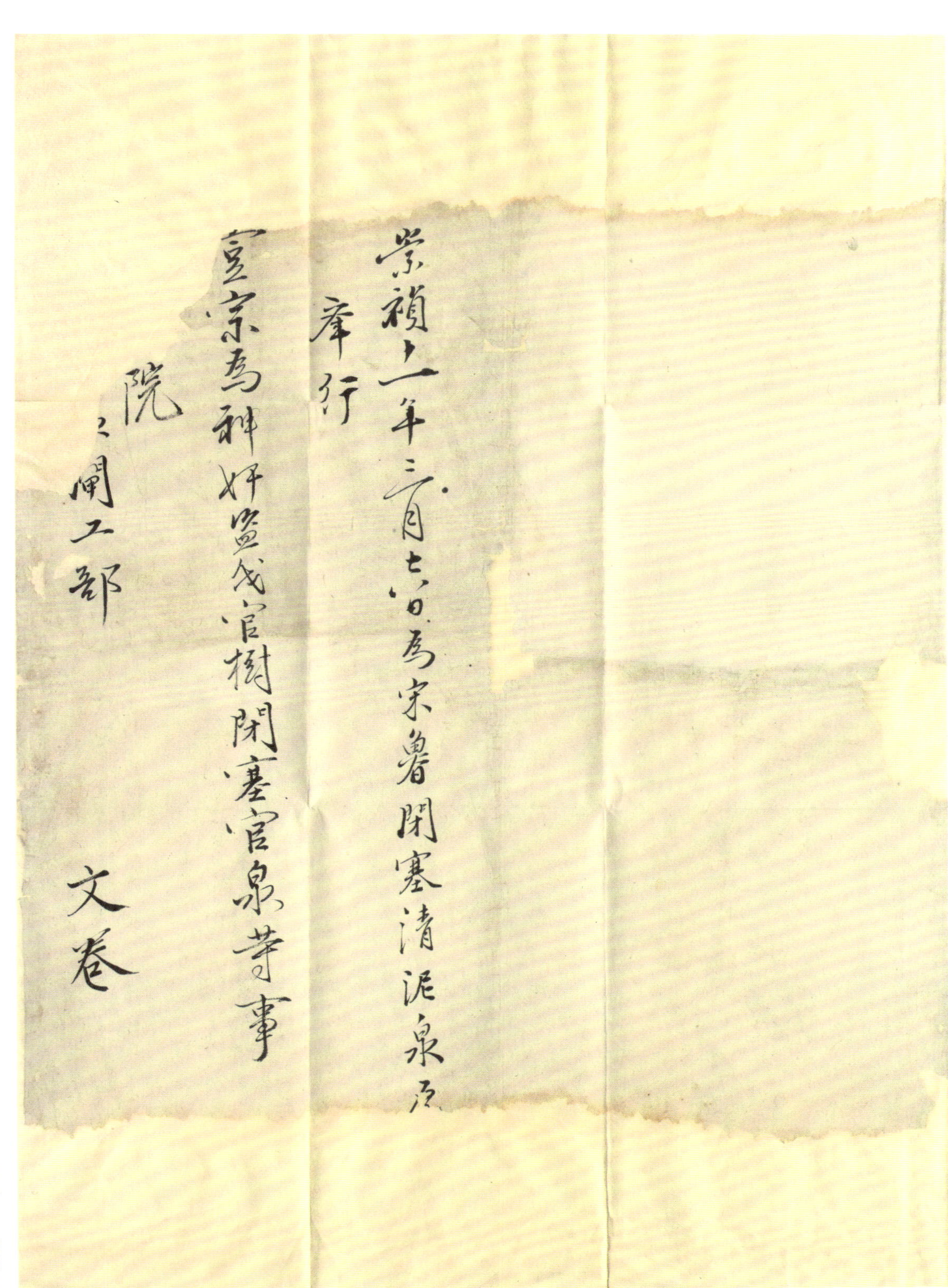
崇禎十一年三月十六日爲宋魯閉塞清泥泉原

牽行

宣宗爲神奸盜伐官樹閉塞官泉等事

院

〻閻工部　　文卷

58.5cm x 77.5cm

衍聖公府爲宋魯等伐樹塞泉貽害地方煩爲重究事致泉閘工部運河廳手本定稿

［崇禎十一］年三月［十六］日

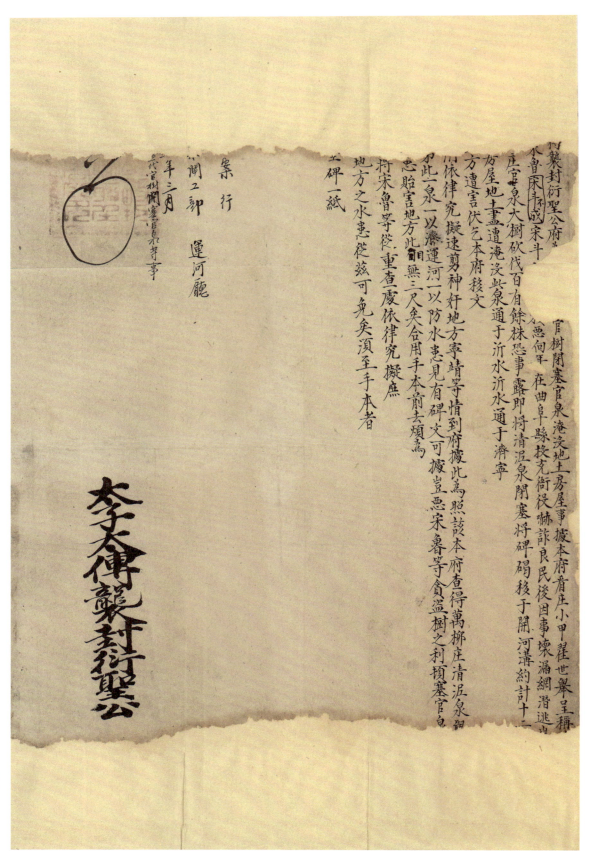

襲封衍聖公府爲…官樹閉塞官泉淹沒地土房屋事據本府看庄小甲翟世舉呈稱
宋魯宋斗成宋斗…惡向年在曲阜縣投充衙役嚇詐良民後因事壞漏網潛逃
庄官泉大樹砍伐百有餘株恐事露即将清泥泉閉塞将碑碣移于開河溝約計十二
房屋地土盡遭淹沒此泉通于沂水沂水通于濟寧
方遭害伏乞本府移文
依律究擬速剪神奸地方寧靖等情到府據此爲照該本府查得萬柳庄清泥泉
此一泉一以濟運河一以防水患見有碑文可據豈惡宋魯等貪盜樹之利頓塞官泉
患貽害地方此目無三尺矣合用手本前去煩爲
將宋魯等從重查處依律究擬庶
地方之水患從茲可免矣須至手本者
碑一紙
案行
閘工部　運河廳
年三月
代官樹閉塞官泉水等事

太子太傅襲封衍聖公

54.7cm x 81.1cm

衍聖公府爲宋魯等伐樹塞泉貽害地方煩爲重究事致泉閘工部運河廳手本草稿

崇禎十一年三月十五日

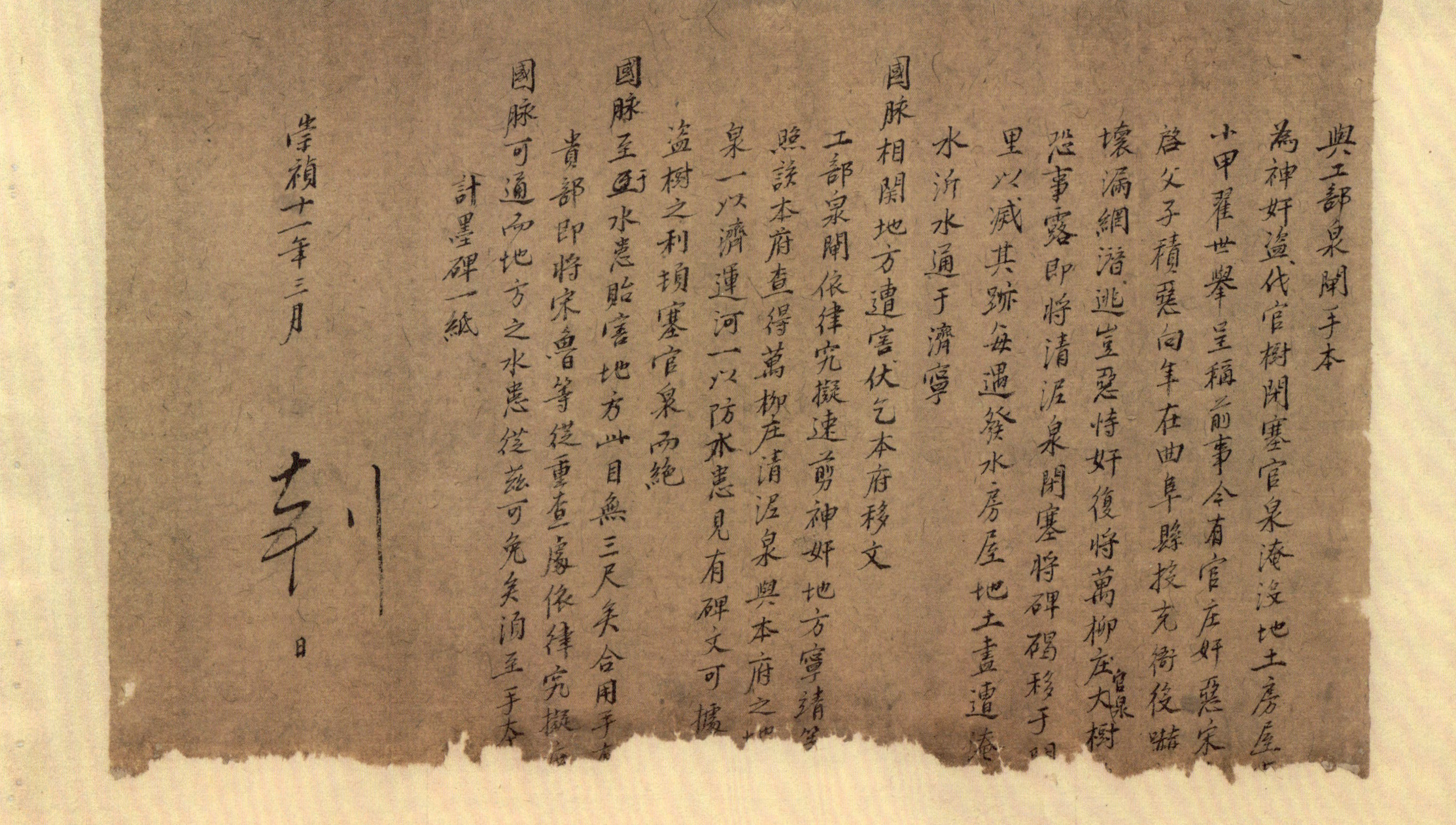

與工部泉閘手本

爲神奸盜伐官樹閘塞官泉淹沒地土房屋

小甲翟世舉呈稱前事今有官庄奸惡宋

啓父子積惡向年在曲阜縣投充衙役踹

壞漏網潜逃豈惡恃奸復將萬柳庄官泉大樹

盜事露即將清泥泉閘塞將碑碣移于明

里以滅其跡每遇發水房屋地土盡遭淹

水沂水通于濟寧

國脉相關地方遭害伏乞本府移文

工部泉閘依律究擬速剪神奸地方寧靖等

照該本府查得萬柳庄清泥泉與本府之地

泉一以濟運河一以防水患見有碑文可據

盜樹之利損塞官泉而絕

國脉至於水患貽害地方此目爲三尺矣合用手本

貴部即將宋魯等從重查處依律究擬

國脉可通而地方之水患從茲可免矣須至手本

計墨碑一紙

崇禎十一年三月　　日

53.4cm x 32.2cm

小甲翟世舉爲宋魯盜伐官樹閉塞官泉淹没土地房屋伏乞究批事致衍聖公孔胤植啓狀及批

〔崇禎十一〕年三月十五日

翟世舉啓爲神奸盜伐官樹閉塞官泉淹没地土房屋事今有官庄奸惡宋魯宋斗成父子積惡向年在曲阜縣投充塔
網潛逃豈惡恃奸復將萬柳庄大樹砍伐百有餘株恐事發即將清泥泉塞閉將碑碣移于開河溝約計十二里以滅其跡
没此泉通于沂水沂水通于濟寧　國脉相關地方遭害伏乞
律究擬速剪神奸地方寧靖懇恩上啓

被告宋魯　宋斗成〇不　宋斗啓
干長紀世名　百長孫東山　地方李貴　屠永卿
鄉約孔尚進〇不
干証孔弘亮　碑座見在劉尚詔可証

年三月　日啓　狀人翟世舉

准

大圖詳見附録043頁

56.2cm x 81.5cm

考證表

機關代號第　號

保管單位第　號

本案卷内共有　肆　張已編號之文件。

保管單位缺點的說明。

附註

檔案工作人員的職務（簽名）

公元一九六二年十二月　日

萬曆三十七年

代号　卷号 0000041

衍聖公府

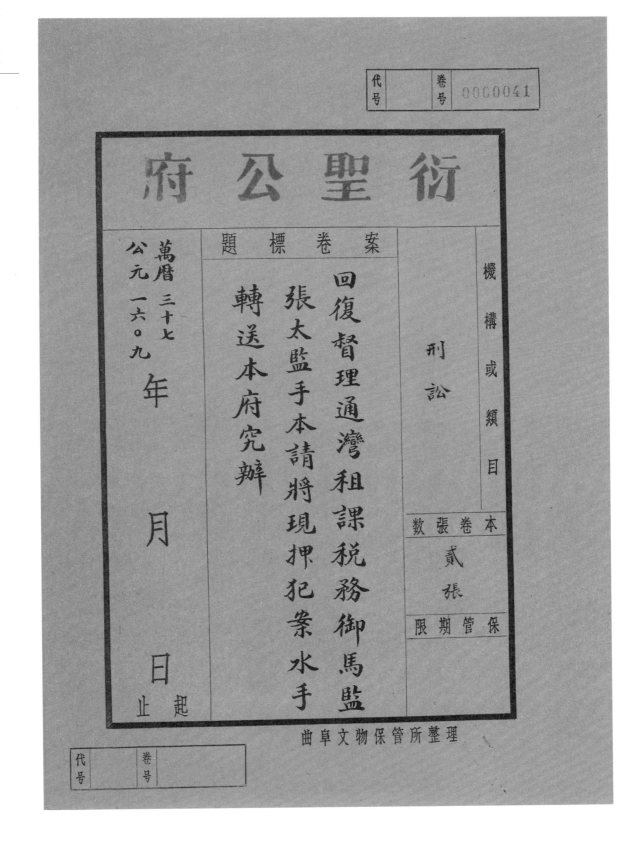

案卷標題	機構或類目
回復督理通灣租課税務御馬監張太監手本請將現押犯案水手轉送本府究辦	刑訟

萬曆三十七 公元一六〇九 年 月 日 起 止

本卷張數：貳張

保管期限：

曲阜文物保管所整理

代号　卷号

顺序号	作者	内容摘要	文件上的号数	文件上的日期	文件所在的张数	备注
一	衍聖公府	回復張太監煩將見監各犯屬仲仁等送府研審究治		萬曆三十〤年六月日	—	
二	衍聖公府	復張太監信為舡役作奸違法承藉曲處至深感謝		年月日	—	
				年月日	—	
				年月日	—	
				年月日	—	
				年月日	—	
				年月日	—	
				年月日	—	
				年月日	—	

卷內目錄　　填寫人　　年月日

衍聖公府爲將犯案水手厲仲仁等轉送來府以憑審究事致欽差督理通灣租課税務御馬監張太監手本稿

萬曆三十七年六月二十日

回通灣張太監手本

爲懇天剿蠹蹠商安民事准

欽差督理通灣租課税務御馬監太監張　手本，據東行役紀善承周學告前事，備將厲仲仁、葉應高、袁廷貴、董可大不法事情，審供明白。

監候外，理合先行移知，爲此手本前去，煩爲查照施行等因。准此，查得張梅、陸強、劉二、馬牽、張三等係本府官舡水手，其厲仲仁、葉應高等四名係山東驛傳道開送水手，因本府駐節京師，不能遥制，致各犯敢於其背，主作奸，深可痛恨，除另提究外，擬合回復。爲此，合用手本前去貴府，煩將見監厲仲仁等四名解送前來，以便覆審究治施行。

萬曆三十七年六月　　廿　日

35.6cm x 41.7cm

衍聖公府爲舡役作奸違法承藉曲處謹致謝忱事致欽差督理通灣租課税務御馬監張太監函稿

〔萬曆三十七年〕

前歲道經

貴治極辱

盛雅銘感無既期在再

會以伸

謝忱緣昨年陸上遂稽

晋候歉甚〻兹承

公檄兼始知舡役作奸違法有妨體統若非

臺下曲處則名節壞於細人矣感謝〻〻兹人回便草此奉

覆兼

謝仰惟

崇炤不盡

28.8cm x 37.8cm

考證表

機關代號第　　　號

保管單位第　　　號

本案卷内共有貳　張已編號之文件。

保管單位缺點的説明。

附註

公元一九六二年十二月　日

檔案工作人員的職務（簽名）

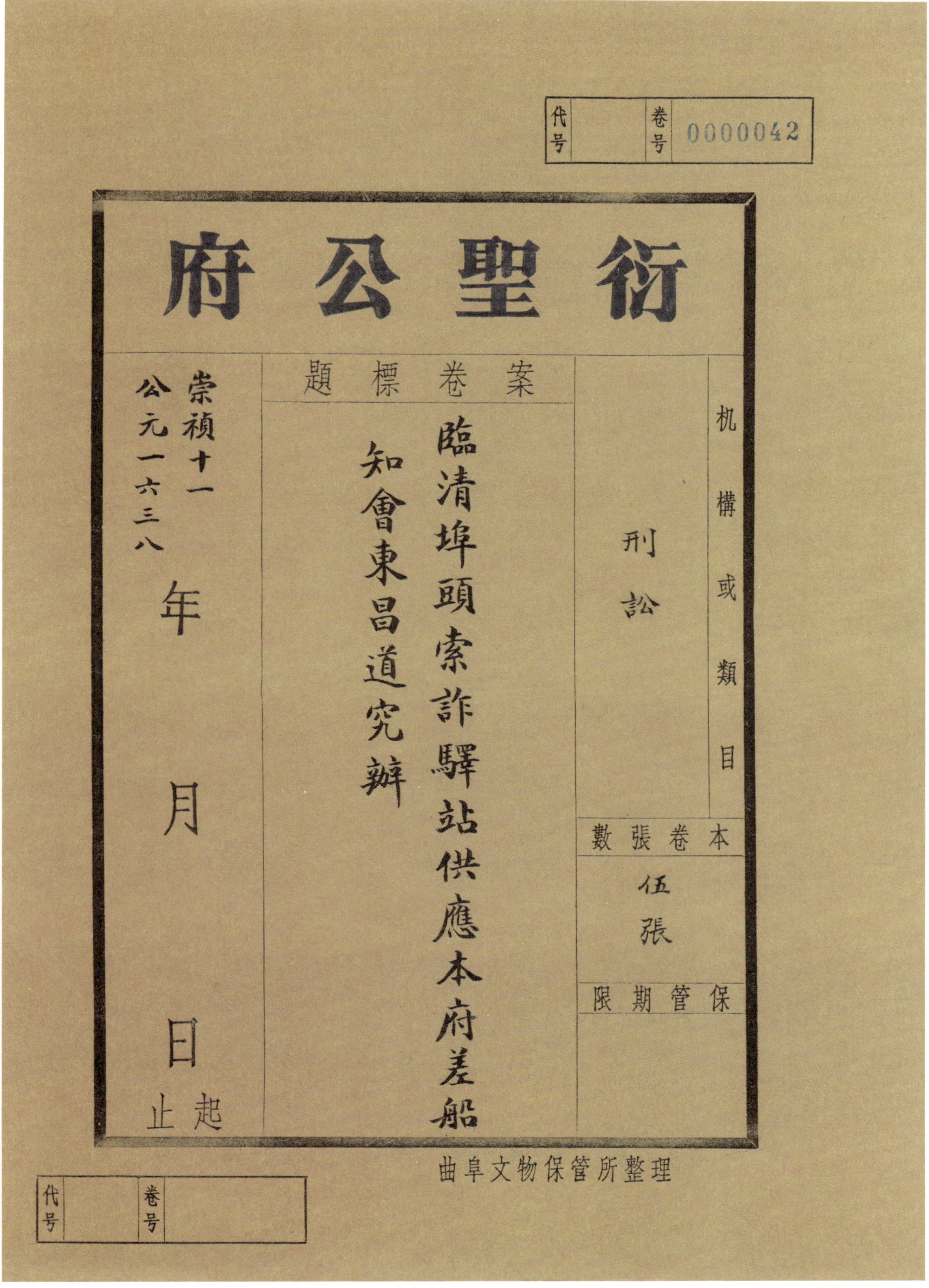
代号 卷号 0000042

衍聖公府

案卷標題

臨清埠頭索詐驛站供應本府差船知會東昌道究辦

崇禎十一 年 月 日 起止

公元一六三八

機構或類目

刑訟

本卷張數

伍張

保管期限

曲阜文物保管所整理

代号 卷号

42

卷內目錄

順序号	作者	內容摘要	文件上的号数	文件上的日期	文件所在的张数	备註
一	衍聖公府	行東昌道為臨清州封貼站紅船隻等事		崇禎十一年 月 日	|	
二	衍聖公府	行東昌道據船頭潘有德等呈報聽候聖府裝載船隻被奸埠徐文盛等索詐多金復將舡户擄㪅一空懇請究治		崇禎十一年 月 日	|	
三	衍聖公府	行東昌道底稿前事		崇禎十一年三月 日	|	
四	船頭潘有德等	呈報聽候聖府進京裝載船隻被奸埠韓欽顯等搶刼請咨東昌道法辦		崇禎十一年 月 日	|	
五	驛丞王思聰	申據本驛站船水手潘有德等候聖府進京裝載船隻被奸埠徐文盛等索詐管船人並搶去器皿衣物請轉行法辦		崇禎十一年二月 日	|	
				年 月 日	|	
				年 月 日	|	
				年 月 日	|	
				年 月 日	|	

填寫人　　年　月　日

衍聖公府爲衙蠹藐法欺滅祖制等事文卷卷面

崇禎十一年［三月］初一日

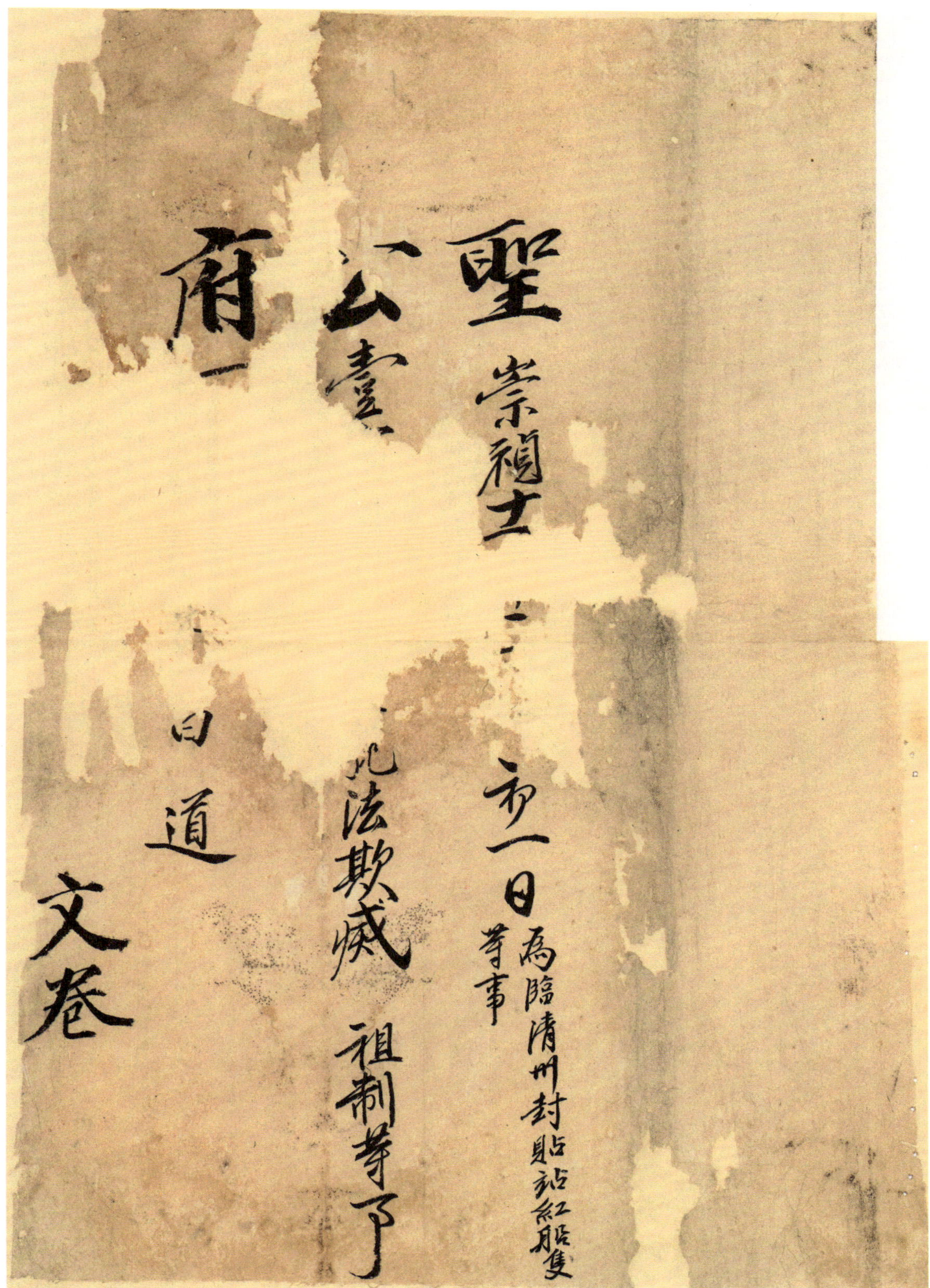
聖

崇禎十一

初一日

爲臨清州封貼站紅船隻

等事

公

壹

法欺滅

祖制等了

府

一

日

道

文卷

41.6cm x 58.9cm

衍聖公府爲臨清州埠頭徐文盛等詐銀不遂糾黨擄劫煩爲重究事致東昌道手本定稿

崇禎十一年三月初一日

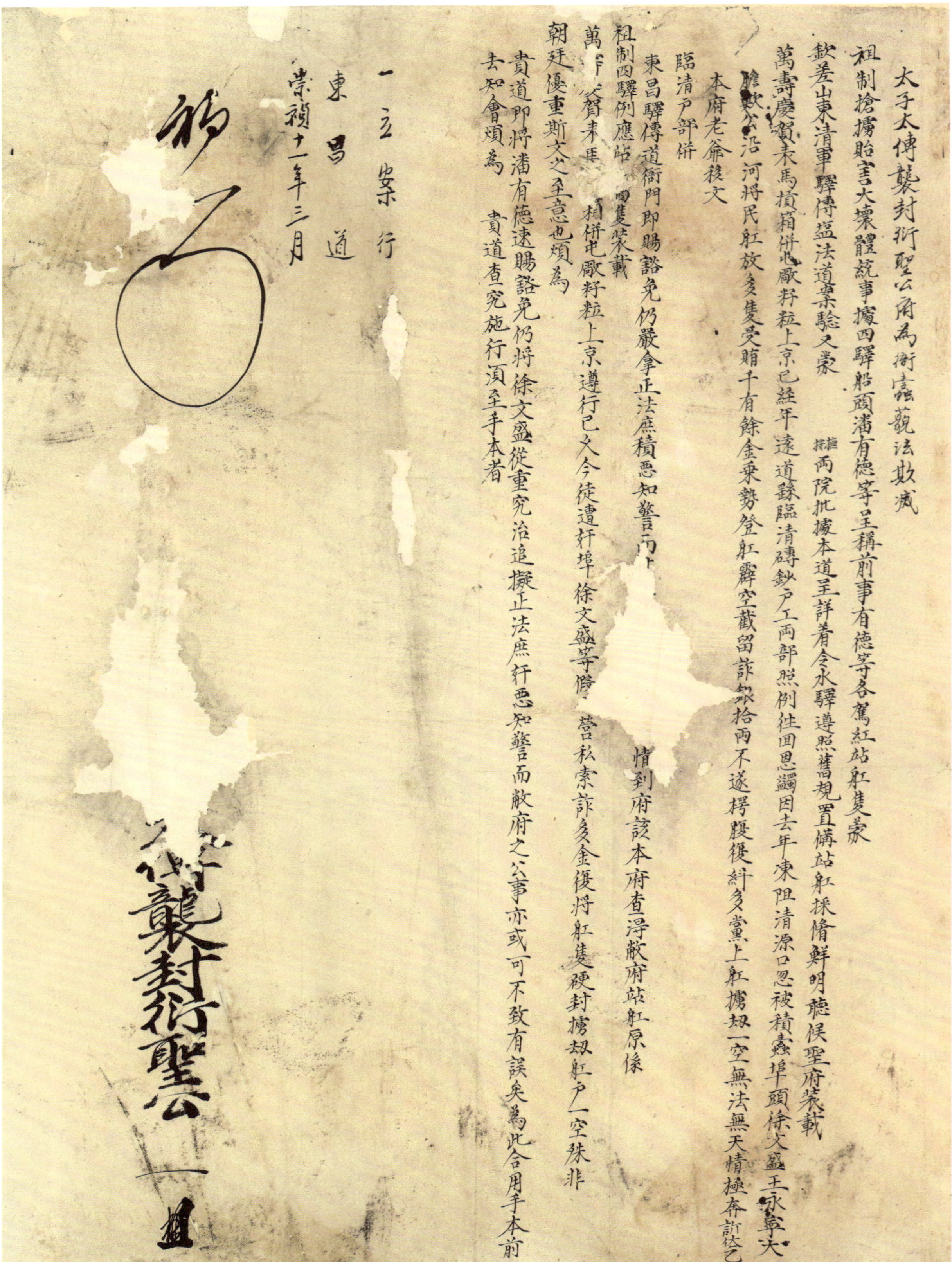

太子太傅襲封衍聖公府爲衙蠹藐法欺滅
祖制搶擄貽害大壞體統事據四驛船頭潘有德等呈稱前事有德等各駕紅站舡隻蒙
欽差山東清軍驛傳鹽法道票驗又蒙　撫按兩院批據本道呈詳着令永驛遵照舊規置備站舡採僱鮮明聽候聖府裝載
萬壽慶賀表馬箱併屯廠籽粒上京已經年遠道錄臨清磚鈔戶工兩部照例往回恩蠲因去年凍阻清源口忽被積蠹埠頭徐文盛王永寧大
膽欺公沿河將民舡放多隻受賄千有餘金乘勢登舡霸空截留詐銀拾兩不遂撈腰復糾多黨上舡擄劫一空無法無天情極奔訴等乞
本府老爺移文
臨清戶部併
東昌驛傳道衙門即賜豁免仍嚴拿正法庶積惡知警而[illegible]　情到府該本府查得敝府站舡原係
祖制四驛例應站[illegible]四隻裝載
萬[illegible]賀表匣箱併屯廠籽粒上京遵行已久今徒遭奸埠徐文盛等假[illegible]營私索詐多金復將舡隻硬封擄劫舡戶一空殊非
朝廷優重斯文之至意也煩爲
貴道即將潘有德速賜豁免仍將徐文盛從重究治追擬正法庶奸惡知警而敝府之公事亦或可不致有誤矣爲此合用手本前
去知會煩爲　貴道查究施行須至手本者

一立案行
東昌道
崇禎十一年三月

襲封衍聖公

衍聖公府爲臨清州埠頭徐文盛等詐銀不遂糾黨擄劫煩爲重究事致東昌道手本草稿

崇禎十一年三月初一日

45.4cm x 28.2cm

潘有德等爲進京裝載船隻被奸埠韓欽顯等搶劫請咨東昌道嚴拿法辦事致衍聖公孔胤植呈狀及批

［崇禎十一年二月］二十九日

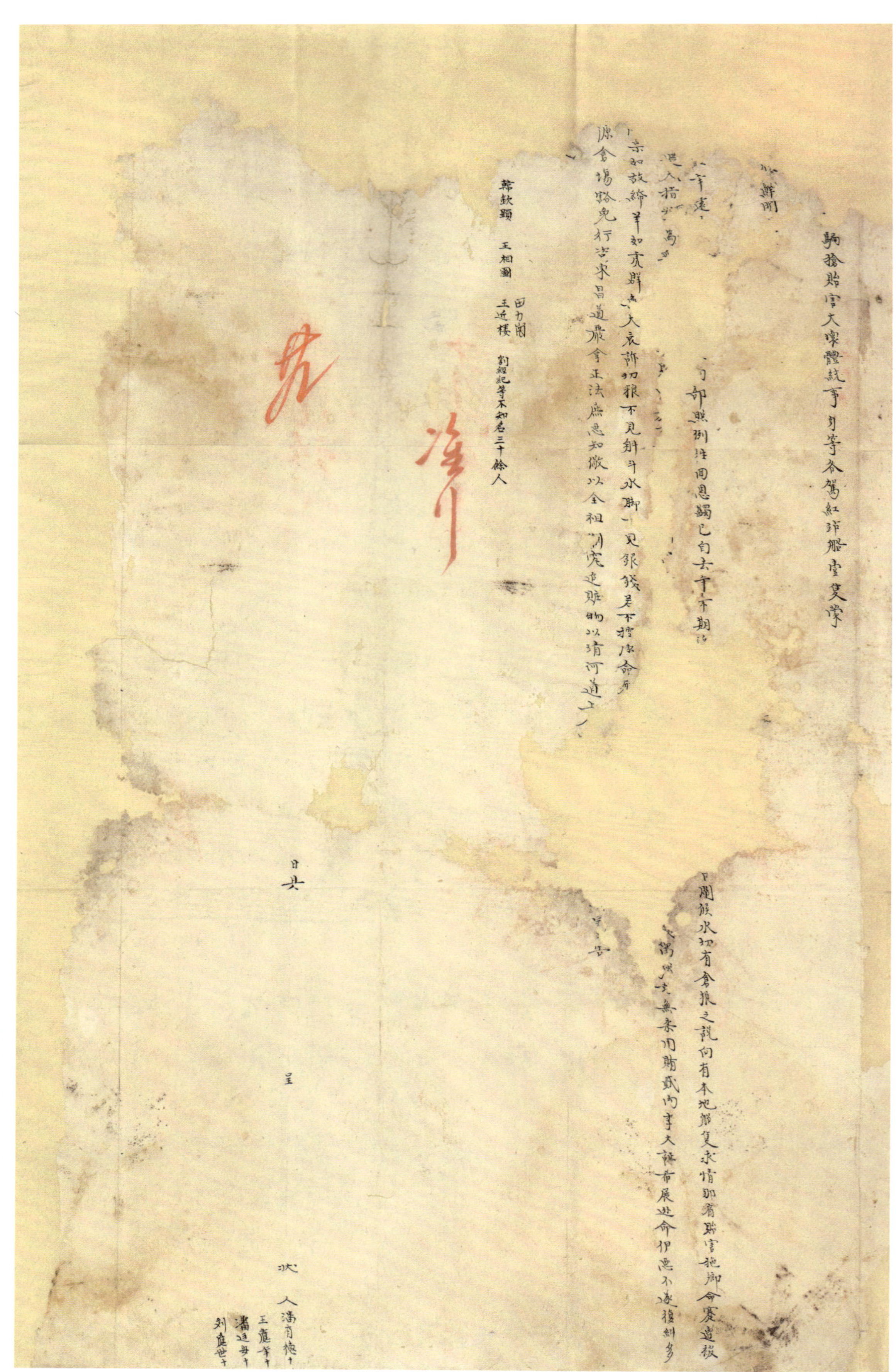

大圖詳見附録044頁

52.8cm x 82.9cm

陽穀縣荊門水驛驛丞王思聰爲聖府進京進貢船隻被奸埠徐文盛等搶劫事致衍聖公孔胤植申及批

崇禎十一年二月二十七日

州府東平州陽穀縣荊門水驛驛丞王思聰爲河蠹大賊欺制生事擾本驛站船水手潘有得稟稱去歲裝送
爺 進貢表馬籽粒稍箱上京到張家灣守凍今春開河回
船器皿等物盡搶虎威男霸 尤不預稟申請提船本境守候
本爺 今年上京 慶賀
萬壽 節 到驛本驛職小難以提取合行申請
欽封聖 差 赴臨清提取前項船隻 覽
老爺 近奇上京應 今將前項緣繇合行申請伏乞
照驗施行須至申者

徐文盛王來寧等叁拾餘人紅封假稱官貼船隻便上船獨掌管船人後索詐賄賣等情符隨

計申 徐文盛 王來寧 郭小橋 白玉吾 韓欽顯 王相圖 王近捷 劉經起 一叁拾餘人

右 申

封衍聖公老爺

崇禎拾壹年貳月貳拾柒日驛丞王思聰

大圖詳見附録045頁

54.0cm x 77.8cm

考證表

機關代號第　　號

保管單位第　　號

本案卷内共有伍張已編號之文件。

保管單位缺點的説明。

附註

檔案工作人員的職務（簽名）

公元一九六二年十二月　日

明朝時期管理南旺濟寧閘座衙門知會懲辦本府船户搶閘擠運經過手本

無朝年

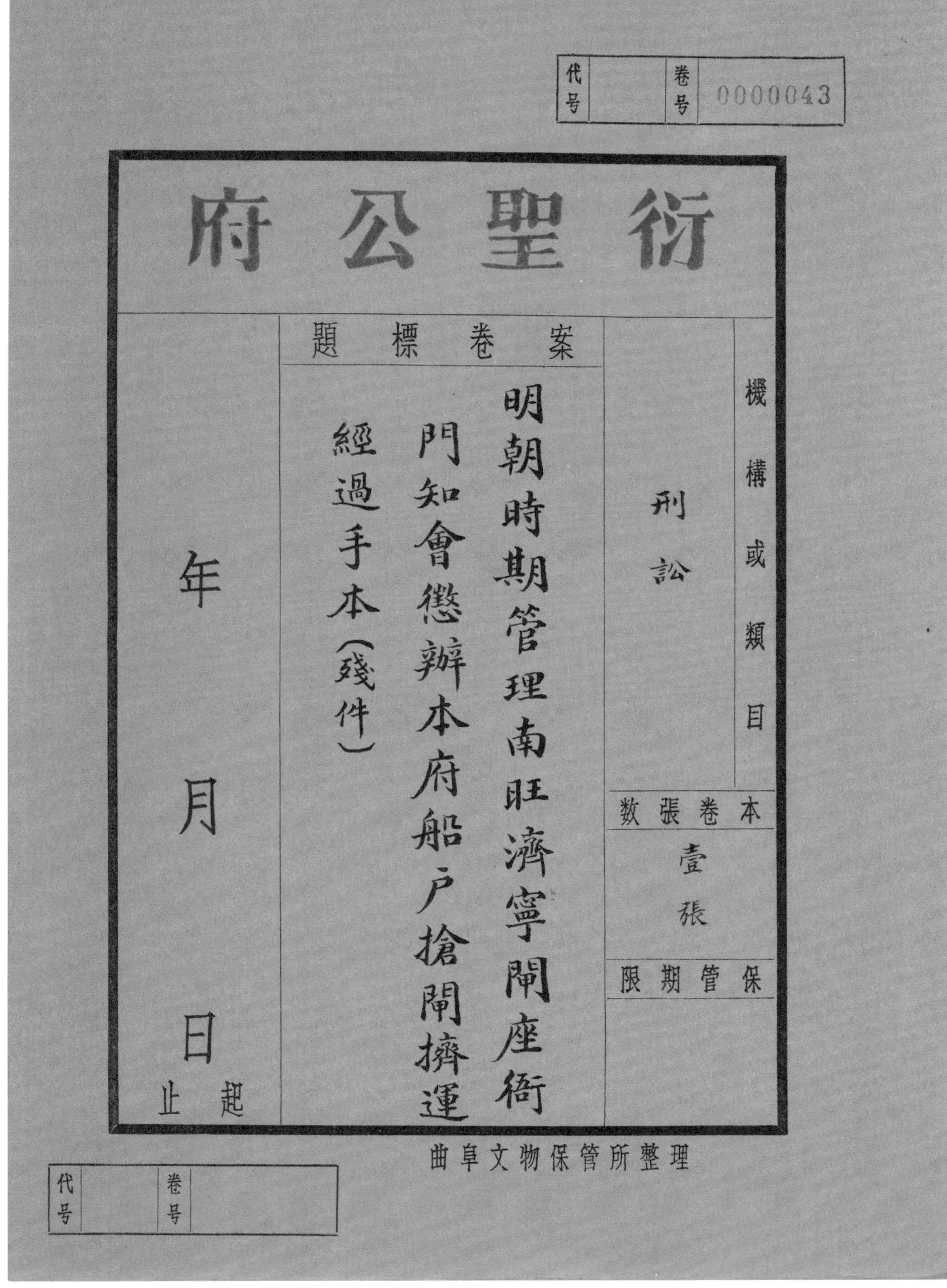
代号 卷号 0000043

衍聖公府

案卷標題

明朝時期管理南旺濟寧閘座衙門知會懲辦本府船户搶閘擠運經過手本（残件）

機構或類目 刑訟

本卷張数 壹張

保管期限

起 年 月 日 止

曲阜文物保管所整理

代号 卷号

卷內目錄

順序號	作者	內容摘要	文件上的號數	文件上的日期	文件所在的張次	備註
		明朝時期管理南旺濟寧閘座衙門知會懲辦本府船户搶閘擠運經過手本		年 月 日	—	
				年 月 日	—	
				年 月 日	—	
				年 月 日	—	
				年 月 日	—	
				年 月 日	—	
				年 月 日	—	
				年 月 日	—	
				年 月 日	—	
				年 月 日	—	

填寫人　　年　月　日

欽差工部主事薛爲船户胡元化、郭遇搶閘擠運隨經枷責合行知會事致衍聖公府手本

□□□

手本

欽差提督泉源兼理南旺濟寧閘座工部主事薛 為
行查直隸以南漕政事據在城閘牌票報有船
户胡元化郭遇各駕船壹隻不遵漕規用強搶
閘擠塞重運當即差人拘拏到部口稱
聖府貳號參號座船裝運籽粒見有枷給胡元
化胡一敘王清稟係濟[illegible]郭指揮照管情據此
去年十二月十三日准
貴府手本開稱舊有佃户小船數隻裝載瓦罐
不意各船户指稱本府裝貴私鹽等貨擁塞
洋口大壞本府體統自天啓三年伊始誓不承
接一概如有擅掛牌面無論有枷無枷即係詐稱經
拏究治等因到部准此已經枷號諭各閘去後今據
在城閘票報船户胡元化郭遇搶閘擠運三尺
准前隨經枷責但係
偽合行知會為此合用手本

52.2cm x 29.2cm

考證表

機關代號第　　號

保管單位第　　號

本案卷内共有　壹　張已編號之文件。

保管單位缺點的說明。

附註

檔案工作人員的職務（簽名）

公元一九六二年十二月　日

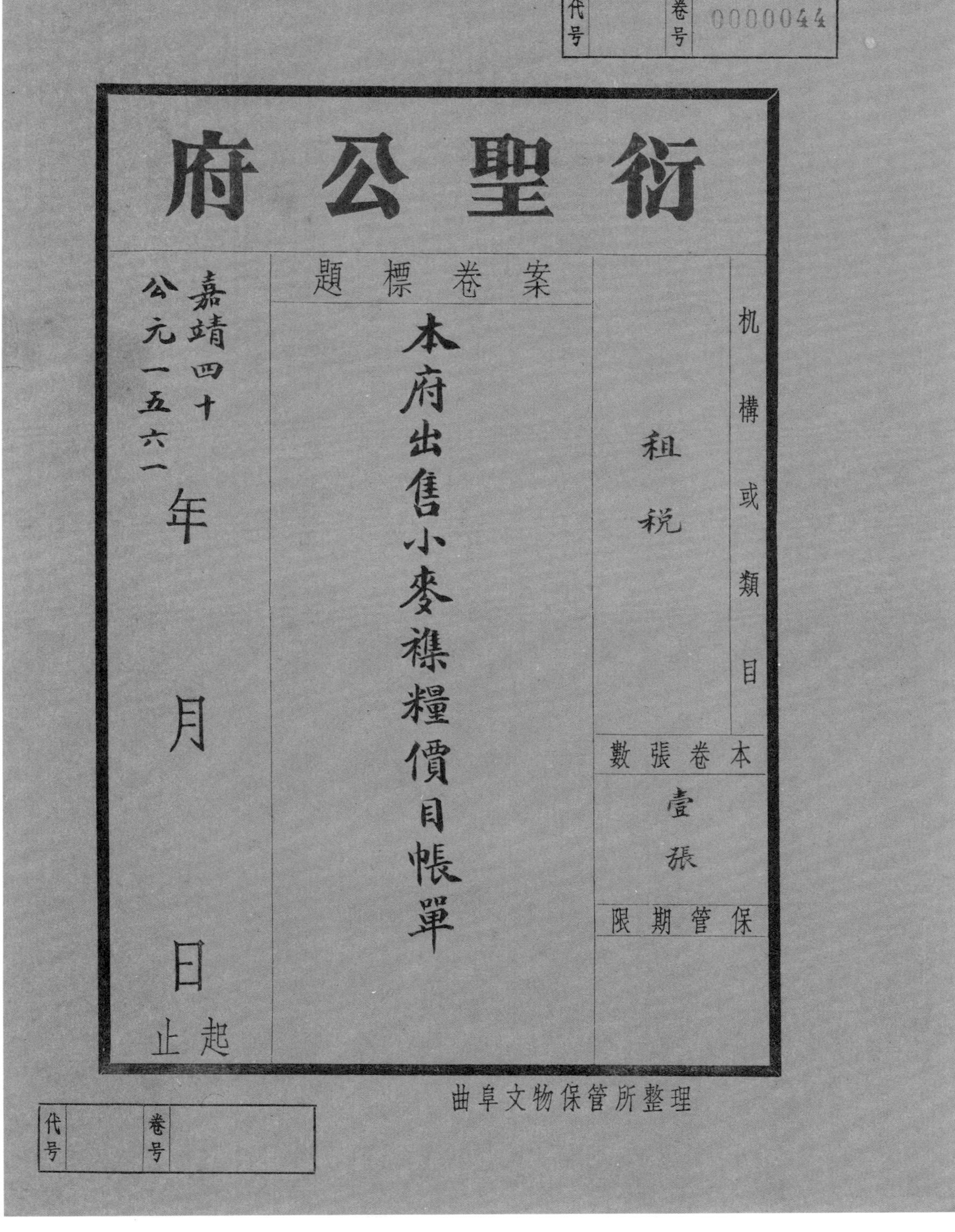
代号　卷号 0000044

衍聖公府

案卷標題

本府出售小麥襍糧價目帳單

嘉靖四十
公元一五六一
年　月　日
起　止

機構或類目：租税

本卷張數：壹張

保管期限

代号　卷号

曲阜文物保管所整理

卷内目錄

順序號數	作者	内容摘要	文件上的號數	文件上的日期	文件所在的張次	備註
		本府出售小麥穰糧價目帳單		嘉靖四十年 月 日	一	
				年 月 日	一	
				年 月 日	一	
				年 月 日	一	
				年 月 日	一	
				年 月 日	一	
				年 月 日	一	
				年 月 日	一	
				年 月 日	一	
				年 月 日	一	

填寫人

年 月 日

衍聖公府出售小麥雜糧價目賬單

嘉靖四十年九月初四日

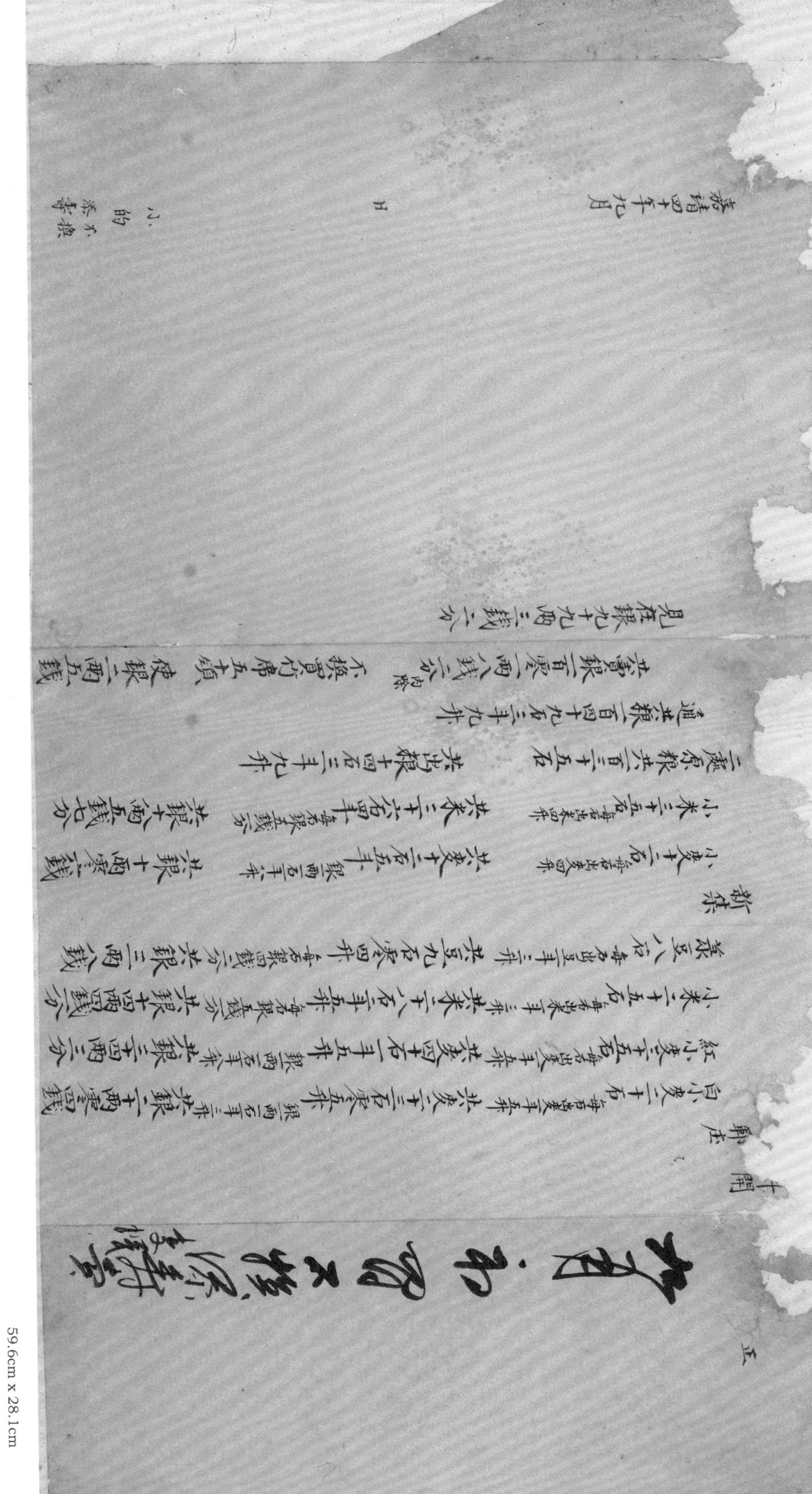

59.6cm x 28.1cm

考証表

机关代号第　　号

保管單位第　　号

本案卷內共有壹張已編号之文件。

保管單位缺点的說明。

附註

档案工作人員的職务（簽名）

公元一九六二年十二月　日

萬曆十八年至萬曆四十一年

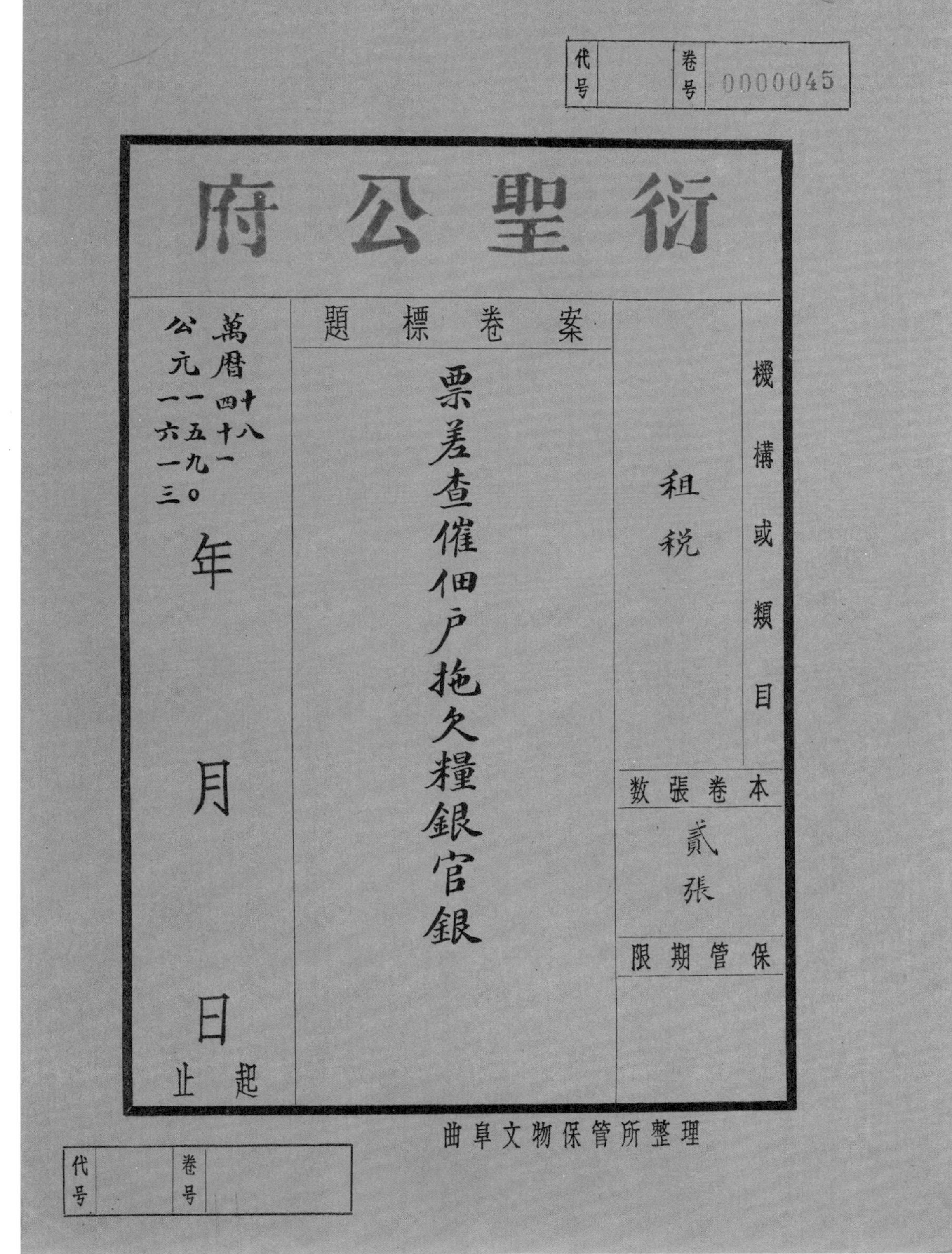
代号 卷号 0000045

衍聖公府

案卷標題

票差查催佃户拖欠糧銀官銀

萬曆十八年 四十一 年 月 日 起止

公元一五九〇 一六一三

機構或類目

租税

本卷張数

貳張

保管期限

代号 卷号

曲阜文物保管所整理

顺序号	作者	内容摘要	文件上的号数	文件上的日期	文件所在的张数	备註
一	衍聖公府	票仰屯長李焗將佃戶張卦㧾欠糧銀籽粒查照數目火速催交		萬曆十八年五月日	—	
二	衍聖公府	票催各役將原領官銀查照本利限本月完全交納		萬曆四十年月日		
				年月日	—	
				年月日	—	
				年月日	—	
				年月日	—	
				年月日	—	
				年月日	—	
				年月日	—	

卷內目錄　　填寫人　　年　月　日

衍聖公府爲將佃户張朴等所欠糧銀火速比并完解事致屯長李烱票稿

萬曆十八年五月初八日

37.1cm x 29.5cm

衍聖公府爲查催拖欠官銀人役限期完納本利事致差役票稿

萬曆四十一年五月

32.9cm x 29.1cm

考證表

機關代號第　　號

保管單位第　　號

本案卷内共有貳　張已編號之文件。

保管單位缺點的説明。

附註

檔案工作人員的職務（簽名）

公元一九六二年十二月　日

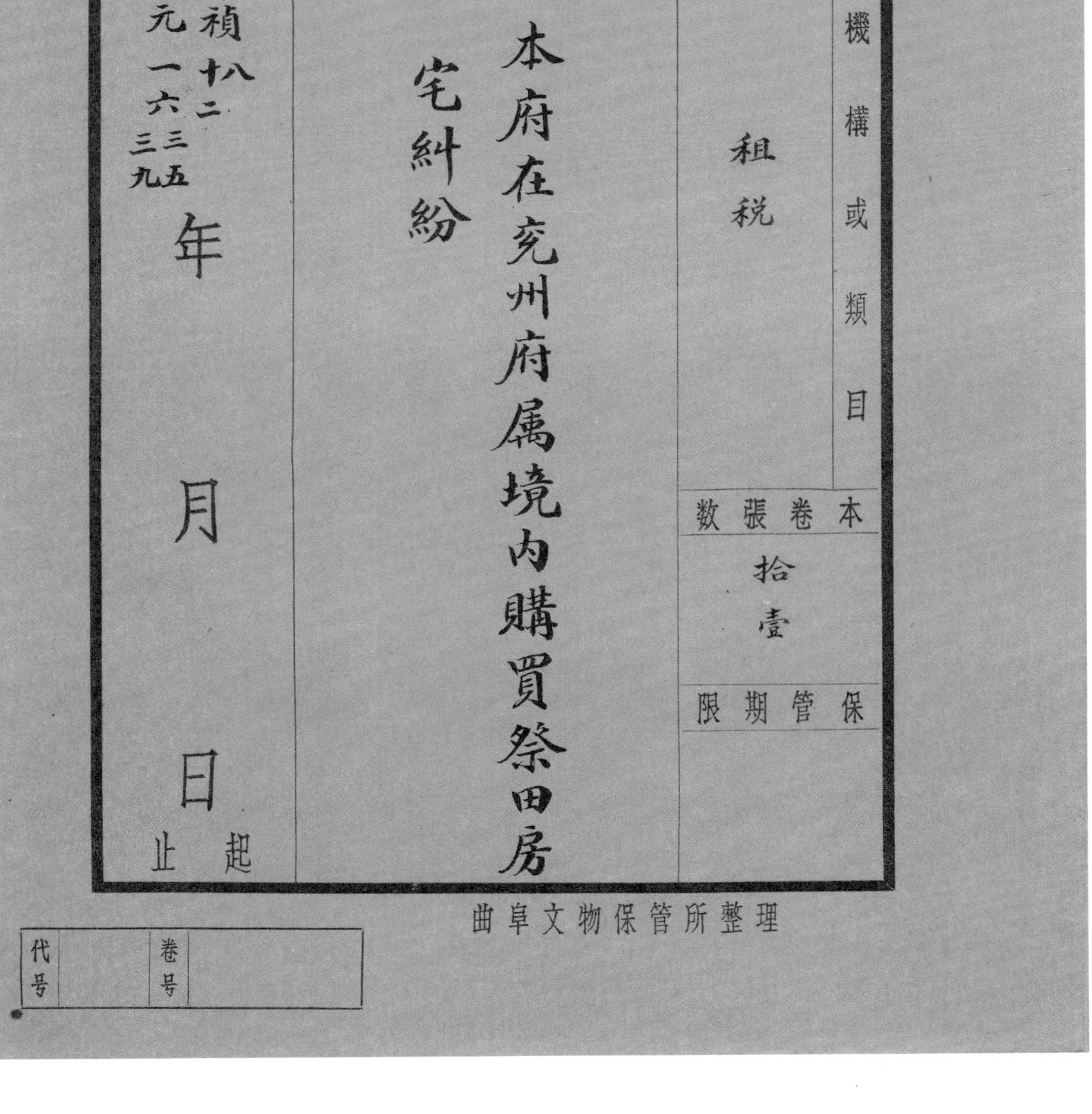
代号 卷号 0000046

衍聖公府

案卷標題

本府在兖州府属境内購買祭田房宅糾紛

機構或類目

租税

崇禎八年 公元一六三五 起
崇禎十二年 公元一六三九 止

本卷張数

拾壹

保管期限

曲阜文物保管所整理

代号 卷号

順序号	作者	内容摘要	文件上的号数	文件上的日期	文件所在的張数	备註
一	衍聖公府	行按院為才徒謊狀叠誣肆詐恳憲肅法儆奸以清世道等事		崇禎八年四月二十日	—	
二	衍聖公府	行按院為崇禎二年買東平州民人趙可用莊地一处今可用已死因是絕産竟有奸徒趙生光父子勾串趙尔秀等奪産捏控影响本府為不便争执用請飭兖州府斷將該地准伊備原價回贖以免牽連		崇禎八年四月十九日	—	
三	衍聖公府	行按院底稿前事		崇禎八年四月十九日	—	
四	衍聖公府	行兖州府、兖東道各衙門為梟虎糾衆行兇勢如大盗刦擄祈嚴究等事		崇禎十二年五月十二日、六月廿一日	—	
五	衍聖公府	行兖州府為買李欽宗母子宅一处地四頃在費县板桥社地方正交割間忽被伊兄李敬宗糾合多人將去差招至毒打並奪去驴被各物似此不法請嚴辦依律究罪		崇禎十二年五月 日	—	
六	衍聖公府	行兖州府底稿前事		崇禎十二年五月 日	—	
七	衍聖公府	行兖州府粮廳底稿前事		崇禎十二年五月 日	—	
八	衍聖公府	行兖東道底稿前事		崇禎十二年六月 日	—	
九	衍聖公府	行濟甯州為豪衿恃强侵覇乞移文嚴究		崇禎十二年七月 日	—	

卷内目録　　填寫人　　年　月　日

顺序号	作者	内容摘要	文件上的号数	文件上的日期	文件所在的张数	备註
十	衍聖公府	行兖東道據魯橋看房地佃户赵加祥呈曹士望等恃强侵佔官房官地請究治		崇禎十二年七月 日	—	
十一	衍聖公府	行兖東道底稿前事		崇禎十二年七月 日	—	
				年 月 日	—	
				年 月 日	—	
				年 月 日	—	
				年 月 日	—	
				年 月 日	—	
				年 月 日	—	
				年 月 日	—	

卷内目錄　　填寫人　　年　月　日

衍聖公府爲刁徒謊狀叠誣肆詐懇憲肅法儆奸以清世道等事文卷卷面

崇禎八年四月二十日

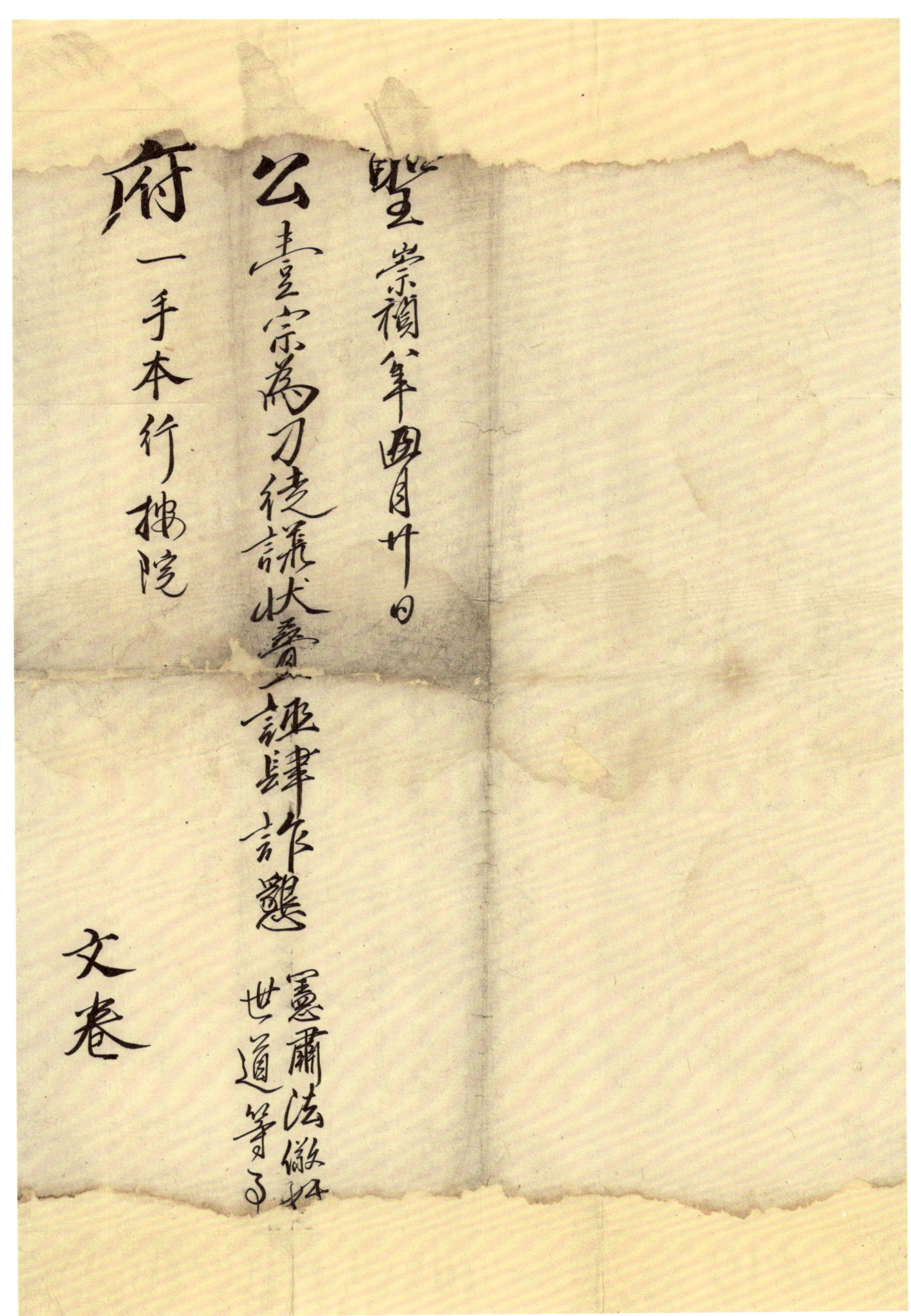
聖 崇禎八年四月廿日

公臺宗爲刁徒謊狀叠誣肆詐懇

憲肅法儆奸

世道等事

府 一手本行撫院

文卷

57.3cm x 80.2cm

衍聖公府爲審究趙生光等誣控假買祭田事致山東巡按手本定稿

［崇禎］八年四月二十日

衍聖公府為刁徒謊狀叠誣肆詐懇　憲肅法儆奸以清世道事切惟

□民契約為憑田土賣有正主年有分明承繼先儘嫡枝親疎各別何世風趨下刁惡滿盈藏理欺天使齊魯之鄉幾成夷狄

於　憲臺之下也本府向因祭田缺額於崇禎二年十月價買兗州府東平州民人趙可用庄地一處憑中議價三千八百兩緣可

用趙國棟承繼此時慮恐後言當喚集伊族趙生光等面分給契內銀四百兩各收帖証過割耕種七年無異州冊可查崇禎七年三

改豈趙生光趙旋吉等父子濟惡糾串健訟慣刁趙尔秀王可現等以本府買定庄地詐捏可用死後遺產朋謀告奪捏云盜產

獻隊云句詐危言詭說聳激成知縣書屬東昌府未經審質則要□求財索詐不遂又捏誣而誑告將趙國棟唐朝甫等株連牽告蔓引

眾不結復候奔走而無停使本府數千金價買者畜為滿局爭端夫本府買庄於趙可用之手趙生光趙旋吉等不爭於趙可用生前而乃

刁詐不問可知試問立契之時生光等所收本府銀兩抑果何名而受者乎國棟為可用嫡堂姪孫承繼明白即有遺產亦國棟應

得爭之此理甚明柰群奸射利變幻百出本府豈屑爭執意惟收回原價退彼庄地則魑魅無所含沙矣伏祈　台臺批發兗州府廉行戒論

嚴究着落趙生光等將庄地原價照數完出贖取本庄庶本府禮義宗声不為田產恭累而刁訟亦不能無辜而污蔑也近來高豪鬨樂動

害人識與不識受禍無辦本府不能受亦不能置啄屎不可長併祈　台臺批查以明涇渭為此合用手本前去

煩為查照施行如蒙批發希文回照須至手本者

□趙生光　趙爾秀　趙旋吉　王可現　趙之玺　王根　張五典　夏時松　趙名才

証唐朝甫　刘一忠

□行按院

八年四月

太子太傅襲封衍聖公

掌書舒應衡

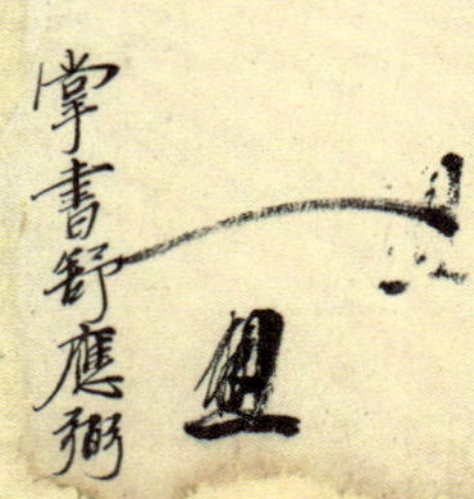

明代卷

衍聖公府爲審究趙生光等誣控假買祭田事致山東巡按手本草稿

［崇禎八年］四月十九日

70.5cm x 32.9cm

衍聖公府爲梟虎糾衆行凶勢如大盜劫擄懇祈嚴究等事文卷卷面

崇禎十二年五月十二日至六月二十一日

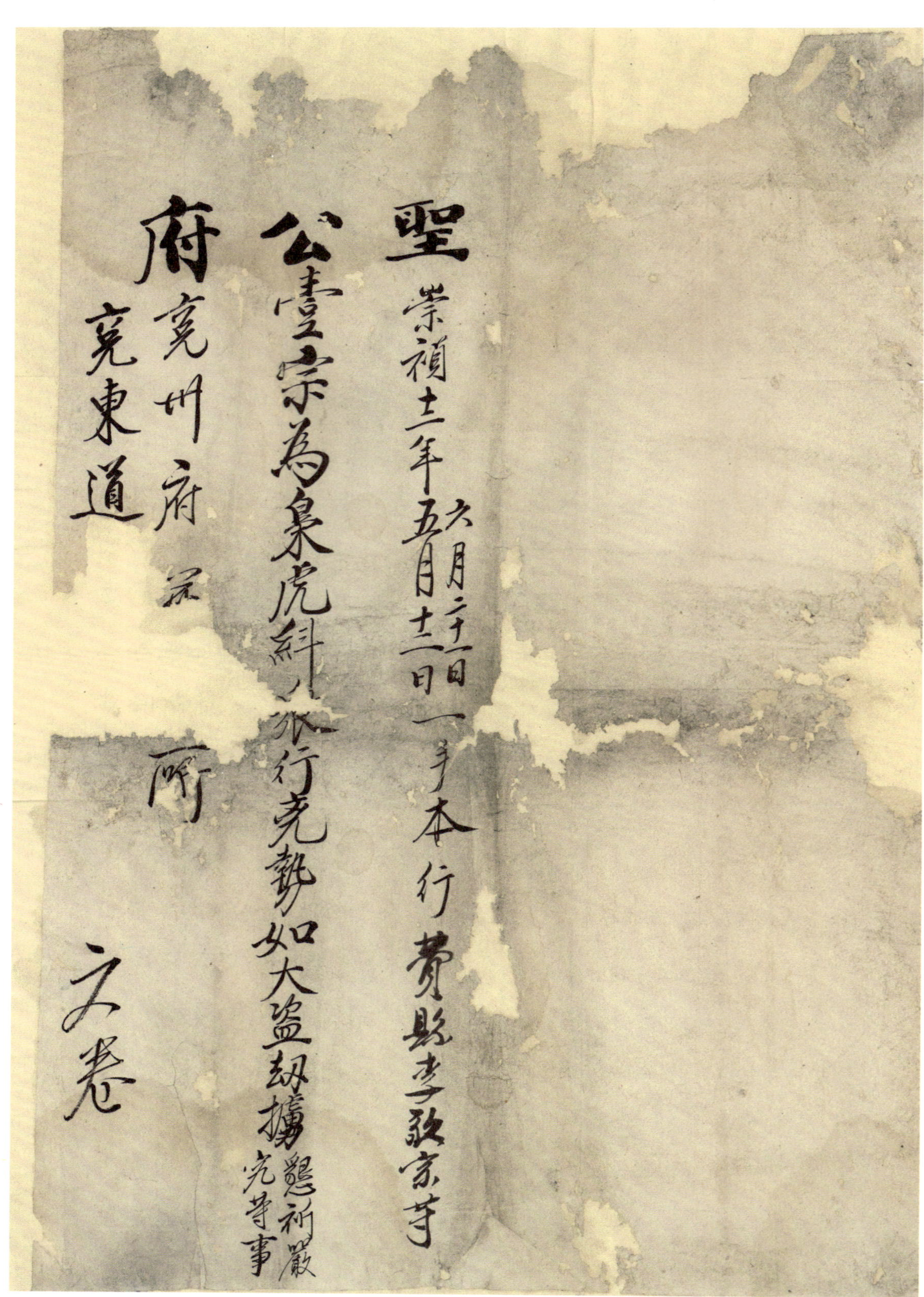

聖
崇禎十二年五月十二日（六月二十一日）一本行費縣李致京等
公壹宗爲梟虎糾衆行兇勢如大盜劫擄懇祈嚴究等事
府 兗州府 發
兗東道
所
文卷

56.8cm x 78.2cm

衍聖公府爲李敬宗等毆差搶劫錢物煩爲嚴究事致兗州府手本定稿

崇禎十二年五月初十日

太子太傅襲封衍聖公府爲梟虎糾衆行兇……劫如大盜劫擄懇祈嚴究以巫懲巨惡事。切照本府憑中說合買到李欽宗同母謝氏……已分産房宅一處，地四頃坐落費縣板橋社地方，正在交割，倏被伊兄李敬宗糾合虎……李顯宗、李榮宗、李光宗，并不知姓名數十余人，即將本府家人孫德等三名擡至……痛行毒打，奪去騎驢三頭、被囊三個、銀五兩、銅錢三千，有該社保正審証切照……相情頗何物梟虎李敬宗擅敢秉机行兇搶劫，馬匹銀兩毫不畏法，其與巨盜何異。合用手本前去貴府，煩將李敬宗等嚴行究處，依律定罪，庶梟虎知警而巨惡自此可以斂跡矣。須至手本者。

計開：李敬宗　李顯宗　李榮宗　李光宗　郭谷玉　干証謝師訓　保該社保正

一立案行

兗州府

崇禎十二年五月

太子太傅襲封衍聖公

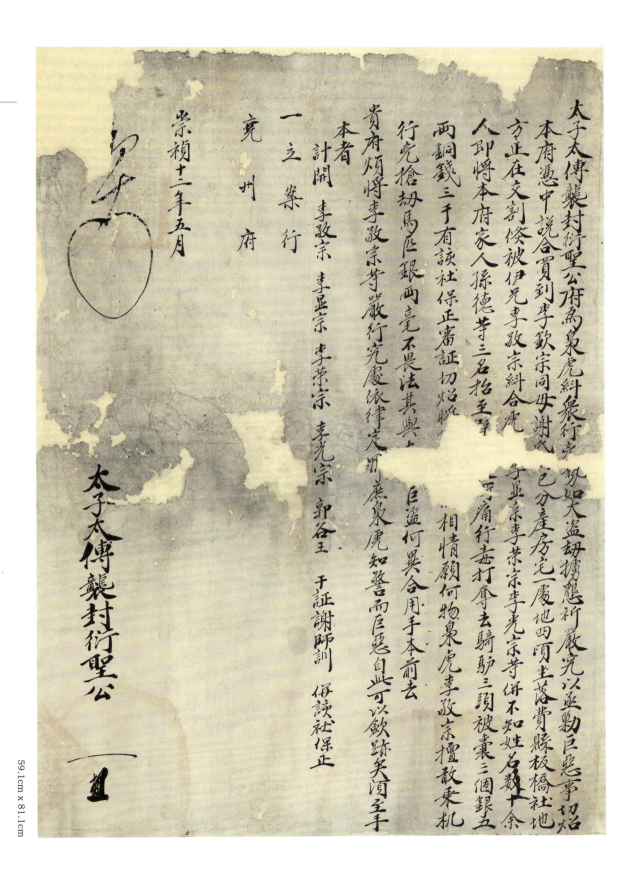

59.1cm x 81.1cm

衍聖公府爲李敬宗等毆差搶劫錢物煩爲嚴究事致兖州府手本草稿

〔崇禎十二年〕五月初八日

與兖州府手本

爲梟虎糾衆行兇勢如大盗劫擄懇祈嚴究以亟

勦巨惡事切炤本府憑中説合買到李欽宗同

母謝氏自已分産房宅一處地四頃座落費縣枝

橋社地方正在交割僚被伊兄李敬宗糾合虎

黨李顯宗李榮宗李光宗等併不知姓名數十餘

人即將本府家人孫德等三名撞至僻空處所痛

行毒打奪去騎馬三匹〔騎騾三頭〕被囊三個銀伍兩銅錢

〔有該社保正審証〕

叁千切炤將銀買地兩相情願何物梟虎李敬

宗擅敢乘機行兇搶劫馬匹銀錢毫不畏法其

大膽巨盗何異合用手本前去

貴府煩將李敬宗等嚴行究處依律定罪庶梟

虎知警而巨惡自此可以斂跡矣須至手本者

計開

李敬宗　李顯宗　李榮宗　李光宗　郭谷王

不知姓名數十餘人　干証　謝師訓　并該社保正

五月初八日

45.2cm x 28.4cm

衍聖公府爲李敬宗等糾衆毆差搶劫錢物煩爲嚴究事致兗州府糧廳手本稿

〔崇禎十二年六月〕

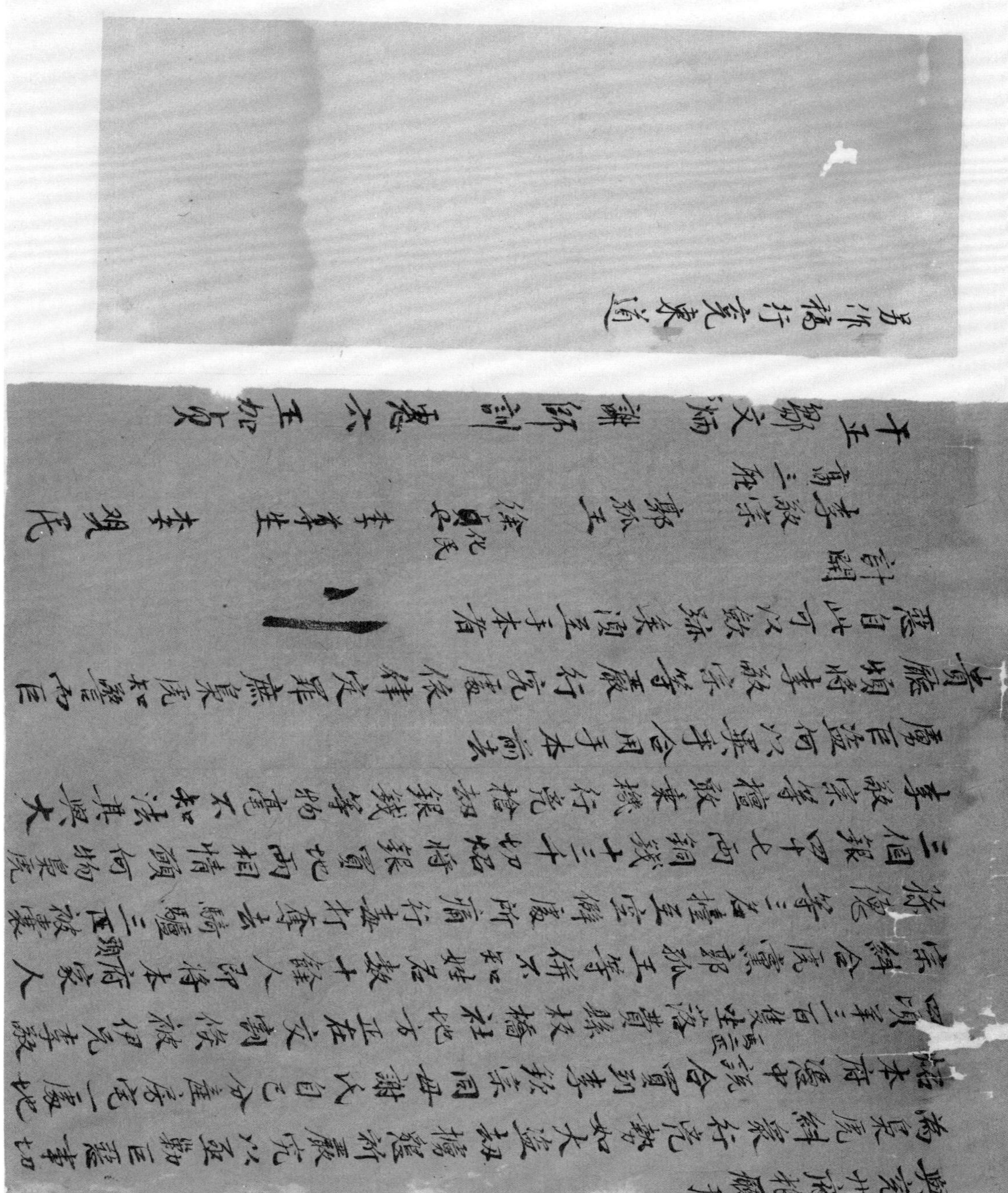

41.6cm x 33.5cm

衍聖公府爲李敬宗等糾衆毆差搶劫錢物煩爲嚴究事致兗東道手本稿

〔崇禎十二年〕六月二十六日

與兗東道手本

爲梟虎糾衆行兇勢如大盜劫擄懇祈嚴究以亟勦

巨惡事切照本府憑中說合買到李欽宗同母謝氏自己

分產房宅一處地四頃坐落費縣枝橋社地方併羊三百隻

驢二匹正在交割倏被伊兄李敬宗糾合虎黨郭孤

王等併不知姓名五十餘人即將本府家人孫德等三名

擄至空僻處所痛行毒打奪去騎驢三頭被囊三個

銀四十七兩銅錢十三千切照將銀買地兩相情願何物梟

虎李敬宗等擅敢秉機行兇搶劫銀錢等物毫不知

法其與大虜巨盜何以異乎合用手本前去

貴道煩將李敬宗等嚴行究處依律定罪庶梟虎

知警而巨惡自此可以歛跡矣須至手本者

計開

李敬宗　郭孤王　徐化民　李尊生　李觀民

高三旺　梁希栢　不知名五十余人

干證　鄒文炳　謝師訓　惠六　李魁先　王宗貞

六月　日

45.1cm x 28.9cm

衍聖公府爲豪衿恃强侵霸懇祈移文嚴究以杜攪擾事文卷卷面

崇禎十二年七月二十二日

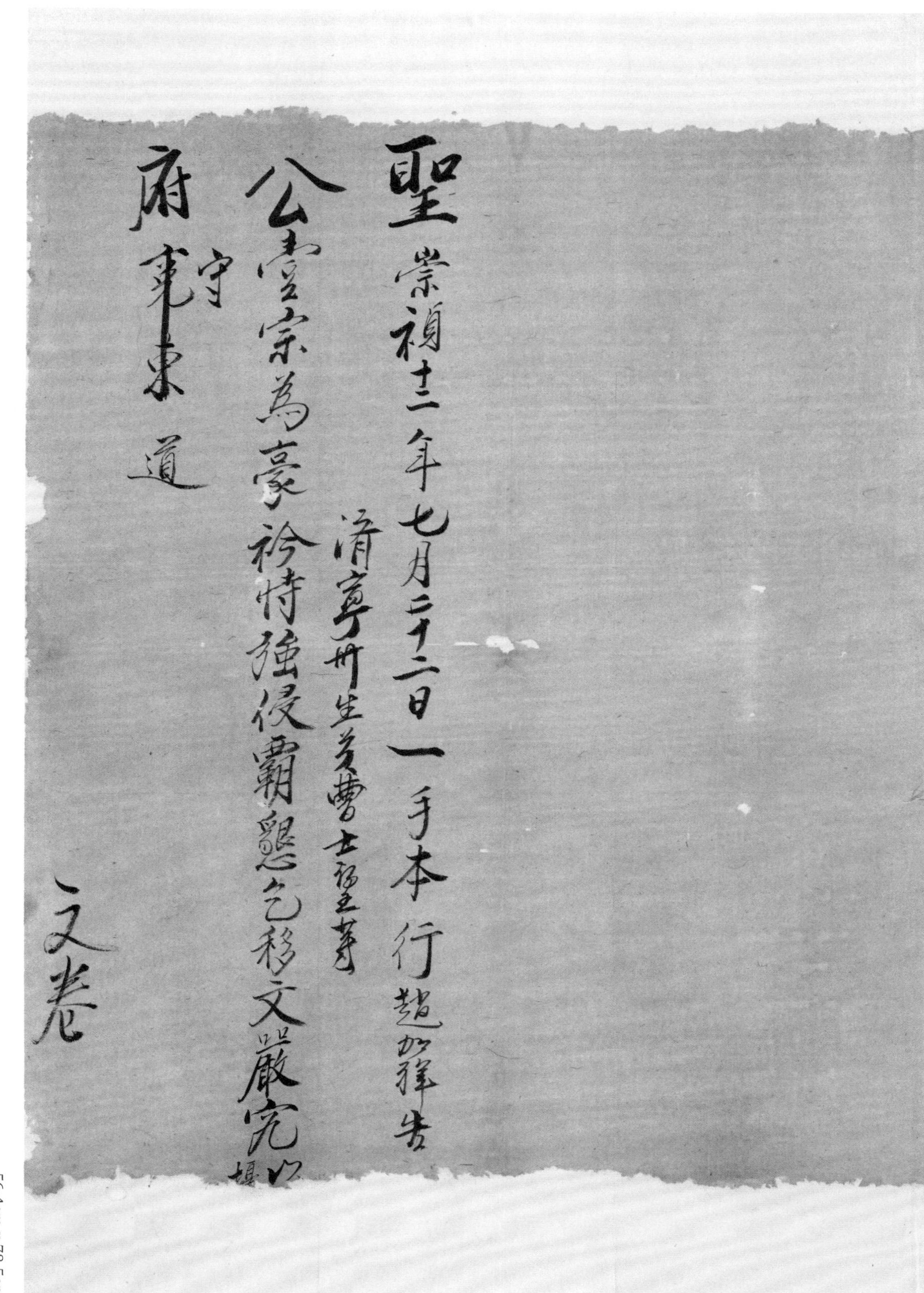
聖
崇禎十二年七月二十二日一手本 行趙𢘿祥告
公爲豪衿恃强侵霸懇乞移文嚴究以
府 守
道
文卷

56.4cm x 78.5cm

衍聖公府爲曹士望等倚恃學霸侵占官房官地請行究處事致東兖道手本定稿

崇禎十二年七月二十二日

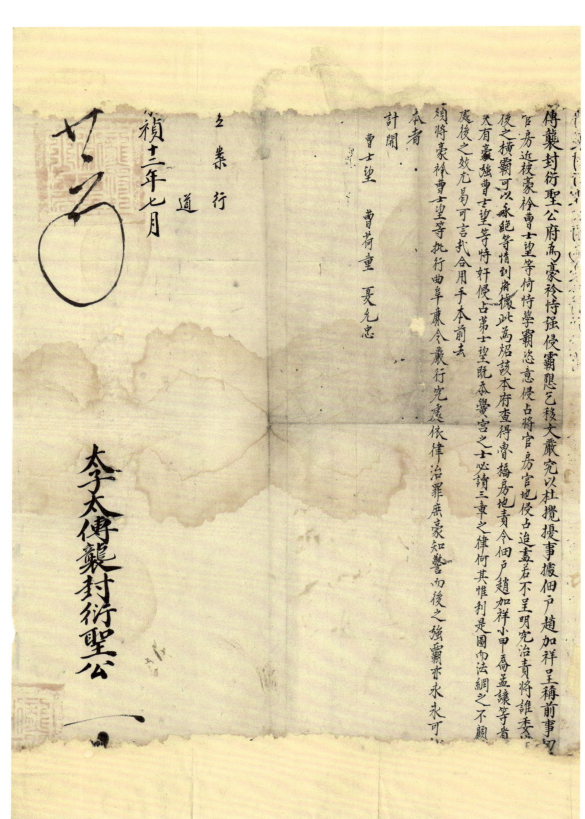

傳襲封衍聖公府爲豪衿恃强侵霸懇乞移文嚴究以杜攬擾事據佃户趙加祥呈稱前事切[illegible]
官房近被豪衿曹士望等倚恃學霸恣意侵占將官房官地侵占迨盡若不呈明究治責將誰委[illegible]
後之横霸可以永絶等情到府據此爲照該本府查得魯橋房地責令佃户趙加祥小甲喬孟讓等[illegible]
業有豪强曹士望等特奸侵占第士望既忝黌宫之士必讀三章之律何其惟利是圖而法綱之不顧[illegible]
處後之效尤曷可言哉合用手本前去
煩將豪衿曹士望等批行曲阜縣令嚴行究處依律治罪庶豪知警而後之强霸亦永永可[illegible]
本者
計開
曹士望　曹荷童　夏允忠
右　業　行
道
崇禎十二年七月
太子太傅襲封衍聖公

58.3cm x 80.8cm

衍聖公府爲曹士望等倚恃學霸侵占官房官地請行究處事致東兖道手本草稿

［崇禎十二年］七月十九日

50.1cm x 32.4cm

考證表

機關代號第　　號

保管單位第　　號

本案卷内共有拾壹張已編號之文件。

保管單位缺點的説明。

附註

檔案工作人員的職務（簽名）

公元一九六二年十二月　日

關於祀田應納錢糧遲延緣由致泗水縣令書

崇禎十三年

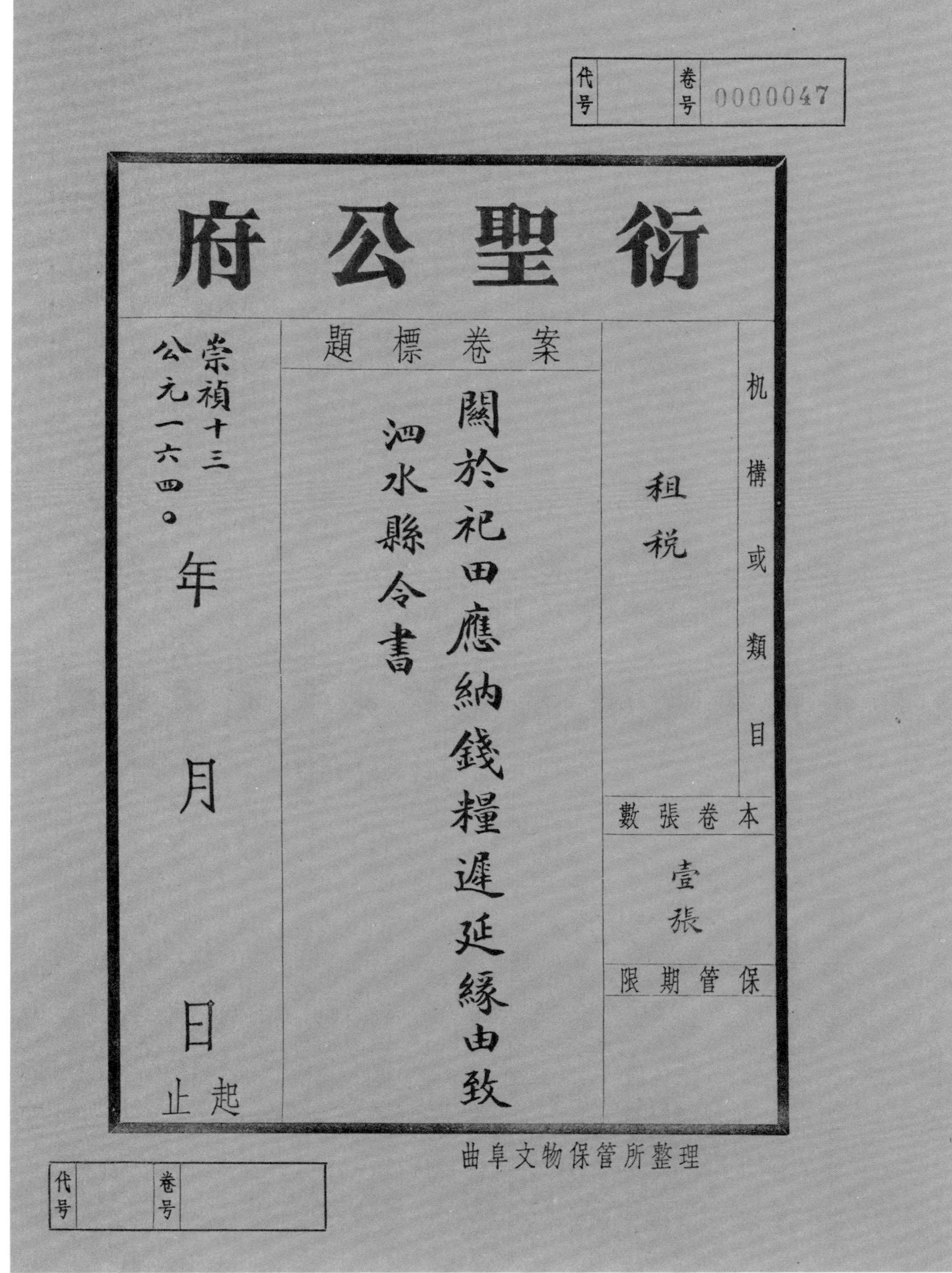
代号 卷号 0000047

衍聖公府

案卷標題

關於祀田應納錢糧遲延緣由致泗水縣令書

崇禎十三
公元一六四〇
年 月 日 起 止

机構或類目
租稅

本卷張數
壹張

保管期限

代号 卷号

曲阜文物保管所整理

卷内目錄

填寫人　　　年　月　日

順序號	作者	内容摘要	文件上的號數	文件上的日期	文件所在的張次	備註
		關於祀田應納錢糧遲延緣由致泗水縣令書		年月日	—	
				年月日	—	
				年月日	—	
				年月日	—	
				年月日	—	
				年月日	—	
				年月日	—	
				年月日	—	
				年月日	—	
				年月日	—	

衍聖公府爲錢糧等事致泗水知縣王士奇函稿

崇禎十三年九月初四日

柬泗水王令稿

一向遠　範疎缺通　候爲歉承

諭本年錢粮事亦因亢旱不收遲之之稅

出自祖地人户輸納已委原管事高象恂前

去催辦赴交伏祈炤數驗收給票爲憑外去

年舊粮胡梅侵欺太半業批司樂官嚴限責

比尚在未完至孔尚進之男孔胤寶去年本

年粮完伏望

門下超釋侯司樂追解餘不盡言去

役口陳此復

崇禎十三年九月　日　寫过

25.7cm x 28.4cm

考證表

機關代號第　　號

保管單位第　　號

本案卷内共有壹　張已編號之文件。

保管單位缺點的説明。

附註

檔案工作人員的職務（簽名）

公元一九六二年十二月　日